한·중·영 주제별

성 경 읽 기

金 炅 洙 編著

書藝文人畫

❙序 文

우선 "한중영 주제별 성경 읽기"를 册책으로 나올 수 있게 해 주신 하나님의 恩惠은혜에 感謝감사를 드립니다.

이 册책은 敎會교회의 牧會者목회자들이 說敎설교를 할 때에 자주 引用인용하는 聖經성경의 말씀 中중에서 聖徒성도들에게 익숙한 聖句성구와 黙想句節묵상구절을 1300개로 壓縮압축해서 漢文한문과 한글 그리고 英文영문 세 가지로 對比대비하여 主題別주제별로 編輯편집을 했습니다. 하나님의 말씀에 대해 아무것도 모르는 제가 尨大방대한 聖經성경 內容내용 句節구절 中중에서 어떤 것을 고른다는 것이 매우 어리석은 處事처사이지만 聖靈성령의 도우심으로 因인해 堪감히 이 册책을 낼 수 있었습니다.

數年前수년전 1912年년 美國미국 宣教師선교사들이 中國중국 上海상해에서 發刊발간한 두 卷권의 新舊約신구약 漢文聖經한문성경을 接접하게 되었습니다. 只今지금으로부터 百五十年前백오십년전의 文體문체로 쓰여진 말씀을 한 句節구절 한 句節구절 읽다보니 요새 우리가 배우고 쓰는 古典漢文고전한문을 읽는 맛이 느껴져 저 혼자만 보고 읽기엔 너무나도 아깝다는 생각이 들어 한 字자 한 字자 컴퓨터에 文書문서 作業작업을 하게 되었습니다. 이 資料자료는 册책으로도 쉽게 求구하기 힘들고 인터넷상에 公開공개된 사이트도 없으며 現在현재 中國중국이나 臺灣대만에서 使用사용하고 있는 聖經성경의 漢文體한문체와는 많이 다른 것을 알 수가 있었습니다. 이를 널리 알릴 생각으로 漢文聖經한문성경 全文전문을 發刊발간할 計劃계획이나 우선 核心句節핵심구절을 엮은 "한중영 主題別주제별 聖經성경 읽기"를 먼저 册책으로 내기로 하였습니다.

中國중국에서 發刊발간된 漢文聖經한문성경의 풀이로 쉽게 얻은 우리나라의 한글聖經성경에 對대하여 飜譯번역과 解釋해석이 잘못되지 아니 하였는지, 適當적당한 우리말이 없어 어렵게 쓰지 않았는지, 表現표현의 잘못은 없는지, 漢文한문의 直譯직역으로 因인한 原意원의의 喪失상실은 없는지 등등 疑懼心의구심을 갖고 계신 聖徒성도에게 聖經성경의 默想句節묵상구절을 漢文한문과 英文영문 그리고 한글로 對比대비하여 읽으면 하나님의 말씀과 예수 그리스도의 恩惠은혜가 더욱 가깝게 理解이해되고 느껴지실 것입니다. 特別특별히 자라나는 青少年청소년들에게 하나님을 敬畏경외하는 마음과 智慧지혜와 眞理진리로 더욱 充滿충만해질 것입니다. 그리고 書藝人서예인들께서도 聖經성경의 活潑有力활발유력한 名句節명구절을 引用인용해서 作品작품을 쓰시는데 많은 도움이 되셨으면 하는 바람입니다.

이 册책을 보시고 틀린 點점이 있거나 不足부족한 部分부분이 있으면 많은 指導鞭撻지도편달을 바랍니다.

感謝감사합니다.

2010년 2월

裕堂 金炅洙

한글성경 / 漢文聖經 목차 대조표

구약(舊約)		신약(新約)		
한글성경	漢文 聖經	한글성경	漢文 聖經	
창세기	摩西一書 創世記	마태복음		瑪太福音
출애굽기	摩西二書出伊及記	마가복음		瑪可福音
레위기	摩西三書 利未記	누가복음		路加福音
민수기	摩西四書 民數記	요한복음		約翰福音
신명기	摩西五書 申命記	사도행전		使徒行傳
여호수아	約書亞	로마서	達羅瑪人書	羅瑪書
사사기	士師	고린도전서	達哥林多人前書	哥林多前書
룻기	路得	고린도후서	達哥林多人後書	哥林多後書
사무엘(상)	撒母耳上	갈라디아서	達迦拉太人書	迦拉太書
사무엘(하)	撒母耳下	에베소서	達以弗所人書	以弗所書
열왕기(상)	列王上	빌립보서	達腓立比人書	腓立比書
열왕기(하)	列王下	골로새서	達哥羅西人書	哥羅西書
역대(상)	歷代上	데살로니가전서	達帖撒羅尼迦人前書	帖撒羅尼迦前書
역대(하)	歷代下	데살로니가후서	達帖撒羅尼迦人後書	帖撒羅尼迦後書
에스라	以斯拉	디모데전서	達提摩太前書	提摩太前書
느헤미아	尼希米	디모데후서	達提摩太後書	提摩太後書
에스더	以斯帖	디도서	達提多書	提多書
욥기	約伯	빌레몬서	達腓利們書	腓利們書
시편	詩篇	히브리서	達希伯來人書	希伯來書
잠언	箴言	야고보서		雅各書
전도서	傳道	베드로전서		彼得前書
아가	所羅門歌/雅歌	베드로후서		彼得後書
이사야	以賽亞	요한 1서	約翰第壹書	約翰壹書
예레미아	耶利米	요한 2서	約翰第貳書	約翰貳書
예레미아애가	耶利米哀歌	요한 3서	約翰第參書	約翰參書
에스겔	以西結	요한계시록	默示錄	約翰 啓示錄
다니엘	但以理			
호세아	何西阿			
요엘	約珥			
아모스	阿摩司			
오바댜	俄巴底亞			
요나	約拿			
미가	彌迦			
나훔	那鴻			
하박국	哈巴谷			
스바냐	西番雅			
학개	哈該			
스가랴	撒迦利亞			
말라기	瑪拉基			

舊新約聖經 貫珠 略字 目錄(구신약성경 관주 약자 목록)

舊約聖經					
創	創世記	出	出伊及記	利	利未記
民	民數記	申	申命記	書	約書亞
士	士師	得	路得	母上	撒母耳上
母下	撒母耳下	王上	列王上	王下	列王下
代上	歷代上	代下	歷代下	拉	以斯拉
尼	尼希米	帖	以斯帖	伯	約伯
詩	詩篇	箴	箴言	傳	傳道書
歌	所羅門歌	賽	以賽亞	耶	耶利米
哀	哀歌	結	以西結	但	但以理
何	何西阿	珥	約珥	摩	阿摩司
俄	俄巴底亞	拿	約拿	彌	彌迦
鴻	那鴻	哈	哈巴谷	番	西番雅
該	哈該	亞	撒迦利亞	瑪	瑪拉基

新約聖經					
太	瑪太福音	可	瑪可福音	路	路加福音
約	約翰福音	徒	使徒行傳	羅	羅瑪
哥前	哥林多前	哥後	哥林多後	迦	迦拉太
弗	以弗所	腓	腓立比	西	哥羅西
撒前	帖撒羅尼迦前	撒後	帖撒羅尼迦後	提前	提摩太前
提後	提摩太後	多	提多	們	腓利們
來	希伯來	雅	雅各	彼前	彼得前
彼後	彼得後	約壹	約翰壹書	約貳	約翰貳書
約參	約翰參書	猶	猶大	默	默示錄

漢文 聖經目錄 變用

舊約(구약)

摩西 一書 創世記 ➡	創世記
摩西 二書 出伊及記 ➡	出伊及記
摩西 三書 利未記 ➡	利未記
摩西 四書 民數記 ➡	民數記
摩西 五書 申命記 ➡	申命記
士師 ➡	士師記
傳道 ➡	傳道書
所羅門歌 ➡	雅歌

新約(신약)

使徒保羅達羅瑪人書 ➡	達羅瑪人書 ➡	羅瑪書
使徒保羅達哥林多人前書 ➡	達哥林多人前書 ➡	哥林多前書
使徒保羅達哥林多人後書 ➡	達哥林多人後書 ➡	哥林多後書
使徒保羅達迦拉太人書 ➡	達迦拉太人書 ➡	迦拉太書
使徒保羅達以弗所人書 ➡	達以弗所人書 ➡	以弗所書
使徒保羅達腓立比人書 ➡	達腓立比人書 ➡	腓立比書
使徒保羅達哥羅西人書 ➡	達哥羅西人書 ➡	哥羅西書
使徒保羅達帖撒羅尼迦人前書 ➡	達帖撒羅尼迦人前書 ➡	帖撒羅尼迦前書
使徒保羅達帖撒羅尼迦人後書 ➡	達帖撒羅尼迦人後書 ➡	帖撒羅尼迦後書
使徒保羅達提摩太前書 ➡	達提摩太前書 ➡	提摩太前書
使徒保羅達提摩太後書 ➡	達提摩太後書 ➡	提摩太後書
使徒保羅達提多書 ➡	達提多書 ➡	提多書
使徒保羅達腓利們書 ➡	達腓利們書 ➡	腓利們書
達希伯來人書	➡	希伯來書
約翰第壹書	➡	約翰壹書
約翰第貳書	➡	約翰貳書
約翰第參書	➡	約翰參書
黙示錄	➡	約翰啓示錄

목 차

1. 하나님 13
하나님 15
여호와 43

2. 예수님 59
예수님 61
그리스도 85
십자가(十字架) 93
부활(復活) 96
천국(天國) 97

3. 성령(聖靈) 103
성령(聖靈) 105

4. 말씀 115
말씀 117
계명(誡命) 131
율법(律法) 133
성경(聖經) 138
복음(福音) 140

5. 사랑 143
사랑 145

6. 믿음 163
믿음 165
소망(所望) 176
희망(希望) 180
마음 181

감사(感謝) ········ 185
순종(順從) ········ 188
충성(忠誠) ········ 194

7. 구제(救濟) ········ 197
구제(救濟) ········ 199
구원(救援) ········ 200
구속(救贖) ········ 210
인도(引導) ········ 211
전도(傳道) ········ 213

8. 죄(罪) 사(赦)함 ········ 217
죄(罪) 사(赦)함 ········ 219
죄(罪) ········ 223
심판(審判) ········ 224
용서(容恕) ········ 226
회개(悔改) ········ 229
세례(洗禮) ········ 230
중생(重生) ········ 232
죽음 ········ 235
영생(永生) ········ 236
영원(永遠) ········ 239

9. 연단(鍊鍛) ········ 241
연단(鍊鍛) ········ 243
시험(試驗) ········ 244
징계(懲戒) ········ 249
고난(苦難) ········ 251
환난(患難) ········ 258
염려(念慮) ········ 261

10. 경외(敬畏) ········ 265
경외(敬畏) ········ 267
경애(敬愛) ········ 274

경건(敬虔) ······ 276
공경(恭敬) ······ 277
겸손(謙遜) ······ 278

11. 기도(祈禱) ······ 279
기도(祈禱) ······ 281
부르짖음(籲) ······ 289
구(求)함 ······ 292
원(願)함 ······ 304
예배(禮拜) ······ 307
제사(祭祀) ······ 308
찬미(讚美) ······ 309

12. 은혜(恩惠) ······ 317
은혜(恩惠) ······ 319
은총(恩寵) ······ 322
영광(榮光) ······ 324
치료(治療) ······ 328

13. 형통(亨通) ······ 331
형통(亨通) ······ 333
복(福) ······ 338
희락(喜樂) ······ 344
평강(平康) ······ 351
화목(和睦) ······ 352
화평(和平) ······ 353
안위(安慰) ······ 354

14. 권면(勸勉) ······ 355
권면(勸勉) ······ 357

15. 의(義) ······ 377
의(義) ······ 379
공의(公義) ······ 382

의인(義人) 386
정직(正直) 390
불의(不義) 391
악(惡) 395

16. 지혜(智慧) 397
지혜(智慧) 399
교육(敎育) 405
말 409
재물(財物) 415
가난 421
부모(父母) 424
부부(夫婦) 425
형제(兄弟) 427

17. 기타(其他) 429
기타(其他) 431

1. 하나님

하나님

여호와

主주는 靈영이시니 主주의 靈영이 계신 곳에는 自由자유가 있느니라 (고린도후서 3:17)

하나님

1

主赦免我一切罪愆ˇ醫治我一切疾病ˇ救贖我命ˇ免於阬坎ˇ以
주 사 면 아 일 체 죄 건 ˇ 의 치 아 일 체 질 병 ˇ 구 속 아 명 ˇ 면 어 갱 감 ˇ 이
恩寵慈愛爲冠冕ˇ加於我首 (詩篇 103:3~4)
은 총 자 애 위 관 면 ˇ 가 어 아 수

그가 네 모든 罪惡죄악을 赦사하시며 네 모든 病병을 고치시며 네 生命생명을 破滅파멸에서 贖良속량하시고 仁慈인자와 矜恤긍휼로 冠관을 씌우시며 (시편 103:3~4)

Who forgives all your sins and heals all your diseases, who redeems your life from the pit and crowns you with love and compassion. (Psalms 103:3~4)

2

爾無論何往ˇ我必祐爾護爾ˇ使爾歸斯地ˇ不遐棄爾ˇ我所許爾
이 무 론 하 왕 ˇ 아 필 우 이 호 이 ˇ 사 이 귀 사 지 ˇ 불 하 기 이 ˇ 아 소 허 이
者ˇ必踐其言 (創世記 28:15)
자 ˇ 필 천 기 언

내가 너와 함께 있어 네가 어디로 가든지 너를 지키며 너를 이끌어 이 땅으로 돌아오게 할지라 내가 네게 許諾허락한 것을 다 이루기까지 너를 떠나지 아니하리라 하신지라 (창세기 28:15)

I am with you and will watch over you wherever you go, and I will bring you back to this land. I will not leave you until I have done what I have promised you. (Genesis 28:15)

3

爾曹將爲我之民ˇ我爲爾之上帝 (耶利米 30:22)
이 조 장 위 아 지 민 ˇ 아 위 이 지 상 제

너희는 내 百姓백성이 되겠고 나는 너희들의 하나님이 되리라 (예레미야 30:22)

So you will be my people, and I will be your God. (Jeremiah 30:22)

4

耶穌顧之曰ˇ在人固不能ˇ在上帝無不能也 (瑪太福音 19:26)
야 소 고 지 왈 ˇ 재 인 고 불 능 ˇ 재 상 제 무 불 능 야

예수께서 그들을 보시며 이르시되 사람으로는 할 수 없으나 하나님으로서는 다 하실 수 있느니라 **(마태복음 19:26)**

Jesus looked at them and said, With man this is impossible, but with God all things are possible. **(Matthew 19:26)**

5

永生之上帝ˇ爲爾護庇ˇ恒於下土ˇ以臂扶持ˇ逐敵於爾前ˇ命
영 생 지 상 제 ˇ 위 이 호 비 ˇ 항 어 하 토 ˇ 이 비 부 지 ˇ 축 적 어 이 전 ˇ 명
爾曰ˇ當行殲滅 (申命記 33:27)
이 왈 ˇ 당 행 섬 멸

永遠영원하신 하나님이 네 處所처소가 되시니 그의 永遠영원하신 팔이 네 아래에 있도다 그가 네 앞에서 對敵대적을 쫓으시며 滅멸하라 하시도다 **(신명기 33:27)**

The eternal God is your refuge, and underneath are the everlasting arms. He will drive out your enemy before you, saying, Destroy him! **(Deuteronomy 33:27)**

6

主爾之上帝駐蹕爾中ˇ乃全能者ˇ必施拯救ˇ必因爾歡欣喜樂ˇ
주 이 지 상 제 주 필 이 중 ˇ 내 전 능 자 ˇ 필 시 증 구 ˇ 필 인 이 환 흔 희 락 ˇ
默然眷愛爾ˇ歡呼踊躍 (西番雅 3:17)
묵 연 권 애 이 ˇ 환 호 용 약

너의 하나님 여호와가 너의 가운데에 계시니 그는 救援구원을 베푸실 全能者전능자이시라 그가 너로 말미암아 기쁨을 이기지 못하시며 너를 潛潛잠잠히 사랑하시며 너로 말미암아 즐거이 부르며 기뻐하시리라 하리라 **(스바냐 3:17)**

The LORD your God is with you, he is mighty to save. He will take great delight in you, he will quiet you with his love, he will rejoice over you with singing. **(Zephaniah 3:17)**

7

上帝所悅者ˇ賜以智慧ˇ知識ˇ歡樂ˇ獲罪於上帝者ˇ上帝則畀
상 제 소 열 자 ˇ 사 이 지 혜 ˇ 지 식 ˇ 환 락 ˇ 획 죄 어 상 제 자 ˇ 상 제 즉 비

以收斂積蓄之任ˇ終歸於上帝所悅者用ˇ此亦屬於虛ˇ亦如捕風
이 수 렴 적 축 지 임 ˇ 종 귀 어 상 제 소 열 자 용 ˇ 차 역 속 어 허 ˇ 역 여 포 풍
(傳道書 2:26)

하나님은 그가 기뻐하시는 者자에게는 智慧지혜와 知識지식과 喜樂희락을 주시나 罪人죄인에게는 勞苦노고를 주시고 그가 모아 쌓게 하사 하나님을 기뻐하는 者자에게 그가 주게 하시지만 이것도 헛되어 바람을 잡는 것이로다 (전도서 2:26)

To the man who pleases him, God gives wisdom, knowledge and happiness, but to the sinner he gives the task of gathering and storing up wealth to hand it over to the one who pleases God. This too is meaningless, a chasing after the wind. (Ecclesiastes 2:26)

8
人心本皆爲主所造ˇ凡人之行爲ˇ俱在主洞鑒之中 (詩篇 33:15)
인 심 본 개 위 주 소 조 ˇ 범 인 지 행 위 ˇ 구 재 주 통 감 지 중

그는 그들 모두의 마음을 지으시며 그들이 하는 일을 굽어 살피시는 이로다 (시편 33:15)

He who forms the hearts of all, who considers everything they do. (Psalms 33:15)

9
智慧能力ˇ謀畧ˇ明哲ˇ俱爲上帝所有 (約伯 12:13)
지 혜 능 력 ˇ 모 략 ˇ 명 철 ˇ 구 위 상 제 소 유

智慧지혜와 權能권능이 하나님께 있고 計略계략과 明哲명철도 그에게 屬속하였나니 (욥기 12:13)

To God belong wisdom and power; counsel and understanding are his. (Job 12:13)

10
我以親近上帝爲我之福ˇ我惟倚賴主上帝ˇ傳揚主之一切作爲
아 이 친 근 상 제 위 아 지 복 ˇ 아 유 의 뢰 주 상 제 ˇ 전 양 주 지 일 체 작 위
(詩篇 73:28)

하나님께 가까이 함이 내게 福복이라 내가 主주 여호와를 나의 避難處피난처로 삼아 主주의 모든 行蹟행적을 傳播전파하리이다 (시편 73:28)

But as for me, it is good to be near God. I have made the Sovereign LORD my refuge: I will tell of all your deeds. (Psalms 73:28)

11

深哉富哉上帝之智慧知識ˇ其法不可測ˇ其道不可尋 (羅瑪書 11:33)
심 재 부 재 상 제 지 지 혜 지 식 ˇ 기 법 불 가 측 ˇ 기 도 불 가 심

깊도다 하나님의 智慧지혜와 知識지식의 豊盛풍성함이여, 그의 判斷판단은 헤아리지 못할 것이며 그의 길은 찾지 못할 것이로다 (로마서 11:33)

Oh, the depth of the riches of the wisdom and knowledge of God! How unsearchable his judgments, and his paths beyond tracing out! (Romans 11:33)

12

所言之靈ˇ主也ˇ主之靈所在ˇ人得自由 (哥林多後書 3:17)
소 언 지 령 ˇ 주 야 ˇ 주 지 령 소 재 ˇ 인 득 자 유

主주는 靈영이시니 主주의 靈영이 계신 곳에는 自由자유가 있느니라 (고린도후서 3:17)

Now the Lord is the Spirit, and where the Spirit of the Lord is, there is freedom. (2 Corinthians 3:17)

13

惟主誠信ˇ必堅定爾曹ˇ保守爾曹ˇ得免於惡 (帖撒羅尼迦後書 3:3)
유 주 성 신 ˇ 필 견 정 이 조 ˇ 보 수 이 조 ˇ 득 면 어 악

主주는 미쁘사 너희를 굳건하게 하시고 惡악한 者자에게서 지키시리라 (데살로니가후서 3:3)

But the Lord is faithful, and he will strengthen and protect you from the evil one. (2 Thessalonians 3:3)

14

昔上帝命光由暗而照ˇ今照於我心ˇ以光照人ˇ使其知上帝之
석 상 제 명 광 유 암 이 조 ˇ 금 조 어 아 심 ˇ 이 광 조 인 ˇ 사 기 지 상 제 지
榮ˇ卽在基督面所顯者也ˇ但我有此寶藏於土器ˇ斯人知此莫
영 ˇ 즉 재 기 독 면 소 현 자 야 ˇ 단 아 유 차 보 장 어 토 기 ˇ 사 인 지 차 막
大之能ˇ非由我ˇ乃由上帝也 (哥林多後書 4:6~7)
대 지 능 ˇ 비 유 아 ˇ 내 유 상 제 야

어두운 데에 빛이 비치라 말씀하셨던 그 하나님께서 예수 그리스도

의 얼굴에 있는 하나님의 榮光영광을 아는 빛을 우리 마음에 비추셨느니라 우리가 이 보배를 질그릇에 가졌으니 이는 甚심히 큰 能力능력은 하나님께 있고 우리에게 있지 아니함을 알게 하려 함이라 (고린도후서 4:6~7)

For God, who said, Let light shine out of darkness, made his light shine in our hearts to give us the light of the knowledge of the glory of God in the face of Christ. But we have this treasure in jars of clay to show that this all-surpassing power is from God and not from us. (2 Corinthians 4:6~7)

15

因主使渴者滿飮ˇ使饑者飽飫美物 (詩篇 107:9)
인 주 사 갈 자 만 음 ˇ 사 기 자 포 어 미 물

그가 思慕사모하는 靈魂영혼에게 滿足만족을 주시며 주린 靈魂영혼에게 좋은 것으로 채워주심이로다 (시편 107:9)

For he satisfies the thirsty and fills the hungry with good things. (Psalms 107:9)

16

民曰ˇ上帝歟ˇ何神能比主ˇ主之遺民ˇ有愆尤主卽宥之ˇ有罪
민 왈 ˇ 상 제 여 ˇ 하 신 능 비 주 ˇ 주 지 유 민 ˇ 유 건 우 주 즉 유 지 ˇ 유 죄
惡主乃赦之ˇ主以矜憫爲悅ˇ不恒懷怒 (彌迦 7:18)
악 주 내 사 지 ˇ 주 이 긍 민 위 열 ˇ 불 항 회 노

主주와 같은 神신이 어디 있으리이까 主주께서는 罪惡죄악과 그 基業기업에 남은 者자의 허물을 赦宥사유하시며 仁愛인애를 기뻐하시므로 震怒진노를 오래 품지 아니하시나이다 (미가 7:18)

Who is a God like you, who pardons sin and forgives the transgression of the remnant of his inheritance? You do not stay angry forever but delight to show mercy. (Micah 7:18)

17

主爲正直者存福祉ˇ行止無過者主護之如盾 (箴言 2:7)
주 위 정 직 자 존 복 지 ˇ 행 지 무 과 자 주 호 지 여 순

그는 正直정직한 者자를 爲위하여 完全완전한 智慧지혜를 豫備예비하시며 行

實행실이 穩全온전한 者자에게 防牌방패가 되시나니 (잠언 2:7)

He holds victory in store for the upright, he is a shield to those whose walk is blameless (Proverbs 2:7)

18

蓋上帝所賜我儕ˇ非畏懼之心ˇ乃剛勇仁愛自守之心
개 상 제 소 사 아 제 ˇ 비 외 구 지 심 ˇ 내 강 용 인 애 자 수 지 심
(提摩太後書 1:7)

하나님이 우리에게 주신 것은 두려워하는 마음이 아니요 오직 能力능력과 사랑과 節制절제하는 마음이니 (디모데후서 1:7)

For God did not give us a spirit of timidity, but a spirit of power, of love and of self-discipline. (2 Timothy 1:7)

19

勿自欺ˇ上帝不可侮也ˇ人所種者何ˇ所穫者亦何 (迦拉太書 6:7)
물 자 기 ˇ 상 제 불 가 모 야 ˇ 인 소 종 자 하 ˇ 소 확 자 역 하

스스로 속이지 말라 하나님은 업신여김을 받지 아니하시나니 사람이 무엇으로 심든지 그대로 거두리라 (갈라디아서 6:7)

Do not be deceived: God cannot be mocked. A man reaps what he sows. (Galatians 6:7)

20

主曰ˇ我必醫其背叛之惡ˇ樂心愛之ˇ我向彼已息我怒 (何西阿 14:4)
주 왈 ˇ 아 필 의 기 배 반 지 악 ˇ 낙 심 애 지 ˇ 아 향 피 이 식 아 노

내가 그들의 叛逆반역을 고치고 기쁘게 그들을 사랑하리니 나의 震怒진노가 그에게서 떠났음이니라 (호세아 14:4)

I will heal their waywardness and love them freely, for my anger has turned away from them. (Hosea 14:4)

21

我如銘爾於我掌ˇ爾之城垣常在我目前 (以賽亞 49:16)
아 여 명 이 어 아 장 ˇ 이 지 성 원 상 재 아 목 전

내가 너를 내 손바닥에 새겼고 너의 城壁성벽이 恒常항상 내 앞에 있나니 (이사야 49:16)

See, I have engraved you on the palms of my hands: your walls are ever before me. (Isaiah 49:16)

22

凡美善之恩施ˇ全備之賞賚ˇ皆自上出ˇ由光明之父而降ˇ彼永
범 미 선 지 은 시 ˇ 전 비 지 상 뢰 ˇ 개 자 상 출 ˇ 유 광 명 지 부 이 강 ˇ 피 영
無變易ˇ無遷移之影 (雅各書 1:17)
무 변 역 ˇ 무 천 이 지 영

온갖 좋은 恩賜은사와 穩全온전한 膳物선물이 다 위로부터 빛들의 아버지께로부터 내려오나니 그는 變변함도 없으시고 回轉회전하는 그림자도 없으시니라 (야고보서 1:17)

Every good and perfect gift is from above, coming down from the Father of the heavenly lights, who does not change like shifting shadows. (James 1:17)

23

爾當休息ˇ當知惟我爲上帝ˇ列邦必敬崇我ˇ全地必敬崇我
이 당 휴 식 ˇ 당 지 유 아 위 상 제 ˇ 열 방 필 경 숭 아 ˇ 전 지 필 경 숭 아
(詩篇 46:10)

이르시기를 너희는 가만히 있어 내가 하나님 됨을 알지어다 내가 뭇 나라 中중에서 높임을 받으리라 내가 世界세계 中중에서 높임을 받으리라 하시도다 (시편 46:10)

Be still, and know that I am God: I will be exalted among the nations, I will be exalted in the earth. (Psalms 46:10)

24

耶穌曰ˇ在人所不能者ˇ在上帝則能也 (路加福音 18:27)
야 소 왈 ˇ 재 인 소 불 능 자 ˇ 재 상 제 즉 능 야

이르시되 무릇 사람이 할 수 없는 것을 하나님은 하실 수 있느니라 (누가복음 18:27)

Jesus replied, What is impossible with men is possible with God. (Luke 18:27)

25

但彼已定命ˇ誰能易之ˇ彼必行其心之所欲 (約伯 23:13)
단 피 이 정 명 ˇ 수 능 역 지 ˇ 피 필 행 기 심 지 소 욕

그는 뜻이 一定일정하시니 누가 能능히 돌이키랴 그의 마음에 하고자 하시는 것이면 그것을 行행하시나니 (욥기 23:13)

But he stands alone, and who can oppose him? He does whatever he pleases. (Job 23:13)

26

試觀父賜我儕何等之愛ˇ使我儕得稱爲上帝之子ˇ世不識我儕
시 관 부 사 아 제 하 등 지 애 ˇ 사 아 제 득 칭 위 상 제 지 자 ˇ 세 불 식 아 제
ˇ因不識父也 (約翰壹書 3:1)
ˇ 인 불 식 부 야

보라 아버지께서 어떠한 사랑을 우리에게 베푸사 하나님의 子女자녀라 일컬음을 받게 하셨는가, 우리가 그러하도다 그러므로 世上세상이 우리를 알지 못함은 그를 알지 못함이라 (요한1서 3:1)

How great is the love the Father has lavished on us, that we should be called children of God! And that is what we are! The reason the world does not know us is that it did not know him. (1 John 3:1)

27

屆期ˇ上帝必將使之顯現ˇ上帝有洪福ˇ獨一有權者ˇ萬王之王
계 기 ˇ 상 제 필 장 사 지 현 현 ˇ 상 제 유 홍 복 ˇ 독 일 유 권 자 ˇ 만 왕 지 왕
ˇ萬主之主 (提摩太前書 6:15)
ˇ 만 주 지 주

期約기약이 이르면 하나님이 그의 나타나심을 보이시리니 하나님은 福복되시고 唯一유일하신 主權者주권자이시며 萬王만왕의 王왕이시며 萬主만주의 主주시요 (디모데전서 6:15)

Which God will bring about in his own time-God, the blessed and only Ruler, the King of kings and Lord of lords. (1 Timothy 6:15)

28

上帝所預知者ˇ則預定肖其子之狀ˇ使彼爲衆子中之長子
상 제 소 예 지 자 ˇ 즉 예 정 초 기 자 지 상 ˇ 사 피 위 중 자 중 지 장 자
(羅瑪書 8:29)

하나님이 미리 아신 者자들을 또한 그 아들의 形像형상을 本본받게 하기 爲위하여 미리 定정하셨으니 이는 그로 많은 兄弟형제 中중에서 맏아

들이 되게 하려 하심이니라 (로마서 8:29)

For those God foreknew he also predestined to be conformed to the likeness of his Son, that he might be the firstborn among many brothers. (Romans 8:29)

29

彼若思所出之故鄕ˇ尙有機可返ˇ然彼等慕更美之家鄕ˇ卽在
피 약 사 소 출 지 고 향 ˇ 상 유 기 가 반 ˇ 연 피 등 모 갱 미 지 가 향 ˇ 즉 재
天者ˇ故上帝自稱爲彼之上帝不以爲恥ˇ而爲之備邑
천 자 ˇ 고 상 제 자 칭 위 피 지 상 제 불 이 위 치 ˇ 이 위 지 비 읍
(希伯來書 11:15~16)

그들이 나온 바 本鄕본향을 생각하였더라면 돌아갈 機會기회가 있었으려니와 그들이 이제는 더 나은 本鄕본향을 思慕사모하니 곧 하늘에 있는 것이라 이러므로 하나님이 그들의 하나님이라 일컬음 받으심을 부끄러워하지 아니하시고 그들을 爲위하여 한 城성을 豫備예비하셨느니라 (히브리서 11:15~16)

If they had been thinking of the country they had left, they would have had opportunity to return. Instead, they were longing for a better country—a heavenly one. Therefore God is not ashamed to be called their God, for he has prepared a city for them. (Hebrews 11:15~16)

30

今爾勿復憶已往之事ˇ勿追思古昔之事ˇ今我創一新事ˇ立卽
금 이 물 부 억 이 왕 지 사 ˇ 물 추 사 고 석 지 사 ˇ 금 아 창 일 신 사 ˇ 립 즉
彰顯ˇ爾必得知ˇ我將備道於曠野ˇ濬川於沙漠 (以賽亞 43:18~19)
창 현 ˇ 이 필 득 지 ˇ 아 장 비 도 어 광 야 ˇ 준 천 어 사 막

너희는 以前이전 일을 記憶기억하지 말며 옛날 일을 생각하지 말라 보라 내가 새 일을 行행하리니 이제 나타낼 것이라 너희가 그것을 알지 못하겠느냐 반드시 내가 曠野광야에 길을 沙漠사막에 江강을 내리니 (이사야 43:18~19)

Forget the former things; do not dwell on the past. See, I am doing a new thing! Now it springs up; do you not perceive it? I am making a way in the desert and streams in the wasteland. (Isaiah 43:18~19)

31

上帝賜我以力ˇ賜我道途通達 (詩篇 18:32)
상 제 사 아 이 력 ˇ 사 아 도 도 통 달

이 하나님이 힘으로 내게 띠 띠우시며 내 길을 完全완전하게 하시며 (시편 18:32)

It is God who arms me with strength and makes my way perfect. (Psalms 18:32)

32

蓋主目眷顧義人ˇ傾耳聽其祈禱ˇ惟行惡之人ˇ主則以怒容向之
개 주 목 권 고 의 인 ˇ 경 이 청 기 기 도 ˇ 유 행 악 지 인 ˇ 주 즉 이 노 용 향 지
(彼得前書 3:12)

主주의 눈은 義人의인을 向향하시고 그의 귀는 義人의인의 懇求간구에 기울이시되 主주의 얼굴은 惡行악행하는 者자들을 對대하시느니라 하였느니라 (베드로전서 3:12)

For the eyes of the Lord are on the righteous and his ears are attentive to their prayer, but the face of the Lord is against those who do evil. (1 Peter 3:12)

33

主在爾之右ˇ震怒之日ˇ擊傷列王 (詩篇 110:5)
주 재 이 지 우 ˇ 진 노 지 일 ˇ 격 상 열 왕

主주의 오른쪽에 계신 主주께서 그의 怒노하시는 날에 王왕들을 쳐서 깨뜨리실 것이라 (시편 110:5)

The Lord is at your right hand: he will crush kings on the day of his wrath. (Psalms 110:5)

34

至上之上帝ˇ所施於我之異蹟奇事ˇ我樂以宣之ˇ大哉其奇事
지 상 지 상 제 ˇ 소 시 어 아 지 이 적 기 사 ˇ 아 락 이 선 지 ˇ 대 재 기 기 사
ˇ盛哉其異蹟ˇ其國乃永遠之國ˇ其權至於世世 (但以理 4:2~3)
ˇ 성 재 기 이 적 ˇ 기 국 내 영 원 지 국 ˇ 기 권 지 어 세 세

至極지극히 높으신 하나님이 내게 行행하신 異蹟이적과 놀라운 일을 내가 알게 하기를 즐겨 하노라 참으로 크도다 그의 異蹟이적이여, 참으로 能능하도다 그의 놀라운 일이여, 그의 나라는 永遠영원한 나라요 그

의 統治통치는 代代대대에 이르리로다 (다니엘 4:2~3)

It is my pleasure to tell you about the miraculous signs and wonders that the Most High God has performed for me. How great are his signs, how mighty his wonders! His kingdom is an eternal kingdom; his dominion endures from generation to generation. (Daniel 4:2~3)

35

因窮苦人受難之時ˇ主未嘗藐視ˇ未嘗厭棄ˇ未嘗向其掩面ˇ其
인궁고인수난지시ˇ주미상막시ˇ미상염기ˇ미상향기엄면ˇ기
呼籲時ˇ主曾俯聽 (詩篇 22:24)
호유시ˇ주증부청

그는 困苦곤고한 者자의 困苦곤고를 蔑視멸시하거나 싫어하지 아니하시며 그의 얼굴을 그에게서 숨기지 아니하시고 그가 울부짖을 때에 들으셨도다 (시편 22:24)

For he has not despised or disdained the suffering of the afflicted one; he has not hidden his face from him but has listened to his cry for help. (Psalms 22:24)

36

猶太人ˇ希拉人ˇ悉無區別ˇ同有一主ˇ其洪恩賜凡籲之者
유태인ˇ희랍인ˇ실무구별ˇ동유일주ˇ기홍은사범유지자
(羅瑪書 10:12)

유대人인이나 헬라人인이나 差別차별이 없음이라 한 분이신 主주께서 모든 사람의 主주가 되사 그를 부르는 모든 사람에게 富饒부요하시도다 (로마서 10:12)

For there is no difference between Jew and Gentile—the same Lord is Lord of all and richly blesses all who call on him (Romans 10:12)

37

主爲爾命天使ˇ在爾所行之途保護爾 (詩篇 91:11)
주위이명천사ˇ재이소행지도보호이

그가 너를 爲위하여 그의 天使천사들을 命令명령하사 네 모든 길에서 너를 지키게 하심이라 (시편 91:11)

For he will command his angels concerning you to guard you

in all your ways (Psalms 91:11)

38

因主之恩慈ˇ高於穹蒼ˇ主之眞誠ˇ及乎雲霄 (詩篇 108:4)
인 주 지 은 자 ˇ 고 어 궁 창 ˇ 주 지 진 성 ˇ 급 호 운 소

主주의 仁慈인자하심이 하늘보다 높으시며 主주의 眞實진실은 穹蒼궁창에까지 이르나이다 (시편 108:4)

For great is your love, higher than the heavens: your faithfulness reaches to the skies. (Psalms 108:4)

39

昔在今在後在者全能之主曰ˇ我乃亞勒法ˇ我乃阿梅迦ˇ乃始
석 재 금 재 후 재 자 전 능 지 주 왈 ˇ 아 내 아 륵 법 ˇ 아 내 아 매 가 ˇ 내 시
乃終 (黙示錄/約翰啓示錄 1:8)
내 종

主주 하나님이 이르시되 나는 알파와 오메가라 이제도 있고 前전에도 있었고 將次장차 올 者자요 全能전능한 者자라 하시더라 (묵시록/요한계시록 1:8)

I am the Alpha and the Omega, says the Lord God, who is, and who was, and who is to come, the Almighty. (Revelation 1:8)

40

小子乎ˇ爾曹屬上帝ˇ已勝彼衆ˇ蓋在爾內者ˇ較在世內者大也
소 자 호 ˇ 이 조 속 상 제 ˇ 이 승 피 중 ˇ 개 재 이 내 자 ˇ 교 재 세 내 자 대 야
(約翰壹書 4:4)

子女자녀들아 너희는 하나님께 屬속하였고 또 그들을 이기었나니 이는 너희 안에 계신 이가 世上세상에 있는 者자보다 크심이라 (요한1서 4:4)

You, dear children, are from God and have overcome them, because the one who is in you is greater than the one who is in the world. (1 John 4:4)

41

上帝循其感我儕之大力ˇ能爲我儕成就一切ˇ超乎我儕所求所思
상 제 순 기 감 아 제 지 대 력 ˇ 능 위 아 제 성 취 일 체 ˇ 초 호 아 제 소 구 소 사
(以弗所書 3:20)

우리 가운데서 役事역사하시는 能力능력대로 우리가 求구하거나 생각하는 모든 것에 더 넘치도록 能능히 하실 이에게 (에베소서 3:20)

Now to him who is able to do immeasurably more than all we ask or imagine, according to his power that is at work within us, (Ephesians 3:20)

42

願上帝究察ˇ蓋人心之隱微ˇ上帝皆知 (詩篇 44:21)
원 상 제 구 찰 ˇ 개 인 심 지 은 미 ˇ 상 제 개 지

하나님이 이를 알아내지 아니하셨으리이까 무릇 主주는 마음의 秘密비밀을 아시나이다 (시편 44:21)

Would not God have discovered it, since he knows the secrets of the heart? (Psalms 44:21)

43

我坐我起ˇ主皆知曉ˇ主從遠處知我意念ˇ我行我寢ˇ主皆詳察ˇ我一切道ˇ主皆深曉 (詩篇 139:2~3)
아 좌 아 기 ˇ 주 개 지 효 ˇ 주 종 원 처 지 아 의 념 ˇ 아 행 아 침 ˇ 주 개 상 찰 ˇ 아 일 체 도 ˇ 주 개 심 효

主주께서 내가 앉고 일어섬을 아시고 멀리서도 나의 생각을 밝히 아시오며 나의 모든 길과 내가 눕는 것을 살펴 보셨으므로 나의 모든 行爲행위를 익히 아시오니 (시편 139:2~3)

You know when I sit and when I rise: you perceive my thoughts from afar. You discern my going out and my lying down: you are familiar with all my ways. (Psalms 139:2~3)

44

造我於胎者ˇ不亦造彼乎ˇ使我與彼爲母所生ˇ豈非一主乎 (約伯 31:15)
조 아 어 태 자 ˇ 불 역 조 피 호 ˇ 사 아 여 피 위 모 소 생 ˇ 기 비 일 주 호

나를 胎태 속에 만드신 이가 그도 만들지 아니하셨느냐 우리를 뱃속에 지으신 이가 한 분이 아니시냐 (욥기 31:15)

Did not he who made me in the womb make them? Did not the same one form us both within our mothers? (Job 31:15)

45

我上帝因基督耶穌ˇ將循其榮之富有ˇ補爾凡所需者 (腓立比書 4:19)
아 상 제 인 기 독 야 소 ˇ 장 순 기 영 지 부 유 ˇ 보 이 범 소 수 자

나의 하나님이 그리스도 예수 안에서 榮光영광 가운데 그 豊盛풍성한 대로 너희 모든 쓸 것을 채우시리라 (빌립보서 4:19)

And my God will meet all your needs according to his glorious riches in Christ Jesus. (Philippians 4:19)

46

我儕服勞受辱ˇ正爲此也ˇ因我儕仰望永生上帝ˇ彼乃萬人之
아 제 복 노 수 욕 ˇ 정 위 차 야 ˇ 인 아 제 앙 망 영 생 상 제 ˇ 피 내 만 인 지
救主ˇ更爲信者之救主 (提摩太前書 4:10)
구 주 ˇ 갱 위 신 자 지 구 주

이를 爲위하여 우리가 수고하고 힘쓰는 것은 우리 所望소망을 살아 계신 하나님께 둠이니 곧 모든 사람 特특히 믿는 者자들의 救主구주시라 (디모데전서 4:10)

(And for this we labor and strive), that we have put our hope in the living God, who is the Savior of all men, and especially of those who believe. (1 Timothy 4:10)

47

蓋凡家必有建之者ˇ建萬有者ˇ上帝也 (希伯來書 3:4)
개 범 가 필 유 건 지 자 ˇ 건 만 유 자 ˇ 상 제 야

집마다 지은 이가 있으니 萬物만물을 지으신 이는 하나님이시라 (히브리서 3:4)

For every house is built by someone, but God is the builder of everything. (Hebrews 3:4)

48

可愛者乎ˇ爾不可不知ˇ主觀一日如千年ˇ千年如一日
가 애 자 호 ˇ 이 불 가 부 지 ˇ 주 관 일 일 여 천 년 ˇ 천 년 여 일 일
(彼得後書 3:8)

사랑하는 者자들아 主주께는 하루가 千 年천 년 같고 千 年천 년이 하루 같다는 이 한 가지를 잊지 말라 (베드로후서 3:8)

But do not forget this one thing, dear friends: With the Lord a day is like a thousand years, and a thousand years are like a day. (2 Peter 3:8)

49

上帝非人ˇ萬不食言ˇ非亞當之子ˇ決不後悔ˇ其言豈有不成ˇ
상 제 비 인 ˇ 만 불 식 언 ˇ 비 아 당 지 자 ˇ 결 불 후 회 ˇ 기 언 기 유 불 성 ˇ
其許豈有不應 (民數記 23:19)
기 허 기 유 불 응

하나님은 사람이 아니시니 거짓말을 하지 않으시고 人生인생이 아니시니 後悔후회가 없으시도다 어찌 그 말씀하신 바를 行행하지 않으시며 하신 말씀을 實行실행하지 않으시랴 (민수기 23:19)

God is not a man, that he should lie, nor a son of man, that he should change his mind. Does he speak and then not act? Does he promise and not fulfill? (Numbers 23:19)

50

上帝仍濟助我ˇ主保護我命 (詩篇 54:4)
상 제 잉 제 조 아 ˇ 주 보 호 아 명

하나님은 나를 돕는 이시며 主주께서는 내 生命생명을 붙들어 주시는 이시니이다 (시편 54:4)

Surely God is my help: the Lord is the one who sustains me. (Psalms 54:4)

51

爾行軍之日ˇ爾之民飾以聖裝ˇ樂心相從ˇ爾之壯丁多於黎明
이 행 군 지 일 ˇ 이 지 민 식 이 성 장 ˇ 락 심 상 종 ˇ 이 지 장 정 다 어 여 명
之露 (詩篇 110:3)
지 로

主주의 權能권능의 날에 主주의 百姓백성이 거룩한 옷을 입고 즐거이 獻身헌신하니 새벽 이슬 같은 主주의 靑年청년들이 主주께 나오는도다 (시편 110:3)

Your troops will be willing on your day of battle. Arrayed in holy majesty, from the womb of the dawn you will receive the dew of your youth. (Psalms 110:3)

52

上帝如磐爲我所倚ˇ庇我如盾ˇ助我獲勝ˇ衛我如鞏固之城ˇ如
상 제 여 반 위 아 소 의 ˇ 비 아 여 순 ˇ 조 아 획 승 ˇ 위 아 여 공 고 지 성 ˇ 여
避難之所ˇ乃救我者ˇ援我脫於兇暴 (撒母耳下 22:3)
피 난 지 소 ˇ 내 구 아 자 ˇ 원 아 탈 어 흉 포

내가 避피할 나의 磐石반석의 하나님이시요 나의 防牌방패시요 나의 救援구원의 뿔이시요 나의 높은 望臺망대시요 그에게 避피할 나의 避難處피난처시요 나의 救援者구원자시라 나를 暴力폭력에서 救援구원하셨도다 (사무엘하 22:3)

My God is my rock, in whom I take refuge, my shield and the horn of my salvation. He is my stronghold, my refuge and my savior–from violent men you save me. (2 Samuel 22:3)

53

上帝爲磐石ˇ其工純全ˇ其一切道大公無私ˇ乃誠實無妄之上
상 제 위 반 석 ˇ 기 공 순 전 ˇ 기 일 체 도 대 공 무 사 ˇ 내 성 실 무 망 지 상
帝ˇ至義至正 (申命記 32:4)
제 ˇ 지 의 지 정

그는 磐石반석이시니 그가 하신 일이 完全완전하고 그의 모든 길이 正義정의롭고 眞實진실하고 거짓이 없으신 하나님이시니 公義공의로우시고 바르시도다 (신명기 32:4)

He is the Rock, his works are perfect, and all his ways are just. A faithful God who does no wrong, upright and just is he. (Deuteronomy 32:4)

54

我今日以生與福死與禍ˇ置於爾前 (申命記 30:15)
아 금 일 이 생 여 복 사 여 화 ˇ 치 어 이 전

보라 내가 오늘 生命생명과 福복과 死亡사망과 禍화를 네 앞에 두었나니 (신명기 30:15)

See, I set before you today life and prosperity, death and destruction. (Deuteronomy 30:15)

55

主之仁慈矜恤ˇ每朝新施ˇ主之誠實廣大 (耶利米哀歌 3:23)
주 지 인 자 긍 휼 ˇ 매 조 신 시 ˇ 주 지 성 실 광 대

이것들이 아침마다 새로우니 主주의 誠實성실하심이 크시도소이다 (예레미야 애가 3:23)

They are new every morning: great is your faithfulness. (Lamentations 3:23)

56

惟無人云造我之上帝安在ˇ不念上帝能使人夜間歡呼ˇ教我世
유 무 인 운 조 아 지 상 제 안 재 ˇ 불 념 상 제 능 사 인 야 간 환 호 ˇ 교 아 세
人ˇ勝於地上走獸ˇ賜我智慧ˇ靈於空中飛鳥 (約伯 35:10~11)
인 ˇ 승 어 지 상 주 수 ˇ 사 아 지 혜 ˇ 령 어 공 중 비 조

나를 지으신 하나님은 어디 계시냐고 하며 밤에 노래를 주시는 者자가 어디 계시냐고 말하는 者자가 없구나 땅의 짐승들보다도 우리를 더욱 가르치시고 하늘의 새들보다도 우리를 더욱 智慧지혜롭게 하시는 이가 어디 계시냐고 말하는 이도 없구나 (욥기 35:10~11)

But no one says, Where is God my Maker, who gives songs in the night, who teaches more to us than to the beasts of the earth and makes us wiser than the birds of the air? (Job 35:10~11)

57

上帝欲萬人得救ˇ使之皆得知眞道 (提摩太前書 2:4)
상 제 욕 만 인 득 구 ˇ 사 지 개 득 지 진 도

하나님은 모든 사람이 救援구원을 받으며 眞理진리를 아는 데에 이르기를 願원하시느니라 (디모데전서 2:4)

Who wants all men to be saved and to come to a knowledge of the truth. (1 Timothy 2:4)

58

蓋萬物藉之而造ˇ無論在天在地ˇ有形無形ˇ有位者ˇ主治者ˇ
개 만 물 자 지 이 조 ˇ 무 론 재 천 재 지 ˇ 유 형 무 형 ˇ 유 위 자 ˇ 주 치 자 ˇ
執政者ˇ秉權者ˇ皆藉彼而造ˇ亦爲彼而造 (哥羅西書 1:16)
집 정 자 ˇ 병 권 자 ˇ 개 자 피 이 조 ˇ 역 위 피 이 조

萬物만물이 그에게서 創造창조되되 하늘과 땅에서 보이는 것들과 보이지 않는 것들과 或혹은 王權왕권들이나 主權주권들이나 統治者통치자들이나 權勢권세들이나 萬物만물이 다 그로 말미암고 그를 爲위하여 創造창조되었고 (골로새서 1:16)

For by him all things were created: things in heaven and on earth, visible and invisible, whether thrones or powers or rulers or authorities: all things were created by him and for him. (Colossians 1:16)

59

蓋萬物皆本之ˇ賴之ˇ向之ˇ願榮光歸之ˇ至於世世ˇ阿們
개 만 물 개 본 지 ˇ 뢰 지 ˇ 향 지 ˇ 원 영 광 귀 지 ˇ 지 어 세 세 ˇ 아 문
(羅瑪書 11:36)

이는 萬物만물이 主주에게서 나오고 主주로 말미암고 主주에게로 돌아감이라 그에게 榮光영광이 世世세세에 있을지어다 아멘 (로마서 11:36)

For from him and through him and to him are all things. To him be the glory forever! Amen. (Romans 11:36)

60

我爲己所創立之民ˇ當頌美我德 (以賽亞 43:21)
아 위 기 소 창 립 지 민 ˇ 당 송 미 아 덕

이 百姓백성은 내가 나를 爲위하여 지었나니 나를 讚頌찬송하게 하려 함이니라 (이사야 43:21)

The people I formed for myself that they may proclaim my praise. (Isaiah 43:21)

61

如是ˇ非由人願ˇ非由人力ˇ乃由矜恤之上帝 (羅瑪書 9:16)
여 시 ˇ 비 유 인 원 ˇ 비 유 인 력 ˇ 내 유 긍 휼 지 상 제

그런즉 願원하는 者자로 말미암음도 아니요 달음박질하는 者자로 말미암음도 아니요 오직 矜恤긍휼히 여기시는 하나님으로 말미암음이니라 (로마서 9:16)

It does not, therefore, depend on man' s desire or effort, but on God' s mercy. (Romans 9:16)

62

上帝又選世之卑賤者ˇ被藐視者ˇ人所視爲無有者ˇ以廢世之
상 제 우 선 세 지 비 천 자 ˇ 피 막 시 자 ˇ 인 소 시 위 무 유 자 ˇ 이 폐 세 지
有者 (哥林多前書 1:28)
유 자

하나님께서 世上세상의 賤천한 것들과 蔑視멸시 받는 것들과 없는 것들을 擇택하사 있는 것들을 廢폐하려 하시나니 (고린도전서 1:28)

He chose the lowly things of this world and the despised things–and the things that are not–to nullify the things that are, (1 Corinthians 1:28)

63

乃上帝選世之愚者ˇ以愧智者ˇ選世之弱者ˇ以愧强者
내 상 제 선 세 지 우 자 ˇ 이 괴 지 자 ˇ 선 세 지 약 자 ˇ 이 괴 강 자
(哥林多前書 1:27)

그러나 하나님께서 세상의 미련한 것들을 擇택하사 智慧지혜 있는 者자들을 부끄럽게 하려 하시고 世上세상의 弱약한 것들을 擇택하사 强강한 것들을 부끄럽게 하려 하시며 (고린도전서 1:27)

But God chose the foolish things of the world to shame the wise: God chose the weak things of the world to shame the strong. (1 Corinthians 1:27)

64

我未造爾於胎ˇ我已知爾ˇ爾未出母腹ˇ我已區別爾ˇ立爾爲列
아 미 조 이 어 태 ˇ 아 이 지 이 ˇ 이 미 출 모 복 ˇ 아 이 구 별 이 ˇ 입 이 위 열
邦之先知 (耶利米 1:5)
방 지 선 지

내가 너를 母胎모태에 짓기 前전에 너를 알았고 네가 배에서 나오기 前전에 너를 聖別성별하였고 너를 여러 나라의 先知者선지자로 세웠노라 하시기로 (예레미야 1:5)

Before I formed you in the womb I knew you, before you were born I set you apart: I appointed you as a prophet to the nations. (Jeremiah 1:5)

65

能忍者ˇ所儕以爲有福ˇ爾曹聞約伯之忍ˇ亦知主賜其終境如
능 인 자 ˇ 소 제 이 위 유 복 ˇ 이 조 문 약 백 지 인 ˇ 역 지 주 사 기 종 경 여
何ˇ蓋主最仁慈施憐憫 (雅各書 5:11)
하 ˇ 개 주 최 인 자 시 연 민

보라 忍耐인내하는 者자를 우리가 福복되다 하나니 너희가 욥의 忍耐인내를 들었고 主주께서 주신 結末결말을 보았거니와 主주는 가장 慈悲자비하시고 矜恤긍휼히 여기는 者자시니라 (야고보서 5:11)

As you know, we consider blessed those who have persevered. You have heard of Job' s perseverance and have seen what the Lord finally brought about. The Lord is full of compassion and mercy. (James 5:11)

66

堅固我與爾衆以信基督ˇ且以膏膏我者ˇ上帝也ˇ又以印印我衆
견고아여이중이신기독ˇ차이고고아자ˇ상제야ˇ우이인인아중ˇ
ˇ以聖靈賜我在心爲質 (哥林多後書 1:21~22)
이성령사아재심위질

우리를 너희와 함께 그리스도 안에서 굳건하게 하시고 우리에게 기름을 부으신 이는 하나님이시니 그가 또한 우리에게 印인치시고 保證보증으로 우리 마음에 聖靈성령을 주셨느니라 (고린도후서 1:21~22)

Now it is God who makes both us and you stand firm in Christ. He anointed us, set his seal of ownership on us, and put his Spirit in our hearts as a deposit, guaranteeing what is to come.(2 Corinthians 1:21~22)

67

若言人旣勞碌ˇ莫若以食以飮ˇ安享其樂ˇ我又見其權在乎上帝
약언인기노록ˇ막약이식이음ˇ안향기락ˇ아우견기권재호상제
(傳道書 2:24)

사람이 먹고 마시며 수고하는 것보다 그의 마음을 더 기쁘게 하는 것은 없나니 내가 이것도 본즉 하나님의 손에서 나오는 것이로다 (전도서 2:24)

A man can do nothing better than to eat and drink and find satisfaction in his work. This too, I see, is from the hand of God, (Ecclesiastes 2:24)

68

蓋上帝循其善意ˇ力行於爾中ˇ使爾旣立志亦成事 (腓立比書 2:13)
개상제순기선의ˇ력행어이중ˇ사이기입지역성사

너희 안에서 行행하시는 이는 하나님이시니 自己자기의 기쁘신 뜻을 爲위하여 너희에게 所願소원을 두고 行행하게 하시나니 (빌립보서 2:13)

For it is God who works in you to will and to act according to his good purpose. (Philippians 2:13)

69

施展大能ˇ彰顯大力ˇ主之恩慈ˇ永遠常存 (詩篇 136:12)
시전대능ˇ창현대력ˇ주지은자ˇ영원상존

強강한 손과 펴신 팔로 引導인도하여 내신 이에게 感謝감사하라 그 仁慈인자하심이 永遠영원함이로다 (시편 136:12)

With a strong hand, and with a stretched out arm: for his mercy endureth for ever. (Psalms 136:12)

70

我在母胎ˇ尚未成形ˇ主目已洞鑒我ˇ所定之年日ˇ尚未有其一
아 재 모 태 ˇ 상 미 성 형 ˇ 주 목 이 통 감 아 ˇ 소 정 지 년 일 ˇ 상 미 유 기 일
ˇ已皆註於主之冊 (詩篇 139:16)
ˇ 이 개 주 어 주 지 책

내 形質형질이 이루어지기 前전에 主주의 눈이 보셨으며 나를 爲위하여 定정한 날이 하루도 되기 前전에 主주의 冊책에 다 記錄기록이 되었나이다 (시편 139:16)

Your eyes saw my unformed body. All the days ordained for me were written in your book before one of them came to be. (Psalms 139:16)

71

我必取爾出於列邦ˇ集爾來自各國ˇ導爾旋歸故土ˇ以清水灑
아 필 취 이 출 어 열 방 ˇ 집 이 래 자 각 국 ˇ 도 이 선 귀 고 토 ˇ 이 청 수 쇄
於爾身ˇ使爾爲潔ˇ凡爾污穢之事ˇ及拜偶像之邪ˇ我悉滌除ˇ
어 이 신 ˇ 사 이 위 결 ˇ 범 이 오 예 지 사 ˇ 급 배 우 상 지 사 ˇ 아 실 척 제 ˇ
使爾爲潔 (以西結 36:24~25)
사 이 위 결

내가 너희를 여러 나라 가운데에서 引導인도하여 내고 여러 民族민족 가운데에서 모아 데리고 故國고국 땅에 들어가서 맑은 물을 너희에게 뿌려서 너희로 淨潔정결하게 하되 곧 너희 모든 더러운 것에서와 모든 偶像우상 崇拜숭배에서 너희를 淨潔정결하게 할 것이며 (에스겔 36:24~25)

For I will take you out of the nations: I will gather you from all the countries and bring you back into your own land. I will sprinkle clean water on you, and you will be clean: I will cleanse you from all your impurities and from all your idols. (Ezekiel 36:24~25)

72

主使我之燈照耀ˇ主我之上帝ˇ使我之幽暗變爲光明ˇ我倚賴
주 사 아 지 등 조 요 ˇ 주 아 지 상 제 ˇ 사 아 지 유 암 변 위 광 명 ˇ 아 의 뢰

主ˇ殺入敵軍ˇ仰仗上帝ˇ踰越敵城ˇ上帝之道無不純全ˇ主之
주 ˇ 살 입 적 군 ˇ 앙 장 상 제 ˇ 유 월 적 성 ˇ 제 지 도 무 불 순 전 ˇ 주 지
言語最爲精粹ˇ凡倚賴主者ˇ主必捍衛如盾 (詩篇 18:28~30)
언 어 최 위 정 수 ˇ 범 의 뢰 주 자 ˇ 주 필 한 위 여 순

主주께서 나의 燈등불을 켜심이여 여호와 내 하나님이 내 黑暗흑암을 밝히시리이다 내가 主주를 依賴의뢰하고 敵軍적군을 向향해 달리며 내 하나님을 依支의지하고 담을 뛰어넘나이다 하나님의 道도는 完全완전하고 여호와의 말씀은 純粹순수하니 그는 自己자기에게 避피하는 모든 者자의 防牌방패시로다 (시편 18:28~30)

You, O LORD, keep my lamp burning: my God turns my darkness into light. With your help I can advance against a troop : with my God I can scale a wall. As for God, his way is perfect: the word of the LORD is flawless. He is a shield for all who take refuge in him. (Psalms 18:29~30)

73

上帝不可見之事ˇ卽其永能ˇ及其爲上帝之眞ˇ目不可見ˇ自造
상 제 불 가 견 지 사 ˇ 즉 기 영 능 ˇ 급 기 위 상 제 지 진 ˇ 목 불 가 견 ˇ 자 조
天地以來ˇ乃可明知ˇ因觀其所造之物而悟ˇ致人無由推諉
천 지 이 래 ˇ 내 가 명 지 ˇ 인 관 기 소 조 지 물 이 오 ˇ 치 인 무 유 추 위
(羅瑪書 1:20)

創世창세로부터 그의 보이지 아니하는 것들 곧 그의 永遠영원하신 能力능력과 神性신성이 그가 만드신 萬物만물에 分明분명히 보여 알려졌나니 그러므로 그들이 핑계하지 못할지니라 (로마서 1:20)

For since the creation of the world God' s invisible qualities-his eternal power and divine nature-have been clearly seen, being understood from what has been made, so that men are without excuse. (Romans 1:20)

74

爾向高擧目而觀ˇ思此諸物爲誰所造ˇ惟主使天之萬象ˇ按數
이 향 고 거 목 이 관 ˇ 사 차 제 물 위 수 소 조 ˇ 유 주 사 천 지 만 상 ˇ 안 수
而顯ˇ皆道其名ˇ蓋以主之大能大力ˇ無不應命也 (以賽亞 40:26)
이 현 ˇ 개 도 기 명 ˇ 개 이 주 지 대 능 대 력 ˇ 무 불 응 명 야

너희는 눈을 높이 들어 누가 이 모든 것을 創造창조하였나 보라 主주께서는 數爻수효대로 萬象만상을 이끌어 내시고 그들의 모든 이름을 부르

시나니 그의 權勢권세가 크고 그의 能力능력이 強강하므로 하나도 빠짐이 없느니라 (이사야 40:26)

Lift your eyes and look to the heavens: Who created all these? He who brings out the starry host one by one, and calls them each by name. Because of his great power and mighty strength, not one of them is missing. (Isaiah 40:26)

75

必遮護爾如鳥覆雛ˇ使爾在主翼之蔭下ˇ得蒙覆庇ˇ主之誠實
필 차 호 이 여 조 복 추 ˇ 사 이 재 주 익 지 음 하 ˇ 득 몽 복 비 ˇ 주 지 성 실
乃盾乃甲 (詩篇 91:4)
내 순 내 갑

그가 너를 그의 깃으로 덮으시리니 네가 그의 날개 아래에 避피하리로다 그의 眞實진실함은 防牌방패와 손 防牌방패가 되시나니 (시편 91:4)

He will cover you with his feathers, and under his wings you will find refuge: his faithfulness will be your shield and rampart. (Psalms 91:4)

76

毋畏彼ˇ蓋爲爾戰者乃主爾之上帝 (申命記 3:22)
무 외 피 ˇ 개 위 이 전 자 내 주 이 지 상 제

너희는 그들을 두려워하지 말라 너희의 하나님 여호와께서 親친히 너희를 爲위하여 싸우시리라 하였노라 (신명기 3:22)

Do not be afraid of them: the LORD your God himself will fight for you. (Deuteronomy 3:22)

77

我行於爾前ˇ使曲爲直ˇ爲爾毁銅門ˇ斷鐵楗ˇ必以暗中之貨財
아 행 어 이 전 ˇ 사 곡 위 직 ˇ 위 이 훼 동 문 ˇ 단 철 건 ˇ 필 이 암 중 지 화 재
ˇ及藏於密處之寶物賜爾ˇ使爾知題爾名者ˇ乃我卽主以色
ˇ 급 장 어 밀 처 지 보 물 사 이 ˇ 사 이 지 제 이 명 자 ˇ 내 아 즉 주 이 색
列之上帝 (以賽亞 45:2~3)
열 지 상 제

내가 너보다 앞서 가서 險험한 곳을 平坦평탄하게 하며 놋門문을 쳐서 부수며 쇠빗장을 꺾고 네게 黑暗흑암 中중의 寶貨보화와 隱密은밀한 곳에

숨은 財物재물을 주어 네 이름을 부르는 者자가 나 여호와 이스라엘의 하나님인 줄을 네가 알게 하리라 (이사야 45:2~3)

I will go before you and will level the mountains : I will break down gates of bronze and cut through bars of iron.
I will give you the treasures of darkness, riches stored in secret places, so that you may know that I am the LORD, the God of Israel, who summons you by name. (Isaiah 45:2~3)

78

非謂我儕恃己能由己而思何事ˇ我之能由上帝也 (哥林多後書 3:5)
비 위 아 제 시 기 능 유 기 이 사 하 사 ˇ 아 지 능 유 상 제 야

우리가 무슨 일이든지 우리에게서 난 것 같이 생각하여 스스로 滿足만족할 것이 아니니 우리의 滿足만족은 오직 하나님께로서 났느니라 (고린도후서 3:5)

Not that we are competent in ourselves to claim anything for ourselves, but our competence comes from God.(2 Corinthians 3:5)

79

爾曹爲上帝之名勤勞而施仁愛ˇ素供事聖徒ˇ今仍供事之ˇ上帝非不義ˇ必不忘爾之工 (希伯來書 6:10)
이 조 위 상 제 지 명 근 로 이 시 인 애 ˇ 소 공 사 성 도 ˇ 금 잉 공 사 지 ˇ 상 제 비 불 의 ˇ 필 불 망 이 지 공

하나님은 不義불의하지 아니하사 너희 行爲행위와 그의 이름을 爲위하여 나타낸 사랑으로 이미 聖徒성도를 섬긴 것과 이제도 섬기고 있는 것을 잊어버리지 아니하시느니라 (히브리서 6:10)

God is not unjust: he will not forget your work and the love you have shown him as you have helped his people and continue to help them. (Hebrews 6:10)

80

我父以之賜我ˇ父大於萬有ˇ無能奪之於我父之手 (約翰福音 10:29)
아 부 이 지 사 아 ˇ 부 대 어 만 유 ˇ 무 능 탈 지 어 아 부 지 수

그들을 주신 내 아버지는 萬物만물보다 크시매 아무도 아버지 손에서 빼앗을 수 없느니라 (요한복음 10:29)

My Father, who has given them to me, is greater than all: no one can snatch them out of my Father's hand. (John 10:29)

81
上帝震雷ˇ其聲甚奇ˇ行大事ˇ我儕不能測 (約伯 37:5)
상제진뢰ˇ기성심기ˇ행대사ˇ아제불능측

하나님은 놀라운 音聲음성을 내시며 우리가 헤아릴 수 없는 큰 일을 行행하시느니라 (욥기 37:5)

God's voice thunders in marvelous ways: he does great things beyond our understanding. (Job 37:5)

82
我必加手於爾ˇ消融爾渣滓ˇ盡除爾鉛錫 (以賽亞 1:25)
아필가수어이ˇ소융이사재ˇ진제이연석

내가 또 내 손을 네게 돌려 네 찌꺼기를 잿물로 씻듯이 녹여 淸潔청결하게 하며 네 混雜物혼잡물을 다 除제하여 버리고 (이사야 1:25)

I will turn my hand against you: I will thoroughly purge away your dross and remove all your impurities. (Isaiah 1:25)

83
我以仁慈之繩ˇ以惠愛之索ˇ繫之引之ˇ我爲之弛軛於項ˇ並賜之糈糧 (何西阿 11:4)
아이인자지승ˇ이혜애지삭ˇ계지인지ˇ아위지이액어항ˇ병사지서량

내가 사람의 줄 곧 사랑의 줄로 그들을 이끌었고 그들에게 대하여 그 목에서 멍에를 벗기는 者자 같이 되었으며 그들 앞에 먹을 것을 두었노라 (호세아 11:4)

I led them with cords of human kindness, with ties of love: I lifted the yoke from their neck and bent down to feed them. (Hosea 11:4)

84
因我視爾爲寶ˇ俾爾爲尊ˇ且眷愛爾ˇ故使人易爾ˇ使列民代爾ˇ以救爾生命 (以賽亞 43:4)
인아시이위보ˇ비이위존ˇ차권애이ˇ고사인역이ˇ사열민대이ˇ이구이생명

네가 내 눈에 보배롭고 尊貴존귀하며 내가 너를 사랑하였은즉 내가 네 代身대신 사람들을 내어 주며 百姓백성들이 네 生命생명을 代身대신하리니 (이사야 43:4)

Since you are precious and honored in my sight, and because I love you, I will give men in exchange for you, and people in exchange for your life. (Isaiah 43:4)

85

我提攜爾ˇ直至爾老ˇ我仍若是ˇ至爾髮白ˇ我猶保抱ˇ我已若
아 제 휴 이 ˇ 직 지 이 노 ˇ 아 잉 약 시 ˇ 지 이 발 백 ˇ 아 유 보 포 ˇ 아 이 약
是行ˇ必保抱ˇ必提攜ˇ必拯救 (以賽亞 46:4)
시 행 ˇ 필 보 포 ˇ 필 제 휴 ˇ 필 증 구

너희가 老年노년에 이르기까지 내가 그리하겠고 白髮백발이 되기까지 내가 너희를 품을 것이라 내가 지었은즉 내가 업을 것이요 내가 품고 救구하여 내리라 (이사야 46:4)

Even to your old age and gray hairs I am he, I am he who will sustain you. I have made you and I will carry you: I will sustain you and I will rescue you. (Isaiah 46:4)

86

上帝護庇我儕ˇ賜力於我儕ˇ當患難時ˇ極顯救濟 (詩篇 46:1)
상 제 호 비 아 제 ˇ 사 력 어 아 제 ˇ 당 환 난 시 ˇ 극 현 구 제

하나님은 우리의 避難處피난처시요 힘이시니 患難환난 中중에 만날 큰 도움이시라 (시편 46:1)

For the director of music. Of the Sons of Korah. According to alamoth. A song. God is our refuge and strength, an ever-present help in trouble. (Psalms 46:1)

87

主展手施恩ˇ使羣生得飽 (詩篇 145:16)
주 전 수 시 은 ˇ 사 군 생 득 포

손을 펴사 모든 生物생물의 所願소원을 滿足만족하게 하시나이다 (시편 145:16)

You open your hand and satisfy the desires of every living thing. (Psalms 145:16)

88

愛我者ˇ我亦愛之ˇ尋求我者ˇ必尋得我 (箴言 8:17)
애 아 자 ˇ 아 역 애 지 ˇ 심 구 아 자 ˇ 필 심 득 아

나를 사랑하는 者자들이 나의 사랑을 입으며 나를 懇切간절히 찾는 者자가 나를 만날 것이니라 (잠언 8:17)

I love those who love me, and those who seek me find me. (Proverbs 8:17)

89

以榮光尊貴權力歸於主ˇ宜也ˇ蓋主創造萬物ˇ萬物受造而有ˇ
이 영 광 존 귀 권 력 귀 어 주 ˇ 의 야 ˇ 개 주 창 조 만 물 ˇ 만 물 수 조 이 유 ˇ
皆由主之旨也 (約翰 啓示錄 4:11)
개 유 주 지 지 야

우리 主주 하나님이여 榮光영광과 尊貴존귀와 權能권능을 받으시는 것이 合當합당하오니 主주께서 萬物만물을 지으신지라 萬物만물이 主주의 뜻대로 있었고 또 지으심을 받았나이다 하더라 (요한계시록 4:11)

You are worthy, our Lord and God, to receive glory and honor and power, for you created all things, and by your will they were created and have their being. (Revelation 4:11)

90

彼尚未祈ˇ我已允之ˇ彼適禱告ˇ我已聽之 (以賽亞 65:24)
피 상 미 기 ˇ 아 이 윤 지 ˇ 피 적 도 고 ˇ 아 이 청 지

그들이 부르기 前전에 내가 應答응답하겠고 그들이 말을 마치기 前전에 내가 들을 것이며 (이사야 65:24)

Before they call I will answer: while they are still speaking I will hear. (Isaiah 65:24)

91

必爲爾立合我心之牧人ˇ俾以智慧明哲牧爾 (耶利米 3:15)
필 위 이 입 합 아 심 지 목 인 ˇ 비 이 지 혜 명 철 목 이

내가 또 내 마음에 合합한 牧者목자들을 너희에게 주리니 그들이 知識지식과 明哲명철로 너희를 養育양육하리라 (예레미야 3:15)

Then I will give you shepherds after my own heart, who will

lead you with knowledge and understanding. (Jeremiah 3:15)

92

生命之根源ˇ在主之所ˇ我儕倚賴主之光ˇ得以觀光 (詩篇 36:9)
생 명 지 근 원 ˇ 재 주 지 소 ˇ 아 제 의 뢰 주 지 광 ˇ 득 이 관 광

眞實진실로 生命생명의 源泉원천이 主주께 있사오니 主주의 빛 안에서 우리가 빛을 보리이다 (시편 36:9)

For with you is the fountain of life: in your light we see light. (Psalms 36:9)

93

我賜境內平康ˇ爾必安寢ˇ無人令爾驚懼ˇ我於爾地必翦滅猛
아 사 경 내 평 강 ˇ 이 필 안 침 ˇ 무 인 령 이 경 구 ˇ 아 어 이 지 필 전 멸 맹
獸ˇ不使兵刃經爾地 (利未記 26:6)
수 ˇ 불 사 병 인 경 이 지

내가 그 땅에 平和평화를 줄 것인즉 너희가 누울 때 너희를 두렵게 할 者자가 없을 것이며 내가 사나운 짐승을 그 땅에서 除제할 것이요 칼이 너희의 땅에 두루 行행하지 아니할 것이며 (레위기 26:6)

I will grant peace in the land, and you will lie down and no one will make you afraid. I will remove savage beasts from the land, and the sword will not pass through your country. (Leviticus 26:6)

94

爾畢生無人能禦爾ˇ我必祐偕爾ˇ如昔偕摩西然ˇ我不離爾ˇ不
이 필 생 무 인 능 어 이 ˇ 아 필 우 해 이 ˇ 여 석 해 마 서 연 ˇ 아 불 리 이 ˇ 불
棄爾 (約書亞 1:5)
기 이

네 平生평생에 너를 能능히 對敵대적할 者자가 없으리니 내가 모세와 함께 있었던 것 같이 너와 함께 있을 것임이니라 내가 너를 떠나지 아니하며 버리지 아니하리니 (여호수아 1:5)

No one will be able to stand up against you all the days of your life. As I was with Moses, so I will be with you: I will never leave you nor forsake you. (Joshua 1:5)

95

上帝曰ˇ遍地結子之菜蔬ˇ與凡樹所生懷核之果ˇ我俱賜爾以
상 제 왈 ˇ 편 지 결 자 지 채 소 ˇ 여 범 수 소 생 회 핵 지 과 ˇ 아 구 사 이 이
爲食 (創世記 1:29)
위 식

하나님이 이르시되 내가 온 地面지면의 씨 맺는 모든 菜蔬채소와 씨 가진 열매 맺는 모든 나무를 너희에게 주노니 너희의 먹을 거리가 되리라 (창세기 1:29)

Then God said, I give you every seed-bearing plant on the face of the whole earth and every tree that has fruit with seed in it. They will be yours for food. (Genesis 1:29)

여호와

1

主庇祐我如高山ˇ如保障ˇ是解救我者ˇ我上帝如磐ˇ爲我所恃
주 비 우 아 여 고 산 ˇ 여 보 장 ˇ 시 해 구 아 자 ˇ 아 상 제 여 반 ˇ 위 아 소 시
ˇ遮庇我如盾ˇ保佑我得勝ˇ護衛我如鞏固之城 (詩篇 18:2)
ˇ차 비 아 여 순 ˇ 보 우 아 득 승 ˇ 호 위 아 여 공 고 지 성

여호와는 나의 磐石반석이시요 나의 要塞요새시요 나를 건지시는 이시요 나의 하나님이시요 내가 그 안에 避피할 나의 바위시요 나의 防牌방패시요 나의 救援구원의 뿔이시요 나의 山城산성이시로다 (시편 18:2)

The LORD is my rock, my fortress and my deliverer: my God is my rock, in whom I take refuge. He is my shield and the horn of my salvation, my stronghold. (Psalms 18:2)

2

若非主建造房室ˇ匠人勞苦ˇ亦屬枉然ˇ若非主保護城池ˇ守者
약 비 주 건 조 방 실 ˇ 장 인 노 고 ˇ 역 속 왕 연 ˇ 약 비 주 보 호 성 지 ˇ 수 자
警醒ˇ亦爲無益 (詩篇 127:1)
경 성 ˇ 역 위 무 익

여호와께서 집을 세우지 아니하시면 세우는 者자의 수고가 헛되며 여

호와께서 城성을 지키지 아니하시면 把守파수꾼의 깨어 있음이 헛되도다 (시편 127:1)

Unless the LORD builds the house, its builders labor in vain. Unless the LORD watches over the city, the watchmen stand guard in vain. (Psalms 127:1)

3

主保護我ˇ我無所恐懼ˇ世人能以何害加於我乎 (詩篇 118:6)
주 보 호 아 ˇ 아 무 소 공 구 ˇ 세 인 능 이 하 해 가 어 아 호

여호와는 내 편이시라 내가 두려워하지 아니하리니 사람이 내게 어찌할까 (시편 118:6)

The LORD is with me: I will not be afraid. What can man do to me? (Psalms 118:6)

4

凡瞻望主ˇ尋求主者ˇ主施之以恩 (耶利米哀歌 3:25)
범 첨 망 주 ˇ 심 구 주 자 ˇ 주 시 지 이 은

기다리는 者자들에게나 求구하는 靈魂영혼들에게 여호와는 善선하시도다 (예레미야 애가 3:25)

The LORD is good to those whose hope is in him, to the one who seeks him. (Lamentations 3:25)

5

惟主在其聖殿ˇ普天下之人ˇ當在主前肅然靜默 (哈巴谷 2:20)
유 주 재 기 성 전 ˇ 보 천 하 지 인 ˇ 당 재 주 전 숙 연 정 묵

오직 여호와는 그 聖殿성전에 계시니 온 땅은 그 앞에서 潛潛잠잠할지니라 (하박국 2:20)

But the LORD is in his holy temple: let all the earth be silent before him. (Habakkuk 2:20)

6

主乃我之燈ˇ主明我之暗 (撒母耳下 22:29)
주 내 아 지 등 ˇ 주 명 아 지 암

여호와여 主주는 나의 燈등불이시니 여호와께서 나의 어둠을 밝히시리

이다 (사무엘하 22:29)

You are my lamp, O LORD: the LORD turns my darkness into light. (2 Samuel 22:29)

7

主必保護爾ˇ免遇一切災禍ˇ必保護爾生命ˇ爾出爾入ˇ主必保
주 필 보 호 이 ˇ 면 우 일 체 재 화 ˇ 필 보 호 이 생 명 ˇ 이 출 이 입 ˇ 주 필 보
護爾ˇ從今日至於永遠 (詩篇 121:7~8)
호 이 ˇ 종 금 일 지 어 영 원

여호와께서 너를 지켜 모든 患難환난을 免면하게 하시며 또 네 靈魂영혼을 지키시리로다 여호와께서 너의 出入출입을 只今지금부터 永遠영원까지 지키시리로다 (시편 121:7~8)

The LORD will keep you from all harm—he will watch over your life: the LORD will watch over your coming and going both now and forevermore. (Psalms 121:7~8)

8

主仍護衛我如盾ˇ使我有榮耀ˇ使我能昂首 (詩篇 3:3)
주 잉 호 위 아 여 순 ˇ 사 아 유 영 요 ˇ 사 아 능 앙 수

여호와여 主주는 나의 防牌방패시요 나의 榮光영광이시요 나의 머리를 드시는 者자이시니이다 (시편 3:3)

But you are a shield around me, O LORD: you bestow glory on me and lift up my head. (Psalms 3:3)

9

凡傾仆者ˇ主必扶之ˇ凡拳曲者主必直之使立 (詩篇 145:14)
범 경 부 자 ˇ 주 필 부 지 ˇ 범 권 곡 자 주 필 직 지 사 립

여호와께서는 모든 넘어지는 者자들을 붙드시며 卑屈비굴한 者자들을 일으키시는도다 (시편 145:14)

The LORD upholds all those who fall and lifts up all who are bowed down. (Psalms 145:14)

10

自爾出母胎ˇ甄陶爾救贖爾之主如是云ˇ我乃主創造萬物ˇ獨
자 이 출 모 태 ˇ 견 도 이 구 속 이 지 주 여 시 운 ˇ 아 내 주 창 조 만 물 ˇ 독

我張天ˇ以己力闢地 (以賽亞 44:24)
아 장 천 ˇ 이 기 력 벽 지

네 救贖者구속자요 母胎모태에서 너를 지은 나 여호와가 이같이 말하노라 나는 萬物만물을 지은 여호와라 홀로 하늘을 폈으며 나와 함께 한 者자 없이 땅을 펼쳤고 (이사야 44:24)

This is what the LORD says—your Redeemer, who formed you in the womb: I am the LORD, who has made all things, who alone stretched out the heavens, who spread out the earth by myself, (Isaiah 44:24)

11

爾曹當歌詩稱謝主ˇ彈琴歌頌我上帝ˇ主以雲遮天ˇ爲地備雨
이 조 당 가 시 칭 사 주 ˇ 탄 금 가 송 아 상 제 ˇ 주 이 운 차 천 ˇ 위 지 비 우
ˇ使山生長百草 (詩篇 147:7~8)
ˇ 사 산 생 장 백 초

感謝감사함으로 여호와께 노래하며 竪琴수금으로 하나님께 讚揚찬양할지어다 그가 구름으로 하늘을 덮으시며 땅을 爲위하여 비를 準備준비하시며 山산에 풀이 자라게 하시며 (시편 147:7~8)

Sing to the LORD with thanksgiving: make music to our God on the harp. He covers the sky with clouds: he supplies the earth with rain and makes grass grow on the hills. (Psalms 147:7~8)

12

爾曹可陳爾之理ˇ前來彼此議論ˇ斯事誰自古示之ˇ誰自昔告
이 조 가 진 이 지 리 ˇ 전 래 피 차 의 논 ˇ 사 사 수 자 고 시 지 ˇ 수 자 석 고
之ˇ非我乎ˇ我乃主ˇ我之外別無上帝ˇ我乃秉公義施拯救之上
지 ˇ 비 아 호 ˇ 아 내 주 ˇ 아 지 외 별 무 상 제 ˇ 아 내 병 공 의 시 증 구 지 상
帝ˇ我之外無他 (以賽亞 45:21)
제 ˇ 아 지 외 무 타

너희는 알리며 陳述진술하고 또 함께 議論의논하여 보라 이 일을 옛부터 듣게 한 者자가 누구냐 以前이전부터 그것을 알게 한 者자가 누구냐 나 여호와가 아니냐 나 外외에 다른 神신이 없나니 나는 公義공의를 行행하며 救援구원을 베푸는 하나님이라 나 外외에 다른 이가 없느니라 (이사야 45:21)

Declare what is to be, present it–let them take counsel together. Who foretold this long ago, who declared it from the distant past? Was it not I, the LORD ? And there is no God apart from me, a righteous God and a Savior: there is none but me. (Isaiah 45:21)

13

正直人之年壽ˇ爲主所知ˇ其基業必存至永久 (詩篇 37:18)
정직인지년수 ˇ 위주소지 ˇ 기기업필존지영구

여호와께서 穩全온전한 者자의 날을 아시나니 그들의 基業기업은 永遠영원하리로다 (시편 37:18)

The days of the blameless are known to the LORD, and their inheritance will endure forever. (Psalms 37:18)

14

我乃主爾之上帝ˇ曾引爾出自伊及ˇ爾張爾口ˇ我卽使之充滿
아내주이지상제 ˇ 증인이출자이급 ˇ 이장이구 ˇ 아즉사지충만
(詩篇 81:10)

나는 너를 애굽 땅에서 引導인도하여 낸 여호와 네 하나님이니 네 입을 크게 열라 내가 채우리라 하였으나 (시편 81:10)

I am the LORD your God, who brought you up out of Egypt. Open wide your mouth and I will fill it. (Psalms 81:10)

15

惟主永遠常存ˇ主名萬世恒有 (詩篇 102:12)
유주영원상존 ˇ 주명만세항유

여호와여 主주는 永遠영원히 계시고 主주에 對대한 記憶기억은 代代대대에 이르리이다 (시편 102:12)

But you, O LORD, sit enthroned forever: your renown endures through all generations. (Psalms 102:12)

16

亞伯拉罕稱其地ˇ曰主自備ˇ至今尙有人云ˇ此處於主之山可見
아백랍한칭기지 ˇ 왈주자비 ˇ 지금상유인운 ˇ 차처어주지산가견
(創世記 22:14)

아브라함이 그 땅 이름을 여호와 이레라 하였으므로 오늘날까지 사람들이 이르기를 여호와의 山산에서 準備준비되리라 하더라 (창세기 22:14)

So Abraham called that place The LORD Will Provide. And to this day it is said, On the mountain of the LORD it will be provided. (Genesis 22:14)

17

以色列人ˇ聽之哉ˇ主我之上帝獨一無二之主ˇ爾當盡心盡意
이 색 열 인 ˇ 청 지 재 ˇ 주 아 지 상 제 독 일 무 이 지 주 ˇ 이 당 진 심 진 의
盡力ˇ愛主爾之上帝 (申命記 6:4~5)
진 력 ˇ 애 주 이 지 상 제

이스라엘아 들으라 우리 하나님 여호와는 오직 唯一유일한 여호와이시니 너는 마음을 다하고 뜻을 다하고 힘을 다하여 네 하나님 여호와를 사랑하라 (신명기 6:4~5)

Hear, O Israel: The LORD our God, the LORD is one. Love the LORD your God with all your heart and with all your soul and with all your strength. (Deuteronomy 6:4~5)

18

凡呼籲主者ˇ卽誠心呼籲主者ˇ主必與之相近 (詩篇 145:18)
범 호 유 주 자 ˇ 즉 성 심 호 유 주 자 ˇ 주 필 여 지 상 근

여호와께서는 自己자기에게 懇求간구하는 모든 者자 곧 眞實진실하게 懇求간구하는 모든 者자에게 가까이 하시는도다 (시편 145:18)

The LORD is near to all who call on him, to all who call on him in truth. (Psalms 145:18)

19

主乃我之牧者ˇ使我不至窮乏 (詩篇 23:1)
주 내 아 지 목 자 ˇ 사 아 부 지 궁 핍

여호와는 나의 牧者목자시니 내게 不足부족함이 없으리로다 (시편 23:1)

The LORD is my shepherd, I shall not be in want. (Psalms 23:1)

20

主以力賜己之民ˇ又賜以平康之福 (詩篇 29:11)
주 이 력 사 기 지 민 ˇ 우 사 이 평 강 지 복

여호와께서 自己자기 百姓백성에게 힘을 주심이여 여호와께서 自己자기 百姓백성에게 平康평강의 福복을 주시리로다 (시편 29:11)

The LORD gives strength to his people: the LORD blesses his people with peace. (Psalms 29:11)

21

主歟ˇ惟認識主名者可倚賴主ˇ因凡尋求主者ˇ主不棄絕
주 여 ˇ 유 인 식 주 명 자 가 의 뢰 주 ˇ 인 범 심 구 주 자 ˇ 주 불 기 절
(詩篇 9:10)

여호와여 主주의 이름을 아는 者자는 主주를 依支의지하오리니 이는 主주를 찾는 者자들을 버리지 아니하심이니이다 (시편 9:10)

Those who know your name will trust in you, for you, LORD, have never forsaken those who seek you. (Psalms 9:10)

22

主爲至善ˇ主之恩惠ˇ永遠長存ˇ主之誠實ˇ萬代恒有 (詩篇 100:5)
주 위 지 선 ˇ 주 지 은 혜 ˇ 영 원 장 존 ˇ 주 지 성 실 ˇ 만 대 항 유

여호와는 善선하시니 그의 仁慈인자하심이 永遠영원하고 그의 誠實성실하심이 代代대대에 이르리로다 (시편 100:5)

For the LORD is good and his love endures forever: his faithfulness continues through all generations. (Psalms 100:5)

23

主曰ˇ我民居伊及ˇ我見其苦ˇ因受督役者虐待而號呼ˇ已聞於
주 왈 ˇ 아 민 거 이 급 ˇ 아 견 기 고 ˇ 인 수 독 역 자 학 대 이 호 호 ˇ 이 문 어
我ˇ我知其憂 (出伊及記 3:7)
아 ˇ 아 지 기 우

여호와께서 이르시되 내가 애굽에 있는 내 百姓백성의 苦痛고통을 분명히 보고 그들이 그들의 監督者감독자로 말미암아 부르짖음을 듣고 그 근심을 알고 (출애굽기 3:7)

The LORD said, I have indeed seen the misery of my people in Egypt. I have heard them crying out because of their slave drivers, and I am concerned about their suffering. (Exodus 3:7)

24

主爲我之光明ˇ乃我之救主ˇ我尙懼誰耶ˇ主爲我生命之保障ˇ
주 위 아 지 광 명 ˇ 내 아 지 구 주 ˇ 아 상 구 수 야 ˇ 주 위 아 생 명 지 보 장 ˇ
我尙畏誰耶 (詩篇 27:1)
아 상 외 수 야

여호와는 나의 빛이요 나의 救援구원이시니 내가 누구를 두려워하리요 여호와는 내 生命생명의 能力능력이시니 내가 누구를 무서워하리요 (시편 27:1)

Of David. The LORD is my light and my salvation–whom shall I fear? The LORD is the stronghold of my life–of whom shall I be afraid? (Psalms 27:1)

25

主必不使爾失足ˇ保護爾者ˇ永不寢寐ˇ保護以色列之主ˇ不寢
주 필 불 사 이 실 족 ˇ 보 호 이 자 ˇ 영 불 침 매 ˇ 보 호 이 색 열 지 주 ˇ 불 침
不寐 (詩篇 121:3~4)
불 매

여호와께서 너를 失足실족하지 아니하게 하시며 너를 지키시는 이가 졸지 아니하시리로다 이스라엘을 지키시는 이는 졸지도 아니하시고 주무시지도 아니하시리로다 (시편 121:3~4)

He will not let your foot slip–he who watches over you will not slumber; indeed, he who watches over Israel will neither slumber nor sleep. (Psalms 121:3~4)

26

主離遠惡人ˇ俯聽善人之祈禱 (箴言 15:29)
주 리 원 악 인 ˇ 부 청 선 인 지 기 도

여호와는 惡人악인을 멀리 하시고 義人의인의 祈禱기도를 들으시느니라 (잠언 15:29)

The LORD is far from the wicked but he hears the prayer of the righteous. (Proverbs 15:29)

27

爾當賴主ˇ至於永遠ˇ因主爲自有之主如磐可恃ˇ永遠長存
이 당 뢰 주 ˇ 지 어 영 원 ˇ 인 주 위 자 유 지 주 여 반 가 시 ˇ 영 원 장 존
(以賽亞 26:4)

너희는 여호와를 永遠영원히 信賴신뢰하라 主주 여호와는 永遠영원한 磐石반석이심이로다 (이사야 26:4)

Trust in the LORD forever, for the LORD, the LORD, is the Rock eternal. (Isaiah 26:4)

28

惟主發慈愛ˇ施憐憫ˇ時常容忍ˇ大賜恩惠 (詩篇 145:8)
유 주 발 자 애 ˇ 시 연 민 ˇ 시 상 용 인 ˇ 대 사 은 혜

여호와는 恩惠은혜로우시며 矜恤긍휼이 많으시며 怒노하기를 더디 하시며 仁慈인자하심이 크시도다 (시편 145:8)

The LORD is gracious and compassionate, slow to anger and rich in love. (Psalms 145:8)

29

我常顧主在我之前ˇ主在我之右ˇ我必不至動搖 (詩篇 16:8)
아 상 고 주 재 아 지 전 ˇ 주 재 아 지 우 ˇ 아 필 부 지 동 요

내가 여호와를 恒常항상 내 앞에 모심이여 그가 나의 오른쪽에 계시므로 내가 흔들리지 아니하리로다 (시편 16:8)

I have set the LORD always before me. Because he is at my right hand, I will not be shaken. (Proverbs 16:8)

30

我賴主得力ˇ我惟謳歌頌揚ˇ拯我者惟主ˇ爲我之上帝ˇ我則頌
아 뢰 주 득 력 ˇ 아 유 구 가 송 양 ˇ 증 아 자 유 주 ˇ 위 아 지 상 제 ˇ 아 즉 송
美ˇ爲我父之上帝ˇ我則尊崇 (出伊及記 15:2)
미 ˇ 위 아 부 지 상 제 ˇ 아 즉 존 숭

여호와는 나의 힘이요 노래시며 나의 救援구원이시로다 그는 나의 하나님이시니 내가 그를 讚頌찬송할 것이요 내 아버지의 하나님이시니 내가 그를 높이리로다 (출애굽기 15:2)

The LORD is my strength and my song: he has become my salvation. He is my God, and I will praise him, my father’ s God, and I will exalt him. (Exodus 15:2)

31

主大無倫ˇ能力ˇ尊榮ˇ盛德ˇ威嚴ˇ悉屬主ˇ凡在天地者ˇ咸歸
주 대 무 륜 ˇ 능 력 ˇ 존 영 ˇ 성 덕 ˇ 위 엄 ˇ 실 속 주 ˇ 범 재 천 지 자 ˇ 함 귀

主ˇ國權歸主ˇ主巍巍乎萬有之上 (歷代上 29:11)
주 ˇ 국 권 귀 주 ˇ 주 외 외 호 만 유 지 상

여호와여 偉大위대하심과 權能권능과 榮光영광과 勝利승리와 威嚴위엄이 다 主주께 屬속하였사오니 天地천지에 있는 것이 다 主주의 것이로소이다 여호와여 主權주권도 主주께 屬속하였사오니 主주는 높으사 萬物만물의 머리이심이니이다 (역대상 29:11)

Yours, O LORD, is the greatness and the power and the glory and the majesty and the splendor, for everything in heaven and earth is yours. Yours, O LORD, is the kingdom: you are exalted as head over all. (1 Chronicles 29:11)

32

主自天令爾聞其聲以教訓爾ˇ在地使爾見其烈火ˇ而由火中聽其言 (申命記 4:36)
주 자 천 령 이 문 기 성 이 교 훈 이 ˇ 재 지 사 이 견 기 열 화 ˇ 이 유 화 중 청 기 언

여호와께서 너를 教訓교훈하시려고 하늘에서부터 그의 音聲음성을 네게 듣게 하시며 땅에서는 그의 큰 불을 네게 보이시고 네가 불 가운데서 나오는 그의 말씀을 듣게 하셨느니라 (신명기 4:36)

From heaven he made you hear his voice to discipline you. On earth he showed you his great fire, and you heard his words from out of the fire. (Deuteronomy 4:36)

33

我論主云ˇ主爲我之避所ˇ我之保障ˇ我之上帝ˇ爲我所倚賴者 (詩篇 91:2)
아 론 주 운 ˇ 주 위 아 지 피 소 ˇ 아 지 보 장 ˇ 아 지 상 제 ˇ 위 아 소 의 뢰 자

나는 여호와를 向향하여 말하기를 그는 나의 避難處피난처요 나의 要塞요새요 내가 依賴의뢰하는 하나님이라 하리니 (시편 91:2)

I will say of the LORD, He is my refuge and my fortress, my God, in whom I trust. (Psalms 91:2)

34

當知惟主乃上帝ˇ創造我者乃主ˇ並非自造ˇ我儕爲主之民ˇ爲
당 지 유 주 내 상 제 ˇ 창 조 아 자 내 주 ˇ 병 비 자 조 ˇ 아 제 위 주 지 민 ˇ 위

主所牧之羊 (詩篇 100:3)
주 소 목 지 양

여호와가 우리 하나님이신 줄 너희는 알지어다 그는 우리를 지으신 이요 우리는 그의 것이니 그의 百姓백성이요 그의 기르시는 羊양이로다 (시편 100:3)

Know that the LORD is God. It is he who made us, and we are his: we are his people, the sheep of his pasture. (Psalms 100:3)

35

創造爾ˇ甄陶爾ˇ自爾有生以來ˇ救濟爾之主如是云ˇ我僕雅各
창 조 이 ˇ 견 도 이 ˇ 자 이 유 생 이 래 ˇ 구 제 이 지 주 여 시 운 ˇ 아 복 아 각
ˇ我所選之耶西崙ˇ勿畏懼 (以賽亞 44:2)
ˇ 아 소 선 지 야 서 륜 ˇ 물 외 구

너를 만들고 너를 母胎모태에서부터 지어 낸 너를 도와 줄 여호와가 이같이 말하노라 나의 종 야곱, 내가 擇택한 여수룬아 두려워하지 말라 (이사야 44:2)

This is what the LORD says—he who made you, who formed you in the womb, and who will help you: Do not be afraid, O Jacob, my servant, Jeshurun, whom I have chosen. (Isaiah 44:2)

36

凡主所造者ˇ俱適其用ˇ造惡人ˇ日至以降罰 (箴言 16:4)
범 주 소 조 자 ˇ 구 적 기 용 ˇ 조 악 인 ˇ 일 지 이 강 벌

여호와께서 온갖 것을 그 쓰임에 適當적당하게 지으셨나니 惡人악인도 惡악한 날에 適當적당하게 하셨느니라 (잠언 16:4)

The LORD works out everything for his own ends—even the wicked for a day of disaster. (Proverbs 16:4)

37

主如是云ˇ作之者我ˇ造之者我ˇ定之者我ˇ主我名也ˇ爾籲我
주 여 시 운 ˇ 작 지 자 아 ˇ 조 지 자 아 ˇ 정 지 자 아 ˇ 주 아 명 야 ˇ 이 유 아
ˇ我必應爾ˇ又以爾所未知神妙之大事示爾 (耶利米 33:2~3)
ˇ 아 필 응 이 ˇ 우 이 이 소 미 지 신 묘 지 대 사 시 이

일을 行행하시는 여호와, 그것을 만들며 成就성취하시는 여호와, 그의 이름을 여호와라 하는 이가 이와 같이 이르시도다 너는 내게 부르짖

으라 내가 네게 應答응답하겠고 네가 알지 못하는 크고 隱密은밀한 일을 네게 보이리라 (예레미야 33:2~3)

This is what the LORD says, he who made the earth, the LORD who formed it and established it–the LORD is his name: Call to me and I will answer you and tell you great and unsearchable things you do not know. (Jeremiah 33:2~3)

38

上帝救我ˇ爲我所賴ˇ我無所恐懼ˇ主賜我以力ˇ我謳歌頌揚ˇ
상 제 구 아 ˇ 위 아 소 뢰 ˇ 아 무 소 공 구 ˇ 주 사 아 이 력 ˇ 아 구 가 송 양 ˇ
拯我者惟主 (以賽亞 12:2)
증 아 자 유 주

보라 하나님은 나의 救援구원이시라 내가 信賴신뢰하고 두려움이 없으리니 主주 여호와는 나의 힘이시며 나의 노래시며 나의 救援구원이심이라 (이사야 12:2)

Surely God is my salvation: I will trust and not be afraid. The LORD, the LORD, is my strength and my song: he has become my salvation. (Isaiah 12:2)

39

惟我瞻仰主ˇ盼望救我之上帝ˇ我之上帝必俯聽我 (彌迦 7:7)
유 아 첨 앙 주 ˇ 반 망 구 아 지 상 제 ˇ 아 지 상 제 필 부 청 아

오직 나는 여호와를 우러러보며 나를 救援구원하시는 하나님을 바라보나니 나의 하나님이 나에게 귀를 기울이시리로다 (미가 7:7)

But as for me, I watch in hope for the LORD, I wait for God my Savior: my God will hear me. (Micah 7:7)

40

我敵歟ˇ毋因我而欣喜ˇ我雖傾仆ˇ仍必復起ˇ我雖坐於昏暗ˇ
아 적 여 ˇ 무 인 아 이 흔 희 ˇ 아 수 경 부 ˇ 잉 필 복 기 ˇ 아 수 좌 어 혼 암 ˇ
有主爲我光明 (彌迦 7:8)
유 주 위 아 광 명

나의 對敵대적이여 나로 말미암아 기뻐하지 말지어다 나는 엎드러질지라도 일어날 것이요 어두운 데에 앉을지라도 여호와께서 나의 빛이 되실 것임이로다 (미가 7:8)

Do not gloat over me, my enemy! Though I have fallen, I will rise. Though I sit in darkness, the LORD will be my light. (Micah 7:8)

41

我乃主ˇ鑒察人心ˇ洞澈人之肺腑ˇ視人所行所爲ˇ使之得果報
아내주ˇ감찰인심ˇ통철인지폐부ˇ시인소행소위ˇ사지득과보
(耶利米 17:10)

나 여호와는 心腸심장을 살피며 肺腑폐부를 試驗시험하고 各各각각 그 行爲행위와 그 行實행실대로 報應보응하나니 (예레미야 17:10)

I the LORD search the heart and examine the mind, to reward a man according to his conduct, according to what his deeds deserve. (Jeremiah 17:10)

42

主上帝歟ˇ惟爾爲上帝ˇ所言眞實無妄ˇ旣允賜如此之福於僕
주상제여ˇ유이위상제ˇ소언진실무망ˇ기윤사여차지복어복
(撒母耳下 7:28)

主주 여호와여 오직 主주는 하나님이시며 主주의 말씀들이 참되시니이다 主주께서 이 좋은 것을 主주의 종에게 말씀하셨사오니 (사무엘하 7:28)

O Sovereign LORD, you are God! Your words are trustworthy, and you have promised these good things to your servant. (2 Samuel 7:28)

43

爾將爾之事仰託主ˇ倚賴主ˇ主必成全 (詩篇 37:5)
이장이지사앙탁주ˇ의뢰주ˇ주필성전

네 길을 여호와께 맡기라 그를 依支의지하면 그가 이루시고 (시편 37:5)

Commit your way to the LORD: trust in him and he will do this: (Psalms 37:5)

44

我卽主召爾ˇ以彰仁義ˇ援爾手以護爾ˇ使爾爲與民立約之中
아즉주소이ˇ이창인의ˇ원이수이호이ˇ사이위여민입약지중
保ˇ爲列邦之光 (以賽亞 42:6)
보ˇ위열방지광

나 여호와가 義의로 너를 불렀은즉 내가 네 손을 잡아 너를 保護보호하며

너를 세워 百姓백성의 言約언약과 異邦이방의 빛이 되게 하리니 (이사야 42:6)

I, the LORD, have called you in righteousness: I will take hold of your hand. I will keep you and will make you to be a covenant for the people and a light for the Gentiles, (Isaiah 42:6)

45

爾當强爾心壯爾志ˇ勿畏葸ˇ勿懼之ˇ因主爾之上帝與爾偕往ˇ
이 당 강 이 심 장 이 지 ˇ 물 외 사 ˇ 물 구 지 ˇ 인 주 이 지 상 제 여 이 해 왕 ˇ
必不離爾ˇ不棄爾 (申命記 31:6)
필 불 리 이 ˇ 불 기 이

너희는 强강하고 膽大담대하라 두려워하지 말라 그들 앞에서 떨지 말라 이는 네 하나님 여호와 그가 너와 함께 가시며 결코 너를 떠나지 아니하시며 버리지 아니하실 것임이라 하고 (신명기 31:6)

Be strong and courageous. Do not be afraid or terrified because of them, for the LORD your God goes with you: he will never leave you nor forsake you. (Deuteronomy 31:6)

46

爾當强爾心ˇ壯爾志ˇ蓋爾必導此民得地爲業ˇ卽我昔誓於其
이 당 강 이 心 ˇ 장 이 지 ˇ 개 이 필 도 차 민 득 지 위 업 ˇ 즉 아 석 서 어 기
祖必賜之之地 (約書亞 1:6)
조 필 사 지 지 지

强강하고 膽大담대하라 너는 내가 그들의 祖上조상에게 盟誓맹세하여 그들에게 주리라 한 땅을 이 百姓백성에게 차지하게 하리라 (여호수아 1:6)

Be strong and courageous, because you will lead these people to inherit the land I swore to their forefathers to give them. (Joshua 1:6)

47

爾當倚主行善ˇ居於世間ˇ存眞養性ˇ當因主歡樂ˇ主必將爾心
이 당 의 주 행 선 ˇ 거 어 세 간 ˇ 존 진 양 성 ˇ 당 인 주 환 락 ˇ 주 필 장 이 심
之所願賜爾 (詩篇 37:3~4)
지 소 원 사 이

여호와를 依賴의뢰하고 善선을 行행하라 땅에 머무는 동안 그의 誠實성실을 먹을 거리로 삼을지어다 또 여호와를 기뻐하라 그가 네 마음의 所願소원을 네게 이루어 주시리로다 (시편 37:3~4)

Trust in the LORD and do good: dwell in the land and enjoy safe pasture. Delight yourself in the LORD and he will give you the desires of your heart. (Psalms 37:3~4)

48

論便雅憫則曰ˇ主所眷愛者ˇ安居於主所ˇ主終日護庇之ˇ居其二肩之中 (申命記 33:12)
론변아민즉왈 주소권애자 안거어주소 주종일호비지 거기이견지중

베냐민에 대하여는 일렀으되 여호와의 사랑을 입은 者자는 그 곁에 安全안전히 살리로다 여호와께서 그를 날이 마치도록 保護보호하시고 그를 自己자기 어깨 사이에 있게 하시리로다 (신명기 33:12)

About Benjamin he said: Let the beloved of the LORD rest secure in him, for he shields him all day long, and the one the LORD loves rests between his shoulders. (Deuteronomy 33:12)

49

畏人過甚ˇ必陷網羅ˇ惟恃主者必得護衛 (箴言 29:25)
외인과심 필함망라 유시주자필득호위

사람을 두려워하면 올무에 걸리게 되거니와 여호와를 依支의지하는 者자는 安全안전하리라 (잠언 29:25)

Fear of man will prove to be a snare, but whoever trusts in the LORD is kept safe. (Proverbs 29:25)

50

爾曹早起遲眠ˇ辛苦求食ˇ亦屬徒勞ˇ惟主所喜愛者ˇ主必使之安然寢寐 (詩篇 127:2)
이조조기지면 신고구식 역속도노 유주소희애자 주필사지안연침매

너희가 일찍이 일어나고 늦게 누우며 수고의 떡을 먹음이 헛되도다 그러므로 여호와께서 그의 사랑하시는 者자에게는 잠을 주시는도다 (시편 127:2)

In vain you rise early and stay up late, toiling for food to eat—for he grants sleep to those he loves. (Psalms 127:2)

2. 예수님

예수님

그리스도

십자가(十字架)

부활(復活)

천국(天國)

예수께서 이르시되 나는 復活부활이요 生命생명이니 나를 믿는 者자는 죽어도 살겠고 (요한복음 11:25)

예수님

1
耶穌曰ˇ復活者我ˇ生命者亦我ˇ信我者ˇ雖死必生 (約翰福音 11:25)
야 소 왈 ˇ 부 활 자 아 ˇ 생 명 자 역 아 ˇ 신 아 자 ˇ 수 사 필 생

예수께서 이르시되 나는 復活부활이요 生命생명이니 나를 믿는 者자는 죽어도 살겠고 (요한복음 11:25)

Jesus said to her, I am the resurrection and the life. He who believes in me will live, even though he dies (John 11:25)

2
凡勞苦負重者ˇ當就我ˇ我將賜爾以安 (瑪太福音 11:28)
범 노 고 부 중 자 ˇ 당 취 아 ˇ 아 장 사 이 이 안

수고하고 무거운 짐 진 者자들아 다 내게로 오라 내가 너희를 쉬게 하리라 (마태복음 11:28)

Come to me, all you who are weary and burdened, and I will give you rest. (Matthew 11:28)

3
爾亦必識眞理ˇ而眞理將釋爾 (約翰福音 8:32)
이 역 필 식 진 리 ˇ 이 진 리 장 석 이

眞理진리를 알지니 眞理진리가 너희를 自由자유롭게 하리라 (요한복음 8:32)

Then you will know the truth, and the truth will set you free. (John 8:32)

4
耶穌曰ˇ我卽途也ˇ眞理也ˇ生命也ˇ非由我ˇ無人能就父
야 소 왈 ˇ 아 즉 도 야 ˇ 진 리 야 ˇ 생 명 야 ˇ 비 유 아 ˇ 무 인 능 취 부
(約翰福音 14:6)

예수께서 이르시되 내가 곧 길이요 眞理진리요 生命생명이니 나로 말미암지 않고는 아버지께로 올 者자가 없느니라 (요한복음 14:6)

Jesus answered, I am the way and the truth and the life. No one comes to the Father except through me. (John 14:6)

5

我賜爾以能ˇ可踐蛇蠍ˇ可制敵之諸權ˇ必無害爾者
아 사 이 이 능 ˇ 가 천 사 헐 ˇ 가 제 적 지 제 권 ˇ 필 무 해 이 자
(路加福音 10:19)

내가 너희에게 뱀과 全蠍전갈을 밟으며 怨讐원수의 모든 能力능력을 制御제어할 權能권능을 주었으니 너희를 害해칠 者자가 결코 없으리라 (누가복음 10:19)

I have given you authority to trample on snakes and scorpions and to overcome all the power of the enemy: nothing will harm you. (Luke 10:19)

6

彼因我愆尤而被傷殘ˇ緣我罪惡而受折磨ˇ彼遭刑罰ˇ使我得平康ˇ彼見鞭撻ˇ使我得醫痊 (以賽亞 53:5)
피 인 아 건 우 이 피 상 잔 ˇ 연 아 죄 악 이 수 절 마 ˇ 피 조 형 벌 ˇ 사 아 득 평 강 ˇ 피 견 편 달 ˇ 사 아 득 의 전

그가 찔림은 우리의 허물 때문이요 그가 傷상함은 우리의 罪惡죄악 때문이라 그가 懲戒징계를 받으므로 우리는 平和평화를 누리고 그가 채찍에 맞으므로 우리는 나음을 받았도다 (이사야 53:5)

But he was pierced for our transgressions, he was crushed for our iniquities: the punishment that brought us peace was upon him, and by his wounds we are healed. (Isaiah 53:5)

7

我爲葡萄樹ˇ爾爲枝ˇ凡在我內而我在彼內者ˇ則結果繁矣ˇ蓋爾曹離我ˇ則無能爲也 (約翰福音 15:5)
아 위 포 도 수 ˇ 이 위 지 ˇ 범 재 아 내 이 아 재 피 내 자 ˇ 즉 결 과 번 의 ˇ 개 이 조 리 아 ˇ 즉 무 능 위 야

나는 葡萄포도나무요 너희는 가지라 그가 내 안에, 내가 그 안에 居거하면 사람이 열매를 많이 맺나니 나를 떠나서는 너희가 아무 것도 할 수 없음이라 (요한복음 15:5)

I am the vine: you are the branches. If a man remains in me and I in him, he will bear much fruit: apart from me you can do nothing. (John 15:5)

8

賊至特爲竊ˇ爲殺ˇ爲滅ˇ我至使羊得生ˇ且所得之生愈盛
적 지 특 위 절ˇ위 살ˇ위 멸ˇ아 지 사 양 득 생ˇ차 소 득 지 생 유 성
(約翰福音 10:10)

도둑이 오는 것은 도둑질하고 죽이고 滅亡멸망시키려는 것뿐이요 내가 온 것은 羊양으로 生命생명을 얻게 하고 더 豊盛풍성히 얻게 하려는 것이라 (요한복음 10:10)

The thief comes only to steal and kill and destroy: I have come that they may have life, and have it to the full. (John 10:10)

9

耶穌曰ˇ我卽生命之糧ˇ就我者必不饑ˇ信我者永不渴
야 소 왈ˇ아 즉 생 명 지 량ˇ취 아 자 필 불 기ˇ신 아 자 영 불 갈
(約翰福音 6:35)

예수께서 이르시되 나는 生命생명의 떡이니 내게 오는 者자는 결코 주리지 아니할 터이요 나를 믿는 者자는 永遠영원히 목마르지 아니하리라 (요한복음 6:35)

Then Jesus declared, I am the bread of life. He who comes to me will never go hungry, and he who believes in me will never be thirsty. (John 6:35)

10

因有一嬰孩爲我儕而生ˇ有一子賜於我儕ˇ國政爲其所肩荷ˇ
인 유 일 영 해 위 아 제 이 생ˇ유 일 자 사 어 아 제ˇ국 정 위 기 소 견 하ˇ
其名稱爲奇妙ˇ策士ˇ全能之神ˇ永在之父ˇ平康之君 (以賽亞 9:6)
기 명 칭 위 기 묘ˇ책 사ˇ전 능 지 신ˇ영 재 지 부ˇ평 강 지 군

이는 한 아기가 우리에게 났고 한 아들을 우리에게 주신 바 되었는데 그의 어깨에는 政事정사를 메었고 그의 이름은 奇妙者기묘자라 謀士모사라 全能전능하신 하나님이라 永存영존하시는 아버지라 平康평강의 王왕이라 할 것임이라 (이사야 9:6)

For to us a child is born, to us a son is given, and the government will be on his shoulders. And he will be called Wonderful Counselor, Mighty God, Everlasting Father, Prince of Peace. (Isaiah 9:6)

11

我立於門前叩門ˇ有聞我聲而啓門者ˇ我必入其家ˇ我與彼ˇ彼
아 립 어 문 전 고 문 ˇ 유 문 아 성 이 계 문 자 ˇ 아 필 입 기 가 ˇ 아 여 피 ˇ 피
與我ˇ同席飮食 (約翰 啓示錄 3:20)
여 아 ˇ 동 석 음 식

볼지어다 내가 門문 밖에 서서 두드리노니 누구든지 내 音聲음성을 듣고 門문을 열면 내가 그에게로 들어가 그와 더불어 먹고 그는 나와 더불어 먹으리라 (요한계시록 3:20)

Here I am! I stand at the door and knock. If anyone hears my voice and opens the door, I will come in and eat with him, and he with me. (Revelation 3:20)

12

我來ˇ以火投地ˇ深願火之已燃 (路加福音 12:49)
아 래 ˇ 이 화 투 지 ˇ 심 원 화 지 이 연

내가 불을 땅에 던지러 왔노니 이 불이 이미 붙었으면 내가 무엇을 願원하리요 (누가복음 12:49)

I have come to bring fire on the earth, and how I wish it were already kindled! (Luke 12:49)

13

惟我語爾ˇ敵爾者愛之ˇ詛爾者祝之ˇ憾爾者善待之ˇ毀謗爾ˇ
유 아 어 이 ˇ 적 이 자 애 지 ˇ 저 이 자 축 지 ˇ 감 이 자 선 대 지 ˇ 훼 방 이 ˇ
窘逐爾者ˇ爲之祈禱 (瑪太福音 5:44)
군 축 이 자 ˇ 위 지 기 도ˇ

나는 너희에게 이르노니 너희 怨讐원수를 사랑하며 너희를 迫害박해하는 者자를 爲위하여 祈禱기도하라 (마태복음 5:44)

But I tell you: Love your enemies and pray for those who persecute you, (Matthew 15:44)

14

試觀我僕ˇ我所扶持ˇ我所選擇ˇ我心所悅者ˇ我將以我靈賦之
시 관 아 복 ˇ 아 소 부 지 ˇ 아 소 선 택 ˇ 아 심 소 열 자 ˇ 아 장 이 아 영 부 지
ˇ彼以眞法示於列邦 (以賽亞 42:1)
ˇ 피 이 진 법 시 어 열 방

내가 붙드는 나의 종, 내 마음에 기뻐하는 者자 곧 내가 擇택한 사람을 보라 내가 나의 靈영을 그에게 주었은즉 그가 異邦이방에 正義정의를 베풀리라 (이사야 42:1)

Here is my servant, whom I uphold, my chosen one in whom I delight: I will put my Spirit on him and he will bring justice to the nations. (Isaiah 42:1)

15

我身常冒死如主耶穌ˇ使耶穌之生亦顯在我身 (哥林多後書 4:10)
아 신 상 모 사 여 주 야 소 ˇ 사 야 소 지 생 역 현 재 아 신

우리가 恒常항상 예수의 죽음을 몸에 짊어짐은 예수의 生命생명이 또한 우리 몸에 나타나게 하려 함이라 (고린도후서 4:10)

We always carry around in our body the death of Jesus, so that the life of Jesus may also be revealed in our body. (2 Corinthians 4:10)

16

是以若子釋爾ˇ則爾誠釋矣 (約翰福音 8:36)
시 이 약 자 석 이 ˇ 즉 이 성 석 의

그러므로 아들이 너희를 自由자유롭게 하면 너희가 참으로 自由자유로우리라 (요한복음 8:36)

So if the Son sets you free, you will be free indeed. (John 8:36)

17

我羊聽我聲ˇ我識之ˇ而彼從我 (約翰福音 10:27)
아 양 청 아 성 ˇ 아 식 지 ˇ 이 피 종 아

내 羊양은 내 音聲음성을 들으며 나는 그들을 알며 그들은 나를 따르느니라 (요한복음 10:27)

My sheep listen to my voice: I know them, and they follow me. (John 10:27)

18

大哉虔敬之奧妙ˇ無人不以爲然ˇ上帝假人身顯著ˇ因靈而稱
대 재 건 경 지 오 묘 ˇ 무 인 불 이 위 연 ˇ 상 제 가 인 신 현 저 ˇ 인 령 이 칭

義ˇ爲天使所見ˇ被傳於異邦人ˇ見信於天下ˇ而升於榮光
의 ˇ 위 천 사 소 견 ˇ 피 전 어 이 방 인 ˇ 견 신 어 천 하 ˇ 이 승 어 영 광
(提摩太前書 3:16)

크도다 敬虔경건의 秘密비밀이여 그렇지 않다 하는 이 없도다 그는 肉身육신으로 나타난 바 되시고 靈영으로 義의롭다 하심을 받으시고 天使천사들에게 보이시고 萬國만국에서 傳播전파되시고 世上세상에서 믿은 바 되시고 榮光영광 가운데서 올려지셨느니라 (디모데전서 3:16)

Beyond all question, the mystery of godliness is great: He appeared in a body, was vindicated by the Spirit, was seen by angels, was preached among the nations, was believed on in the world, was taken up in glory. (1 Timothy 3:16)

19

是以爾亦當預備ˇ因爾不意之時ˇ人子忽至 (瑪太福音 24:44)
시 이 이 역 당 예 비 ˇ 인 이 불 의 지 시 ˇ 인 자 홀 지

이러므로 너희도 準備준비하고 있으라 생각하지 않은 때에 人子인자가 오리라 (마태복음 24:44)

So you also must be ready, because the Son of Man will come at an hour when you do not expect him. (Matthew 24:44)

20

非爾選我ˇ乃我選爾ˇ且命爾往而結果ˇ而爾果恒存ˇ則爾託我
비 이 선 아 ˇ 내 아 선 이 ˇ 차 명 이 왕 이 결 과 ˇ 이 이 과 항 존 ˇ 즉 이 탁 아
名凡求於父者ˇ父必賜爾 (約翰福音 15:16)
명 범 구 어 부 자 ˇ 부 필 사 이

너희가 나를 擇택한 것이 아니요 내가 너희를 擇택하여 세웠나니 이는 너희로 가서 열매를 맺게 하고 또 너희 열매가 恒常항상 있게 하여 내 이름으로 아버지께 무엇을 求구하든지 다 받게 하려 함이라 (요한복음 15:16)

You did not choose me, but I chose you and appointed you to go and bear fruit—fruit that will last. Then the Father will give you whatever you ask in my name. (John 15:16)

21

耶穌謂之曰ˇ從我ˇ我將使爾爲漁人之漁者 (瑪太福音 4:19)
야 소 위 지 왈 ˇ 종 아 ˇ 아 장 사 이 위 어 인 지 어 자

말씀하시되 나를 따라오라 내가 너희를 사람을 낚는 漁夫어부가 되게 하리라 하시니 (마태복음 4:19)

Come, follow me, Jesus said, and I will make you fishers of men. (Matthew 4:19)

22

我以爾言授彼ˇ而世惡之ˇ因彼不屬世ˇ如我之不屬世然
아 이 이 언 수 피 ˇ 이 세 오 지 ˇ 인 피 불 속 세 ˇ 여 아 지 불 속 세 연
(約翰福音 17:14)

내가 아버지의 말씀을 그들에게 주었사오매 世上세상이 그들을 미워하였사오니 이는 내가 世上세상에 屬속하지 아니함 같이 그들도 世上세상에 屬속하지 아니함으로 因인함이니이다 (요한복음 17:14)

I have given them your word and the world has hated them, for they are not of the world any more than I am of the world. (John 17:14)

23

我乃善牧ˇ善牧者爲羊舍命 (約翰福音 10:11)
아 내 선 목 ˇ 선 목 자 위 양 사 명

나는 善선한 牧者목자라 善선한 牧者목자는 羊양들을 爲위하여 목숨을 버리거니와 (요한복음 10:11)

I am the good shepherd. The good shepherd lays down his life for the sheep. (John 10:11)

24

主願使之受折磨ˇ受苦楚ˇ以己身獻爲贖罪祭後ˇ必得見後裔ˇ
주 원 사 지 수 절 마 ˇ 수 고 초 ˇ 이 기 신 헌 위 속 죄 제 후 ˇ 필 득 견 후 예 ˇ
壽命綿延ˇ其手所行主之事無不亨通 (以賽亞 53:10)
수 명 면 연 ˇ 기 수 소 행 주 지 사 무 불 형 통

여호와께서 그에게 傷상함을 받게 하시기를 願원하사 疾苦질고를 當당하게 하셨은즉 그의 靈魂영혼을 贖愆祭物속건제물로 드리기에 이르면 그가 씨를 보게 되며 그의 날은 길 것이요 또 그의 손으로 여호와께서 기뻐하시는 뜻을 成就성취하리로다 (이사야 53:10)

Yet it was the LORD' s will to crush him and cause him to

suffer, and though the LORD makes his life a guilt offering, he will see his offspring and prolong his days, and the will of the LORD will prosper in his hand. (Isaiah 53:10)

25

卽如人子來ˇ非以役人ˇ乃役於人ˇ且舍其生以贖衆也
즉 여 인 자 래 ˇ 비 이 역 인 ˇ 내 역 어 인 ˇ 차 사 기 생 이 속 중 야
(瑪太福音 20:28)

人子인자가 온 것은 섬김을 받으려 함이 아니라 도리어 섬기려 하고 自己자기 목숨을 많은 사람의 代贖物대속물로 주려 함이니라 (마태복음 20:28)

Just as the Son of Man did not come to be served, but to serve, and to give his life as a ransom for many. (Matthew 20:28)

26

我臨世爲光ˇ使信我者ˇ弗居於暗 (約翰福音 12:46)
아 임 세 위 광 ˇ 사 신 아 자 ˇ 불 거 어 암

나는 빛으로 世上세상에 왔나니 무릇 나를 믿는 者자로 어둠에 居거하지 않게 하려 함이로라 (요한복음 12:46)

I have come into the world as a light, so that no one who believes in me should stay in darkness. (John 12:46)

27

我儕又因耶穌由信得前進而蒙此恩寵ˇ並得立於其中ˇ且望上
아 제 우 인 야 소 유 신 득 전 진 이 몽 차 은 총 ˇ 병 득 립 어 기 중 ˇ 차 망 상
帝之榮爲樂 (羅瑪書 5:2)
제 지 영 위 락

또한 그로 말미암아 우리가 믿음으로 서 있는 이 恩惠은혜에 들어감을 얻었으며 하나님의 榮光영광을 바라고 즐거워하느니라 (로마서 5:2)

Through whom we have gained access by faith into this grace in which we now stand. And we rejoice in the hope of the glory of God. (Romans 5:2)

28

欲事我者ˇ當從我ˇ我所在ˇ事我者亦在ˇ人若事我ˇ我父必貴之
욕 사 아 자 ˇ 당 종 아 ˇ 아 소 재 ˇ 사 아 자 역 재 ˇ 인 약 사 아 ˇ 아 부 필 귀 지
(約翰福音 12:26)

사람이 나를 섬기려면 나를 따르라 나 있는 곳에 나를 섬기는 者자도 거기 있으리니 사람이 나를 섬기면 내 아버지께서 그를 貴귀히 여기시리라 (요한복음 12:26)

Whoever serves me must follow me: and where I am, my servant also will be. My Father will honor the one who serves me. (John 12:26)

29

童女將懷孕生子ˇ人將稱其名以瑪內利ˇ譯卽上帝偕我焉
동 녀 장 회 잉 생 자 ˇ 인 장 칭 기 명 이 마 내 리 ˇ 역 즉 상 제 해 아 언

(瑪太福音 1:23)

보라 處女처녀가 孕胎잉태하여 아들을 낳을 것이요 그의 이름은 임마누엘이라 하리라 하셨으니 이를 飜譯번역한즉 하나님이 우리와 함께 계시다 함이라 (마태복음 1:23)

The virgin will be with child and will give birth to a son, and they will call him Immanuel–which means, God with us. (Matthew 1:23)

30

爾曹由上帝得與基督耶穌連屬ˇ上帝使彼爲我智慧ˇ使我因彼
이 조 유 상 제 득 여 기 독 야 소 연 속 ˇ 상 제 사 피 위 아 지 혜 ˇ 사 아 인 피

稱義ˇ成聖ˇ得贖 (哥林多前書 1:30)
칭 의 ˇ 성 성 ˇ 득 속

너희는 하나님으로부터 나서 그리스도 예수 안에 있고 예수는 하나님으로부터 나와서 우리에게 智慧지혜와 義의로움과 거룩함과 救援구원함이 되셨으니 (고린도전서 1:30)

It is because of him that you are in Christ Jesus, who has become for us wisdom from God–that is, our righteousness, holiness and redemption. (1 Corinthians 1:30)

31

蓋我儕之大祭司ˇ非不能體恤我懦弱ˇ彼曾於凡事被試ˇ與我
개 아 제 지 대 제 사 ˇ 비 불 능 체 휼 아 나 약 ˇ 피 증 어 범 사 피 시 ˇ 여 아

儕無異ˇ惟無罪 (希伯來書 4:15)
제 무 이 ˇ 유 무 죄

우리에게 있는 大祭司長대제사장은 우리의 軟弱연약함을 同情동정하지 못하실 이가 아니요 모든 일에 우리와 똑같이 試驗시험을 받으신 이로되 罪죄는 없으시니라 **(히브리서 4:15)**

For we do not have a high priest who is unable to sympathize with our weaknesses, but we have one who has been tempted in every way, just as we are—yet was without sin. **(Hebrews 4:15)**

32

仰望耶穌ˇ卽始立我信而終成之者ˇ彼思所將得之樂ˇ不以凌
앙망야소ˇ즉시립아신이종성지자ˇ피사소장득지락ˇ불이능
辱爲意ˇ受十字架之苦ˇ今坐於上帝寶座之右 (希伯來書 12:2)
욕위의ˇ수십자가지고ˇ금좌어상제보좌지우

믿음의 主주요 또 穩全온전하게 하시는 이인 예수를 바라보자 그는 그 앞에 있는 기쁨을 爲위하여 十字架십자가를 참으사 부끄러움을 介意개의치 아니하시더니 하나님 寶座보좌 右便우편에 앉으셨느니라 **(히브리서 12:2)**

Let us fix our eyes on Jesus, the author and perfecter of our faith, who for the joy set before him endured the cross, scorning its shame, and sat down at the right hand of the throne of God. **(Hebrews 12:2)**

33

我不遺爾爲孤ˇ我必復來就爾 (約翰福音 14:18)
아불유이위고ˇ아필부래취이

내가 너희를 孤兒고아와 같이 버려두지 아니하고 너희에게로 오리라 **(요한복음 14:18)**

I will not leave you as orphans: I will come to you. **(John 14:18)**

34

蓋人子來ˇ爲尋救失亡之人也 (路加福音 19:10)
개인자래ˇ위심구실망지인야

人子인자가 온 것은 잃어버린 者자를 찾아 救援구원하려 함이니라 **(누가복음 19:10)**

For the Son of Man came to seek and to save what was lost. **(Luke 19:10)**

35

曰ˇ迦利利人ˇ爾曹何立此仰天而望乎ˇ此耶穌離爾升天ˇ爾見
왈 ˇ 가 리 리 인 ˇ 이 조 하 립 차 앙 천 이 망 호 ˇ 차 야 소 리 이 승 천 ˇ 이 견
其如是升天ˇ後必如是而來 (使徒行傳 1:11)
기 여 시 승 천 ˇ 후 필 여 시 이 래

이르되 갈릴리 사람들아 어찌하여 서서 하늘을 쳐다보느냐 너희 가운데서 하늘로 올려지신 이 예수는 하늘로 가심을 본 그대로 오시리라 하였느니라 (사도행전 1:11)

Men of Galilee, they said, why do you stand here looking into the sky? This same Jesus, who has been taken from you into heaven, will come back in the same way you have seen him go into heaven. (Acts 1:11)

36

凡爲我之名ˇ接一如此之孩提者ˇ卽接我ˇ凡使此信我之一小
범 위 아 지 명 ˇ 접 일 여 차 지 해 제 자 ˇ 즉 접 아 ˇ 범 사 차 신 아 지 일 소
子ˇ陷於罪者ˇ寧以磨石懸其頸ˇ沈於深海 (瑪太福音 18:5~6)
자 ˇ 함 어 죄 자 ˇ 령 이 마 석 현 기 경 ˇ 침 어 심 해

또 누구든지 내 이름으로 이런 어린 아이 하나를 迎接영접하면 곧 나를 迎接영접함이니 누구든지 나를 믿는 이 작은 者자 中중 하나를 失足실족하게 하면 차라리 硏子연자 맷돌이 그 목에 달려서 깊은 바다에 빠뜨려지는 것이 나으니라 (마태복음 18:5~6)

And whoever welcomes a little child like this in my name welcomes me. But if anyone causes one of these little ones who believe in me to sin, it would be better for him to have a large millstone hung around his neck and to be drowned in the depths of the sea. (Matthew 18:5~6)

37

嬰孩漸長ˇ精力强健ˇ居曠野ˇ直至顯於以色列民之日
영 해 점 장 ˇ 정 력 강 건 ˇ 거 광 야 ˇ 직 지 현 어 이 색 열 민 지 일
(路加福音 1:80)

아이가 자라며 心靈심령이 强강하여지며 이스라엘에게 나타나는 날까지 빈 들에 있으니라 (누가복음 1:80)

And the child grew and became strong in spirit; and he lived in the desert until he appeared publicly to Israel. (Luke 1:80)

38

有人第以一杯水ˇ飮此小子之一ˇ因其爲門徒ˇ我誠告爾ˇ此人
유 인 제 이 일 배 수 ˇ 음 차 소 자 지 일 ˇ 인 기 위 문 도 ˇ 아 성 고 이 ˇ 차 인
必不失其賞矣 (瑪太福音 10:42)
필 불 실 기 상 의

또 누구든지 弟子제자의 이름으로 이 작은 者자 中중 하나에게 冷水냉수 한 그릇이라도 주는 者자는 내가 眞實진실로 너희에게 이르노니 그 사람이 決斷결단코 賞상을 잃지 아니하리라 하시니라 (마태복음 10:42)

And if anyone gives even a cup of cold water to one of these little ones because he is my disciple, I tell you the truth, he will certainly not lose his reward. (Matthew 10:42)

39

耶穌復語衆曰ˇ我乃世之光ˇ從我者不行於暗ˇ而得生之光
야 소 부 어 중 왈 ˇ 아 내 세 지 광 ˇ 종 아 자 불 행 어 암 ˇ 이 득 생 지 광
(約翰福音 8:12)

예수께서 또 말씀하여 이르시되 나는 世上세상의 빛이니 나를 따르는 者자는 어둠에 다니지 아니하고 生命생명의 빛을 얻으리라 (요한복음 8:12)

When Jesus spoke again to the people, he said, I am the light of the world. Whoever follows me will never walk in darkness, but will have the light of life. (John 8:12)

40

我旣往爲爾備居處ˇ必復來接爾歸我ˇ我所在ˇ使爾亦在
아 기 왕 위 이 비 거 처 ˇ 필 부 래 접 이 귀 아 ˇ 아 소 재 ˇ 사 이 역 재
(約翰福音 14:3)

가서 너희를 爲위하여 居處거처를 豫備예비하면 내가 다시 와서 너희를 내게로 迎接영접하여 나 있는 곳에 너희도 있게 하리라 (요한복음 14:3)

And if I go and prepare a place for you, I will come back and take you to be with me that you also may be where I am. (John 14:3)

41

彼將生子ˇ當名之曰耶穌ˇ因將救其民於罪中云 (瑪太福音 1:21)
피 장 생 자 ˇ 당 명 지 왈 야 소 ˇ 인 장 구 기 민 어 죄 중 운

아들을 낳으리니 이름을 예수라 하라 이는 그가 自己자기 百姓백성을 그들의 罪죄에서 救援구원할 者자이심이라 하니라 (마태복음 1:21)

She will give birth to a son, and you are to give him the name Jesus, because he will save his people from their sins. (Matthew 1:21)

42

凡認耶穌爲上帝之子者ˇ則上帝恒居彼內ˇ彼亦恒居上帝內
범 인 야 소 위 상 제 지 자 자 ˇ 즉 상 제 항 거 피 내 ˇ 피 역 항 거 상 제 내
(約翰壹書 4:15)

누구든지 예수를 하나님의 아들이라 是認시인하면 하나님이 그의 안에 居거하시고 그도 하나님 안에 居거하느니라 (요한1서 4:15)

If anyone acknowledges that Jesus is the Son of God, God lives in him and he in God. (1 John 4:15)

43

耶穌曰ˇ若我自榮ˇ我榮則虛ˇ榮我者乃我父ˇ卽爾所言爲爾上
야 소 왈 ˇ 약 아 자 영 ˇ 아 영 즉 허 ˇ 영 아 자 내 아 부 ˇ 즉 이 소 언 위 이 상
帝者 (約翰福音 8:54)
제 자

예수께서 對答대답하시되 내가 내게 榮光영광을 돌리면 내 榮光영광이 아무 것도 아니어니와 내게 榮光영광을 돌리시는 이는 내 아버지시니 곧 너희가 너희 하나님이라 稱칭하는 그이시라 (요한복음 8:54)

Jesus replied, If I glorify myself, my glory means nothing. My Father, whom you claim as your God, is the one who glorifies me. (John 8:54)

44

小子乎ˇ爾當恒居主內ˇ使我儕至主顯現ˇ在其降臨之時ˇ得毅
소 자 호 ˇ 이 당 항 거 주 내 ˇ 사 아 제 지 주 현 현 ˇ 재 기 강 림 지 시 ˇ 득 의
然無懼ˇ且可無愧於其前 (約翰壹書 2:28)
연 무 구 ˇ 차 가 무 괴 어 기 전

子女자녀들아 이제 그의 안에 居거하라 이는 主주께서 나타내신 바 되면 그가 降臨강림하실 때에 우리로 膽大담대함을 얻어 그 앞에서 부끄럽지 않게 하려 함이라 (요한1서 2:28)

And now, dear children, continue in him, so that when he appears we may be confident and unashamed before him at his coming. (1 John 2:28)

45

如經載云ˇ我以所選所寶之屋隅要石ˇ置於郇城ˇ凡信之者ˇ不
여경재운 ˇ 아이소선소보지옥우요석 ˇ 치어순성 ˇ 범신지자 ˇ 불
致羞愧 (彼得前書 2:6)
치수괴

聖經성경에 記錄기록되었으되 보라 내가 擇택한 보배로운 모퉁잇돌을 시온에 두노니 그를 믿는 者자는 부끄러움을 當당하지 아니하리라 하였으니 (베드로전서 2:6)

For in Scripture it says: See, I lay a stone in Zion, a chosen and precious cornerstone, and the one who trusts in him will never be put to shame. (1 Peter 2:6)

46

食時ˇ耶穌取餅祝謝ˇ擘而予門徒曰ˇ取而食之ˇ此乃我體
식시 ˇ 야소취병축사 ˇ 벽이여문도왈 ˇ 취이식지 ˇ 차내아체
(瑪太福音 26:26)

그들이 먹을 때에 예수께서 떡을 가지사 祝福축복하시고 떼어 弟子제자들에게 주시며 이르시되 받아서 먹으라 이것은 내 몸이니라 하시고 (마태복음 26:26)

While they were eating, Jesus took bread, gave thanks and broke it, and gave it to his disciples, saying, Take and eat: this is my body. (Matthew 26:26)

47

是以凡賴耶穌而至上帝前者ˇ耶穌能全救之ˇ蓋彼恒存ˇ爲之
시이범뢰야소이지상제전자 ˇ 야소능전구지 ˇ 개피항존 ˇ 위지
祈禱 (希伯來書 7:25)
기도

그러므로 自己자기를 힘입어 하나님께 나아가는 者자들을 穩全온전히 救援구원하실 수 있으니 이는 그가 恒常항상 살아 계셔서 그들을 爲위하여 懇求간구하심이라 (히브리서 7:25)

Therefore he is able to save completely those who come to God through him, because he always lives to intercede for them. (Hebrews 7:25)

48

蓋彼一次獻祭ˇ使得成聖者永遠純全 (希伯來書 10:14)
개 피 일 차 헌 제 ˇ 사 득 성 성 자 영 원 순 전

그가 거룩하게 된 者자들을 한 번의 祭祀제사로 永遠영원히 穩全온전하게 하셨느니라 (히브리서 10:14)

Because by one sacrifice he has made perfect forever those who are being made holy. (Hebrews 10:14)

49

遂稍進ˇ俯伏祈禱曰ˇ父ˇ若可得免ˇ則使此杯離我ˇ然非從我
수 초 진 ˇ 부 복 기 도 왈 ˇ 부 ˇ 약 가 득 면 ˇ 즉 사 차 배 리 아 ˇ 연 비 종 아
所欲ˇ乃從爾所欲 (瑪太福音 26:39)
소 욕 ˇ 내 종 이 소 욕

조금 나아가사 얼굴을 땅에 대시고 엎드려 祈禱기도하여 이르시되 내 아버지여 萬一만일 할 만하시거든 이 盞잔을 내게서 지나가게 하옵소서 그러나 나의 願원대로 마시옵고 아버지의 願원대로 하옵소서 하시고 (마태복음 26:39)

Going a little farther, he fell with his face to the ground and prayed, My Father, if it is possible, may this cup be taken from me. Yet not as I will, but as you will. (Matthew 26:39)

50

彼被藐視ˇ被人厭棄ˇ備嘗痛苦ˇ熟悉病患ˇ彼於我儕前ˇ若掩
피 피 막 시 ˇ 피 인 염 기 ˇ 비 상 통 고 ˇ 숙 실 병 환 ˇ 피 어 아 제 전 ˇ 약 엄
面之人ˇ被人藐視ˇ我儕並未敬之 (以賽亞 53:3)
면 지 인 ˇ 피 인 막 시 ˇ 아 제 병 미 경 지

그는 蔑視멸시를 받아 사람들에게 버림 받았으며 艱苦간고를 많이 겪었으며 疾苦질고를 아는 者자라 마치 사람들이 그에게서 얼굴을 가리는 것 같이 蔑視멸시를 當당하였고 우리도 그를 貴귀히 여기지 아니하였도다 (이사야 53:3)

He was despised and rejected by men, a man of sorrows, and familiar with suffering. Like one from whom men hide their faces he was despised, and we esteemed him not. (Isaiah 53:3)

51

爾知主顯現ˇ爲欲除我之罪ˇ彼原無罪也 (約翰壹書 3:5)
이 지 주 현 현 ˇ 위 욕 제 아 지 죄 ˇ 피 원 무 죄 야

그가 우리 罪죄를 없애려고 나타나신 것을 너희가 아나니 그에게는 罪죄가 없느니라 (요한1서 3:5)

But you know that he appeared so that he might take away our sins. And in him is no sin. (1 John 3:5)

52

尙有片時ˇ而世不復見我ˇ惟爾曹見我ˇ因我生ˇ爾亦必生
상 유 편 시 ˇ 이 세 불 부 견 아 ˇ 유 이 조 견 아 ˇ 인 아 생 ˇ 이 역 필 생
(約翰福音 14:19)

조금 있으면 世上세상은 다시 나를 보지 못할 것이로되 너희는 나를 보리니 이는 내가 살아 있고 너희도 살아 있겠음이라 (요한복음 14:19)

Before long, the world will not see me anymore, but you will see me. Because I live, you also will live. (John 14:19)

53

當時耶穌曰ˇ父歟ˇ天地之主ˇ我讚爾ˇ因爾藏斯道於智者達者
당 시 야 소 왈 ˇ 부 여 ˇ 천 지 지 주 ˇ 아 찬 이 ˇ 인 이 장 사 도 어 지 자 달 자
ˇ而顯之於赤子 (瑪太福音 11:25)
ˇ 이 현 지 어 적 자

그 때에 예수께서 對答대답하여 이르시되 天地천지의 主宰주재이신 아버지여 이것을 智慧지혜롭고 슬기 있는 者자들에게는 숨기시고 어린 아이들에게는 나타내심을 感謝감사하나이다 (마태복음 11:25)

At that time Jesus said, I praise you, Father, Lord of heaven and earth, because you have hidden these things from the wise and learned, and revealed them to little children. (Matthew 11:25)

54

是爲應先知以賽亞所言云ˇ彼任我恙ˇ肩我病 (瑪太福音 8:17)
시 위 응 선 지 이 새 아 소 언 운 ˇ 피 임 아 양 ˇ 견 아 병

이는 先知者선지자 이사야를 通통하여 하신 말씀에 우리의 軟弱연약한 것을 親친히 擔當담당하시고 病병을 짊어지셨도다 함을 이루려 하심이더라 (마태복음 8:17)

This was to fulfill what was spoken through the prophet Isaiah: He took up our infirmities and carried our diseases. (Matthew 8:17)

55

耶穌曰ˇ我儕可往附近鄕邑ˇ我亦在彼傳道ˇ因我特爲是來也
야 소 왈 ˇ 아 제 가 왕 부 근 향 읍 ˇ 아 역 재 피 전 도 ˇ 인 아 특 위 시 래 야
(瑪可福音 1:38)

이르시되 우리가 다른 가까운 마을들로 가자 거기서도 傳道전도하리니 내가 이를 爲위하여 왔노라 하시고 (마가복음 1:38)

Jesus replied, Let us go somewhere else–to the nearby villages–so I can preach there also. That is why I have come. (Mark 1:38)

56

蓋人子來ˇ非以役人ˇ乃役於人ˇ且舍生以贖衆 (瑪可福音 10:45)
개 인 자 래 ˇ 비 이 역 인 ˇ 내 역 어 인 ˇ 차 사 생 이 속 중

人子인자가 온 것은 섬김을 받으려 함이 아니라 도리어 섬기려 하고 自己자기 목숨을 많은 사람의 代贖物대속물로 주려 함이니라 (마가복음 10:45)

For even the Son of Man did not come to be served, but to serve, and to give his life as a ransom for many. (Mark 10:45)

57

談論間ˇ耶穌近而偕行ˇ門徒目迷ˇ不識之 (路加福音 24:15~16)
담 론 간 ˇ 야 소 근 이 해 행 ˇ 문 도 목 미 ˇ 불 식 지

그들이 서로 이야기하며 問議문의할 때에 예수께서 가까이 이르러 그들과 同行동행하시나 그들의 눈이 가리어져서 그인 줄 알아보지 못하거늘 (누가복음 24:15~16)

As they talked and discussed these things with each other, Jesus himself came up and walked along with them: but they were kept from recognizing him. (Luke 24:15~16)

58

逾越節前ˇ耶穌知己離世歸父之時已至ˇ旣愛屬己者在世ˇ至
유 월 절 전 ˇ 야 소 지 기 리 세 귀 부 지 시 이 지 ˇ 기 애 속 기 자 재 세 ˇ 지
終仍愛之 (約翰福音 13:1)
종 잉 애 지

逾越節유월절 前전에 예수께서 自己자기가 世上세상을 떠나 아버지께로 돌아가실 때가 이른 줄 아시고 世上세상에 있는 自己자기 사람들을 사랑하시되 끝까지 사랑하시니라 (요한복음 13:1)

It was just before the Passover Feast. Jesus knew that the time had come for him to leave this world and go to the Father. Having loved his own who were in the world, he now showed them the full extent of his love (John 13:1)

59

彼乃不可見之上帝之像ˇ生於萬物之先 (哥羅西書 1:15)
피 내 불 가 견 지 상 제 지 상 ˇ 생 어 만 물 지 선

그는 보이지 아니하는 하나님의 形像형상이시요 모든 被造物피조물보다 먼저 나신 이시니 (골로새서 1:15)

He is the image of the invisible God, the firstborn over all creation. (Colossians 1:15)

60

爾遣我於世ˇ我亦遣彼於世 (約翰福音 17:18)
이 견 아 어 세 ˇ 아 역 견 피 어 세

아버지께서 나를 世上세상에 보내신 것 같이 나도 그들을 世上세상에 보내었고 (요한복음 17:18)

As you sent me into the world, I have sent them into the world. (John 17:18)

61

我以此告爾ˇ爲使爾因我而安ˇ在世爾必遇患難ˇ然爾毋懼ˇ我
아 이 차 고 이 ˇ 위 사 이 인 아 이 안 ˇ 재 세 이 필 우 환 난 ˇ 연 이 무 구 ˇ 아
已勝世矣 (約翰福音 16:33)
이 승 세 의

이것을 너희에게 이르는 것은 너희로 내 안에서 平安평안을 누리게 하

려 함이라 世上세상에서는 너희가 患難환난을 當당하나 膽大담대하라 내가 世上세상을 이기었노라 (요한복음 16:33)

I have told you these things, so that in me you may have peace. In this world you will have trouble. But take heart! I have overcome the world. (John 16:33)

62

信基督耶穌ˇ受割禮不受割禮皆無益ˇ惟使人行仁愛之信德有益
신 기 독 야 소 ˇ 수 할 례 불 수 할 례 개 무 익 ˇ 유 사 인 행 인 애 지 신 덕 유 익
(迦拉太書 5:6)

그리스도 예수 안에서는 割禮할례나 無割禮무할례나 效力효력이 없으되 사랑으로써 役事역사하는 믿음뿐이니라 (갈라디아서 5:6)

For in Christ Jesus neither circumcision nor uncircumcision has any value. The only thing that counts is faith expressing itself through love. (Galatians 5:6)

63

聖潔兄弟ˇ共蒙天召者ˇ爾當深思我教之使者與大祭司ˇ旣基督耶穌 (希伯來書 3:1)
성 결 형 제 ˇ 공 몽 천 소 자 ˇ 이 당 심 사 아 교 지 사 자 여 대 제 사 ˇ 기 기 독 야 소

그러므로 함께 하늘의 부르심을 받은 거룩한 兄弟형제들아 우리가 믿는 道理도리의 使徒사도이시며 大祭司長대제사장이신 예수를 깊이 생각하라 (히브리서 3:1)

Therefore, holy brothers, who share in the heavenly calling, fix your thoughts on Jesus, the apostle and high priest whom we confess. (Hebrews 3:1)

64

我卽門也ˇ凡由我入者ˇ必得救ˇ且出入得芻 (約翰福音 10:9)
아 즉 문 야 ˇ 범 유 아 입 자 ˇ 필 득 구 ˇ 차 출 입 득 추

내가 門문이니 누구든지 나로 말미암아 들어가면 救援구원을 받고 또는 들어가며 나오며 꼴을 얻으리라 (요한복음 10:9)

I am the gate: whoever enters through me will be saved. He will come in and go out, and find pasture. (John 10:9)

65

魔復攜之至極高之山ˇ以天下萬國及其榮示之ˇ曰ˇ爾若俯伏
마 부 휴 지 지 극 고 지 산 ˇ 이 천 하 만 국 급 기 영 시 지 ˇ 왈 ˇ 이 약 부 복
拜我ˇ我以此一切賜爾ˇ耶穌曰ˇ撒但退ˇ經載云ˇ當拜主爾之
배 아 ˇ 아 이 차 일 체 사 이 ˇ 야 소 왈 ˇ 살 단 퇴 ˇ 경 재 운 ˇ 당 배 주 이 지
上帝ˇ獨崇事焉 (瑪太福音 4:8~10)
상 제 ˇ 독 숭 사 언 ˇ

魔鬼마귀가 또 그를 데리고 至極지극히 높은 山산으로 가서 天下천하 萬國만국과 그 榮光영광을 보여 이르되 萬一만일 내게 엎드려 敬拜경배하면 이 모든 것을 네게 주리라 이에 예수께서 말씀하시되 사탄아 물러가라 記錄기록되었으되 主주 너의 하나님께 敬拜경배하고 다만 그를 섬기라 하였느니라 (마태복음 4:8~10)

Again, the devil took him to a very high mountain and showed him all the kingdoms of the world and their splendor. All this I will give you, he said, if you will bow down and worship me. Jesus said to him, Away from me, Satan! For it is written: Worship the Lord your God, and serve him only. (Matthew 4:8~10)

66

宜以基督耶穌之心爲心ˇ彼具上帝之體ˇ卽配上帝不以爲僭ˇ然
의 이 기 독 야 소 지 심 위 심 ˇ 피 구 상 제 지 체 ˇ 즉 배 상 제 불 이 위 참 ˇ 연
猶虛己ˇ誕降人身ˇ以僕自處ˇ形體似人ˇ性情似人ˇ自卑而順
유 허 기 ˇ 탄 강 인 신 ˇ 이 복 자 처 ˇ 형 체 사 인 ˇ 성 정 사 인 ˇ 자 비 이 순
服至死ˇ甚而死於十字架 (腓立比書 2:5~8)
복 지 사 ˇ 심 이 사 어 십 자 가

너희 안에 이 마음을 품으라 곧 그리스도 예수의 마음이니 그는 根本근본 하나님의 本體본체시나 하나님과 同等동등됨을 取취할 것으로 여기지 아니하시고 오히려 自己자기를 비워 종의 形體형체를 가지사 사람들과 같이 되셨고 사람의 貌樣모양으로 나타나사 自己자기를 낮추시고 죽기까지 服從복종하셨으니 곧 十字架십자가에 죽으심이라 (빌립보서 2:5~8)

Your attitude should be the same as that of Christ Jesus: Who, being in very nature God, did not consider equality with God something to be grasped, but made himself nothing, taking the very nature of a servant, being made in human likeness. And being found in appearance as a man, he humbled himself and became obedient to death—even death on a cross! (Philippians 2:5~8)

67

爲此ˇ上帝升之無上ˇ賜之以名ˇ超乎諸名之上ˇ使在天在地在
위차ˇ상제승지무상ˇ사지이명ˇ초호제명지상ˇ 사재천재지재
地下者ˇ聞耶穌名ˇ無膝不屈ˇ無口不稱耶穌基督爲主ˇ歸榮於
지하자ˇ문야소명ˇ무슬불굴ˇ무구불칭야소기독위주ˇ귀영어
上帝卽父 (腓立比書 2:9~11)
상제즉부

이러므로 하나님이 그를 至極지극히 높여 모든 이름 위에 뛰어난 이름을 주사 하늘에 있는 者자들과 땅에 있는 者자들과 땅 아래에 있는 者자들로 모든 무릎을 예수의 이름에 꿇게 하시고 모든 입으로 예수 그리스도를 主주라 是認시인하여 하나님 아버지께 榮光영광을 돌리게 하셨느니라 (빌립보서 2:9~11)

Therefore God exalted him to the highest place and gave him the name that is above every name, that at the name of Jesus every knee should bow, in heaven and on earth and under the earth, and every tongue confess that Jesus Christ is Lord, to the glory of God the Father. (Philippians 2:9~11)

68

耶穌顧之曰ˇ耶路撒冷女ˇ勿爲我哭ˇ當爲己及爾子哭
야소고지왈ˇ야로살냉녀ˇ물위아곡ˇ당위기급이자곡
(路加福音 23:28)

예수께서 돌이켜 그들을 向향하여 이르시되 예루살렘의 딸들아 나를 爲위하여 울지 말고 너희와 너희 子女자녀를 爲위하여 울라 (누가복음 23:28)

Jesus turned and said to them, Daughters of Jerusalem, do not weep for me: weep for yourselves and for your children. (Luke 23:28)

69

教會爲身ˇ彼乃其首ˇ又爲元始ˇ乃首先由死復活者ˇ如此則於
교회위신ˇ피내기수ˇ우위원시ˇ내수선유사부활자ˇ여차즉어
凡事爲首矣 (哥羅西書 1:18)
범사위수의

그는 몸인 敎會교회의 머리시라 그가 根本근본이시요 죽은 者자들 가운데서 먼저 나신 이시니 이는 親친히 萬物만물의 으뜸이 되려 하심이요 (골로새 1:18)

And he is the head of the body, the church: he is the beginning and the firstborn from among the dead, so that in everything he might have the supremacy. (Colossians 1:18)

70

對曰ˇ主歟ˇ然ˇ我信爾乃基督上帝之子ˇ當臨世者也
대 왈 ˇ 주 여 ˇ 연 ˇ 아 신 이 내 기 독 상 제 지 자 ˇ 당 임 세 자 야
(約翰福音 11:27)

이르되 主주여 그러하외다 主주는 그리스도시요 世上세상에 오시는 하나님의 아들이신 줄 내가 믿나이다 (요한복음 11:27)

She saith unto him, Yea, Lord: I believe that thou art the Christ, the Son of God, which should come into the world. (John 11:27)

71

以待所望之福ˇ與至大之上帝ˇ我救主耶穌基督之榮顯ˇ彼爲
이 대 소 망 지 복 ˇ 여 지 대 지 상 제 ˇ 아 구 주 야 소 기 독 지 영 현 ˇ 피 위
我儕舍己ˇ以贖我儕出於諸惡ˇ亦潔我儕爲其選民ˇ熱心爲善
아 제 사 기 ˇ 이 속 아 제 출 어 제 악 ˇ 역 결 아 제 위 기 선 민 ˇ 열 심 위 선
(提多書 2:13~14)

福복스러운 所望소망과 우리의 크신 하나님 救主구주 예수 그리스도의 榮光영광이 나타나심을 기다리게 하셨으니 그가 우리를 代身대신하여 自身자신을 주심은 모든 不法불법에서 우리를 贖良속량하시고 우리를 깨끗하게 하사 善선한 일을 열심히 하는 自己자기 百姓백성이 되게 하려 하심이라 (디도서 2:13~14)

While we wait for the blessed hope—the glorious appearing of our great God and Savior, Jesus Christ, who gave himself for us to redeem us from all wickedness and to purify for himself a people that are his very own, eager to do what is good. (Titus 2:13~14)

72

耶穌益長ˇ智慧益增ˇ上帝與人益悅之 (路加福音 2:52)
야 소 익 장 ˋ 지 혜 익 증 ˇ 상 제 여 인 익 열 지

예수는 智慧지혜와 키가 자라가며 하나님과 사람에게 더욱 사랑스러워 가시더라 (누가복음 2:52)

And Jesus increased in wisdom and stature, and in favour with God and man. (Luke 2:52)

73

我儕信耶穌ˇ則可因彼張膽ˇ毅然至上帝前 (以弗所書 3:12)
아 제 신 야 소 ˇ 즉 가 인 피 장 담 ˇ 의 연 지 상 제 전

우리가 그 안에서 그를 믿음으로 말미암아 膽大담대함과 確信확신을 가지고 하나님께 나아감을 얻느니라 (에베소서 3:12)

In him and through faith in him we may approach God with freedom and confidence. (Ephesians 3:12)

74

彼懸於木ˇ親身負我衆之罪ˇ使我儕旣脫罪若死ˇ則可爲義而
피 현 어 목 ˇ 친 신 부 아 중 지 죄 ˇ 사 아 제 기 탈 죄 약 사 ˇ 즉 가 위 의 이
生ˇ蓋彼受鞭撻ˇ而爾得痊愈 (彼得前書 2:24)
생 ˇ 개 피 수 편 달 ˇ 이 이 득 전 유

親친히 나무에 달려 그 몸으로 우리 罪죄를 擔當담당하셨으니 이는 우리로 罪죄에 對대하여 죽고 義의에 對대하여 살게 하려 하심이라 그가 채찍에 맞음으로 너희는 나음을 얻었나니 (베드로전서 2:24)

He himself bore our sins in his body on the tree, so that we might die to sins and live for righteousness: by his wounds you have been healed. (1 Peter 2:24)

75

凡受之者ˇ卽信其名者ˇ賜之以權ˇ爲上帝之子 (約翰福音 1:12)
범 수 지 자 ˇ 즉 신 기 명 자 ˇ 사 지 이 권 ˇ 위 상 제 지 자

迎接영접하는 者자 곧 그 이름을 믿는 者자들에게는 하나님의 子女자녀가 되는 權勢권세를 주셨으니 (요한복음 1:12)

Yet to all who received him, to those who believed in his

name, he gave the right to become children of God-(John 1:12)

76

蓋我將賜爾以口才智慧ˇ使爾諸仇不能辯駁抵拒 (路加福音 21:15)
개 아 장 사 이 이 구 재 지 혜 ˇ 사 이 제 구 불 능 변 박 저 거

내가 너희의 모든 對敵대적이 能능히 對抗대항하거나 辨駁변박할 수 없는 口辯구변과 智慧지혜를 너희에게 주리라 (누가복음 21:15)

For I will give you words and wisdom that none of your adversaries will be able to resist or contradict. (Luke 21:15)

77

我爲主爲師ˇ猶濯爾足ˇ爾曹亦當互相濯足 (約翰福音 13:14)
아 위 주 위 사 ˇ 유 탁 이 족 ˇ 이 조 역 당 호 상 탁 족

내가 主주와 또는 先生선생이 되어 너희 발을 씻었으니 너희도 서로 발을 씻어 주는 것이 옳으니라 (요한복음 13:14)

Now that I, your Lord and Teacher, have washed your feet, you also should wash one another's feet. (John 13:14)

78

耶穌取五餅二魚ˇ仰天祝謝ˇ擘餅予門徒ˇ使陳於衆前ˇ亦以二
야 소 취 오 병 이 어 ˇ 앙 천 축 사 ˇ 벽 병 여 문 도 ˇ 사 진 어 중 전 ˇ 역 이 이
魚分予衆 (瑪可福音 6:41)
어 분 여 중

예수께서 떡 다섯 個개와 물고기 두 마리를 가지사 하늘을 우러러 祝辭축사하시고 떡을 떼어 弟子제자들에게 주어 사람들에게 나누어 주게 하시고 또 물고기 두 마리도 모든 사람에게 나누시매 (마가복음 6:41)

Taking the five loaves and the two fish and looking up to heaven, he gave thanks and broke the loaves. Then he gave them to his disciples to set before the people. He also divided the two fish among them all. (Mark 6:41)

79

凡認我於人前者ˇ我亦認之於我在天之父前 (瑪太福音 10:32)
범 인 아 어 인 전 자 ˇ 아 역 인 지 어 아 재 천 지 부 전

누구든지 사람 앞에서 나를 是認시인하면 나도 하늘에 계신 내 아버지

앞에서 그를 是認시인할 것이요 (마태복음 10:32)

Whoever acknowledges me before men, I will also acknowledge him before my Father in heaven. (Matthew 10:32)

80

我遺爾以安ˇ乃以我之安賜爾ˇ我所賜爾者ˇ非若世之所賜ˇ爾
아 유 이 이 안 ˇ 내 이 아 지 안 사 이 ˇ 아 소 사 이 자 ˇ 비 약 세 지 소 사 ˇ 이
心勿憂勿懼 (約翰福音 14:27)
심 물 우 물 구

平安평안을 너희에게 끼치노니 곧 나의 平安평안을 너희에게 주노라 내가 너희에게 주는 것은 世上세상이 주는 것과 같지 아니하니라 너희는 마음에 근심하지도 말고 두려워하지도 말라 (요한복음 14:27)

Peace I leave with you: my peace I give you. I do not give to you as the world gives. Do not let your hearts be troubled and do not be afraid. (John 14:27)

그리스도

1

且我視萬事爲有損ˇ因皆不如得識我主耶穌基督ˇ我爲彼遺棄
차 아 시 만 사 위 유 손 ˇ 인 개 불 여 득 식 아 주 야 소 기 독 ˇ 아 위 피 유 기
諸事ˇ視爲糞土ˇ惟欲得基督 (腓立比書 3:8)
제 사 ˇ 시 위 분 토 ˇ 유 욕 득 기 독

또한 모든 것을 害해로 여김은 내 主주 그리스도 예수를 아는 知識지식이 가장 高尙고상하기 때문이라 내가 그를 爲위하여 모든 것을 잃어버리고 排泄物배설물로 여김은 그리스도를 얻고 (빌립보서 3:8)

What is more, I consider everything a loss compared to the surpassing greatness of knowing Christ Jesus my Lord, for whose sake I have lost all things. I consider them rubbish, that I may gain Christ (Philippians 3:8)

2

但我所誇者無他ˇ惟誇我主耶穌基督之十字架ˇ我賴之ˇ世向
단 아 소 과 자 무 타 ˇ 유 과 아 주 야 소 기 독 지 십 자 가 ˇ 아 뢰 지 ˇ 세 향

我已釘十字架ˇ我向世亦然 (迦拉太書 6:14)
아 이 정 십 자 가 ˇ 아 향 세 역 연

그러나 내게는 우리 主주 예수 그리스도의 十字架십자가 外외에 결코 자랑할 것이 없으니 그리스도로 말미암아 世上세상이 나를 對대하여 十字架십자가에 못 박히고 내가 또한 世上세상을 對대하여 그러하니라 (갈라디아서 6:14)

May I never boast except in the cross of our Lord Jesus Christ, through which the world has been crucified to me, and I to the world. (Galatians 6:14)

3

西門彼得對曰ˇ爾乃基督永生上帝之子 (瑪太福音 16:16)
서 문 피 득 대 왈 ˇ 이 내 기 독 영 생 상 제 지 자

시몬 베드로가 對答대답하여 이르되 主주는 그리스도시요 살아 계신 하나님의 아들이시니이다 (마태복음 16:16)

Simon Peter answered, You are the Christ, the Son of the living God. (Matthew 16:16)

4

當求多得恩賜ˇ深知我主耶穌基督ˇ願榮光歸之ˇ自今以至永世ˇ阿們 (彼得後書 3:18)
당 구 다 득 은 사 ˇ 심 지 아 주 야 소 기 독 ˇ 원 영 광 귀 지 ˇ 자 금 이 지 영 세 ˇ 아 문

오직 우리 主주 곧 救主구주 예수 그리스도의 恩惠은혜와 그를 아는 知識지식에서 자라 가라 榮光영광이 이제와 永遠영원한 날까지 그에게 있을지어다 (베드로후서 3:18)

But grow in the grace and knowledge of our Lord and Savior Jesus Christ. To him be glory both now and forever! Amen. (2 Peter 3:18)

5

我儕若持守始初之信ˇ鞏固至終ˇ則於基督有分矣 (希伯來書 3:14)
아 제 약 지 수 시 초 지 신 ˇ 공 고 지 종 ˇ 즉 어 기 독 유 분 의

우리가 始作시작할 때에 確信확신한 것을 끝까지 堅固견고히 잡고 있으면 그리스도와 함께 參與참여한 者자가 되리라 (히브리서 3:14)

We have come to share in Christ if we hold firmly till the end the confidence we had at first. (Hebrews 3:14)

6

故爾旣承受主耶穌基督ˇ則當從之而行ˇ根深在彼ˇ建造在彼ˇ
고 이 기 승 수 주 야 소 기 독 ˇ 즉 당 종 지 이 행 ˇ 근 심 재 피ˇ 건 조 재 피 ˇ
堅固於信ˇ如爾所學ˇ且信更增益而感謝焉 (哥羅西書 2:6~7)
견 고 어 신 ˇ 여 이 소 학 ˇ 차 신 갱 증 익 이 감 사 언

그러므로 너희가 그리스도 예수를 主주로 받았으니 그 안에서 行행하되 그 안에 뿌리를 박으며 세움을 받아 教訓교훈을 받은 대로 믿음에 굳게 서서 感謝감사함을 넘치게 하라 (골로새서 2:6~7)

So then, just as you received Christ Jesus as Lord, continue to live in him, rooted and built up in him, strengthened in the faith as you were taught, and overflowing with thankfulness. (Colossians 2:6~7)

7

故當除盡舊酵ˇ俾成新團ˇ因爾曹乃如無酵之餅ˇ蓋我儕亦有
고 당 제 진 구 효 ˇ 비 성 신 단 ˇ 인 이 조 내 여 무 효 지 병 ˇ개 아 제 역 유
逾越節羔ˇ爲我儕見宰者ˇ卽基督也 (哥林多前書 5:7)
유 월 절 고 ˇ 위 아 제 견 재 자 ˇ 즉 기 독 야

너희는 누룩 없는 者자인데 새 덩어리가 되기 위하여 묵은 누룩을 내버리라 우리의 逾越節유월절 羊양 곧 그리스도께서 犧牲희생되셨느니라 (고린도전서 5:7)

Get rid of the old yeast that you may be a new batch without yeast–as you really are. For Christ, our Passover lamb, has been sacrificed. (1 Corinthians 5:7)

8

基督之愛勉勵我ˇ因我思一人旣代衆死ˇ則衆皆死
기 독 지 애 면 려 아 ˇ 인 아 사 일 인 기 대 중 사 ˇ 즉 중 개 사
(哥林多後書 5:14)

그리스도의 사랑이 우리를 強勸강권하시는도다 우리가 생각하건대 한 사람이 모든 사람을 代身대신하여 죽었은즉 모든 사람이 죽은 것이라 (고린도후서 5:14)

For Christ' s love compels us, because we are convinced that one died for all, and therefore all died. (2 Corinthians 5:14)

9

蓋我儕於上帝前ˇ爲基督之馨香ˇ於得救者ˇ亦於沈淪者
개 아 제 어 상 제 전 ˇ 위 기 독 지 형 향 ˇ 어 득 구 자 ˇ 역 어 침 륜 자
(哥林多後書 2:15)

우리는 救援구원 받는 者자들에게나 亡망하는 者자들에게나 하나님 앞에서 그리스도의 香氣향기니 (고린도후서 2:15)

For we are to God the aroma of Christ among those who are being saved and those who are perishing. (2 Corinthians 2:15)

10

耶穌基督ˇ自昔至今ˇ以至永遠ˇ乃不改變 (希伯來書 13:8)
야 소 기 독 ˇ 자 석 지 금 ˇ 이 지 영 원 ˇ 내 불 개 변

예수 그리스도는 어제나 오늘이나 永遠영원토록 同一동일하시니라 (히브리서 13:8)

Jesus Christ is the same yesterday and today and forever. (Hebrews 13:8)

11

當以愛心言眞實ˇ凡事日漸增長ˇ及於爲元首者ˇ卽基督也
당 이 애 심 언 진 실 ˇ 범 사 일 점 증 장 ˇ 급 어 위 원 수 자 ˇ 즉 기 독 야
(以弗所書 4:15)

오직 사랑 안에서 참된 것을 하여 凡事범사에 그에게까지 자랄지라 그는 머리니 곧 그리스도라 (에베소서 4:15)

Instead, speaking the truth in love, we will in all things grow up into him who is the Head, that is, Christ. (Ephesians 4:15)

12

我儕信基督ˇ若惟在今生有望ˇ則於衆人之中ˇ我儕最苦ˇ但基
아 제 신 기 독 ˇ 약 유 재 금 생 유 망 ˇ 즉 어 중 인 지 중 ˇ 아 제 최 고 ˇ 단 기
督誠復活ˇ在寢者中爲首起者 (哥林多前書 15:19~20)
독 성 부 활 ˇ 재 침 자 중 위 수 기 자

萬一만일 그리스도 안에서 우리가 바라는 것이 다만 이 세상의 삶뿐이

면 모든 사람 가운데 우리가 더욱 불쌍한 者자이리라 그러나 이제 그리스도께서 죽은 者자 가운데서 다시 살아나사 잠자는 者자들의 첫 열매가 되셨도다 (고린도전서 15:19~20)

If only for this life we have hope in Christ, we are to be pitied more than all men. But Christ has indeed been raised from the dead, the firstfruits of those who have fallen asleep (1 Corinthians 15:19~20)

13

有能保爾不蹎蹶ˇ使爾無瑕疵ˇ歡然而立其榮位前者 (猶大書 1:24)
유 능 보 이 불 지 궐 ˇ 사 이 무 하 자 ˇ 환 연 이 립 기 영 위 전 자

能능히 너희를 保護보호하사 거침이 없게 하시고 너희로 그 榮光영광 앞에 흠이 없이 기쁨으로 서게 하실 이 (유다서 1:24)

To him who is able to keep you from falling and to present you before his glorious presence without fault and with great joy—(Jude 1:24)

14

何況基督感於永在之靈ˇ以己無瑕之身ˇ獻於上帝ˇ其血豈不
하 황 기 독 감 어 영 재 지 령 ˇ 이 기 무 하 지 신 ˇ 헌 어 상 제 ˇ 기 혈 기 불
更淨爾心去妄行ˇ使爾奉事永生之上帝乎 (希伯來書 9:14)
갱 정 이 심 거 망 행 ˇ 사 이 봉 사 영 생 지 상 제 호

하물며 永遠영원하신 聖靈성령으로 말미암아 흠 없는 自己자기를 하나님께 드린 그리스도의 피가 어찌 너희 良心양심을 죽은 行實행실에서 깨끗하게 하고 살아 계신 하나님을 섬기게 하지 못하겠느냐 (히브리서 9:14)

How much more, then, will the blood of Christ, who through the eternal Spirit offered himself unblemished to God, cleanse our consciences from acts that lead to death, so that we may serve the living God! (Hebrews 9:14)

15

爾若屬基督ˇ則爲亞伯拉罕之裔ˇ且循所許而爲嗣子矣
이 약 속 기 독 ˇ 즉 위 아 백 랍 한 지 예 ˇ 차 순 소 허 이 위 사 자 의
(迦拉太書 3:29)

너희가 그리스도의 것이면 곧 아브라함의 子孫자손이요 約束약속대로 遺業유업을 이을 者자니라 (갈라디아서 3:29)

If you belong to Christ, then you are Abraham' s seed, and heirs according to the promise. (Galatians 3:29)

16

彼亦必堅爾至終ˇ使爾在我主耶穌基督之日ˇ無可責也
피 역 필 견 이 지 종 ˇ 사 이 재 아 주 야 소 기 독 지 일 ˇ 무 가 책 야
(哥林多前書 1:8)

主주께서 너희를 우리 主주 예수 그리스도의 날에 責望책망할 것이 없는 者자로 끝까지 堅固견고하게 하시리라 (고린도전서 1:8)

He will keep you strong to the end, so that you will be blameless on the day of our Lord Jesus Christ. (1 Corinthians 1:8)

17

今因基督耶穌ˇ爾素爲遠者ˇ賴基督之血得近矣 (以弗所書 2:13)
금 인 기 독 야 소 ˇ 이 소 위 원 자 ˇ 뢰 기 독 지 혈 득 근 의

이제는 前전에 멀리 있던 너희가 그리스도 예수 안에서 그리스도의 피로 가까워졌느니라 (에베소서 2:13)

But now in Christ Jesus you who once were far away have been brought near through the blood of Christ. (Ephesians 2:13)

18

亦自創世之先ˇ因基督選我儕ˇ使我儕以愛在其前爲聖潔無玷者
역 자 창 세 지 선 ˇ 인 기 독 선 아 제 ˇ 사 아 제 이 애 재 기 전 위 성 결 무 점 자
(以弗所書 1:4)

곧 創世창세 前전에 그리스도 안에서 우리를 擇택하사 우리로 사랑 안에서 그 앞에 거룩하고 흠이 없게 하시려고 (에베소서 1:4)

For he chose us in him before the creation of the world to be holy and blameless in his sight. In love (Ephesians 1:4)

19

一切智慧知識ˇ皆蓄積隱藏於基督內 (哥羅西書 2:3)
일 체 지 혜 지 식 ˇ 개 축 적 은 장 어 기 독 내

그 안에는 智慧지혜와 知識지식의 모든 寶貨보화가 감추어져 있느니라 (골로새서 2:3)

in whom are hidden all the treasures of wisdom and knowledge. (Colossians 2:3)

20

我儕一身多肢體ˇ而肢體非同一用ˇ我衆於基督內爲一身ˇ互
아 제 일 신 다 지 체 ˇ 이 지 체 비 동 일 용 ˇ 아 중 어 기 독 내 위 일 신 ˇ 호
相爲肢體ˇ亦如是 (羅瑪書 12:4~5)
상 위 지 체 ˇ 역 여 시

우리가 한 몸에 많은 肢體지체를 가졌으나 모든 肢體지체가 같은 機能기능을 가진 것이 아니니 이와 같이 우리 많은 사람이 그리스도 안에서 한 몸이 되어 서로 肢體지체가 되었느니라 (로마서 12:4~5)

Just as each of us has one body with many members, and these members do not all have the same function, so in Christ we who are many form one body, and each member belongs to all the others. (Romans 12:4~5)

21

基督耶穌臨世ˇ以救罪人ˇ此言可信ˇ人當悅納者ˇ罪人中我本
기 독 야 소 임 세 ˇ 이 구 죄 인 ˇ 차 언 가 신 ˇ 인 당 열 납 자 ˇ 죄 인 중 아 본
元惡ˇ然我蒙矜恤ˇ乃因耶穌基督欲先於我身顯其一切恒忍ˇ
원 악 ˇ 연 아 몽 긍 휼 ˇ 내 인 야 소 기 독 욕 선 어 아 신 현 기 일 절 항 인 ˇ
使後之信主得永生者ˇ以我爲模範 (提摩太前書 1:15~16)
사 후 지 신 주 득 영 생 자 ˇ 이 아 위 모 범

미쁘다 모든 사람이 받을 만한 이 말이여 그리스도 예수께서 罪人죄인을 救援구원하시려고 世上세상에 臨임하셨다 하였도다 罪人죄인 中중에 내가 魁首괴수니라 그러나 내가 矜恤긍휼을 입은 까닭은 예수 그리스도께서 내게 먼저 一切일체 오래 참으심을 보이사 後후에 主주를 믿어 永生영생 얻는 者자들에게 本본이 되게 하려 하심이라 (디모데전서 1:15~16)

Here is a trustworthy saying that deserves full acceptance: Christ Jesus came into the world to save sinners–of whom I am the worst. But for that very reason I was shown mercy so that in me, the worst of sinners, Christ Jesus might display his unlimited patience as an example for those who would believe on him and receive eternal life. (1 Timothy 1:15~16)

22

我生乃爲基督ˇ死則獲益 (腓立比書 1:21)
아 생 내 위 기 독 ˇ 사 즉 획 익

이는 내게 사는 것이 그리스도니 죽는 것도 有益유익함이라 (빌립보서 1:21)

For to me, to live is Christ and to die is gain. (Philippians 1:21)

23

此世之主迷惑此等不信者之心ˇ基督榮耀福音之光不照之ˇ基督乃上帝之像 (哥林多後書 4:4)
차 세 지 주 미 혹 차 등 불 신 자 지 심 ˇ 기 독 영 요 복 음 지 광 부 조 지 ˇ 기 독 내 상 제 지 상

그 中중에 이 世上세상의 神신이 믿지 아니하는 者자들의 마음을 昏迷혼미하게 하여 그리스도의 榮光영광의 福音복음의 光彩광채가 비치지 못하게 함이니 그리스도는 하나님의 形像형상이니라 (고린도후서 4:4)

The god of this age has blinded the minds of unbelievers, so that they cannot see the light of the gospel of the glory of Christ, who is the image of God. (2 Corinthians 4:4)

24

基督已贖我脫律法之詛ˇ以其爲我而服詛ˇ蓋經云ˇ凡懸於木者服詛也 (迦拉太書 3:13)
기 독 이 속 아 탈 율 법 지 저 ˇ 이 기 위 아 이 복 저 ˇ 개 경 운 ˇ 범 현 어 목 자 복 저 야

그리스도께서 우리를 爲위하여 詛呪저주를 받은 바 되사 律法율법의 詛呪저주에서 우리를 贖良속량하셨으니 記錄기록된 바 나무에 달린 者자마다 詛呪저주 아래에 있는 者자라 하였음이라 (갈라디아 3:13)

Christ redeemed us from the curse of the law by becoming a curse for us, for it is written: Cursed is everyone who is hung on a tree. (Galatians 3:13)

25

基督旣釋我以得自由ˇ則當堅立ˇ勿復服爲奴之軛 (迦拉太書 5:1)
기 독 기 석 아 이 득 자 유 ˇ 즉 당 견 립 ˇ 물 부 복 위 노 지 액

그리스도께서 우리를 自由자유롭게 하려고 自由자유를 주셨으니 그러므로 굳건하게 서서 다시는 종의 멍에를 메지 말라 (갈라디아서 5:1)

It is for freedom that Christ has set us free. Stand firm, then, and do not let yourselves be burdened again by a yoke of slavery. (Galatians 5:1)

26

蓋我儕所望所喜所誇之冕何哉ˇ豈非爾曹於我主耶穌基督降
개 아 제 소 망 소 희 소 과 지 면 하 재 ˇ 기 비 이 조 어 아 주 야 소 기 독 강
臨時ˇ得立於其前乎 (帖撒羅尼迦前書 2:19)
림 시 ˇ 득 립 어 기 전 호

우리의 所望소망이나 기쁨이나 자랑의 冕旒冠면류관이 무엇이냐 그가 降臨강림하실 때 우리 主주 예수 앞에 너희가 아니냐 (데살로니가전서 2:19)

For what is our hope, our joy, or the crown in which we will glory in the presence of our Lord Jesus when he comes? Is it not you? (1 Thessalonians 2:19)

십자가(十字架)

1

不負其十字架而從我者亦不得爲我徒 (路加福音 14:27)
불 부 기 십 자 가 이 종 아 자 역 부 득 위 아 도

누구든지 自己자기 十字架십자가를 지고 나를 따르지 않는 者자도 能능히 내 弟子제자가 되지 못하리라 (누가복음 14:27)

And anyone who does not carry his cross and follow me cannot be my disciple. (Luke 14:27)

2

彼流血在十字架ˇ成就和平ˇ父遂使萬物ˇ無論在天者ˇ在地者
피 유 혈 재 십 자 가 ˇ 성 취 화 평 ˇ 부 수 사 만 물 ˇ 무 론 재 천 자 ˇ 재 지 자
ˇ由彼與己復和 (哥羅西書 1:20)
ˇ 유 피 여 기 부 화

그의 十字架십자가의 피로 和平화평을 이루사 萬物만물 곧 땅에 있는 것들이나 하늘에 있는 것들이 그로 말미암아 自己자기와 和睦화목하게 되기를 기뻐하심이라 (골로새서 1:20)

And through him to reconcile to himself all things, whether things on earth or things in heaven, by making peace through his blood, shed on the cross. (Colossians 1:20)

3

蓋我定意ˇ於爾中他無所知ˇ惟知耶穌基督ˇ並其釘十字架
개 아 정 의 ˇ 어 이 중 타 무 소 지 ˇ 유 지 야 소 기 독 ˇ 병 기 정 십 자 가
(哥林多前書 2:2)

내가 너희 中중에서 예수 그리스도와 그가 十字架십자가에 못 박히신 것 外외에는 아무 것도 알지 아니하기로 作定작정하였음이라 (고린도전서 2:2)

For I resolved to know nothing while I was with you except Jesus Christ and him crucified. (1 Corinthians 2:2)

4

因十字架之道ˇ在彼淪亡者視爲愚ˇ惟在我儕得救者ˇ則視爲
인 십 자 가 지 도 ˇ 재 피 륜 망 자 시 위 우 ˇ 유 재 아 제 득 구 자 ˇ 즉 시 위
上帝之大能 (哥林多前書 1:18)
상 제 지 대 능

十字架십자가의 道도가 滅亡멸망하는 者자들에게는 미련한 것이요 救援구원을 받는 우리에게는 하나님의 能力능력이라 (고린도전서 1:18)

For the message of the cross is foolishness to those who are perishing, but to us who are being saved it is the power of God. (1 Corinthians 1:18)

5

彼雖由弱而被釘十字架ˇ然今由上帝之能而仍生ˇ我儕信基督
피 수 유 약 이 피 정 십 자 가 ˇ 연 금 유 상 제 지 능 이 잉 생 ˇ 아 제 신 기 독
亦弱ˇ惟由上帝向爾所顯之能ˇ亦與彼同生 (哥林多後書 13:4)
역 약 ˇ 유 유 상 제 향 이 소 현 지 능 ˇ 역 여 피 동 생

그리스도께서 弱약하심으로 十字架십자가에 못 박히셨으나 하나님의 能力능력으로 살아 계시니 우리도 그 안에서 弱약하나 너희에게 對대하여

하나님의 能力능력으로 그와 함께 살리라 (고린도후서 13:4)

For to be sure, he was crucified in weakness, yet he lives by God' s power. Likewise, we are weak in him, yet by God' s power we will live with him to serve you. (2 Corinthians 13:4)

6

敗諸執政者秉權者ˇ擄掠之而示於衆ˇ賴十字架勝之而凱旋
패 제 집 정 자 병 권 자 ˇ 노 략 지 이 시 어 중 ˇ 뢰 십 자 가 승 지 이 개 선
(哥羅西書 2:15)

統治者통치자들과 權勢권세들을 無力化무력화하여 드러내어 구경거리로 삼으시고 十字架십자가로 그들을 이기셨느니라 (골로새서 2:15)

And having disarmed the powers and authorities, he made a public spectacle of them, triumphing over them by the cross. (Colossians 2:15)

7

愛父母過於愛我者ˇ不堪爲我徒ˇ愛子女過於愛我者ˇ不堪爲
애 부 모 과 어 애 아 자 ˇ 불 감 위 아 도 ˇ 애 자 녀 과 어 애 아 자 ˇ 불 감 위
我徒ˇ不負其十字架而從我者ˇ不堪爲我徒ˇ得生命者ˇ反喪之
아 도 ˇ 불 부 기 십 자 가 이 종 아 자 ˇ 불 감 위 아 도 ˇ 득 생 명 자 ˇ 반 상 지
ˇ爲我而喪生命者ˇ反得之 (瑪太福音 10:37~39)
ˇ 위 아 이 상 생 명 자 ˇ 반 득 지

아버지나 어머니를 나보다 더 사랑하는 者자는 내게 合當합당하지 아니하고 아들이나 딸을 나보다 더 사랑하는 者자도 내게 合當합당하지 아니하며 또 自己자기 十字架십자가를 지고 나를 따르지 않는 者자도 내게 合當합당하지 아니하니라 自己자기 목숨을 얻는 者자는 잃을 것이요 나를 爲위하여 자기 목숨을 잃는 者자는 얻으리라 (마태복음 10:37~39)

Anyone who loves his father or mother more than me is not worthy of me: anyone who loves his son or daughter more than me is not worthy of me: and anyone who does not take his cross and follow me is not worthy of me. Whoever finds his life will lose it, and whoever loses his life for my sake will find it. (Matthew 10:37~39)

8

我與基督同於釘十字架ˇ而我仍生ˇ非我生ˇ乃基督在我內
아 여 기 독 동 어 정 십 자 가 ˇ 이 아 잉 생 ˇ 비 아 생 ˇ 내 기 독 재 아 내

而生ˇ且今我在身而生ˇ乃以信上帝子而生ˇ彼曾愛我ˇ爲我舍
이 생 ˇ 차 금 아 재 신 이 생 ˇ 내 이 신 상 제 자 이 생 ˇ 피 증 애 아 ˇ 위 아 사
己者也 (迦拉太書 2:20)
기 자 야

내가 그리스도와 함께 十字架십자가에 못 박혔나니 그런즉 이제는 내가 사는 것이 아니요 오직 내 안에 그리스도께서 사시는 것이라 이제 내가 肉體육체 가운데 사는 것은 나를 사랑하사 나를 爲위하여 自己자기 自身자신을 버리신 하나님의 아들을 믿는 믿음 안에서 사는 것이라 **(갈라디아서 2:20)**

I have been crucified with Christ and I no longer live, but Christ lives in me. The life I live in the body, I live by faith in the Son of God, who loved me and gave himself for me. **(Galatians 2:20)**

부활(復活)

1

若死者不復活ˇ則上帝未使基督復活ˇ而我儕證上帝曾使之復
약 사 자 불 부 활 ˇ 즉 상 제 미 사 기 독 부 활 ˇ 이 아 제 증 상 제 증 사 지 부
活ˇ是我儕爲上帝妄證矣 (哥林多前書 15:15)
활 ˇ 시 아 제 위 상 제 망 증 의

또 우리가 하나님의 거짓 證人증인으로 發見발견되리니 우리가 하나님이 그리스도를 다시 살리셨다고 證言증언하였음이라 萬一만일 죽은 者자가 다시 살아나는 일이 없으면 하나님이 그리스도를 다시 살리지 아니하셨으리라 **(고린도전서 15:15)**

More than that, we are then found to be false witnesses about God, for we have testified about God that he raised Christ from the dead. But he did not raise him if in fact the dead are not raised. **(1 Corinthians 5:15)**

2

欲知基督及其復活之能ˇ且知共受其苦而效其死 (腓立比書 3:10)
욕 지 기 독 급 기 부 활 지 능 ˇ 차 지 공 수 기 고 이 효 기 사

내가 그리스도와 그 復活부활의 權能권능과 그 苦難고난에 參與참여함을 알려하여 그의 죽으심을 本본받아 (빌립보서 3:10)

I want to know Christ and the power of his resurrection and the fellowship of sharing in his sufferings, becoming like him in his death, (Philippians 3:10)

천국(天國)

1

凡稱我曰ˇ主也ˇ主也者ˇ未必盡得入天國ˇ惟遵我天父之旨者
범 칭 아 왈ˇ주 야ˇ주 야 자ˇ미 필 진 득 입 천 국ˇ유 준 아 천 부 지 지 자
ˇ方得入焉 (瑪太福音 7:21)
ˇ방 득 입 언

나더러 主주여 主주여 하는 者자마다 다 天國천국에 들어갈 것이 아니요 다만 하늘에 계신 내 아버지의 뜻대로 行행하는 者자라야 들어가리라 (마태복음 7:21)

Not everyone who says to me, Lord, Lord, will enter the kingdom of heaven, but only he who does the will of my Father who is in heaven. (Matthew 7:21)

2

天國又如寶ˇ藏於田ˇ人遇之ˇ則秘之ˇ喜而歸ˇ售其所有以購
천 국 우 여 보ˇ장 어 전ˇ인 우 지ˇ즉 비 지ˇ희 이 귀ˇ수 기 소 유 이 구
此田 (瑪太福音 13:44)
차 전

天國천국은 마치 밭에 감추인 寶貨보화와 같으니 사람이 이를 發見발견한 後후 숨겨 두고 기뻐하며 돌아가서 自己자기의 所有소유를 다 팔아 그 밭을 사느니라 (마태복음 13:44)

The kingdom of heaven is like treasure hidden in a field. When a man found it, he hid it again, and then in his joy went and sold all he had and bought that field. (Matthew 13:44)

3

虛心者(貧於心者)福矣ˇ因天國乃其國也 (瑪太福音 5:3)
허 심 자 (빈 어 심 자) 복 의 ˇ 인 천 국 내 기 국 야

心靈심령이 가난한 者자는 福복이 있나니 天國천국이 그들의 것임이요 (마태복음 5:3)

Blessed are the poor in spirit, for theirs is the kingdom of heaven. (Matthew 5:3)

4

當積財於天ˇ彼無蠹蝕朽壞ˇ亦無盜穿窬而竊 (瑪太福音 6:20)
당 적 재 어 천 ˇ 피 무 두 식 후 괴 ˇ 역 무 도 천 유 이 절

오직 너희를 爲위하여 寶物보물을 하늘에 쌓아 두라 거기는 좀이나 銅綠동록이 害해하지 못하며 도둑이 구멍을 뚫지도 못하고 도둑질도 못하느니라 (마태복음 6:20)

But store up for yourselves treasures in heaven, where moth and rust do not destroy, and where thieves do not break in and steal. (Matthew 6:20)

5

故凡自謙似此孩提者ˇ彼在天國爲至大 (瑪太福音 18:4)
고 범 자 겸 사 차 해 제 자 ˇ 피 재 천 국 위 지 대

그러므로 누구든지 이 어린 아이와 같이 自己자기를 낮추는 사람이 天國천국에서 큰 者자니라 (마태복음 18:4)

Therefore, whoever humbles himself like this child is the greatest in the kingdom of heaven. (Matthew 18:4)

6

自施洗約翰至今ˇ人皆勉力欲得天國ˇ勉力者得之 (瑪太福音 11:12)
자 시 세 약 한 지 금 ˇ 인 개 면 력 욕 득 천 국 ˇ 면 력 자 득 지

洗禮세례요한의 때부터 至今지금까지 天國천국은 侵擄침노를 當당하나니 侵擄침노하는 者자는 빼앗느니라 (마태복음 11:12)

From the days of John the Baptist until now, the kingdom of heaven has been forcefully advancing, and forceful men lay hold of it. (Matthew 11:12)

7

主之國爲永遠之國ˇ主執掌之權衡ˇ世世無盡 (詩篇 145:13)
주 지 국 위 영 원 지 국 ˇ 주 집 장 지 권 형 ˇ 세 세 무 진

主주의 나라는 永遠영원한 나라이니 主주의 統治통치는 代代대대에 이르리이다 (시편 145:13)

Your kingdom is an everlasting kingdom, and your dominion endures through all generations. The LORD is faithful to all his promises and loving toward all he has made. (Psalms 145:13)

8

耶穌見之不悅ˇ謂門徒曰ˇ容孩提就我ˇ勿禁之ˇ蓋有上帝之國
야 소 견 지 불 열 ˇ 위 문 도 왈 ˇ 용 해 제 취 아 ˇ 물 금 지 ˇ 개 유 상 제 지 국
者ˇ正如是人也 (瑪可福音 10:14)
자 ˇ 정 여 시 인 야

예수께서 보시고 怒노하시어 이르시되 어린 아이들이 내게 오는 것을 容納용납하고 禁금하지 말라 하나님의 나라가 이런 者자의 것이니라 (마가복음 10:14)

When Jesus saw this, he was indignant. He said to them, Let the little children come to me, and do not hinder them, for the kingdom of God belongs to such as these. (Mark 10:14)

9

我國在天ˇ望我主耶穌基督ˇ由彼而降 (腓立比書 3:20)
아 국 재 천 ˇ 망 아 주 야 소 기 독 ˇ 유 피 이 강

그러나 우리의 市民權시민권은 하늘에 있는지라 거기로부터 救援구원하는 者자 곧 主주 예수 그리스도를 기다리노니 (빌립보서 3:20)

But our citizenship is in heaven. And we eagerly await a Savior from there, the Lord Jesus Christ, (Philippians 3:20)

10

故毁此誡至微之一ˇ又以是敎人者ˇ在天國必稱爲至微ˇ遵行
고 훼 차 계 지 미 지 일 ˇ 우 이 시 교 인 자 ˇ 재 천 국 필 칭 위 지 미 ˇ 준 행
此誡而以之敎人者ˇ在天國必稱爲大也 (瑪太福音 5:19)
차 계 이 이 지 교 인 자 ˇ 재 천 국 필 칭 위 대 야

그러므로 누구든지 이 誡命계명 中중의 至極지극히 작은 것 하나라도 버

리고 또 그같이 사람을 가르치는 者자는 天國천국에서 至極지극히 작다 일컬음을 받을 것이요 누구든지 이를 行행하며 가르치는 者자는 天國천국에서 크다 일컬음을 받으리라 (마태복음 5:19)

Anyone who breaks one of the least of these commandments and teaches others to do the same will be called least in the kingdom of heaven, but whoever practices and teaches these commands will be called great in the kingdom of heaven. (Matthew 5:19)

11

曰ˇ我誠告爾ˇ爾若不改變ˇ不成如此孩提ˇ則不得入天國
왈 ˇ 아 성 고 이 ˇ 이 약 불 개 변 ˇ 불 성 여 차 해 제 ˇ 즉 부 득 입 천 국
(瑪太福音 18:3)

이르시되 眞實진실로 너희에게 이르노니 너희가 돌이켜 어린 아이들과 같이 되지 아니하면 決斷결단코 天國천국에 들어가지 못하리라 (마태복음 18:3)

And he said: I tell you the truth, unless you change and become like little children, you will never enter the kingdom of heaven. (Matthew 18:3)

12

田者ˇ世也ˇ美種者ˇ天國之子ˇ稗者ˇ惡魔之子 (瑪太福音 13:38)
전 자 ˇ 세 야 ˇ 미 종 자 ˇ 천 국 지 자 ˇ 패 자 ˇ 악 마 지 자

밭은 世上세상이요 좋은 씨는 天國천국의 아들들이요 가라지는 惡악한 者자의 아들들이요 (마태복음 13:38)

The field is the world, and the good seed stands for the sons of the kingdom. The weeds are the sons of the evil one, (Matthew 13:38)

13

又曰ˇ我儕何以譬上帝之國ˇ將以何譬譬之ˇ猶芥種一粒ˇ種於
우 왈 ˇ 아 제 하 이 비 상 제 지 국 ˇ 장 이 하 비 비 지 ˇ 유 개 종 일 립 ˇ 종 어
地時ˇ爲世間百種之至微者ˇ旣種卽發ˇ大於百蔬ˇ且生大枝ˇ
지 시 ˇ 위 세 간 백 종 지 지 미 자 ˇ 기 종 즉 발 ˇ 대 어 백 소 ˇ 차 생 대 지 ˇ
飛鳥可棲其蔭下 (瑪可福音 4:30~32)
비 조 가 서 기 음 하

또 이르시되 우리가 하나님의 나라를 어떻게 比較비교하며 또 무슨 譬喩비유로 나타낼까 겨자씨 한 알과 같으니 땅에 심길 때에는 땅 위의 모든 씨보다 작은 것이로되 심긴 後후에는 자라서 모든 풀보다 커지며 큰 가지를 내나니 空中공중의 새들이 그 그늘에 깃들일 만큼 되느니라 (마가복음 4:30~32)

Again he said, What shall we say the kingdom of God is like, or what parable shall we use to describe it? It is like a mustard seed, which is the smallest seed you plant in the ground. Yet when planted, it grows and becomes the largest of all garden plants, with such big branches that the birds of the air can perch in its shade. (Mark 4:30~32)

14

又設譬曰ˇ天國如酵ˇ婦取納於三斗麪中ˇ致均發酵焉
우설비왈ˇ천국여효ˇ부취납어삼두면중ˇ치균발효언

(瑪太福音 13:33)

또 譬喩비유로 말씀하시되 天國천국은 마치 여자가 가루 서 말 속에 갖다 넣어 전부 부풀게 한 누룩과 같으니라 (마태복음 13:33)

He told them still another parable: The kingdom of heaven is like yeast that a woman took and mixed into a large amount of flour until it worked all through the dough. (Matthew 13:33)

15

當售所有以施濟ˇ爲己備常新之囊ˇ及不匱之財在天ˇ卽盜不
당수소유이시제ˇ위기비상신지낭ˇ급불궤지재재천ˇ즉도부
至ˇ蠹不壞之處 (路加福音 12:33)
지ˇ두불괴지처

너희 所有소유를 팔아 救濟구제하여 낡아지지 아니하는 배낭을 만들라 곧 하늘에 둔 바 다함이 없는 寶物보물이니 거기는 도둑도 가까이 하는 일이 없고 좀도 먹는 일이 없느니라 (누가복음 12:33)

Sell your possessions and give to the poor. Provide purses for yourselves that will not wear out, a treasure in heaven that will not be exhausted, where no thief comes near and no moth destroys. (Luke 12:33)

16

耶穌曰ˇ手執犁而顧後者ˇ不堪入上帝之國 (路加福音 9:62)
야 소 왈 ˇ 수 집 리 이 고 후 자 ˇ 불 감 입 상 제 지 국

예수께서 이르시되 손에 쟁기를 잡고 뒤를 돌아보는 者자는 하나님의 나라에 合當합당치 아니하니라 하시니라 (누가복음 9:62)

Jesus replied, No one who puts his hand to the plow and looks back is fit for service in the kingdom of God. (Luke 9:62)

3. 성령(聖靈)

오직 聖靈성령의 열매는 사랑과 喜樂희락과 和平화평과 오래 참음과 慈悲자비와 良善양선과 忠誠충성과 溫柔온유와 節制절제니 이같은 것을 禁止금지할 法법이 없느니라 (갈라디아서 5:22~23)

성령(聖靈)

1

聖靈所結之果ˇ卽仁愛ˇ喜樂ˇ和平ˇ忍耐ˇ慈悲ˇ良善ˇ忠信ˇ
성 령 소 결 지 과 ˇ 즉 인 애 ˇ 희 락 ˇ 화 평 ˇ 인 내 ˇ 자 비 ˇ 량 선 ˇ 충 신
溫柔ˇ節制ˇ如此者ˇ無律法禁止 (迦拉太書 5:22~23)
온 유 ˇ 절 제 ˇ 여 차 자 ˇ 무 율 법 금 지

오직 聖靈성령의 열매는 사랑과 喜樂희락과 和平화평과 오래 참음과 慈悲자비와 良善양선과 忠誠충성과 溫柔온유와 節制절제니 이같은 것을 禁止금지할 法법이 없느니라 (갈라디아서 5:22~23)

But the fruit of the Spirit is love, joy, peace, patience, goodness, faithfulness, gentleness and selfcontrol. Against such things there is no law. (Galatians 5:22~23)

2

惟保慰者ˇ卽聖靈ˇ父因我名而遣之者ˇ必將以一切訓爾ˇ且使
유 보 위 자 ˇ 즉 성 령 ˇ 부 인 아 명 이 견 지 자 ˇ 필 장 이 일 체 훈 이 ˇ 차 사
爾ˇ憶凡我所語爾者 (約翰福音 14:26)
이 ˇ 억 범 아 소 어 이 자

保惠師보혜사 곧 아버지께서 내 이름으로 보내실 聖靈성령 그가 너희에게 모든 것을 가르치고 내가 너희에게 말한 모든 것을 생각나게 하리라 (요한복음 14:26)

But the Counselor, the Holy Spirit, whom the Father will send in my name, will teach you all things and will remind you of everything I have said to you. (John 14:26)

3

厥後我將以我之靈賦畀萬人ˇ俾爾子女言未來事ˇ老者見夢兆
궐 후 아 장 이 아 지 령 부 비 만 인 ˇ 비 이 자 녀 언 미 래 사 ˇ 노 자 견 몽 조
ˇ幼者見異像 (約珥 2:28)
ˇ 유 자 견 이 상

그 後후에 내가 내 靈영을 萬民만민에게 부어 주리니 너희 子女자녀들이 將來장래 일을 말할 것이며 너희 늙은이는 꿈을 꾸며 너희 젊은이는 異像이상을 볼 것이며 (요엘 2:28)

And afterward, I will pour out my Spirit on all people. Your sons and daughters will prophesy, your old men will dream dreams, your young men will see visions. (Joel 2:28)

4

未感於靈者ˇ不受上帝之靈之事ˇ因以之爲愚ˇ且不能識ˇ蓋此
미 감 어 령 자 ˇ 불 수 상 제 지 령 지 사 ˇ 인 이 지 위 우 ˇ 차 불 능 식 ˇ 개 차
事必以靈而忖度 (哥林多前書 2:14)
사 필 이 령 이 촌 도

肉육에 屬속한 사람은 하나님의 聖靈성령의 일들을 받지 아니하나니 이는 그것들이 그에게는 어리석게 보임이요 또 그는 그것들을 알 수도 없나니 그러한 일은 靈的영적으로 分別분별되기 때문이라 (고린도전서 2:14)

The man without the Spirit does not accept the things that come from the Spirit of God, for they are foolishness to him, and he cannot understand them, because they are spiritually discerned. (1 Corinthians 2:14)

5

爾中爲父者ˇ孰有子求餠而予之石乎ˇ求魚而予之蛇以代魚乎
이 중 위 부 자 ˇ 숙 유 자 구 병 이 여 지 석 호 ˇ 구 어 이 여 지 사 이 대 어 호
ˇ抑求卵而予以蠍乎ˇ爾曹雖不善ˇ尙知以善物予子ˇ何況上帝
ˇ 억 구 란 이 여 이 헐 호 ˇ 이 조 수 불 선 ˇ 상 지 이 선 물 여 자 ˇ 하 황 상 제
ˇ不更以聖靈予求之者乎 (路加福音 11:11~13)
ˇ 불 갱 이 성 령 여 구 지 자 호

너희 중에 아버지 된 者자로서 누가 아들이 生鮮생선을 달라 하는데 生鮮생선 代身대신에 뱀을 주며 알을 달라 하는데 全蠍전갈을 주겠느냐 너희가 惡악할지라도 좋은 것을 子息자식에게 줄 줄 알거든 하물며 너희 하늘 아버지께서 求구하는 者자에게 聖靈성령을 주시지 않겠느냐 하시니라 (누가복음 11:11~13)

Which of you fathers, if your son asks for a fish, will give him a snake instead? Or if he asks for an egg, will give him a scorpion If you then, though you are evil, know how to give good gifts to your children, how much more will your Father in heaven give the Holy Spirit to those who ask him! (Luke 11:11~13)

6

主上帝之神感我ˇ主以膏沐我ˇ使我傳福音於貧者ˇ遣我以醫
주 상 제 지 신 감 아 ˇ 주 이 고 목 아 ˇ 사 아 전 복 음 어 빈 자 ˇ 견 아 이 의
傷心者ˇ告被擄者必得釋ˇ報被囚者必出囹圄 (以賽亞 61:1)
상 심 자 ˇ 고 피 노 자 필 득 석 ˇ 보 피 수 자 필 출 영 어

主주 여호와의 靈영이 내게 내리셨으니 이는 여호와께서 내게 기름을 부으사 가난한 者자에게 아름다운 消息소식을 傳전하게 하려 하심이라 나를 보내사 마음이 傷상한 者자를 고치며 捕虜포로된 者자에게 自由자유를 갇힌 者자에게 놓임을 宣布선포하며 (이사야 61:1)

The Spirit of the Sovereign LORD is on me, because the LORD has anointed me to preach good news to the poor. He has sent me to bind up the brokenhearted, to proclaim freedom for the captives and release from darkness for the prisoners. (Isaiah 61:1)

7

自耶西之幹將萌一條ˇ自其根將生一枝ˇ主之神必賦之ˇ使有
자 야 서 지 간 장 맹 일 조 ˇ 자 기 근 장 생 일 지 ˇ 주 지 신 필 부 지 ˇ 사 유
智慧明哲ˇ有謀畧才能ˇ有知識ˇ有敬畏主之心 (以賽亞 11:1~2)
지 혜 명 철 ˇ 유 모 략 재 능 ˇ 유 지 식 ˇ 유 경 외 주 지 심

이새의 줄기에서 한 싹이 나며 그 뿌리에서 한 가지가 나서 結實결실할 것이요 그의 위에 여호와의 靈영 곧 智慧지혜와 聰明총명의 靈영이요 謀略모략과 才能재능의 靈영이요 知識지식과 여호와를 敬畏경외하는 靈영이 降臨강림하시리니 (이사야 11:1~2)

A shoot will come up from the stump of Jesse: from his roots a Branch will bear fruit. The Spirit of the LORD will rest on him–the Spirit of wisdom and of understanding, the Spirit of counsel and of power, the Spirit of knowledge and of the fear of the LORD (Isaiah 11:1~2)

8

蓋從肉體者體肉體之事ˇ從聖靈者體聖靈之事ˇ體肉體'死也ˇ體
개 종 육 체 자 체 육 체 지 사 ˇ 종 성 령 자 체 성 령 지 사 ˇ 체 육 체 ˇ 사 야ˇ 체
聖靈ˇ生且安 (羅瑪書 8:5~6)
성 령 ˇ 생 차 안

肉身육신을 따르는 者자는 肉身육신의 일을, 靈영을 따르는 者자는 靈영의 일을 생각하나니 肉身육신의 생각은 死亡사망이요 靈영의 생각은 生命과 平安평안이니라(로마서 8:5~6)

Those who live according to the sinful nature have their minds set on what that nature desires: but those who live in accordance with the Spirit have their minds set on what the Spirit desires. The mind of sinful man is death, but the mind controlled by the Spirit is life and peace: (Romans 8:5~6)

9

體肉體ˇ乃與上帝爲仇ˇ因不服上帝之法ˇ且不能服也ˇ故凡從
체육체ˇ내여상제위구ˇ인불복상제지법ˇ차불능복야ˇ고범종
肉體者ˇ不能見悅於上帝 (羅瑪書 8:7~8)
육체자ˇ불능견열어상제

肉身육신의 생각은 하나님과 怨讐원수가 되나니 이는 하나님의 法법에 屈服굴복하지 아니할 뿐 아니라 할 수도 없음이라 肉身육신에 있는 者자들은 하나님을 기쁘시게 할 수 없느니라 (로마서 8:7~8)

The sinful mind is hostile to God. It does not submit to God's law, nor can it do so. Those controlled by the sinful nature cannot please God. (Romans 8:7~8)

10

若上帝之靈ˇ居於爾心ˇ則爾不屬肉體而屬聖靈矣ˇ凡無基督
약상제지령ˇ거어이심ˇ즉이불속육체이속성령의ˇ범무기독
靈者ˇ不屬基督也 (羅瑪書 8:9)
령자ˇ불속기독야

萬一만일 너희 속에 하나님의 靈영이 居거하시면 너희가 肉身육신에 있지 아니하고 靈영에 있나니 누구든지 그리스도의 靈영이 없으면 그리스도의 사람이 아니라 (로마서 8:9)

You, however, are controlled not by the sinful nature but by the Spirit, if the Spirit of God lives in you. And if anyone does not have the Spirit of Christ, he does not belong to Christ. (Romans 8:9)

11

若基督在爾心ˇ則身因罪而死ˇ靈因義而生 (羅瑪書 8:10)
약 기 독 재 이 심 ˇ 즉 신 인 죄 이 사 ˇ 령 인 의 이 생

또 그리스도께서 너희 안에 계시면 몸은 罪죄로 말미암아 죽은 것이나 靈영은 義의로 말미암아 살아 있는 것이니라 (로마서 8:10)

But if Christ is in you, your body is dead because of sin, yet your spirit is alive because of righteousness. (Romans 8:10)

12

豈不知爾乃上帝之殿ˇ上帝之靈居於爾中乎 (哥林多前書 3:16)
기 부 지 이 내 상 제 지 전 ˇ 상 제 지 령 거 어 이 중 호

너희는 너희가 하나님의 聖殿성전인 것과 하나님의 聖靈성령이 너희 안에 계시는 것을 알지 못하느냐 (고린도전서 3:16)

Don' t you know that you yourselves are God' s temple and that God' s Spirit lives in you? (1 Corinthians 3:16)

13

上帝以其靈賜我ˇ則我由此而知我恒居上帝內ˇ上帝恒居我內
상 제 이 기 령 사 아 ˇ 즉 아 유 차 이 지 아 항 거 상 제 내 ˇ 상 제 항 거 아 내
(約翰壹書 4:13)

그의 聖靈성령을 우리에게 주시므로 우리가 그 안에 居거하고 그가 우리 안에 居거하시는 줄을 아느니라 (요한1서 4:13)

We know that we live in him and he in us, because he has given us of his Spirit. (1 John 4:13)

14

使耶穌由死復活者之靈ˇ若居於爾心ˇ則使基督由死復活者ˇ
사 야 소 유 사 부 활 자 지 령 ˇ 약 거 어 이 심 ˇ 즉 사 기 독 유 사 부 활 자 ˇ
必以居爾心之聖靈ˇ使爾將死之身復活 (羅瑪書 8:11)
필 이 거 이 심 지 성 령 ˇ 사 이 장 사 지 신 부 활

예수를 죽은 者자 가운데서 살리신 이의 靈영이 너희 안에 居거하시면 그리스도 예수를 죽은 者자 가운데서 살리신 이가 너희 안에 居거하시는 그의 靈영으로 말미암아 너희 죽을 몸도 살리시리라 (로마서 8:11)

And if the Spirit of him who raised Jesus from the dead is living in you, he who raised Christ from the dead will also give life to your mortal bodies through his Spirit, who lives in you. (Romans 8:11)

15

守上帝之誡者ˇ恒居上帝內ˇ上帝亦恒居其內ˇ上帝賜我聖靈ˇ
수상제지계자ˇ항거상제내ˇ상제역항거기내ˇ상제사아성령ˇ
我儕由是而知上帝恒居我內 (約翰壹書 3:24)
아제유시이지상제항거아내

그의 誡命계명을 지키는 者자는 主주 안에 居거하고 主주는 그의 안에 居거하시나니 우리에게 주신 聖靈성령으로 말미암아 그가 우리 안에 居거하시는 줄을 우리가 아느니라 (요한1서 3:24)

Those who obey his commands live in him, and he in them. And this is how we know that he lives in us: We know it by the Spirit he gave us. (1 John 3:24)

16

主之靈臨我ˇ因主膏我ˇ俾我傳福音於貧者ˇ遣我醫傷心之人
주지령임아ˇ인주고아ˇ비아전복음어빈자ˇ견아의상심지인
告被虜者得釋ˇ瞽者得明ˇ受壓制者得自由ˇ宣上帝賜恩之禧
고피노자득석ˇ고자득명ˇ수압제자득자유ˇ선상제사은지희
年 (路加福音 4:18~19)
년

主주의 聖靈성령이 내게 臨임하셨으니 이는 가난한 者자에게 福音복음을 傳전하게 하시려고 내게 기름을 부으시고 나를 보내사 捕虜포로 된 者자에게 自由자유를, 눈 먼 者자에게 다시 보게 함을 傳播전파하며 눌린 者자를 自由자유롭게 하고 主주의 恩惠은혜의 해를 傳播전파하게 하려 하심이라 하였더라 (누가복음 4:18~19)

The Spirit of the Lord is on me, because he has anointed me to preach good news to the poor. He has sent me to proclaim freedom for the prisoners and recovery of sight for the blind, to release the oppressed, to proclaim the year of the Lord's favor. (Luke 4:18~19)

17

且我儕懦弱ˇ聖靈助我ˇ蓋我儕不知所當禱者ˇ聖靈以不可言
차아제나약ˇ성령조아ˇ개아제부지소당도자ˇ성령이불가언

之歎息代我禱也 (羅瑪書 8:26)
지 탄 식 대 아 도 야

이와 같이 聖靈성령도 우리의 軟弱연약함을 도우시나니 우리는 마땅히 祈禱기도할 바를 알지 못하나 오직 聖靈성령이 말할 수 없는 歎息탄식으로 우리를 爲위하여 親친히 懇求간구하시느니라 (로마서 8:26)

In the same way, the Spirit helps us in our weakness. We do not know what we ought to pray for, but the Spirit himself intercedes for us with groans that words cannot express. (Romans 8:26)

18

惟聖靈臨爾後ˇ爾將受能力ˇ爲我作證於耶路撒冷ˇ猶太全地ˇ
유 성 령 임 이 후 ˇ 이 장 수 능 력 ˇ 위 아 작 증 어 야 로 살 냉 ˇ 유 태 전 지 ˇ
撒瑪利亞ˇ以至地極 (使徒行傳 1:8)
살 마 리 아 ˇ 이 지 지 극

오직 聖靈성령이 너희에게 臨임하시면 너희가 權能권능을 받고 예루살렘과 온 유대와 사마리아와 땅 끝까지 이르러 내 證人증인이 되리라 하시니라 (사도행전 1:8)

But you will receive power when the Holy Spirit comes on you: and you will be my witnesses in Jerusalem, and in all Judea and Samaria, and to the ends of the earth. (Acts 1:8)

19

豈不知爾由上帝所受之聖靈ˇ居於爾中ˇ而爾身卽聖靈之殿乎
기 부 지 이 유 상 제 소 수 지 성 령 ˇ 거 어 이 중 ˇ 이 이 신 즉 성 령 지 전 호
ˇ且爾非屬己 (哥林多前書 6:19)
ˇ 차 이 비 속 기

너희 몸은 너희가 하나님께로부터 받은 바 너희 가운데 계신 聖靈성령의 殿전인 줄을 알지 못하느냐 너희는 너희 自身자신의 것이 아니라 (고린도전서 6:19)

Do you not know that your body is a temple of the Holy Spirit, who is in you, whom you have received from God? You are not your own (1 Corinthians 6:19)

20

我將以我父所許者賜爾ˇ當居於耶路撒冷城ˇ待自上賜爾以權焉
아 장 이 아 부 소 허 자 사 이 ˇ 당 거 어 야 로 살 냉 성 ˇ 대 자 상 사 이 이 권 언

(路加福音 24:49)

볼지어다 내가 내 아버지께서 約束약속하신 것을 너희에게 보내리니 너희는 위로부터 能力능력으로 입혀질 때까지 이 城성에 머물라 하시니라 (누가복음 24:49)

I am going to send you what my Father has promised: but stay in the city until you have been clothed with power from on high. (Luke 24:49)

21

靈語諸教會之言ˇ凡有耳者當聽焉ˇ得勝者ˇ我將以上帝巴拉
령 어 제 교 회 지 언 ˇ 범 유 이 자 당 청 언 ˇ 득 승 자 ˇ 아 장 이 상 제 파 랍
第瑣中生命樹之果ˇ賜彼食之 (黙示錄/約翰 啓示錄 2:7)
제 쇄 중 생 명 수 지 과 ˇ 사 피 식 지

귀 있는 者자는 聖靈성령이 教會교회들에게 하시는 말씀을 들을지어다 이기는 그에게는 내가 하나님의 樂園낙원에 있는 生命생명나무의 열매를 주어 먹게 하리라 (묵시록/요한계시록 2:7)

He who has an ear, let him hear what the Spirit says to the churches. To him who overcomes, I will give the right to eat from the tree of life, which is in the paradise of God. (Revelation 2:7)

22

我儕言此ˇ非以人智所教之言ˇ乃以聖靈所教之言ˇ以靈而解
아 제 언 차 ˇ 비 이 인 지 소 교 지 언 ˇ 내 이 성 령 소 교 지 언 ˇ 이 령 이 해
靈之事 (哥林多前書 2:13)
령 지 사

우리가 이것을 말하거니와 사람의 智慧지혜가 가르친 말로 아니하고 오직 聖靈성령께서 가르치신 것으로 하니 靈的영적인 일은 靈的영적인 것으로 分別분별하느니라 (고린도전서 2:13)

This is what we speak, not in words taught us by human wisdom but in words taught by the Spirit, expressing spiritual truths in spiritual words. (1 Corinthians 2:13)

23

此靈與我心ˇ同證我儕爲上帝之子ˇ旣爲子則爲嗣ˇ卽上帝之嗣ˇ
차 령 여 아 심 ˇ 동 증 아 제 위 상 제 지 자 ˇ 기 위 자 즉 위 사 ˇ 즉 상 제 지 사 ˇ

與基督同爲嗣ˇ我儕若與之同苦ˇ亦必與之同榮 (羅瑪書 8:16~17)
여 기 독 동 위 사 ˇ 아 제 약 여 지 동 고 ˇ 역 필 여 지 동 영

聖靈성령이 親친히 우리의 靈영과 더불어 우리가 하나님의 子女자녀인 것을 證言하시나니 子女이면 또한 相續者 곧 하나님의 相續者요 그리스도와 함께 한 相續者니 우리가 그와 함께 榮光을 받기 爲하여 苦難도 함께 받아야 할 것이니라 (로마서 8:16~17)

The Spirit himself testifies with our spirit that we are God's children. Now if we are children, then we are heirs–heirs of God and co–heirs with Christ, if indeed we share in his sufferings in order that we may also share in his glory.(Romans 8:16~17)

24

惟上帝以其靈ˇ示之於我ˇ蓋聖靈窮察萬事ˇ及上帝之深奧
유 상 제 이 기 령 ˇ 시 지 어 아 ˇ 개 성 령 궁 찰 만 사 ˇ 급 상 제 지 심 오
(哥林多前書 2:10)

오직 하나님이 聖靈성령으로 이것을 우리에게 보이셨으니 聖靈성령은 모든 것 곧 하나님의 깊은 것까지도 通達통달하시느니라 (고린도전서 2:10)

But God has revealed it to us by his Spirit. The Spirit searches all things, even the deep things of God. (1 Corinthians 2:10)

25

爾旣得爲子ˇ上帝則遣其子之靈於爾心ˇ呼阿巴ˇ父也ˇ如此ˇ
이 기 득 위 자 ˇ 상 제 즉 견 기 자 지 령 어 이 심 ˇ 호 아 파 ˇ 부 야 ˇ 여 차 ˇ
爾不復爲奴ˇ乃爲子ˇ旣爲子ˇ則賴基督而爲上帝之嗣子
이 불 부 위 노 ˇ 내 위 자 ˇ 기 위 자 ˇ즉 뢰 기 독 이 위 상 제 지 사 자
(迦拉太書 4:6~7)

너희가 아들이므로 하나님이 그 아들의 靈영을 우리 마음 가운데 보내사 아빠 아버지라 부르게 하셨느니라 그러므로 네가 이 後후로는 종이 아니요 아들이니 아들이면 하나님으로 말미암아 遺業유업을 이을 者자니라 (갈라디아서 4:6~7)

Because you are sons, God sent the Spirit of his Son into our hearts, the Spirit who calls out, "Abba, Father." So you are no longer a slave, but a son: and since you are a son, God has made you also an heir. (Galatians 4:6~7)

26

我往何處以避主之神ˇ我逃何處以避主之面 (詩篇 139:7)
아 왕 하 처 이 피 주 지 신 ˇ 아 도 하 처 이 피 주 지 면

내가 主주의 靈영을 떠나 어디로 가며 主주의 앞에서 어디로 避피하리이까 (시편 139:7)

Where can I go from your Spirit? Where can I flee from your presence? (Psalms 139:7)

27

勿使上帝之聖靈憂ˇ爾由之得印ˇ至於救贖之日 (以弗所書 4:30)
물 사 상 제 지 성 령 우 ˇ 이 유 지 득 인 ˇ 지 어 구 속 지 일

하나님의 聖靈성령을 근심하게 하지 말라 그 안에서 너희가 救援구원의 날까지 印인치심을 받았느니라 (에베소서 4:30)

And do not grieve the Holy Spirit of God, with whom you were sealed for the day of redemption. (Ephesians 4:30)

28

爾曹亦於其內同被建造ˇ爲上帝藉聖靈所居之室焉 (以弗所書 2:22)
이 조 역 어 기 내 동 피 건 조 ˇ 위 상 제 자 성 령 소 거 지 실 언

너희도 聖靈성령 안에서 하나님이 居거하실 處所처소가 되기 爲위하여 그리스도 예수 안에서 함께 지어져 가느니라 (에베소서 2:22)

And in him you too are being built together to become a dwelling in which God lives by his Spirit. (Ephesians 2:22)

4. 말씀

말씀
계명(誡命)
율법(律法)
성경(聖經)
복음(福音)

天地천지는 없어질지언정 내 말은 없어지지 아니하리라 (마태복음 24:35)

말씀

1

蓋上帝之言ˇ活潑有力ˇ較兩刃之劍尤利ˇ靈氣與骨髓ˇ無不剖
개상제지언ˇ활발유력ˇ교양인지검우리ˇ영기여골수ˇ무불부
入ˇ心之意念ˇ無不鑒察ˇ且無一物得隱於鞫我之上帝前ˇ皆於
입ˇ심지의념ˇ무불감찰ˇ차무일물득은어국아지상제전ˇ개어
其目前皎然顯露 (希伯來書 4:12~13)
기목전교연현로

하나님의 말씀은 살아 있고 活力활력이 있어 左右좌우에 날선 어떤 劍검보다도 銳利예리하여 魂혼과 靈영과 및 關節관절과 骨髓골수를 찔러 쪼개기까지 하며 또 마음의 생각과 뜻을 判斷판단하나니 지으신 것이 하나도 그 앞에 나타나지 않음이 없고 우리의 決算결산을 받으실 이의 눈 앞에 萬物만물이 벌거벗은 것 같이 드러나느니라 (히브리서 4:12~13)

For the word of God is living and active. Sharper than any double-edged sword, it penetrates even to dividing soul and spirit, joints and marrow: it judges the thoughts and attitudes of the heart. Nothing in all creation is hidden from God' s sight Everything is uncovered and laid bare before the eyes of him to whom we must give account. (Hebrews 4:12~13)

2

主曰ˇ我之意迥非爾之意ˇ我之途迥非爾之途ˇ我之道途高於
주왈ˇ아지의형비이지의ˇ아지도형비이지도ˇ아지도도고어
爾之道途ˇ我之思念高於爾之思念ˇ如天高於地 (以賽亞 55:8~9)
이지도도ˇ아지사념고어이지사념ˇ여천고어지

이는 내 생각이 너희의 생각과 다르며 내 길은 너희의 길과 다름이니라 여호와의 말씀이니라 이는 하늘이 땅보다 높음 같이 내 길은 너희의 길보다 높으며 내 생각은 너희의 생각보다 높음이니라 (이사야 55:8~9)

For my thoughts are not your thoughts, neither are your ways my ways, declares the LORD. As the heavens are higher than the earth, so are my ways higher than your ways and my thoughts than your thoughts. (Isaiah 55:8~9)

3

使爾卑微ˇ使爾饑餓ˇ以爾與爾祖所未識之瑪拿賜爾食ˇ使爾
사 이 비 미 ˇ 사 이 기 아 ˇ 이 이 여 이 조 소 미 식 지 마 나 사 이 식 ˇ 사 이
知人不獨恃餠得生ˇ亦恃凡由主口所出之言得生 (申命記 8:3)
지 인 불 독 시 병 득 생 ˇ 역 시 범 유 주 구 소 출 지 언 득 생

너를 낮추시며 너를 주리게 하시며 또 너도 알지 못하며 네 祖上조상들도 알지 못하던 만나를 네게 먹이신 것은 사람이 떡으로만 사는 것이 아니요 여호와의 입에서 나오는 모든 말씀으로 사는 줄을 네가 알게 하려 하심이니라 (신명기 8:3)

He humbled you, causing you to hunger and then feeding you with manna, which neither you nor your fathers had known, to teach you that man does not live on bread alone but on every word that comes from the mouth of the LORD. (Deuteronomy 8:3)

4

爾曹畏主命者ˇ當聽主言ˇ爾兄弟憾爾ˇ緣我名而棄爾ˇ曰ˇ願
이 조 외 주 명 자 ˇ 당 청 주 언 ˇ 이 형 제 감 이 ˇ 연 아 명 이 기 이 ˇ 왈 ˇ 원
主彰顯榮光ˇ使我儕得見爾之欣喜ˇ彼如此言ˇ必至蒙羞
주 창 현 영 광 ˇ 사 아 제 득 견 이 지 흔 희 ˇ 피 여 차 언 ˇ 필 지 몽 수
(以賽亞 66:5)

여호와의 말씀으로 말미암아 떠는 者자들아 그의 말씀을 들을지어다 이르시되 너희 兄弟형제가 너희를 미워하며 내 이름으로 말미암아 너희를 쫓아내며 이르기를 여호와께서는 榮光영광을 나타내사 너희 기쁨을 우리에게 보이시기를 願원하노라 하였으나 그들은 羞恥수치를 當당하리라 하셨느니라 (이사야 66:5)

Hear the word of the LORD, you who tremble at his word: Your brothers who hate you, and exclude you because of my name, have said, Let the LORD be glorified, that we may see your joy! Yet they will be put to shame. (Isaiah 66:5)

5

天地可廢ˇ我言不廢 (瑪太福音 24:35)
천 지 가 폐 ˇ 아 언 불 폐

天地천지는 없어질지언정 내 말은 없어지지 아니하리라 (마태복음 24:35)

Heaven and earth will pass away, but my words will never pass away. (Matthew 24:35)

6

草枯花彫ˇ惟我上帝之言ˇ永存不朽 (以賽亞 40:8)
초 고 화 조 ˇ 유 아 상 제 지 언 ˇ 영 존 불 후

풀은 마르고 꽃은 시드나 우리 하나님의 말씀은 永遠영원히 서리라 하라 (이사야 40:8)

The grass withers and the flowers fall, but the word of our God stands forever. (Isaiah 40:8)

7

兄弟乎ˇ今我將爾曹託上帝ˇ及上帝施恩之道ˇ上帝能建爾ˇ賜
형 제 호 ˇ 금 아 장 이 조 탁 상 제 ˇ 급 상 제 시 은 지 도 ˇ 상 제 능 건 이 ˇ 사
爾有業於聖徒之中 (使徒行傳 20:32)
이 유 업 어 성 도 지 중

只今지금 내가 여러분을 主주와 및 그 恩惠은혜의 말씀에 付託부탁하노니 그 말씀이 여러분을 能능히 든든히 세우사 거룩하게 하심을 입은 모든 者자 가운데 基業기업이 있게 하시리라 (사도행전 20:32)

Now I commit you to God and to the word of his grace, which can build you up and give you an inheritance among all those who are sanctified. (Acts 20:32)

8

有播種者ˇ出而播種ˇ播時有遺道旁者ˇ爲人所踐ˇ空中鳥盡食
유 파 종 자 ˇ 출 이 파 종 ˇ 파 시 유 유 도 방 자 ˇ 위 인 소 천 ˇ 공 중 조 진 식
之ˇ有遺磽地者ˇ萌而卽槁ˇ因無潤澤也ˇ有遺荊棘中者ˇ荊棘
지 ˇ 유 유 고 지 자 ˇ 맹 이 즉 고 ˇ 인 무 윤 택 야 ˇ 유 유 형 극 중 자 ˇ 형 극
同長而蔽之ˇ有遺沃壤者ˇ生而結實百倍ˇ言竟ˇ呼曰ˇ凡有耳
동 장 이 폐 지 ˇ 유 유 옥 양 자 ˇ 생 이 결 실 백 배 ˇ 언 경 ˇ 호 왈 ˇ 범 유 이
能聽者當聽焉 (路加福音 8:5~8)
능 청 자 당 청 언

씨를 뿌리는 者자가 그 씨를 뿌리러 나가서 뿌릴새 더러는 길 가에 떨어지매 밟히며 空中공중의 새들이 먹어버렸고 더러는 바위 위에 떨어지매 싹이 났다가 濕氣습기가 없으므로 말랐고 더러는 가시떨기 속

에 떨어지매 가시가 함께 자라서 氣運기운을 막았고 더러는 좋은 땅에 떨어지매 나서 百倍백배의 結實결실을 하였느니라 이 말씀을 하시고 외치시되 들을 귀 있는 者자는 들을지어다 (누가복음 8:5~8)

A farmer went out to sow his seed. As he was scattering the seed, some fell along the path: it was trampled on, and the birds of the air ate it up. Some fell on rock, and when it came up, the plants withered because they had no moisture. Other seed fell among thorns, which grew up with it and choked the plants. Still other seed fell on good soil. It came up and yielded a crop, a hundred times more than was sown. When he said this, he called out, He who has ears to hear, let him hear. (Luke 8:5~8)

9

當以基督之道ˇ充於爾心ˇ智慧具備ˇ相教相勸ˇ以歌章ˇ頌詞
당 이 기 독 지 도 ˇ 충 어 이 심 ˇ 지 혜 구 비 ˇ 상 교 상 권 ˇ 이 가 장 ˇ 송 사
ˇ靈賦ˇ中心感恩而頌主 (哥羅西書 3:16)
ˇ 영 부 ˇ 중 심 감 은 이 송 주

그리스도의 말씀이 너희 속에 豊盛풍성히 居거하여 모든 智慧지혜로 彼此피차 가르치며 勸勉권면하고 詩시와 讚頌찬송과 神靈신령한 노래를 부르며 感謝감사하는 마음으로 하나님을 讚揚찬양하고 (골로새서 3:16)

Let the word of Christ dwell in you richly as you teach and admonish one another with all wisdom, and as you sing psalms, hymns and spiritual songs with gratitude in your hearts to God. (Colossians 3:16)

10

主之言語ˇ乃我足前之燈ˇ我路間之光 (詩篇 119:105)
주 지 언 어 ˇ 내 아 족 전 지 등 ˇ 아 로 간 지 광

主주의 말씀은 내 발에 燈등이요 내 길에 빛이니이다 (詩篇 119:105)

Your word is a lamp to my feet and a light for my path. (Psalms 119:105)

11

喜悅主之典章ˇ不忘主之語言 (詩篇 119:16)
희 열 주 지 전 장 ˇ 불 망 주 지 어 언

主주의 律例율례들을 즐거워하며 主주의 말씀을 잊지 아니하리이다 (시편 119:16)

I delight in your decrees: I will not neglect your word. (Psalms 119:16)

12

萬有之主如是云ˇ如爾遵行我道ˇ恪守我例ˇ則可理我家ˇ守我
만 유 지 주 여 시 운 ˇ 여 이 준 행 아 도 ˇ 각 수 아 례 ˇ 즉 가 리 아 가 ˇ 수 아
院ˇ我亦使爾得遊行於此侍立者間 (撒迦利亞 3:7)
원 ˇ 아 역 사 이 득 유 행 어 차 시 립 자 간

萬軍만군의 여호와의 말씀에 네가 萬一만일 내 道도를 行행하며 내 規例규례를 지키면 네가 내 집을 다스릴 것이요 내 뜰을 지킬 것이며 내가 또 너로 여기 섰는 자들 가운데에 往來왕래하게 하리라 (스가랴 3:7)

This is what the LORD Almighty says: If you will walk in my ways and keep my requirements, then you will govern my house and have charge of my courts, and I will give you a place among these standing here. (Zechariah 3:7)

13

播於荊棘中者ˇ指人聽道ˇ而斯世之思慮ˇ貨財之迷惑ˇ及諸
파 어 형 극 중 자 ˇ 지 인 청 도 ˇ 이 사 세 지 사 려 ˇ 화 재 지 미 혹 ˇ 급 제
物慾ˇ入而蔽其道ˇ則不結實 (瑪可福音 4:18~19)
물 욕 ˇ 입 이 폐 기 도 ˇ 즉 불 결 실

또 어떤 이는 가시떨기에 뿌려진 者자니 이들은 말씀을 듣기는 하되 世上세상의 念慮염려와 財物재물의 誘惑유혹과 其他기타 慾心욕심이 들어와 말씀을 막아 結實결실하지 못하게 되는 者자요 (마가복음 4:18~19)

Still others, like seed sown among thorns, hear the word: but the worries of this life, the deceitfulness of wealth and the desires for other things come in and choke the word, making it unfruitful. (Mark 4:18~19)

14

敬畏主者見我卽歡喜ˇ因我仰望主言 (詩篇 119:74)
경 외 주 자 견 아 즉 환 희 ˇ 인 아 앙 망 주 언

主주를 敬畏경외하는 者자들이 나를 보고 기뻐하는 것은 내가 主주의 말씀을 바라는 까닭이니이다 (시편 119:74)

May those who fear you rejoice when they see me, for I have put my hope in your word. (Psalms 119:74)

15

宜種公義ˇ則穫仁慈ˇ今値求主之時ˇ無開墾土壤ˇ待主來臨ˇ
의 종 공 의 ˇ 즉 확 인 자 ˇ 금 치 구 주 지 시 ˇ 무 개 간 토 양 ˇ 대 주 래 임 ˇ
爲爾降恩雨 (何西阿 10:12)
위 이 강 은 우

너희가 自己자기를 爲위하여 義의를 심고 矜恤긍휼을 거두라 只今지금이 곧 여호와를 찾을 때니 너희 묵은 땅을 起耕기경하라 마침내 여호와께서 臨임하사 義의를 비처럼 너희에게 내리시리라 (호세아 10:12)

Sow for yourselves righteousness, reap the fruit of unfailing love, and break up your unplowed ground; for it is time to seek the LORD, until he comes and showers righteousness on you. (Hosea 10:12)

16

爾乃地之鹽ˇ鹽若失其鹹ˇ何以復之ˇ後必無用ˇ惟棄於外ˇ爲
이 내 지 지 염 ˇ 염 약 실 기 함 ˇ 하 이 부 지 ˇ 후 필 무 용 ˇ 유 기 어 외 ˇ 위
人所踐耳 (瑪太福音 5:13)
인 소 천 이

너희는 世上세상의 소금이니 소금이 萬一만일 그 맛을 잃으면 무엇으로 짜게 하리요 後후에는 아무 쓸 데 없어 다만 밖에 버려져 사람에게 밟힐 뿐이니라 (마태복음 5:13)

You are the salt of the earth. But if the salt loses its saltiness, how can it be made salty again? It is no longer good for anything, except to be thrown out and trampled by men. (Matthew 5:13)

17

上帝之道ˇ由爾傳聞ˇ不第在瑪其頓ˇ亞該亞ˇ爾信上帝隨在播
상 제 지 도 ˇ 유 이 전 문 ˇ 부 제 재 마 기 돈 ˇ 아 해 아 ˇ 이 신 상 제 수 재 파
揚ˇ故不須我儕復有所言 (帖撒羅尼迦前書 1:8)
양 ˇ 고 불 수 아 제 부 유 소 언

主주의 말씀이 너희에게로부터 마게도냐와 아가야에만 들릴 뿐 아니라 하나님을 向향하는 너희 믿음의 所聞소문이 各處각처에 퍼졌으므로 우리는 아무 말도 할 것이 없노라 (데살로니가전서 1:8)

The Lord' s message rang out from you not only in Macedonia and Achaia—your faith in God has become known everywhere. Therefore we do not need to say anything about it, (1 Thessalonians 1:8)

18

我則曰ˇ彼衆豈未聞乎ˇ聞之矣ˇ經云ˇ其聲徧於天下ˇ其言至
아 즉 왈 ˇ 피 중 기 미 문 호 ˇ 문 지 의 ˇ 경 운 ˇ 기 성 편 어 천 하 ˇ 기 언 지
於地極 (羅瑪書 10:18)
어 지 극

그러나 내가 말하노니 그들이 듣지 아니하였느냐 그렇지 아니하니 그 소리가 온 땅에 퍼졌고 그 말씀이 땅 끝까지 이르렀도다 하였느니라 (로마서 10:18)

But I ask: Did they not hear? Of course they did: Their voice has gone out into all the earth, their words to the ends of the world. (Romans 10:18)

19

我於其中尋一人ˇ可補牆垣ˇ可立於擊破之處以堵禦ˇ於我前
아 어 기 중 심 일 인 ˇ 可 補 牆 垣 ˇ 가 립 어 격 파 지 처 이 도 어 ˇ 어 아 전
爲國祈求ˇ免我殲滅之ˇ亦不尋得ˇ故我震怒降災斯衆ˇ以我烈
위 국 기 구 ˇ 면 아 섬 멸 지 ˇ 역 부 심 득 ˇ 고 아 진 노 강 재 사 중 ˇ 이 아 열
怒之火而滅之ˇ依其行爲ˇ施報於其身ˇ此乃主所言
노 지 화 이 멸 지 ˇ 의 기 행 위 ˇ 시 보 어 기 신 ˇ 차 내 주 소 언
(以西結 22:30~31)

이 땅을 爲위하여 城성을 쌓으며 城성 무너진 데를 막아 서서 나로 하여금 滅멸하지 못하게 할 사람을 내가 그 가운데에서 찾다가 찾지 못하였으므로 내가 내 憤怒분노를 그들 위에 쏟으며 내 震怒진노의 불로 滅멸하여 그들 行爲행위대로 그들 머리에 報應보응하였느니라 主주 여호와의 말씀이니라 (에스겔 22:30~31)

I looked for a man among them who would build up the wall and stand before me in the gap on behalf of the land so I would not have to destroy it, but I found none. So I will pour out my wrath on them and consume them with my fiery anger, bringing down on their own heads all they have done, declares the Sovereign LORD. (Ezekiel 22:30~31)

20

主如是云ˇ凡人心棄我ˇ倚恃人ˇ倚恃肉體者ˇ斯人有禍
주 여 시 운 ˇ 범 인 심 기 아 ˇ 의 시 인 ˇ 의 시 육 체 자 ˇ 사 인 유 화

(耶利米 17:5)

여호와께서 이와 같이 말씀하시니라 무릇 사람을 믿으며 肉身육신으로 그의 힘을 삼고 마음이 여호와에게서 떠난 그 사람은 詛呪저주를 받을 것이라 (예레미야 17:5)

This is what the LORD says: Cursed is the one who trusts in man, who depends on flesh for his strength and whose heart turns away from the LORD. (Jeremiah 17:5)

21

耶穌曰ˇ經載云ˇ人得生ˇ不第恃餅ˇ亦恃凡上帝口所出之言
야 소 왈 ˇ 경 재 운 ˇ 인 득 생 ˇ 불 제 시 병 ˇ 역 시 범 상 제 구 소 출 지 언

(瑪太福音 4:4)

예수께서 對答대답하여 이르시되 記錄기록되었으되 사람이 떡으로만 살 것이 아니요 하나님의 입으로부터 나오는 모든 말씀으로 살 것이라 하였느니라 하시니 (마태복음 4:4)

Jesus answered, It is written: Man does not live on bread alone, but on every word that comes from the mouth of God. (Matthew 4:4)

22

今雅各歟ˇ以色列歟ˇ創造爾甄陶爾之主如是云ˇ毋畏懼ˇ我救
금 아 각 여 ˇ 이 색 열 여 ˇ 창 조 이 견 도 이 지 주 여 시 운 ˇ 무 외 구 ˇ 아 구
贖爾ˇ我呼爾名ˇ爾乃屬我ˇ爾經水中ˇ我護爾ˇ爾涉江河ˇ水不
속 이 ˇ 아 호 이 명 ˇ 이 내 속 아 ˇ 이 경 수 중 ˇ 아 호 이 ˇ 이 섭 강 하 ˇ 수 불
沖沒ˇ爾行火中ˇ必不被燒ˇ烈焰不焚爾 (以賽亞 43:1~2)
충 몰 ˇ 이 행 화 중 ˇ 필 부 피 소 ˇ 열 염 불 분 이

야곱아 너를 創造창조하신 여호와께서 지금 말씀하시느니라 이스라엘아 너를 지으신 이가 말씀하시느니라 너는 두려워하지 말라 내가 너를 救贖구속하였고 내가 너를 指名지명하여 불렀나니 너는 내 것이라 네가 물 가운데로 지날 때에 내가 너와 함께 할 것이라 江강을 건널 때에 물이 너를 沈沒침몰하지 못할 것이며 네가 불 가운데로 지날 때에 타지도 아니할 것이요 불꽃이 너를 사르지도 못하리니 (이사야

43:1~2)

But now, this is what the LORD says—he who created you, O Jacob, he who formed you, O Israel: Fear not, for I have redeemed you: I have summoned you by name: you are mine. When you pass through the waters, I will be with you: and when you pass through the rivers, they will not sweep over you. When you walk through the fire, you will not be burned: the flames will not set you ablaze. (Isaiah 43:1~2)

23

論及世人之行爲ˇ我以主口所出之訓言ˇ自謹自愼ˇ不行强暴
론 급 세 인 지 행 위 ˇ 아 이 주 구 소 출 지 훈 언 ˇ 자 근 자 신 ˇ 불 행 강 폭
人之道途 (詩篇 17:4)
인 지 도 도

사람의 行事행사로 論논하면 나는 主주의 입술의 말씀을 따라 스스로 삼가서 暴惡포악한 者자의 길을 가지 아니하였사오며 (시편 17:4)

As for the deeds of men—by the word of your lips I have kept myself from the ways of the violent. (Psalms 17:4)

24

爾告之曰ˇ主上帝曰ˇ我指己永生而誓ˇ我不以惡人死亡爲悅ˇ
이 고 지 왈 ˇ 주 상 제 왈 ˇ 아 지 기 영 생 이 서 ˇ 아 불 이 악 인 사 망 위 열 ˇ
惟以惡人悛悔其惡行ˇ而得生存爲悅ˇ以色列家歟ˇ悛改ˇ悛改
유 이 악 인 전 회 기 악 행 ˇ 이 득 생 존 위 열 ˇ 이 색 열 가 여 ˇ 전 개 ˇ 전 개
ˇ離爾惡行ˇ何爲自取死亡 (以西結 33:11)
ˇ 리 이 악 행 ˇ 하 위 자 취 사 망

너는 그들에게 말하라 主주 여호와의 말씀이니라 나의 삶을 두고 盟誓맹세하노니 나는 惡人악인이 죽는 것을 기뻐하지 아니하고 惡人악인이 그의 길에서 돌이켜 떠나 사는 것을 기뻐하노라 이스라엘 族屬족속아 돌이키고 돌이키라 너희 惡악한 길에서 떠나라 어찌 죽고자 하느냐 하셨다 하라 (에스겔 33:11)

Say to them, As surely as I live, declares the Sovereign LORD, I take no pleasure in the death of the wicked, but rather that they turn from their ways and live. Turn! Turn from your evil ways! Why will you die, O house of Israel? (Ezekiel 33:11)

25

主上帝必除滅死亡ˇ至於永遠ˇ拭淚於一切人之面ˇ在普天之
주 상 제 필 제 멸 사 망 ˇ 지 어 영 원 ˇ 식 루 어 일 체 인 지 면 ˇ 재 보 천 지
下洗其民之辱ˇ蓋主言之矣 (以賽亞 25:8)
하 세 기 민 지 욕 ˇ 개 주 언 지 의

死亡사망을 永遠영원히 滅멸하실 것이라 主주 여호와께서 모든 얼굴에서 눈물을 씻기시며 自己자기 百姓백성의 羞恥수치를 온 天下천하에서 除제하시리라 여호와께서 이같이 말씀하셨느니라 (이사야 25:8)

He will swallow up death forever. The Sovereign LORD will wipe away the tears from all faces; he will remove the disgrace of his people from all the earth. The LORD has spoken. (Isaiah 25:8)

26

屬上帝者ˇ必聽上帝之言ˇ爾不聽者ˇ以爾不屬上帝也
속 상 제 자 ˇ 필 청 상 제 지 언 ˇ 이 불 청 자 ˇ 이 이 불 속 상 제 야
(約翰福音 8:47)

하나님께 屬속한 者자는 하나님의 말씀을 듣나니 너희가 듣지 아니함은 하나님께 屬속하지 아니하였음이로다 (요한복음 8:47)

He who belongs to God hears what God says. The reason you do not hear is that you do not belong to God. (John 8:47)

27

以色列人ˇ聽之哉ˇ主我之上帝獨一無二之主ˇ爾當盡心盡意盡
이 색 열 인 ˇ 청 지 재 ˇ 주 아 지 상 제 독 일 무 이 지 주 ˇ 이 당 진 심 진 의 진
力ˇ愛主爾之上帝ˇ我今日所命爾斯言ˇ當存於心ˇ當勤誨爾子ˇ
력 ˇ 애 주 이 지 상 제 ˇ 아 금 일 소 명 이 사 언 ˇ 당 존 어 심 ˇ 당 근 회 이 자 ˇ
或坐於室ˇ或行於路ˇ或寢或興ˇ恒以此爲訓ˇ繫於臂爲記ˇ戴於
혹 좌 어 실 ˇ 혹 행 어 로 ˇ 혹 침 혹 흥 ˇ 항 이 차 위 훈 ˇ 계 어 비 위 기 ˇ 대 어
額爲飾ˇ書於室之門柱及邑門 (申命記 6:4~9)
액 위 식 ˇ 서 어 실 지 문 주 급 읍 문

이스라엘아 들으라 우리 하나님 여호와는 오직 唯一유일한 여호와이시니 너는 마음을 다하고 뜻을 다하고 힘을 다하여 네 하나님 여호와를 사랑하라 오늘 내가 네게 命명하는 이 말씀을 너는 마음에 새기고 네 子女자녀에게 부지런히 가르치며 집에 앉았을 때에든지 길을 갈 때에든지 누워 있을 때에든지 일어날 때에든지 이 말씀을 講論강론할 것

이며 너는 또 그것을 네 손목에 매어 記號기호를 삼으며 네 眉間미간에 붙여 標표로 삼고 또 네 집 門문설柱주와 바깥 門문에 記錄기록할지니라 (신명기 6:4~9)

Hear, O Israel: The LORD our God, the LORD is one. Love the LORD your God with all your heart and with all your soul and with all your trength.These commandments that I give you today are to be upon your hearts. Impress them on your children. Talk about them when you sit at home and when you walk along the road, when you lie down and when you get up. Tie them as symbols on your hands and bind them on your foreheads. Write them on the doorframes of your houses and on your gates. (Deuteronomy 6:4~9)

28

藐視教言者ˇ必致敗亡ˇ敬畏誡命者ˇ必得善報 (箴言 13:13)
막 시 교 언 자 ˇ 필 치 패 망 ˇ 경 외 계 명 자 ˇ 필 득 선 보

말씀을 蔑視멸시하는 者자는 自己자기에게 敗亡패망을 이루고 誡命계명을 두려워하는 者자는 賞상을 받느니라 (잠언 13:13)

He who scorns instruction will pay for it, but he who respects a command is rewarded. (Proverbs 13:13)

29

受膏者云我傳命ˇ主曾謂我云ˇ爾乃我之子ˇ我今日生爾ˇ爾求
수 고 자 운 아 전 명 ˇ 주 증 위 아 운 ˇ 이 내 아 지 자 ˇ 아 금 일 생 이 ˇ 이 구
我ˇ我卽將列國賜爾爲業ˇ將地之四極賜爾爲産 (詩篇 2:7~8)
아 ˇ 아 즉 장 열 국 사 이 위 업 ˇ 장 지 지 사 극 사 이 위 산

내가 여호와의 命令명령을 傳전하노라 여호와께서 내게 이르시되 너는 내 아들이라 오늘 내가 너를 낳았도다 내게 求구하라 내가 異邦이방 나라를 네 遺業유업으로 주리니 네 所有소유가 땅 끝까지 이르리로다 (시편 2:7~8)

I will proclaim the decree of the LORD : He said to me, You are my Son : today I have become your Father. Ask of me, and I will make the nations your inheritance, the ends of the earth your possession. (Psalms 2:7~8)

30

我以主言藏在我心ˇ以免獲罪於主 (詩篇 119:11)
아 이 주 언 장 재 아 심 ˇ 이 면 획 죄 어 주

내가 主주께 犯罪범죄하지 아니하려 하여 主주의 말씀을 내 마음에 두었나이다 (시편 119:11)

I have hidden your word in my heart that I might not sin against you. (Psalms 119:11)

31

求主使眞實之言終不離我口ˇ因我仰望主之判斷ˇ我必常守主
구 주 사 진 실 지 언 종 불 리 아 구 ˇ 인 아 앙 망 주 지 판 단 ˇ 아 필 상 수 주
之律法ˇ至於永遠 (詩篇 119:43~44)
지 율 법 ˇ 지 어 영 원

眞理진리의 말씀이 내 입에서 조금도 떠나지 말게 하소서 내가 主주의 規例규례를 바랐음이니이다 내가 主주의 律法율법을 恒常항상 지키리이다 永遠영원히 지키리이다 (시편 119:43~44)

Do not snatch the word of truth from my mouth, for I have put my hope in your laws. I will always obey your law, for ever and ever. (Psalms 119:43~44)

32

主曰ˇ人豈能藏匿於隱密ˇ使我不見乎ˇ主曰ˇ我豈不充滿天地乎
주 왈 ˇ 인 기 능 장 닉 어 은 밀 ˇ 사 아 불 견 호 ˇ 주 왈 ˇ 아 기 불 충 만 천 지 호
(耶利米 23:24)

여호와의 말씀이니라 사람이 내게 보이지 아니하려고 누가 自身자신을 隱密은밀한 곳에 숨길 수 있겠느냐 여호와가 말하노라 나는 天地천지에 充滿충만하지 아니하냐 (예레미야 23:24)

Can anyone hide in secret places so that I cannot see him? declares the LORD. Do not I fill heaven and earth? declares the LORD. (Jeremiah 23:24)

33

因主之言正直ˇ主之一切行爲皆誠實 (詩篇 33:4)
인 주 지 언 정 직 ˇ 주 지 일 체 행 위 개 성 실

여호와의 말씀은 正直정직하며 그가 行행하시는 일은 다 眞實진실하시도

다 (시편 33:4)

For the word of the LORD is right and true: he is faithful in all he does. (Psalms 33:4)

34

上帝之言至純ˇ凡倚賴上帝者ˇ上帝必護之如盾 (箴言 30:5)
상 제 지 언 지 순 ˇ 범 의 뢰 상 제 자 ˇ 상 제 필 호 지 여 순

하나님의 말씀은 다 純全순전하며 하나님은 그를 依支의지하는 者자의 防牌방패시니라 (잠언 30:5)

Every word of God is flawless: he is a shield to those who take refuge in him. (Proverbs 30:5)

35

山嶺可移ˇ岡陵可徙ˇ我恩慈永不離爾ˇ我和平之約ˇ永立不移
산 령 가 이 ˇ 강 릉 가 사 ˇ 아 은 자 영 불 리 이 ˇ 아 화 평 지 약 ˇ 영 립 불 이
ˇ此乃矜恤爾之主所言 (以賽亞 54:10)
ˇ 차 내 긍 휼 이 지 주 소 언

山산들이 떠나며 언덕들은 옮겨질지라도 나의 慈悲자비는 네게서 떠나지 아니하며 나의 和平화평의 言約언약은 흔들리지 아니하리라 너를 矜恤긍휼히 여기시는 여호와께서 말씀하셨느니라 (이사야 54:10)

Though the mountains be shaken and the hills be removed, yet my unfailing love for you will not be shaken nor my covenant of peace be removed, says the LORD, who has compassion on you. (Isaiah 54:10)

36

我必使其口讚頌我ˇ我賜平康ˇ賜平康於遠者近者ˇ且我將醫
아 필 사 기 구 찬 송 아 ˇ 아 사 평 강 ˇ 사 평 강 어 원 자 근 자 ˇ 차 아 장 의
之ˇ此乃主所言 (以賽亞 57:19)
지 ˇ 차 내 주 소 언

입술의 열매를 創造창조하는 者자 여호와가 말하노라 먼 데 있는 者자에게든지 가까운 데 있는 者자에게든지 平康평강이 있을지어다 平康평강이 있을지어다 내가 그를 고치리라 하셨느니라 (이사야 57:19)

Creating praise on the lips of the mourners in Israel. Peace,

peace, to those far and near, says the LORD. And I will heal them. (Isaiah 57:19)

37

因此主以色列之上帝云ˇ我曾有言ˇ爾之家與爾祖之家ˇ永行
인 차 주 이 색 열 지 상 제 운 ˇ 아 증 유 언 ˇ 이 지 가 여 이 조 지 가 ˇ 영 행
在於我前供祭司之職ˇ今我言ˇ斷乎不然ˇ凡尊重我者ˇ我必使
어 재 아 전 공 제 사 지 직 ˇ 금 아 언 ˇ 단 호 불 연 ˇ 범 존 중 아 자 ˇ 아 필 사
之得尊重ˇ藐視我者必致愧怍 (撒母耳上 2:30)
지 득 존 중 ˇ 막 시 아 자 필 치 괴 작

그러므로 이스라엘의 하나님 나 여호와가 말하노라 내가 前전에 네 집과 네 祖上조상의 집이 내 앞에 永遠영원히 行행하리라 하였으나 이제 나 여호와가 말하노니 決斷결단코 그렇게 하지 아니하리라 나를 尊重존중히 여기는 者자를 내가 尊重존중히 여기고 나를 蔑視멸시하는 者자를 내가 輕蔑경멸하리라 (사무엘상 2:30)

Therefore the LORD, the God of Israel, declares: I promised that your house and your father's house would minister before me forever. But now the LORD declares: Far be it from me! Those who honor me I will honor, but those who despise me will be disdained. (1 Samuel 2:30)

38

太初有道ˇ道與上帝同在ˇ道卽上帝 (約翰福音 1:1)
태 초 유 도 ˇ 도 여 상 제 동 재 ˇ 도 즉 상 제

太初태초에 말씀이 계시니라 이 말씀이 하나님과 함께 계셨으니 이 말씀은 곧 하나님이시니라 (요한복음 1:1)

In the beginning was the Word, and the Word was with God, and the Word was God (John 1:1)

39

爾或往左ˇ或往右ˇ耳中必聞爾後有聲曰ˇ此乃正道ˇ爾當行之
이 혹 왕 좌 ˇ 혹 왕 우 ˇ 이 중 필 문 이 후 유 성 왈 ˇ 차 내 정 도 ˇ 이 당 행 지
(以賽亞 30:21)

너희가 오른쪽으로 치우치든지 왼쪽으로 치우치든지 네 뒤에서 말소리가 네 귀에 들려 이르기를 이것이 바른 길이니 너희는 이리로 가라 할 것이며 (이사야 30:21)

Whether you turn to the right or to the left, your ears will hear a voice behind you, saying, This is the way: walk in it. (Isaiah 30:21)

40
愛友乎ˇ勿伸己寃ˇ寧禁止爾怒ˇ經載主曰ˇ伸寃在我ˇ我必報應
애우호ˇ물신기원ˇ령금지이노ˇ경재주왈ˇ신원재아ˇ아필보응
(羅瑪書 12:19)

내 사랑하는 者자들아 너희가 親친히 怨讐원수를 갚지 말고 하나님의 震怒진노하심에 맡기라 기록되었으되 怨讐원수 갚는 것이 내게 있으니 내가 갚으리라고 主주께서 말씀하시니라 (로마서 12:19)

Do not take revenge, my friends, but leave room for God' s wrath, for it is written: It is mine to avenge: I will repay, says the Lord. (Romans 12:19)

41
爾當行道ˇ不第聞道ˇ毋自欺 (雅各書 1:22)
이당행도ˇ부제문도ˇ무자기

너희는 말씀을 行행하는 者자가 되고 듣기만 하여 自身자신을 속이는 者자가 되지 말라 (야고보서 1:22)

Do not merely listen to the word, and so deceive yourselves. Do what it says. (James 1:22)

계명(誡命)

1
爾當知惟主爾之上帝爲上帝ˇ爲可信之上帝ˇ愛主守其誡者ˇ
이당지유주이지상제위상제ˇ위가신지상제ˇ애주수기계자ˇ
主爲之踐約施恩ˇ至於千代 (申命記 7:9)
주위지천약시은ˇ지어천대

그런즉 너는 알라 오직 네 하나님 여호와는 하나님이시요 信實신실하신 하나님이시라 그를 사랑하고 그의 誡命계명을 지키는 者자에게는 千천 代대까지 그의 言約언약을 履行이행하시며 仁愛인애를 베푸시되 (신명기 7:9)

Know therefore that the LORD your God is God: he is the faithful God, keeping his covenant of love to a thousand generations of those who love him and keep his commands. (Deuteronomy 7:9)

2

主手創造我ˇ甄陶我ˇ求主賜我聰明ˇ得以學習主之誡命
주 수 창 조 아 ˇ 견 도 아 ˇ 구 주 사 아 총 명 ˇ 득 이 학 습 주 지 계 명
(詩篇 119:73)

主주의 손이 나를 만들고 세우셨사오니 내가 깨달아 主주의 誡命계명들을 배우게 하소서 (시편 119:73)

Your hands made me and formed me: give me understanding to learn your commands. (Psalms 119:73)

3

我仰觀主之一切誡命ˇ必不至於羞愧 (詩篇 119:6)
아 앙 관 주 지 일 체 계 명 ˇ 필 부 지 어 수 괴

내가 主주의 모든 誡命계명에 注意주의할 때에는 부끄럽지 아니하리이다 (시편 119:6)

Then I would not be put to shame when I consider all your commands. (Psalms 119:6)

4

我若守主之誡ˇ則可自知我識主 (約翰壹書 2:3)
아 약 수 주 지 계 ˇ 즉 가 자 지 아 식 주

우리가 그의 誡命계명을 지키면 이로써 우리가 그를 아는 줄로 알 것이요 (요한1서 2:3)

We know that we have come to know him if we obey his commands. (1 John 2:3)

5

誡命之大旨ˇ愛是也ˇ由清心善意及無僞之信所生
계 명 지 대 지 ˇ 애 시 야 ˇ 유 청 심 선 의 급 무 위 지 신 소 생
(提摩太前書 1:5)

警戒경계의 目的목적은 淸潔청결한 마음과 善선한 良心양심과 거짓이 없는 믿음으로 나는 사랑이거늘 (디모데전서 1:5)

The goal of this command is love, which comes from a pure heart and a good conscience and a sincere faith. **(1 Timothy 1:5)**

6

愛我者ˇ守我誡者ˇ我賜之恩ˇ至千代 (出伊及記 20:6)
애 아 자 ˇ 수 아 계 자 ˇ 아 사 지 은 ˇ 지 천 대

나를 사랑하고 내 誡命계명을 지키는 者자에게는 千천代대까지 恩惠은혜를 베푸느니라 (출애굽기 20:6)

But showing love to a thousand {generations} of those who love me and keep my commandments **(Exodus 20:6)**

율법(律法)

1

我上帝歟ˇ我樂遵主之旨意ˇ主之律法ˇ存在我心 (詩篇 40:8)
아 상 제 여 ˇ 아 락 준 주 지 지 의 ˇ 주 지 율 법 ˇ 존 재 아 심

나의 하나님이여 내가 主주의 뜻 行행하기를 즐기오니 主주의 法법이 나의 心中심중에 있나이다 하였나이다 (시편 40:8)

I desire to do your will, O my God: your law is within my heart. **(Psalms 40:8)**

2

今則得釋於律法ˇ蓋繫我者ˇ我已脫之若死ˇ使我儕事主不以
금 즉 득 석 어 율 법 ˇ 개 계 아 자 ˇ 아 이 탈 지 약 사 ˇ 사 아 제 사 주 불 이
文之舊者ˇ乃以靈之新者 (羅瑪書 7:6)
문 지 구 자 ˇ 내 이 령 지 신 자

이제는 우리가 얽매였던 것에 對대하여 죽었으므로 律法율법에서 벗어났으니 이러므로 우리가 靈영의 새로운 것으로 섬길 것이요 律法율법 條文조문의 묵은 것으로 아니할지니라 (로마서 7:6)

But now, by dying to what once bound us, we have been released from the law so that we serve in the new way of the Spirit, and not in the old way of the written code. **(Romans 7:6)**

3

愛慕主律法者必大享平康凡其所行ˇ毫無窒礙 (詩篇 119:165)
애 모 주 율 법 자 필 대 향 평 강 범 기 소 행 ˇ 호 무 질 애

主주의 法법을 사랑하는 者자에게는 큰 平安평안이 있으니 그들에게 障礙物장애물이 없으리이다 (시편 119:165)

Great peace have they who love your law, and nothing can make them stumble. (Psalms 119:165)

4

律法立ˇ致罪增益ˇ然罪增益之處ˇ恩寵更裕 (羅瑪書 5:20)
율 법 립 ˇ 치 죄 증 익 ˇ 연 죄 증 익 지 처 ˇ 은 총 갱 유

律法율법이 들어온 것은 犯罪범죄를 더하게 하려 함이라 그러나 罪죄가 더한 곳에 恩惠은혜가 더욱 넘쳤나니 (로마서 5:20)

The law was added so that the trespass might increase. But where sin increased, grace increased all the more (Romans 5:20)

5

當互爲負擔ˇ如此ˇ則盡基督之法 (迦拉太書 6:2)
당 호 위 부 담 ˇ 여 차 ˇ 즉 진 기 독 지 법

너희가 짐을 서로 지라 그리하여 그리스도의 法법을 成就성취하라 (갈라디아서 6:2)

Carry each other' s burdens, and in this way you will fulfill the law of Christ. (Galatians 6:2)

6

罪藉律法而乘機ˇ使多慾動於我中ˇ無律法ˇ則罪死矣 (羅瑪書 7:8)
죄 자 율 법 이 승 기 ˇ 사 다 욕 동 어 아 중 ˇ 무 율 법 ˇ 즉 죄 사 의

그러나 罪죄가 機會기회를 타서 誡命계명으로 말미암아 내 속에서 온갖 貪心탐심을 이루었나니 이는 律法율법이 없으면 罪죄가 죽은 것임이라 (로마서 7:8)

But sin, seizing the opportunity afforded by the commandment, produced in me every kind of covetous desire. For apart from law, sin is dead. (Romans 7:8)

7
主之法度ˇ甚爲精奇ˇ故我一心謹守 (詩篇 119:129)
주 지 법 도 ˇ 심 위 정 기 ˇ 고 아 일 심 근 수

主주의 證據증거들은 놀라우므로 내 靈魂영혼이 이를 지키나이다 (시편 119:129)

Your statutes are wonderful: therefore I obey them. (Psalms 119:129)

8
此律法之書ˇ不可離爾口ˇ晝夜思維ˇ至爾謹守遵行凡載於書
차 율 법 지 서 ˇ 불 가 리 이 구 ˇ 주 야 사 유 ˇ 지 이 근 수 준 행 범 재 어 서
者ˇ如是必亨通於爾諸道ˇ諸事利達 (約書亞 1:8)
자 ˇ 여 시 필 형 통 어 이 제 도 ˇ 제 사 리 달

이 律法册율법책을 네 입에서 떠나지 말게 하며 晝夜주야로 그것을 默想묵상하여 그 안에 記錄기록된 대로 다 지켜 行행하라 그리하면 네 길이 平坦평탄하게 될 것이며 네가 亨通형통하리라 (여호수아 1:8)

Do not let this Book of the Law depart from your mouth: meditate on it day and night, so that you may be careful to do everything written in it. Then you will be prosperous and successful. (Joshua 1:8)

9
隱微之事屬主我之上帝ˇ明示之事屬我及我子孫ˇ使我守此諸
은 미 지 사 속 주 아 지 상 제 ˇ 명 시 지 사 속 아 급 아 자 손 ˇ 사 아 수 차 제
法之諸言ˇ直至永遠 (申命記 29:29)
법 지 제 언 ˇ 직 지 영 원

감추어진 일은 우리 하나님 여호와께 屬속하였거니와 나타난 일은 永遠영원히 우리와 우리 子孫자손에게 屬속하였나니 이는 우리에게 이 律法율법의 모든 말씀을 行행하게 하심이니라 (신명기 29:29)

The secret things belong to the LORD our God, but the things revealed belong to us and to our children forever, that we may follow all the words of this law. (Deuteronomy 29:29)

10
惟當强爾心ˇ壯爾志ˇ謹守遵行ˇ我僕摩西所命爾之全律法ˇ不
유 당 강 이 심 ˇ 장 이 지 ˇ 근 수 준 행 ˇ 아 복 마 서 소 명 이 지 전 율 법 ˇ 불

偏於左ˇ不偏於右ˇ使爾無論何往ˇ無不利達 (約書亞 1:7)
편 어 좌 ˇ 불 편 어 우 ˇ 사 이 무 론 하 왕 ˇ 무 불 리 달

오직 强강하고 極극히 膽大담대하여 나의 종 모세가 네게 命令명령한 그 律法율법을 다 지켜 行행하고 右우로나 左좌로나 치우치지 말라 그리하면 어디로 가든지 亨通형통하리니 (여호수아 1:7)

Be strong and very courageous. Be careful to obey all the law my servant Moses gave you: do not turn from it to the right or to the left, that you may be successful wherever you go. (Joshua 1:7)

11

若無黙示ˇ民則妄爲ˇ謹守律法者ˇ則爲有福 (箴言 29:18)
약 무 묵 시 ˇ 민 즉 망 위 ˇ 근 수 율 법 자 ˇ 즉 위 유 복

黙示묵시가 없으면 百姓백성이 放恣방자히 行행하거니와 律法율법을 지키는 者자는 福복이 있느니라 (잠언 29:18)

Where there is no revelation, the people cast off restraint: but blessed is he who keeps the law. (Proverbs 29:18)

12

主之律法純全ˇ可以蘇醒人心ˇ主之法度眞實ˇ可以使愚人有
주 지 율 법 순 전 ˇ 가 이 소 성 인 심 ˇ 주 지 법 도 진 실 ˇ 가 이 사 우 인 유
智慧ˇ主之命令正直ˇ可以快樂人之心志ˇ主之誡命純潔ˇ可
지 혜 ˇ 주 지 명 령 정 직 ˇ 가 이 쾌 락 인 지 심 지 ˇ 주 지 계 명 순 결 ˇ 가
以明亮人之眼目 (詩篇 19:7~8)
이 명 량 인 지 안 목

여호와의 律法율법은 完全완전하여 靈魂영혼을 蘇醒소성시키며 여호와의 證據증거는 確實확실하여 愚鈍우둔한 者자를 智慧지혜롭게 하며 여호와의 教訓교훈은 正直정직하여 마음을 기쁘게 하고 여호와의 誡命계명은 純潔순결하여 눈을 밝게 하시도다 (시편 19:7~8)

The law of the LORD is perfect, reviving the soul. The statutes of the LORD are trustworthy, making wise the simple. The precepts of the LORD are right, giving joy to the heart. The commands of the LORD are radiant, giving light to the eyes. (Psalms 19:7~8)

13

主爾之上帝必賜福於凡爾手所作ˇ爾身之所生ˇ畜之所出ˇ土
주 이 지 상 제 필 사 복 어 범 이 수 소 작 ˇ 이 신 지 소 생 ˇ 축 지 소 출 ˇ 토
之所産ˇ俱使蕃衍豐裕ˇ主將復悅爾ˇ賜福於爾ˇ如昔悅爾祖然
지 소 산 ˇ 구 사 번 연 풍 유 ˇ 주 장 부 열 이 ˇ 사 복 어 이 ˇ 여 석 열 이 조 연
ˇ爾若聽從主爾上帝之言ˇ守此律法書所載主之誡命律例ˇ
ˇ 이 약 청 종 주 이 상 제 지 언 ˇ 수 차 율 법 서 소 재 주 지 계 명 율 례 ˇ
盡心盡意歸主爾之上帝ˇ則有如此 (申命記 30:9~10)
진 심 진 의 귀 주 이 지 상 제 ˇ 즉 유 여 차

네가 네 하나님 여호와의 말씀을 聽從청종하여 이 律法册율법책에 記錄기록된 그의 命令명령과 規例규례를 지키고 네 마음을 다하며 뜻을 다하여 여호와 네 하나님께 돌아오면 네 하나님 여호와께서 네 손으로 하는 모든 일과 네 몸의 所生소생과 네 家畜가축의 새끼와 네 土地토지 所産소산을 많게 하시고 네게 福복을 주시되 곧 여호와께서 네 祖上조상들을 기뻐하신 것과 같이 너를 다시 기뻐하사 네게 福복을 주시리라 (신명기 30:9~10)

Then the LORD your God will make you most prosperous in all the work of your hands and in the fruit of your womb, the young of your livestock and the crops of your land. The LORD will again delight in you and make you prosperous, just as he delighted in your fathers, if you obey the LORD your God and keep his commands and decrees that are written in this Book of the Law and turn to the LORD your God with all your heart and with all your soul. (Deuteronomy 30:9~10)

14

蓋異邦人無律法ˇ而自然行律法之事ˇ雖無律法ˇ而自爲律法ˇ
개 이 방 인 무 율 법 ˇ 이 자 연 행 율 법 지 사 ˇ 수 무 율 법 ˇ 이 자 위 율 법 ˇ
卽以行事彰明律法銘於其心ˇ是非之心ˇ亦爲之證ˇ其意念互相
즉 이 행 사 창 명 율 법 명 어 기 심 ˇ 시 비 지 심 ˇ 역 위 지 증 ˇ 기 의 념 호 상
褒貶 (羅瑪書 2:14~15)
포 폄

律法율법 없는 異邦人이방인이 本性본성으로 律法율법의 일을 行행할 때에는 이 사람은 律法율법이 없어도 自己자기가 自己자기에게 律法율법이 되나니 이런 이들은 그 良心양심이 證據증거가 되어 그 생각들이 서로 或혹은 告發고발하며 或혹은 辨明변명하여 그 마음에 새긴 律法율법의 行爲행위를

나타내느니라 (로마서 2:14~15)

Indeed, when Gentiles, who do not have the law, do by nature things required by the law, they are a law for themselves, even though they do not have the law, since they show that the requirements of the law are written on their hearts, their consciences also bearing witness, and their thoughts now accusing, now even defending them. (Romans 2:14~15)

15

惟詳察全備之律法ˇ卽使人自由之律法ˇ而常守之ˇ非聞而卽
유 상 찰 전 비 지 율 법 ˇ 즉 사 인 자 유 지 율 법 ˇ 이 상 수 지 ˇ 비 문 이 즉
忘ˇ乃遵而行之者ˇ此人於其所行之事福矣 (雅各書 1:25)
망 ˇ 내 준 이 행 지 자 ˇ 차 인 어 기 소 행 지 사 복 의

自由자유롭게 하는 穩全온전한 律法율법을 들여다보고 있는 者자는 듣고 잊어버리는 者자가 아니요 實踐실천하는 者자니 이 사람은 그 行행하는 일에 福복을 받으리라 (야고보서 1:25)

But the man who looks intently into the perfect law that gives freedom, and continues to do this, not forgetting what he has heard, but doing it—he will be blessed in what he does. (James 1:25)

성경(聖經)

1

聖經皆由上帝黙示所作ˇ有益於教誨督責ˇ使人歸正ˇ教人學
성 경 개 유 상 제 묵 시 소 작 ˇ 유 익 어 교 회 독 책 ˇ 사 인 귀 정 ˇ 교 인 학
義ˇ使事上帝之人ˇ得以純全練達ˇ能行諸善事 (提摩太後書 3:16~17)
의 ˇ 사 사 상 제 지 인 ˇ 득 이 순 전 연 달 ˇ 능 행 제 선 사

모든 聖經성경은 하나님의 感動감동으로 된 것으로 教訓교훈과 責望책망과 바르게 함과 義의로 教育교육하기에 有益유익하니 이는 하나님의 사람으로 穩全온전하게 하며 모든 善선한 일을 行행할 能力능력을 갖추게 하려 함이라 (디모데후서 3:16~17)

All Scripture is God-breathed and is useful for teaching,

rebuking, correcting and training in righteousness, so that the man of God may be thoroughly equipped for every good work. (2 Timothy 3:16~17)

2

爾當稽考諸經ˇ爾以爲其中有永生之道ˇ而爲我作證者ˇ卽此
이 당 계 고 제 경 ˇ 이 이 위 기 중 유 영 생 지 도 ˇ 이 위 아 작 증 자 ˇ 즉 차
經也 (約翰福音 5:39)
경 야

너희가 聖經성경에서 永生영생을 얻는 줄 생각하고 聖經성경을 硏究연구하거니와 이 聖經성경이 곧 내게 對대하여 證言증언하는 것이니라 (요한복음 5:39)

You diligently study the Scriptures because you think that by them you possess eternal life. These are the Scriptures that testify about me, (John 5:39)

3

昔所書之經ˇ皆爲訓我而書ˇ使我儕由經學忍得慰而有望
석 소 서 지 경 ˇ 개 위 훈 아 이 서 ˇ 사 아 제 유 경 학 인 득 위 이 유 망
(羅瑪書 15:4)

무엇이든지 前전에 記錄기록된 바는 우리의 敎訓교훈을 爲위하여 記錄기록된 것이니 우리로 하여금 忍耐인내로 또는 聖經성경의 慰勞위로로 所望소망을 가지게 함이니라 (로마서 15:4)

For everything that was written in the past was written to teach us, so that through endurance and the encouragement of the Scriptures we might have hope. (Romans 15:4)

4

爾以爲聖經所言徒然乎ˇ居於我內之靈ˇ乃使人懷慾以致嫉妒乎
이 이 위 성 경 소 언 도 연 호 ˇ 거 어 아 내 지 령 ˇ 내 사 인 회 욕 이 치 질 투 호
(雅各書 4:5)

너희는 하나님이 우리 속에 居거하게 하신 聖靈성령이 猜忌시기하기까지 思慕사모한다 하신 말씀을 헛된 줄로 생각하느냐 (야고보서 4:5)

Or do you think Scripture says without reason that the spirit he caused to live in us envies intensely? (James 4:5)

5

爾自幼識聖經ˇ聖經能使爾有智慧ˇ由信基督而得救
이 자 유 식 성 경 ˇ 성 경 능 사 이 유 지 혜 ˇ 유 신 기 독 이 득 구
(提摩太後書 3:15)

또 어려서부터 聖經성경을 알았나니 聖經성경은 能능히 너로 하여금 그리스도 예수 안에 있는 믿음으로 말미암아 救援구원에 이르는 智慧지혜가 있게 하느니라 (디모데후서 3:15)

And how from infancy you have known the holy Scriptures, which are able to make you wise for salvation through faith in Christ Jesus. (2 Timothy 3:15)

복음(福音)

1

又謂之曰ˇ爾曹往普天下ˇ傳福音於萬民 (瑪可福音 16:15)
우 위 지 왈 ˇ 이 조 왕 보 천 하 ˇ 전 복 음 어 만 민

또 이르시되 너희는 온 天下천하에 다니며 萬民만민에게 福音복음을 傳播전파하라 (마가복음 16:15)

He said to them, Go into all the world and preach the good news to all creation. (Mark 16:15)

2

我每念爾ˇ則謝我上帝ˇ每祈禱時ˇ常爲爾衆歡然而求ˇ緣爾曹
아 매 념 이 ˇ 즉 사 아 상 제 ˇ 매 기 도 시 ˇ 상 위 이 중 환 연 이 구 ˇ 연 이 조
自初迄今ˇ共信福音 (腓立比書 1:3~5)
자 초 흘 금 ˇ 공 신 복 음

내가 너희를 생각할 때마다 나의 하나님께 感謝감사하며 懇求간구할 때마다 너희 무리를 爲위하여 기쁨으로 恒常항상 懇求간구함은 너희가 첫날부터 이제까지 福音복음을 爲위한 일에 參與참여하고 있기 때문이라 (빌립보서 1:3~5)

I thank my God every time I remember you. In all my prayers for all of you, I always pray with joy because of your partnership in the gospel from the first day until now, (Philippians 1:3~5)

3

然我不以此爲意ˇ亦不以我生命爲貴ˇ惟思歡然前趨ˇ以盡我
연 아 불 이 차 위 의 ˇ 역 불 이 아 생 명 위 귀 ˇ 유 사 환 연 전 추 ˇ 이 진 아
程途ˇ及我於主耶穌所受之職ˇ以證上帝恩寵之福音
정 도 ˇ 급 아 어 주 야 소 소 수 지 직 ˇ 이 증 상 제 은 총 지 복 음
(使徒行傳 20:24)

내가 달려갈 길과 主주 예수께 받은 使命사명 곧 하나님의 恩惠은혜의 福音복음을 證言증언하는 일을 마치려 함에는 나의 生命생명조차 조금도 貴귀한 것으로 여기지 아니하노라 (사도행전 20:24)

However, I consider my life worth nothing to me, if only I may finish the race and complete the task the Lord Jesus has given me—the task of testifying to the gospel of God' s grace. (Acts 20:24)

4

惟爾行事ˇ當與基督福音相稱ˇ則我或來見爾ˇ或在遠方ˇ聞爾
유 이 행 사 ˇ 당 여 기 독 복 음 상 칭 ˇ 즉 아 혹 래 견 이 ˇ 혹 재 원 방 ˇ 문 이
之事ˇ可知爾曹一心堅立ˇ同一志爲福音之道而戰 (腓立比書 1:27)
지 사 ˇ 가 지 이 조 일 심 견 립 ˇ 동 일 지 위 복 음 지 도 이 전

오직 너희는 그리스도의 福音복음에 合當합당하게 生活생활하라 이는 내가 너희에게 가 보나 떠나 있으나 너희가 한마음으로 서서 한 뜻으로 福音복음의 信仰신앙을 爲위하여 協力협력하는 것과 (빌립보서 1:27)

Whatever happens, conduct yourselves in a manner worthy of the gospel of Christ. Then, whether I come and see you or only hear about you in my absence, I will know that you stand firm in one spirit, contending as one man for the faith of the gospel (Philippians 1:27)

5

我欲兄弟知我所遇之事ˇ更有益於福音 (腓立比書 1:12)
아 욕 형 제 지 아 소 우 지 사 ˇ 갱 유 익 어 복 음

兄弟형제들아 내가 當당한 일이 도리어 福音복음 傳播전파에 進展진전이 된 줄을 너희가 알기를 願원하노라 (빌립보서 1:12)

Now I want you to know, brothers, that what has happened

to me has really served to advance the gospel. (Philippians 1:12)

6

我儕在腓立比受害見辱ˇ乃爾所知ˇ然我儕賴我之上帝ˇ仍得
아 제 재 비 립 비 수 해 견 욕 ˇ 내 이 소 지 ˇ 연 아 제 뢰 아 지 상 제 ˇ 잉 득
毅然竭力ˇ傳福音於爾曹 (帖撒羅尼迦前書 2:2)
의 연 갈 력 ˇ 전 복 음 어 이 조

너희가 아는 바와 같이 우리가 먼저 빌립보에서 苦難고난과 凌辱능욕을 當당하였으나 우리 하나님을 힘입어 많은 싸움 中중에 하나님의 福音복음을 너희에게 傳전하였노라 (데살로니가전서 2:2)

We had previously suffered and been insulted in Philippi, as you know, but with the help of our God we dared to tell you his gospel in spite of strong opposition. (1 Thessalonians 2:2)

5. 사랑

새 誡命계명을 너희에게 주노니 서로 사랑하라 내가 너희를 사랑한 것 같이 너희도 서로 사랑하라 (요한복음 13:34)

사랑

1

乃基督於我儕尚爲罪人時ˇ爲我而死ˇ上帝以此彰其愛我之愛
내 기 독 어 아 제 상 위 죄 인 시 ˇ 위 아 이 사 ˇ 상 제 이 차 창 기 애 아 지 애

(羅瑪書 5:8)

우리가 아직 罪人죄인 되었을 때에 그리스도께서 우리를 爲위하여 죽으심으로 하나님께서 우리에 對대한 自己자기의 사랑을 確證확증하셨느니라 (로마서 5:8)

But God demonstrates his own love for us in this: While we were still sinners, Christ died for us. (Romans 5:8)

2

我以新誡示爾ˇ卽爾相愛是也ˇ爾當相愛如我愛爾然
아 이 신 계 시 이 ˇ 즉 이 상 애 시 야 ˇ 이 당 상 애 여 아 애 이 연

(約翰福音 13:34)

새 誡命계명을 너희에게 주노니 서로 사랑하라 내가 너희를 사랑한 것 같이 너희도 서로 사랑하라 (요한복음 13:34)

A new command I give you: Love one another. As I have loved you, so you must love one another. (John 13:34)

3

對曰ˇ當盡心盡性盡力盡意ˇ愛主爾之上帝ˇ亦當愛鄰如己
대 왈 ˇ 당 진 심 진 성 진 력 진 의 ˇ 애 주 이 지 상 제 ˇ 역 당 애 린 여 기

(路加福音 10:27)

對答대답하여 이르되 네 마음을 다하며 목숨을 다하며 힘을 다하며 뜻을 다하여 主주 너의 하나님을 사랑하고 또한 네 이웃을 네 自身자신 같이 사랑하라 하였나이다 (누가복음 10:27)

He answered: Love the Lord your God with all your heart and with all your soul and with all your strength and with all your mind: and, Love your neighbor as yourself. (Luke 10:27)

4

可愛者乎ˇ我儕當彼此相愛ˇ蓋愛由上帝出ˇ凡愛人者ˇ皆由上
가 애 자 호 ˇ 아 제 당 피 차 상 애 ˇ 개 애 유 상 제 출 ˇ 범 애 인 자 ˇ 개 유 상

帝而生ˇ且識上帝 (約翰壹書 4:7)
제 이 생ˇ차 식 상 제

사랑하는 者자들아 우리가 서로 사랑하자 사랑은 하나님께 屬속한 것이니 사랑하는 者자마다 하나님으로부터 나서 하나님을 알고 (요한1서 4:7)

Dear friends, let us love one another, for love comes from God. Everyone who loves has been born of God and knows God. (1 John 4:7)

5

勿負因債ˇ惟以愛爲所負於人之債ˇ蓋愛人者盡律法 (羅瑪書 13:8)
물 부 인 채 ˇ 유 이 애 위 소 부 어 인 지 채 ˇ 개 애 인 자 진 율 법

피차 사랑의 빚 외에는 아무에게든지 아무 빚도 지지 말라 남을 사랑하는 者자는 律法율법을 다 이루었느니라 (로마서 13:8)

Let no debt remain outstanding, except the continuing debt to love one another, for he who loves his fellowman has fulfilled the law. (Romans 13:8)

6

愛乃寬忍慈悲ˇ愛不嫉妒ˇ愛不矜誇ˇ不驕傲ˇ不妄爲ˇ不圖己
애 내 관 인 자 비 ˇ 애 불 질 투 ˇ 애 불 긍 과 ˇ 불 교 오 ˇ 불 망 위 ˇ 불 도 기
利不遽怒ˇ不念惡ˇ不喜非義ˇ乃喜眞理ˇ凡事包容ˇ凡事存信
리 불 거 노 ˇ 불 념 악 ˇ 불 희 비 의 ˇ 내 희 진 리 ˇ 범 사 포 용 ˇ 범 사 존 신
ˇ凡事冀望ˇ凡事忍耐 (哥林多前書 13:4~7)
ˇ 범 사 기 망 ˇ 범 사 인 내

사랑은 오래 참고 사랑은 溫柔온유하며 猜忌시기하지 아니하며 사랑은 자랑하지 아니하며 驕慢교만하지 아니하며 無禮무례히 行행하지 아니하며 自己자기의 有益유익을 求구하지 아니하며 성내지 아니하며 惡악한 것을 생각하지 아니하며 不義불의를 기뻐하지 아니하며 眞理진리와 함께 기뻐하고 모든 것을 참으며 모든 것을 믿으며 모든 것을 바라며 모든 것을 견디느니라 (고린도전서 13:4~7)

Love is patient, love is kind. It does not envy, it does not boast, it is not proud. It is not rude, it is not self-seeking, it is not easily angered, it keeps no record of wrongs. Love does not delight in evil but rejoices with the truth. It always protects, always trusts, always hopes, always perseveres. (1 Corinthians 13:4~7)

7

誰能絶我儕於基督之愛ˇ或患難ˇ或困苦ˇ或窘逐ˇ或饑餓ˇ或
수 능 절 아 제 어 기 독 지 애ˇ혹 환 난ˇ혹 곤 고ˇ혹 군 축ˇ혹 기 아ˇ혹
裸程ˇ或艱危ˇ或鋒刃乎 (羅瑪書 8:35)
나 정ˇ혹 간 위ˇ혹 봉 인 호

누가 우리를 그리스도의 사랑에서 끊으리요 患難환난이나 困苦곤고나 迫害박해나 饑饉기근이나 赤身적신이나 危險위험이나 칼이랴 (로마서 8:35)

Who shall separate us from the love of Christ? Shall trouble or hardship or persecution or famine or nakedness or danger or sword? (Romans 8:35)

8

最要者ˇ惟彼此切愛ˇ蓋愛能掩多罪也 (彼得前書 4:8)
최 요 자ˇ유 피 차 절 애ˇ개 애 능 엄 다 죄 야

무엇보다도 뜨겁게 서로 사랑할지니 사랑은 許多허다한 罪죄를 덮느니라(베드로전서 4:8)

Above all, love each other deeply, because love covers over a multitude of sins. (1 Peter 4:8)

9

今有信ˇ有望ˇ有愛ˇ此三者皆存ˇ其中至大者ˇ愛也
금 유 신ˇ유 망ˇ유 애ˇ차 삼 자 개 존ˇ기 중 지 대 자ˇ애 야
(哥林多前書 13:13)

그런즉 믿음 所望소망 사랑 이 세 가지는 恒常항상 있을 것인데 그 中중의 第一제일은 사랑이라 (고린도전서 13:13)

And now these three remain: faith, hope and love. But the greatest of these is love. (1 Corinthians 13:13)

10

從未有人見上帝ˇ若我儕相愛ˇ則上帝恒居我內ˇ而愛上帝之
종 미 유 인 견 상 제ˇ약 아 제 상 애ˇ즉 상 제 항 거 아 내ˇ이 애 상 제 지
愛ˇ得成全於我心 (約翰壹書 4:12)
애ˇ득 성 전 어 아 심

어느 때나 하나님을 본 사람이 없으되 萬一만일 우리가 서로 사랑하면 하나님이 우리 안에 居거하시고 그의 사랑이 우리 안에 穩全온전히 이루어지느니라 (요한1서 4:12)

No one has ever seen God: but if we love one another, God lives in us and his love is made complete in us. (1 John 4:12)

11

相視爲兄弟ˇ互待以愛ˇ彼此禮讓ˇ互相尊重 (羅瑪書 12:10)
상 시 위 형 제 ˇ 호 대 이 애 ˇ 피 차 예 양 ˇ 호 상 존 중

兄弟형제를 사랑하여 서로 友愛우애하고 尊敬존경하기를 서로 먼저 하며 (로마서 12:10)

Be devoted to one another in brotherly love. Honor one another above yourselves. (Romans 12:10)

12

我儕愛主ˇ因主先愛我儕 (約翰壹書 4:19)
아 제 애 주 ˇ 인 주 선 애 아 제

우리가 사랑함은 그가 먼저 우리를 사랑하셨음이라 (요한1서 4:19)

We love because he first loved us. (1 John 4:19)

13

如父愛我ˇ我亦愛爾ˇ爾當居於我之愛 (約翰福音 15:9)
여 부 애 아 ˇ 아 역 애 이 ˇ 이 당 거 어 아 지 애

아버지께서 나를 사랑하신 것 같이 나도 너희를 사랑하였으니 나의 사랑 안에 居거하라 (요한복음 15:9)

As the Father has loved me, so have I loved you. Now remain in my love. (John 15:9)

14

上帝遣其獨生之子降世ˇ使我儕賴之而生ˇ上帝之愛我ˇ在此而顯 (約翰壹書 4:9)
상 제 견 기 독 생 지 자 강 세 ˇ 사 아 제 뢰 지 이 생 ˇ 상 제 지 애 아 ˇ 재 차 이 현

하나님의 사랑이 우리에게 이렇게 나타난 바 되었으니 하나님이 自

己자기의 獨生子독생자를 世上세상에 보내심은 그로 말미암아 우리를 살리려 하심이라 (요한1서 4:9)

This is how God showed his love among us: He sent his one and only Son into the world that we might live through him. (1 John 4:9)

15

耶穌曰ˇ人若愛我ˇ必守我言ˇ我父必愛之ˇ我與父必就之ˇ而
야 소 왈 ˇ 인 약 애 아 ˇ 필 수 아 언 ˇ 아 부 필 애 지 ˇ 아 여 부 필 취 지 ˇ 이
與之居 (約翰福音 14:23)
여 지 거

예수께서 對答대답하여 이르시되 사람이 나를 사랑하면 내 말을 지키리니 내 아버지께서 그를 사랑하실 것이요 우리가 그에게 가서 居處거처를 그와 함께 하리라 (요한복음 14:23)

Jesus replied, If anyone loves me, he will obey my teaching. My Father will love him, and we will come to him and make our home with him. (John 14:23)

16

憾足以起爭端ˇ愛足以掩諸過失 (箴言 10:12)
감 족 이 기 쟁 단 ˇ 애 족 이 엄 제 과 실

미움은 다툼을 일으켜도 사랑은 모든 허물을 가리느니라 (잠언 10:12)

Hatred stirs up dissension, but love covers over all wrongs (Proverbs 10:12)

17

愛中無懼ˇ愛旣全備則去懼ˇ有懼則有憂ˇ凡憂懼者ˇ其愛不得
애 중 무 구 ˇ 애 기 전 비 즉 거 구 ˇ 유 구 즉 유 우 ˇ 범 우 구자 ˇ 기 애 부 득
全備 (約翰壹書 4:18)
전 비

사랑 안에 두려움이 없고 穩全온전한 사랑이 두려움을 내쫓나니 두려움에는 刑罰형벌이 있음이라 두려워하는 者자는 사랑 안에서 穩全온전히 이루지 못하였느니라 (요한1서 4:18)

There is no fear in love. But perfect love drives out fear, because fear has to do with punishment. The one who fears is not made perfect in love. (1 John 4:18)

18

我儕若愛兄弟ˇ則知己已出死入生ˇ不意兄弟者ˇ仍在死中
아 제 약 애 형 제 ˇ 즉 지 기 이 출 사 입 생 ˇ 불 의 형 제 자 ˇ 잉 재 사 중
(約翰壹書 3:14)

우리는 兄弟형제를 사랑함으로 死亡사망에서 옮겨 生命생명으로 들어간 줄을 알거니와 사랑하지 아니하는 者자는 死亡사망에 머물러 있느니라 (요한1서 3:14)

We know that we have passed from death to life, because we love our brothers. Anyone who does not love remains in death. (1 John 3:14)

19

人愛上帝ˇ必爲上帝所識 (哥林多前書 8:3)
인 애 상 제 ˇ 필 위 상 제 소 식

또 누구든지 하나님을 사랑하면 그 사람은 하나님도 알아 주시느니라 (고린도전서 8:3)

But the man who loves God is known by God. (1 Corinthians 8:3)

20

然猶有可責爾者ˇ因爾當初之愛淡漠矣 (約翰 啓示錄 2:4)
연 유 유 가 책 이 자 ˇ 인 이 당 초 지 애 담 막 의

그러나 너를 責望책망할 것이 있나니 너의 처음 사랑을 버렸느니라 (요한계시록 2:4)

Yet I hold this against you: You have forsaken your first love. (Revelation 2:4)

21

聞我誡而守之者ˇ卽愛我ˇ愛我者ˇ必見愛於我父ˇ我亦愛之ˇ
문 아 계 이 수 지 자 ˇ 즉 애 아 ˇ 애 아 자 ˇ 필 견 애 어 아 부ˇ 아 역 애 지 ˇ
且將顯己於彼 (約翰福音 14:21)
차 장 현 기 어 피

나의 誡命계명을 지키는 者자라야 나를 사랑하는 者자니 나를 사랑하는 者자는 내 아버지께 사랑을 받을 것이요 나도 그를 사랑하여 그에게 나를 나타내리라 (요한복음 14:21)

Whoever has my commands and obeys them, he is the one

who loves me. He who loves me will be loved by my Father, and I too will love him and show myself to him. (John 14:21)

22

全體賴彼聯絡鞏固ˇ百節諸肢ˇ各隨其用ˇ各按其量ˇ力行相助
전 체 뢰 피 연 락 공 고 ˇ 백 절 제 지 ˇ 각 수 기 용 ˇ 각 안 기 량 ˇ 력 행 상 조
ˇ使體漸長ˇ而以愛自建 (以弗所書 4:16)
ˇ 사 체 점 장 ˇ 이 이 애 자 건

그에게서 온 몸이 各각 마디를 通통하여 도움을 받음으로 連結연결되고 結合결합되어 各각 肢體지체의 分量분량대로 役事역사하여 그 몸을 자라게 하며 사랑 안에서 스스로 세우느니라 (에베소서 4:16)

From him the whole body, joined and held together by every supporting ligament, grows and builds itself up in love, as each part does its work. (Ephesians 4:16)

23

爾當盡心盡性盡意盡力ˇ愛主爾之上帝ˇ此首誡也 (瑪可福音 12:30)
이 당 진 심 진 성 진 의 진 력 ˇ 애 주 이 지 상 제 ˇ 차 수 계 야

네 마음을 다하고 목숨을 다하고 뜻을 다하고 힘을 다하여 主주 너의 하나님을 사랑하라 하신 것이요 (마가복음 12:30)

Love the Lord your God with all your heart and with all your soul and with all your mind and with all your strength. (Mark 12:30)

24

我雖能言世人及天使之言ˇ若無愛ˇ則如鳴鉦響鈸ˇ雖有先知
아 수 능 언 세 인 급 천 사 지 언 ˇ 약 무 애 ˇ 즉 여 명 정 향 발 ˇ 수 유 선 지
之明ˇ能探諸奧妙ˇ得諸知識ˇ信德俱備ˇ能以移山ˇ若無愛
지 명 ˇ 능 탐 제 오 묘 ˇ 득 제 지 식 ˇ 신 덕 구 비 ˇ 능 이 이 산 ˇ 약 무 애
ˇ則無益ˇ雖傾所有以濟貧ˇ又舍身被焚ˇ若無愛則於我無益
ˇ 즉 무 익 ˇ 수 경 소 유 이 제 빈 ˇ 우 사 신 피 분 ˇ 약 무 애 즉 어 아 무 익
(哥林多前書 13:1~3)

내가 사람의 方言방언과 天使천사의 말을 할지라도 사랑이 없으면 소리 나는 구리와 울리는 꽹과리가 되고 내가 豫言예언하는 能力능력이 있어 모든 秘密비밀과 모든 知識지식을 알고 또 山산을 옮길 만한 모든 믿음이 있을지라도 사랑이 없으면 내가 아무 것도 아니요 내가 내게 있는 모든 것으로 救濟구제하고 또 내 몸을 불사르게 내줄지라도 사랑이

없으면 내게 아무 有益유익이 없느니라 (고린도전서 13:1~3)

If I speak in the tongues of men and of angels, but have not love, I am only a resounding gong or a clanging cymbal. If I have the gift of prophecy and can fathom all mysteries and all knowledge, and if I have a faith that can move mountains, but have not love, I am nothing. If I give all I possess to the poor and surrender my body to the flames, but have not love, I gain nothing. (1 Corinthians 13:1~3)

25

我儕遵行主命ˇ此卽愛也ˇ乃爾自始所聞當行之命也
아 제 준 행 주 명 ˇ 차 즉 애 야 ˇ 내 이 자 시 소 문 당 행 지 명 야

(約翰貳書 1:6)

또 사랑은 이것이니 우리가 그 誡命계명을 따라 行행하는 것이요 誡命계명은 이것이니 너희가 처음부터 들은 바와 같이 그 가운데서 行행하라 하심이라 (요한2서 1:6)

And this is love: that we walk in obedience to his commands. As you have heard from the beginning, his command is that you walk in love. (2 John 1:6)

26

爾若相愛ˇ則衆由此可識爾爲我之門徒 (約翰福音 13:35)
이 약 상 애 ˇ 즉 중 유 차 가 식 이 위 아 지 문 도

너희가 서로 사랑하면 이로써 모든 사람이 너희가 내 弟子제자인 줄 알리라 (요한복음 13:35)

By this all men will know that you are my disciples, if you love one another. (John 13:35)

27

民曰古昔之時ˇ主顯現於我ˇ曰ˇ我永遠愛爾ˇ故我施爾以恩
민 왈 고 석 지 시 ˇ 주 현 현 어 아 ˇ 왈 ˇ 아 영 원 애 이 ˇ 고 아 시 이 이 은

(耶利米 31:3)

옛적에 여호와께서 나에게 나타나사 내가 永遠영원한 사랑으로 너를 사랑하기에 仁慈인자함으로 너를 이끌었다 하였노라 (예레미야 31:3)

The LORD appeared to us in the past, saying: I have loved

you with an everlasting love: I have drawn you with loving-kindness. (Jeremiah 31:3)

28

或高ˇ或卑ˇ或他受造之物ˇ皆不能間我於上帝之愛ˇ卽在我主
혹 고 ˇ 혹 비 ˇ 혹 타 수 조 지 물 ˇ 개 불 능 간 아 어 상 제 지 애 ˇ 즉 재 아 주
耶穌基督內者也 (羅瑪書 8:39)
야 소 기 독 내 자 야

높음이나 깊음이나 다른 어떤 被造物피조물이라도 우리를 우리 主주 그리스도 예수 안에 있는 하나님의 사랑에서 끊을 수 없으리라 (로마서 8:39)

Neither height nor depth, nor anything else in all creation, will be able to separate us from the love of God that is in Christ Jesus our Lord. (Romans 8:39)

29

當以愛而行ˇ如基督愛我儕ˇ爲我儕舍身ˇ獻己於上帝ˇ爲馨香
당 이 애 이 행 ˇ 여 기 독 애 아 제 ˇ 위 아 제 사 신 ˇ 헌 기 어 상 제 ˇ 위 형 향
之祭 (以弗所書 5:2)
지 제

그리스도께서 너희를 사랑하신 것 같이 너희도 사랑 가운데서 行행하라 그는 우리를 爲위하여 自身자신을 버리사 香氣향기로운 祭物제물과 犧牲祭物희생제물로 하나님께 드리셨느니라 (에베소서 5:2)

And live a life of love, just as Christ loved us and gave himself up for us as a fragrant offering and sacrifice to God. (Ephesians 5:2)

30

爾若遵守經所載愛人如己之至法ˇ則善矣 (雅各書 2:8)
이 약 준 수 경 소 재 애 인 여 기 지 지 법 ˇ 즉 선 의

너희가 萬一만일 聖經성경에 기록된 대로 네 이웃 사랑하기를 네 몸과 같이 하라 하신 最高최고의 法법을 지키면 잘하는 것이거니와 (야고보서 2:8)

If you really keep the royal law found in Scripture, Love your neighbor as yourself, you are doing right. (James 2:8)

31

上帝愛我儕之愛ˇ我儕已知且信ˇ上帝卽愛也ˇ恒愛者ˇ卽恒居
상 제 애 아 제 지 애 ˇ 아 제 이 지 차 신 ˇ 상 제 즉 애 야 ˇ 항 애 자 ˇ 즉 항 거
上帝內ˇ上帝亦恒居其內 (約翰壹書 4:16)
상 제 내 ˇ 상 제 역 항 거 기 내

하나님이 우리를 사랑하시는 사랑을 우리가 알고 믿었노니 하나님은 사랑이시라 사랑 안에 居거하는 者자는 하나님 안에 居거하고 하나님도 그의 안에 居거하시느니라 (요한1서 4:16)

And so we know and rely on the love God has for us. God is love. Whoever lives in love lives in God, and God in him. (1 John 4:16)

32

有知識當有操守ˇ有操守當有忍耐ˇ有忍耐當有虔敬ˇ有虔敬
유 지 식 당 유 조 수 ˇ 유 조 수 당 유 인 내 ˇ 유 인 내 당 유 건 경 ˇ 유 건 경
當有愛兄弟之心ˇ有愛兄弟之心ˇ當有愛衆之心 (彼得後書 1:6~7)
당 유 애 형 제 지 심 ˇ 유 애 형 제 지 심 ˇ 당 유 애 중 지 심

知識지식에 節制절제를, 節制절제에 忍耐인내를, 忍耐인내에 敬虔경건을, 敬虔경건에 兄弟형제 友愛우애를, 兄弟형제 友愛우애에 사랑을 더하라 (베드로후서 1:6~7)

And to knowledge, self-control: and to self-control, perseverance: and to perseverance, godliness: and to godliness, brotherly kindness: and to brotherly kindness, love. (2 Peter 1:6~7)

33

不愛人者ˇ則不識上帝ˇ蓋上帝卽愛也 (約翰壹書 4:8)
불 애 인 자 ˇ 즉 불 식 상 제 ˇ 개 상 제 즉 애 야

사랑하지 아니하는 者자는 하나님을 알지 못하나니 이는 하나님은 사랑이심이라 (요한1서 4:8)

Whoever does not love does not know God, because God is love. (1 John 4:8)

34

非我儕愛上帝ˇ乃上帝愛我儕ˇ遣其子爲我儕作贖罪之祭ˇ愛
비 아 제 애 상 제 ˇ 내 상 제 애 아 제 ˇ 견 기 자 위 아 제 작 속 죄 지 제 ˇ 애
卽在此也 (約翰壹書 4:10)
즉 재 차 야

사랑은 여기 있으니 우리가 하나님을 사랑한 것이 아니요 하나님이 우리를 사랑하사 우리 罪죄를 贖속하기 爲위하여 和睦화목 祭物제물로 그 아들을 보내셨음이라 (요한1서 4:10)

This is love: not that we loved God, but that he loved us and sent his Son as an atoning sacrifice for our sins. (1 John 4:10)

35

又願主增益爾之愛ˇ致爾彼此相愛ˇ且愛及衆人ˇ如我儕之愛爾
우 원 주 증 익 이 지 애 ˇ 치 이 피 차 상 애 ˇ 차 애 급 중 인 ˇ 여 아 제 지 애 이
(帖撒羅尼迦前書 3:12)

또 主주께서 우리가 너희를 사랑함과 같이 너희도 彼此間피차간과 모든 사람에 對대한 사랑이 더욱 많아 넘치게 하사 (데살로니가전서 3:12)

May the Lord make your love increase and overflow for each other and for everyone else, just as ours does for you. (1 Thessalonians 3:12)

36

且盡心盡性盡意盡力愛之ˇ又愛人如己ˇ勝於一切火焚之祭ˇ
차 진 심 진 성 진 의 진 력 애 지 ˇ 우 애 인 여 기 ˇ 승 어 일 체 화 분 지 제 ˇ
及諸祭祀 (瑪可福音 12:33)
급 제 제 사

또 마음을 다하고 智慧지혜를 다하고 힘을 다하여 하나님을 사랑하는 것과 또 이웃을 自己자기 自身자신과 같이 사랑하는 것이 全體전체로 드리는 모든 燔祭物번제물과 其他기타 祭物제물보다 나으니이다 (마가복음 12:33)

To love him with all your heart, with all your understanding and with all your strength, and to love your neighbor as yourself is more important than all burnt offerings and sacrifices. (Mark 12:33)

37

願爾懷我於心如佩印ˇ如佩印於臂ˇ因愛强如死ˇ由愛而生之
원 이 회 아 어 심 여 패 인 ˇ 여 패 인 어 비 ˇ 인 애 강 여 사 ˇ 유 애 이 생 지
妒心ˇ酷如示阿勒ˇ愛情之烈ˇ如火如巨焰ˇ大水不能滅之ˇ
투 심 ˇ 혹 여 시 아 륵 ˇ 애 정 지 열 ˇ 여 화 여 거 염 ˇ 대 수 불 능 멸 지 ˇ
江河不能沖之ˇ人雖以家之全業易愛ˇ亦必被藐視ˇ我儕有小
강 하 불 능 충 지 ˇ 인 수 이 가 지 전 업 역 애 ˇ 역 필 피 막 시 ˇ 아 제 유 소

妹ˇ尙未長成ˇ待聘之日 (所羅門歌 又名雅歌 8:6~7)
매 ˇ 상 미 장 성 ˇ 대 빙 지 일

너는 나를 圖章도장 같이 마음에 품고 圖章도장 같이 팔에 두라 사랑은 죽음 같이 强강하고 嫉妬질투는 스올 같이 殘忍잔인하며 불길 같이 일어나니 그 氣勢기세가 여호와의 불과 같으니라 많은 물도 이 사랑을 끄지 못하겠고 洪水홍수라도 삼키지 못하나니 사람이 그의 온 家産가산을 다 주고 사랑과 바꾸려 할지라도 오히려 蔑視멸시를 받으리라 (아가 8:6~7)

Place me like a seal over your heart, like a seal on your arm: for love is as strong as death, its jealousy unyielding as the grave. It burns like blazing fire, like a mighty flame. Many waters cannot quench love: rivers cannot wash it away. If one were to give all the wealth of his house for love, it would be utterly scorned. (Song of Songs 8:6~7)

38

毋復仇ˇ毋怨憾本國之人ˇ當愛人如己ˇ我乃主 (利未記 19:18)
무 복 구 ˇ 무 원 감 본 국 지 인 ˇ 당 애 인 여 기 ˇ 아 내 주

怨讐원수를 갚지 말며 同胞동포를 怨望원망하지 말며 네 이웃 사랑하기를 네 自身자신과 같이 사랑하라 나는 여호와이니라 (레위기 19:18)

Do not seek revenge or bear a grudge against one of your people, but love your neighbor as yourself. I am the LORD. (Leviticus 19:18)

39

三次謂之曰ˇ約拿子西門ˇ爾愛我乎ˇ彼得因耶穌三次問爾愛
삼 차 위 지 왈 ˇ 약 나 자 서 문 ˇ 이 애 아 호 ˇ 피 득 인 야 소 삼 차 문 이 애
我乎ˇ遂憂曰ˇ主ˇ無所不知ˇ主知我愛爾ˇ耶穌曰ˇ食我羊
아 호 ˇ 수 우 왈 ˇ 주 ˇ 무 소 부 지 ˇ 주 지 아 애 이 ˇ 야 소 왈 ˇ 식 아 양
(約翰福音 21:17)

세 番번째 이르시되 요한의 아들 시몬아 네가 나를 사랑하느냐 하시니 主주께서 세 番번째 네가 나를 사랑하느냐 하시므로 베드로가 근심하여 이르되 主주님 모든 것을 아시오매 내가 主주님을 사랑하는 줄을 主주님께서 아시나이다 예수께서 이르시되 내 羊양을 먹이라 (요한복음 21:17)

The third time he said to him, Simon son of John, do you love me? Peter was hurt because Jesus asked him the third time, Do you love me? He said, Lord, you know all things: you know that I love you. Jesus said, Feed my sheep. (John 21:17)

40

人爲友舍命ˇ愛未有大於此者 (約翰福音 15:13)
인 위 우 사 명 ˇ 애 미 유 대 어 차 자

사람이 親舊친구를 爲위하여 自己자기 목숨을 버리면 이보다 더 큰 사랑이 없나니 (요한복음 15:13)

Greater love has no one than this, that he lay down his life for his friends. (John 15:13)

41

緣此ˇ我父愛我ˇ以我舍命ˇ又復得之 (約翰福音 10:17)
연 차 ˇ 아 부 애 아 ˇ 이 아 사 명 ˇ 우 부 득 지

내가 내 목숨을 버리는 것은 그것을 내가 다시 얻기 爲위함이니 이로 말미암아 아버지께서 나를 사랑하시느니라 (요한복음 10:17)

The reason my Father loves me is that I lay down my life—only to take it up again. (John 10:17)

42

故爾旣爲上帝所選聖潔蒙愛之人ˇ則當懷矜憫ˇ仁慈ˇ謙遜ˇ溫
고 이 기 위 상 제 소 선 성 결 몽 애 지 인 ˇ 즉 당 회 긍 민 ˇ 인 자 ˇ 겸 손 ˇ 온
柔ˇ忍耐ˇ倘彼此有釁ˇ當相恕相赦ˇ基督已赦爾ˇ爾亦當如是
유 ˇ 인 내 ˇ 당 피 차 유 흔 ˇ 당 상 서 상 사 ˇ 기 독 이 사 이 ˇ 이 역 당 여 시
ˇ此外加之以愛ˇ乃全善之綱領 (哥羅西書 3:12~14)
ˇ 차 외 가 지 이 애 ˇ 내 전 선 지 강 령

그러므로 너희는 하나님이 擇택하사 거룩하고 사랑 받는 者자처럼 矜恤긍휼과 慈悲자비와 謙遜겸손과 溫柔온유와 오래 참음을 옷 입고 누가 누구에게 不滿불만이 있거든 서로 容納용납하여 彼此피차 容恕용서하되 主주께서 너희를 容恕용서하신 것 같이 너희도 그리하고 이 모든 것 위에 사랑을 더하라 이는 穩全온전하게 매는 띠니라 (골로새서 3:12~14)

Therefore, as God' s chosen people, holy and dearly loved,

clothe yourselves with compassion, kindness, humility, gentleness and patience. Bear with each other and forgive whatever grievances you may have against one another. Forgive as the Lord forgave you. And over all these virtues put on love, which binds them all together in perfect unity. (Colossians 3:12~14)

43

其次愛人如己ˇ亦如之ˇ諸誡未有大於此二者 (瑪可福音 12:31)
기 차 애 인 여 기 ˇ 역 여 지 ˇ 제 계 미 유 대 어 차 이 자

둘째는 이것이니 네 이웃을 네 自身자신과 같이 사랑하라 하신 것이라 이보다 더 큰 誡命계명이 없느니라 (마가복음 12:31)

The second is this: Love your neighbor as yourself. There is no commandment greater than these. (Mark 12:31)

44

惟上帝之矜恤甚宏ˇ以大愛愛我儕ˇ當我儕陷於罪愆若死之時ˇ
유 상 제 지 긍 휼 심 굉 ˇ 이 대 애 애 아 제 ˇ 당 아 제 함 어 죄 건 약 사 지 시 ˇ
乃使我儕同基督復活ˇ爾曹以恩得救矣 (以弗所書 2:4~5)
내 사 아 제 동 기 독 부 활 ˇ 이 조 이 은 득 구 의

矜恤긍휼이 豊盛풍성하신 하나님이 우리를 사랑하신 그 큰 사랑을 因인하여 허물로 죽은 우리를 그리스도와 함께 살리셨고 (너희는 恩惠은혜로 救援구원을 받은 것이라) (에베소서 2:4~5)

But because of his great love for us, God, who is rich in mercy, made us alive with Christ even when we were dead in transgressions—it is by grace you have been saved. (Ephesians 2:4~5)

45

可愛者乎ˇ上帝旣如此愛我ˇ則我儕亦當相愛 (約翰壹書 4:11)
가 애 자 호 ˇ 상 제 기 여 차 애 아 ˇ 즉 아 제 역 당 상 애

사랑하는 者자들아 하나님이 이같이 우리를 사랑하셨은즉 우리도 서로 사랑하는 것이 마땅하도다 (요한1서 4:11)

Dear friends, since God so loved us, we also ought to love one another. (1 John 4:11)

46

勿愛斯世及斯世之物ˇ人若愛斯世ˇ則愛父之愛ˇ不在其內ˇ蓋
물 애 사 세 급 사 세 지 물 ˇ 인 약 애 사 세 ˇ 즉 애 부 지 애 ˇ 부 재 기 내 ˇ 개

凡在世ˇ如肉體之慾ˇ眼目之慾ˇ及一生之驕奢ˇ皆非由父ˇ乃
범 재 세 ˇ 여 육 체 지 욕 ˇ 안 목 지 욕 ˇ 급 일 생 지 교 사 ˇ 개 비 유 부 ˇ 내
由世也ˇ世與世之慾皆將逝ˇ惟遵行上帝之旨者永存
유 세 야 ˇ 세 여 세 지 욕 개 장 서 ˇ 유 준 행 상 제 지 지 자 영 존
(約翰壹書 2:15~17)

이 世上세상이나 世上세상에 있는 것들을 사랑하지 말라 누구든지 世上세상을 사랑하면 아버지의 사랑이 그 안에 있지 아니하니 이는 世上세상에 있는 모든 것이 肉身육신의 情慾정욕과 眼目안목의 情慾정욕과 이 生생의 자랑이니 다 아버지께로부터 온 것이 아니요 世上세상으로부터 온 것이라 이 世上세상도 그 情慾정욕도 지나가되 오직 하나님의 뜻을 行행하는 者자는 永遠영원히 居거하느니라 (요한일서 2:15~17)

Do not love the world or anything in the world. If anyone loves the world, the love of the Father is not in him. For everything in the world—the cravings of sinful man, the lust of his eyes and the boasting of what he has and does—comes not from the Father but from the world. The world and its desires pass away, but the man who does the will of God lives forever. (1 John 2:15~17)

47

夫愛不爲害於人ˇ故愛卽盡律法也 (羅瑪書 13:10)
부 애 불 위 해 어 인 ˇ 고 애 즉 진 율 법 야

사랑은 이웃에게 惡악을 行행하지 아니하나니 그러므로 사랑은 律法율법의 完成완성이니라 (로마 13:10)

Love does no harm to its neighbor. Therefore love is the fulfillment of the law. (Romans 13:10)

48

人若言我愛上帝而惡兄弟ˇ乃爲言誑者ˇ不愛所見之兄弟ˇ焉
인 약 언 아 애 상 제 이 오 형 제 ˇ 내 위 언 광 자 ˇ 불 애 소 견 지 형 제 ˇ 언
能愛未見之上帝乎ˇ愛上帝者ˇ亦當愛兄弟ˇ此乃我由主所受
능 애 미 견 지 상 제 호 ˇ 애 상 제 자 ˇ 역 당 애 형 제 ˇ 차 내 아 유 주 소 수
之命也 (約翰壹書 4:20~21)
지 명 야

누구든지 하나님을 사랑하노라 하고 그 兄弟형제를 미워하면 이는 거짓말하는 者자니 보는 바 그 兄弟형제를 사랑하지 아니하는 者자는 보

지 못하는 바 하나님을 사랑할 수 없느니라 우리가 이 誡命계명을 主주께 받았나니 하나님을 사랑하는 者자는 또한 그 兄弟형제를 사랑할지니라 (요한일서 4:20~21)

If anyone says, I love God, yet hates his brother, he is a liar. For anyone who does not love his brother, whom he has seen, cannot love God, whom he has not seen. And he has given us this command: Whoever loves God must also love his brother. (1 John 4:20~21)

49

爾旣賴聖靈ˇ而潔己心ˇ致能順眞理ˇ以愛兄弟無僞ˇ則當由清
이 기 뢰 성 령 ˇ 이 결 기 심 ˇ 치 능 순 진 리 ˇ 이 애 형 제 무 위 ˇ 즉 당 유 청
潔之心ˇ彼此切愛 (彼得前書 1:22)
결 지 심 ˇ 피 차 절 애

너희가 眞理진리를 順從순종함으로 너희 靈魂영혼을 깨끗하게 하여 거짓이 없이 兄弟형제를 사랑하기에 이르렀으니 마음으로 뜨겁게 彼此피차 사랑하라 (베드로전서 1:22)

Now that you have purified yourselves by obeying the truth so that you have sincere love for your brothers, love one another deeply, from the heart. (1 Peter 1:22)

50

我之良人ˇ啓言對我曰ˇ我佳耦ˇ我美人ˇ求爾興起而偕來
아 지 량 인 ˇ 계 언 대 아 왈 ˇ 아 가 우 ˇ 아 미 인 ˇ 구 이 흥 기 이 해 래
(所羅門歌 又名雅歌 2:10)

나의 사랑하는 者자가 내게 말하여 이르기를 나의 사랑, 내 어여쁜 者자야 일어나서 함께 가자 (아가서 2:10)

My lover spoke and said to me, Arise, my darling, my beautiful one, and come with me. (Song of Songs 2:10)

51

食肥牛而相憾ˇ不如食蔬菜而相愛 (箴言 15:17)
식 비 우 이 상 감 ˇ 불 여 식 소 채 이 상 애

여간 菜蔬채소를 먹으며 서로 사랑하는 것이 살진 소를 먹으며 서로 미워하는 것보다 나으니라. (잠언 15:17)

Better a meal of vegetables where there is love than a fattened calf with hatred. (Proverbs 15:17)

52

兄弟乎ˇ爾曹蒙召以得自由ˇ然勿以爾之自由ˇ爲縱欲之機ˇ惟以愛互相服事 (迦拉太書 5:13)
형제호ˇ이조몽소이득자유ˇ연물이이지자유ˇ위종욕지기ˇ유이애호상복사

兄弟형제들아 너희가 自由자유를 爲위하여 부르심을 입었으나 그러나 그 自由자유로 肉體육체의 機會기회를 삼지 말고 오직 사랑으로 서로 종 노릇 하라 (갈라디아서 5:13)

You, my brothers, were called to be free. But do not use your freedom to indulge the sinful nature: rather, serve one another in love. (Galatians 5:13)

53

自野而來ˇ倚其良人者誰乎ˇ我在蘋果樹下ˇ始感爾ˇ爾母劬勞生爾原在彼ˇ生爾之母在彼產育爾 (所羅門歌 又名雅歌 8:5)
자야이래ˇ의기량인자수호ˇ아재빈과수하ˇ시감이ˇ이모구노생이원재피ˇ생이지모재피산육이

그의 사랑하는 者자를 依支의지하고 거친 들에서 올라오는 女子여자가 누구인가 너로 말미암아 네 어머니가 苦生고생한 곳 너를 낳은 者자가 애쓴 그 곳 사과나무 아래에서 내가 너를 깨웠노라 (아가 8:5)

Who is this coming up from the desert leaning on her lover? Under the apple tree I roused you: there your mother conceived you, there she who was in labor gave you birth. (Song of Songs 8:5)

6. 믿음

믿음

소망(所望)

희망(希望)

마음

감사(感謝)

순종(順從)

충성(忠誠)

믿음은 바라는 것들의 實狀실상이요 보이지 않는 것들의 證據증거니

(히브리서 11:1)

믿음

1
耶穌謂之曰ˇ爾若能信ˇ在信者無不能也 (瑪可福音 9:23)
야 소 위 지 왈ˇ이 약 능 신ˇ재 신 자 무 불 능 야

예수께서 이르시되 할 수 있거든이 무슨 말이냐 믿는 者자에게는 能능히 하지 못할 일이 없느니라 하시니 (마가복음 9:23)

If you can? said Jesus. Everything is possible for him who believes. (Mark 9:23)

2
爾當自省信主否ˇ亦當自試ˇ抑爾不自知ˇ爾若非見棄者ˇ則耶穌基督必在爾中乎 (哥林多後書 13:5)
이 당 자 성 신 주 부 ˇ 역 당 자 시 ˇ 억 이 불 자 지 ˇ 이 약 비 견 기 자 ˇ 즉 야 소 기 독 필 재 이 중 호ˇ

너희는 믿음 안에 있는가 너희 自身자신을 試驗시험하고 너희 自身자신을 確證확증하라 예수 그리스도께서 너희 안에 계신 줄을 너희가 스스로 알지 못하느냐 그렇지 않으면 너희는 버림 받은 者자니라 (고린도후서 13:5)

Examine yourselves to see whether you are in the faith: test yourselves. Do you not realize that Christ Jesus is in you–unless, of course, you fail the test? (2 Corinthians 13:5)

3
求主以良知穎悟訓示我ˇ因我信從主之誡命 (詩篇 119:66)
구 주 이 량 지 영 오 훈 시 아 ˇ 인 아 신 종 주 지 계 명

내가 主주의 誡命계명들을 믿었사오니 좋은 明哲명철과 知識지식을 내게 가르치소서 (시편 119:66)

Teach me knowledge and good judgment, for I believe in your commands. (Psalms 119:66)

4
爾昔爲暗ˇ今信主而爲光ˇ當如光明之人而行 (以弗所書 5:8)
이 석 위 암 ˇ 금 신 주 이 위 광 ˇ 당 여 광 명 지 인 이 행

너희가 前전에는 어둠이더니 이제는 主주 안에서 빛이라 빛의 子女자녀

들처럼 行행하라 (에베소서 5:8)

For you were once darkness, but now you are light in the Lord. Live as children of light (Ephesians 5:8)

5

我儕以信賴上帝之大力ˇ得保守以獲末世所將顯之拯救
아 제 이 신 뢰 상 제 지 대 력 ˇ 득 보 수 이 획 말 세 소 장 현 지 증 구
(彼得前書 1:5)

너희는 末世말세에 나타내기로 豫備예비하신 救援구원을 얻기 爲위하여 믿음으로 말미암아 하나님의 能力능력으로 保護보호하심을 받았느니라 (베드로전서 1:5)

Who through faith are shielded by God' s power until the coming of the salvation that is ready to be revealed in the last time. (1 Peter 1:5)

6

無信不能見悅於上帝ˇ蓋就上帝者ˇ必當信有上帝ˇ且信上帝
무 신 불 능 견 열 어 상 제 ˇ 개 취 상 제 자 ˇ 필 당 신 유 상 제 ˇ 차 신 상 제
必賞求之之人 (希伯來書 11:6)
필 상 구 지 지 인

믿음이 없이는 하나님을 기쁘시게 하지 못하나니 하나님께 나아가는 者자는 반드시 그가 계신 것과 또한 그가 自己자기를 찾는 者자들에게 賞상 주시는 이심을 믿어야 할지니라 (히브리서 11:6)

And without faith it is impossible to please God, because anyone who comes to him must believe that he exists and that he rewards those who earnestly seek him. (Hebrews 11:6)

7

我已作善戰ˇ已盡我程ˇ而守信主之道 (提摩太後書 4:7)
아 이 작 선 전 ˇ 이 진 아 정 ˇ 이 수 신 주 지 도

나는 善선한 싸움을 싸우고 나의 달려갈 길을 마치고 믿음을 지켰으니 (디모데후서 4:7)

I have fought the good fight, I have finished the race, I have kept the faith. (2 Timothy 4:7)

8

心疑而食者見罪ˇ以其不由信而食ˇ凡事不由信而行ˇ罪也
심 의 이 식 자 견 죄 ˇ 이 기 불 유 신 이 식 ˇ 범 사 불 유 신 이 행 ˇ 죄 야
(羅瑪書 14:23)

疑心의심하고 먹는 者자는 定罪정죄되었나니 이는 믿음을 따라 하지 아니하였기 때문이라 믿음을 따라 하지 아니하는 것은 다 罪죄니라 (로마서 14:23)

But the man who has doubts is condemned if he eats, because his eating is not from faith: and everything that does not come from faith is sin. (Romans 14:23)

9

驕傲者ˇ其心不正直ˇ惟義者ˇ以信得生 (哈巴谷 2:4)
교 오 자 ˇ 기 심 부 정 직 ˇ 유 의 자 ˇ 이 신 득 생

보라 그의 마음은 驕慢교만하며 그 속에서 正直정직하지 못하나 義人의인은 그의 믿음으로 말미암아 살리라 (하박국 2:4)

See, he is puffed up: his desires are not upright–but the righteous will live by his faith–(Habakkuk 2:4)

10

其中有不信者則何歟ˇ彼之不信ˇ能廢上帝之信乎 (羅瑪書 3:3)
기 중 유 불 신 자 즉 하 여 ˇ 피 지 불 신 ˇ 능 폐 상 제 지 신 호

어떤 者자들이 믿지 아니하였으면 어찌하리요 그 믿지 아니함이 하나님의 미쁘심을 廢폐하겠느냐 (로마서 3:3)

What if some did not have faith? Will their lack of faith nullify God' s faithfulness? (Romans 3:3)

11

不行而信稱罪人爲義之主ˇ卽其信稱爲義 (羅瑪書 4:5)
불 행 이 신 칭 죄 인 위 의 지 주 ˇ 즉 기 신 칭 위 의

일을 아니할지라도 敬虔경건하지 아니한 者자를 義의롭다 하시는 이를 믿는 者자에게는 그의 믿음을 義의로 여기시나니 (로마서 4:5)

However, to the man who does not work but trusts God who justifies the wicked, his faith is credited as righteousness. (Romans 4:5)

12

使基督因信而居爾心ˇ使爾於仁愛ˇ根深基固 (以弗所書 3:17)
사 기 독 인 신 이 거 이 심 ˇ 사 이 어 인 애 ˇ 근 심 기 고

믿음으로 말미암아 그리스도께서 너희 마음에 계시게 하시옵고 너희가 사랑 가운데서 뿌리가 박히고 터가 굳어져서 (에베소서 3:17)

So that Christ may dwell in your hearts through faith. And I pray that you, being rooted and established in love. (Ephesians 3:17)

13

是以我儕旣由信稱義ˇ則賴我主耶穌基督ˇ得與上帝復和
시 이 아 제 기 유 신 칭 의 ˇ 즉 뢰 아 주 야 소 기 독 ˇ 득 여 상 제 부 화
(羅瑪書 5:1)

그러므로 우리가 믿음으로 義의롭다 하심을 받았으니 우리 主주 예수 그리스도로 말미암아 하나님과 和平화평을 누리자 (로마서 5:1)

Therefore, since we have been justified through faith, wehave peace with God through our Lord Jesus Christ, (Romans 5:1)

14

夫信使人以所望者爲實ˇ爲未見者之據 (希伯來書 11:1)
부 신 사 인 이 소 망 자 위 실 ˇ 위 미 견 자 지 거

믿음은 바라는 것들의 實狀실상이요 보이지 않는 것들의 證據증거니 (히브리서 11:1)

Now faith is being sure of what we hope for and certain of what we do not see. (Hebrews 11:1)

15

我非憑目覩ˇ惟憑信而行ˇ是以心安ˇ願離身而與主偕ˇ因此ˇ
아 비 빙 목 도 ˇ 유 빙 신 이 행 ˇ 시 이 심 안 ˇ 원 리 신 이 여 주 해 ˇ 인 차 ˇ
無論居於身ˇ離於身ˇ惟務得主悅納 (哥林多後書 5:7~9)
무 론 거 어 신 ˇ 리 어 신 ˇ 유 무 득 주 열 납

이는 우리가 믿음으로 行하고 보는 것으로 하지 아니함이로라 우리가 膽大하여 願하는 바는 차라리 몸을 떠나 主와 함께 居하는 그것이라 그런즉 우리는 居하든지 떠나든지 主를 기쁘시게 하는 者 되기를 힘쓰노라 (고린도후서 5:7~9)

We live by faith, not by sight. We are confident, I say, and would prefer to be away from the body and at home with the Lord. So we make it our goal to please him, whether we are at home in the body or away from it. (2 Corinthians 5:7~9)

16

我以爾之信爲奉獻之祭祀ˇ卽我舍命流血ˇ以我血爲灌奠ˇ我
아 이 이 지 신 위 봉 헌 지 제 사 ˇ 즉 아 사 명 유 혈 ˇ 이 아 혈 위 관 전 ˇ 아
亦樂之ˇ且與爾同樂 (腓立比書 2:17)
역 락 지 ˇ 차 여 이 동 락

萬一만일 너희 믿음의 祭物제물과 섬김 위에 내가 나를 奠祭전제로 드릴지라도 나는 기뻐하고 너희 무리와 함께 기뻐하리니 (빌립보서 2:17)

But even if I am being poured out like a drink offering on the sacrifice and service coming from your faith, I am glad and rejoice with all of you. (Philippians 2:17)

17

不懷不信之心ˇ疑上帝所許者ˇ其信益堅ˇ歸榮上帝 (羅瑪書 4:20)
불 회 불 신 지 심 ˇ 의 상 제 소 허 자 ˇ 기 신 익 견 ˇ 귀 영 상 제

믿음이 없어 하나님의 約束약속을 疑心의심하지 않고 믿음으로 堅固견고하여져서 하나님께 榮光영광을 돌리며 (로마서 4:20)

Yet he did not waver through unbelief regarding the promise of God, but was strengthened in his faith and gave glory to God, (Romans 4:20)

18

蓋上帝之義ˇ顯於此福音ˇ使人由信愈信ˇ如經載云ˇ義人因信
개 상 제 지 의 ˇ 현 어 차 복 음 ˇ 사 인 유 신 유 신 ˇ 여 경 재 운 ˇ 의 인 인 신
得生 (羅瑪書 1:17)
득 생

福音복음에는 하나님의 義의가 나타나서 믿음으로 믿음에 이르게 하나니 기록된 바 오직 義人의인은 믿음으로 말미암아 살리라 함과 같으니라 (로마서 1:17)

For in the gospel a righteousness from God is revealed, a righteousness that is by faith from first to last, just as it is written: The righteous will live by faith. (Romans 1:17)

19

耶穌伸手援之曰ˇ小信者ˇ何疑乎 (瑪太福音 14:31)
야 소 신 수 원 지 왈 ˇ 소 신 자 ˇ 하 의 호

예수께서 즉시 손을 내밀어 저를 붙잡으시며 가라사대 믿음이 적은 者자여 왜 疑心의심하였느냐 하시고 (마태복음 14:31)

Immediately Jesus reached out his hand and caught him. You of little faith, he said, why did you doubt? (Matthew 14:31)

20

我深信於爾中始作善工者ˇ必完此善工ˇ直至耶穌基督之日
아 심 신 어 이 중 시 작 선 공 자 ˇ 필 완 차 선 공 ˇ 직 지 야 소 기 독 지 일
(腓立比書 1:6)

너희 안에서 착한 일을 始作시작하신 이가 그리스도 예수의 날까지 이루실 줄을 우리는 確信확신하노라 (빌립보서 1:6)

Being confident of this, that he who began a good work in you will carry it on to completion until the day of Christ Jesus. (Philippians 1:6)

21

或有人言ˇ爾有信ˇ我有行ˇ請由爾之行ˇ示我以爾之信ˇ我將
혹 유 인 언 ˇ 이 유 신ˇ 아 유 행 ˇ 청 유 이 지 행 ˇ 시 아 이 이 지 신 ˇ 아 장
示爾以我之信由我之行 (雅各書 2:18)
시 이 이 아 지 신 유 아 지 행

너는 믿음이 있고 나는 行행함이 있으니 行행함이 없는 네 믿음을 내게 보이라 나는 行행함으로 내 믿음을 네게 보이리라 하리라 (야고보서 2:18)

But someone will say, You have faith: I have deeds. Show me your faith without deeds, and I will show you my faith by what I do. (James 2:18)

22

凡由上帝而生者勝世ˇ所以勝世者ˇ乃我之信 (約翰壹書 5:4)
범 유 상 제 이 생 자 승 세 ˇ 소 이 승 세 자 ˇ 내 아 지 신

무릇 하나님께로부터 난 者자마다 世上세상을 이기느니라 世上세상을 이

기는 勝利승리는 이것이니 우리의 믿음이니라 (요한1서 5:4)

For everyone born of God overcomes the world. This is the victory that has overcome the world, even our faith. (1 John 5:4)

23

我不信ˇ彼仍可信ˇ不能逆乎己 (提摩太後書 2:13)
아 불 신 ˇ 피 잉 가 신 ˇ 불 능 역 호 기

우리는 미쁨이 없을지라도 主주는 恒常항상 미쁘시니 自己자기를 否認부인하실 수 없으시리라 (디모데후서 2:13)

If we are faithless, he will remain faithful, for he cannot disown himself. (2 Timothy 2:13)

24

信者將有奇蹟隨之ˇ卽賴我名逐魔ˇ言素所未習之言ˇ手能握蛇
신 자 장 유 기 적 수 지 ˇ 즉 뢰 아 명 축 마 ˇ 언 소 소 미 습 지 언 ˇ 수 능 악 사
ˇ飮毒亦無傷ˇ手按病者卽得愈 (瑪可福音 16:17~18)
ˇ 음 독 역 무 상 ˇ 수 안 병 자 즉 득 유

믿는 者자들에게는 이런 表蹟표적이 따르리니 곧 그들이 내 이름으로 鬼神귀신을 좇아내며 새 方言방언을 말하며 뱀을 집어올리며 무슨 毒독을 마실지라도 害해를 받지 아니하며 病병든 사람에게 손을 얹은즉 나으리라 하시더라 (마가복음 16:17~18)

And these signs will accompany those who believe: In my name they will drive out demons: they will speak in new tongues: they will pick up snakes with their hands: and when they drink deadly poison, it will not hurt them at all: they will place their hands on sick people, and they will get well. (Mark 16:17~18)

25

耶穌謂之曰ˇ婦乎ˇ爾信大矣ˇ如爾所願ˇ可爲爾成ˇ其女自此
야 소 위 지 왈 ˇ 부 호 ˇ 이 신 대 의 ˇ 여 이 소 원 ˇ 가 위 이 성 ˇ 기 녀 자 차
得愈 (瑪太福音 15:28)
득 유

이에 예수께서 對答대답하여 이르시되 女子여자여 네 믿음이 크도다 네 所願소원대로 되리라 하시니 그 때로부터 그의 딸이 나으니라 (마태복음

15:28)

Then Jesus answered, Woman, you have great faith! Your request is granted. And her daughter was healed from that very hour. (Matthew 15:28)

26

謂門徒曰ˇ爾之信安在ˇ衆恐懼且驚訝ˇ相告曰ˇ是何人也ˇ命
위문도왈ˇ이지신안재ˇ중공구차경아ˇ상고왈ˇ시하인야ˇ명
風與水ˇ而風與水亦順之 (路加福音 8:25)
풍여수ˇ이풍여수역순지

弟子제자들에게 이르시되 너희 믿음이 어디 있느냐 하시니 그들이 두려워하고 놀랍게 여겨 서로 말하되 그가 누구이기에 바람과 물을 命명하매 順從순종하는가 하더라 (누가복음 8:25)

Where is your faith? he asked his disciples. In fear and amazement they asked one another, Who is this? He commands even the winds and the water, and they obey him. (Luke 8:25)

27

兄弟乎ˇ爾旣信榮耀之主ˇ我主耶穌基督ˇ則勿以貌取人
형제호ˇ이기신영요지주ˇ아주야소기독ˇ즉물이모취인
(雅各書 2:1)

내 兄弟형제들아 榮光영광의 主주 곧 우리 主주 예수 그리스도를 믿는 믿음을 너희가 받았으니 사람을 外貌외모로 取취하지 말라 (야고보서 2:1)

My brothers, as believers in our glorious Lord Jesus Christ, don' t show favoritism. (James 2:1)

28

使爾之信ˇ非由人之智ˇ乃由上帝之能 (哥林多前書 2:5)
사이지신ˇ비유인지지ˇ내유상제지능

너희 믿음이 사람의 智慧지혜에 있지 아니하고 다만 하나님의 能力능력에 있게 하려 하였노라 (고린도전서 2:5)

So that your faith might not rest on men' s wisdom, but on God' s power. (1 Corinthians 2:5)

29

我儕不屬退後而淪亡者ˇ乃屬信主而靈魂得救者也 (希伯來書 10:39)
아 제 불 속 퇴 후 이 륜 망 자 ˇ 내 속 신 주 이 영 혼 득 구 자 야

우리는 뒤로 물러가 滅亡멸망할 者자가 아니요 오직 靈魂영혼을 救援구원함에 이르는 믿음을 가진 者자니라 (히브리서 10:39)

But we are not of those who shrink back and are destroyed, but of those who believe and are saved. (Hebrews 10:39)

30

信德具備ˇ良心無虧ˇ有人棄此良心ˇ則失其信ˇ若舟破沈水然
신 덕 구 비 ˇ 량 심 무 휴 ˇ 유 인 기 차 량 심 ˇ 즉 실 기 신 ˇ 약 주 파 침 수 연
(提摩太前書 1:19)

믿음과 착한 良心양심을 가지라 어떤 이들은 이 良心양심을 버렸고 그 믿음에 關관하여는 破船파선하였느니라 (디모데전서 1:19)

Holding on to faith and a good conscience. Some have rejected these and so have shipwrecked their faith. (1 Timothy 1:19)

31

如是信而無行ˇ乃自死也 (雅各書 2:17)
여 시 신 이 무 행 ˇ 내 자 사 야

이와 같이 行행함이 없는 믿음은 그 自體자체가 죽은 것이라 (야고보서 2:17)

In the same way, faith by itself, if it is not accompanied by action, is dead. (James 2:17)

32

我誠告爾ˇ凡命此山曰ˇ移去投海ˇ而心中不疑ˇ惟信所言必成
아 성 고 이 ˇ 범 명 차 산 왈 ˇ 이 거 투 해 ˇ 이 심 중 불 의 ˇ 유 신 소 언 필 성
ˇ則所言可成焉 (瑪可福音 11:23)
ˇ 즉 소 언 가 성 언

내가 眞實진실로 너희에게 이르노니 누구든지 이 山산더러 들리어 바다에 던져지라 하며 그 말하는 것이 이루어질 줄 믿고 마음에 疑心의심하지 아니하면 그대로 되리라 (마가복음 11:23)

I tell you the truth, if anyone says to this mountain, Go, throw yourself into the sea, and does not doubt in his heart but believes that what he says will happen, it will be done for him. (Mark 11:23)

33

亞伯拉罕有信ˇ蒙主命ˇ往將獲以爲業之地ˇ卽遵命而出ˇ臨出
아백랍한유신ˇ몽주명ˇ왕장획이위업지지ˇ즉준명이출ˇ임출
之時ˇ尙不知所往 (希伯來書 11:8)
지시ˇ상부지소왕

믿음으로 아브라함은 부르심을 받았을 때에 順從순종하여 將來장래의 遺業유업으로 받을 땅에 나아갈새 갈 바를 알지 못하고 나아갔으며 (히브리서 11:8)

By faith Abraham, when called to go to a place he would later receive as his inheritance, obeyed and went, even though he did not know where he was going. (Hebrews 11:8)

34

信上帝之子者ˇ有此證在其心ˇ不信上帝之子者ˇ則以上帝之
신상제지자자ˇ유차증재기심ˇ불신상제지자자ˇ즉이상제지
言爲誑ˇ因不信上帝證其子之證 (約翰壹書 5:10)
언위광ˇ인불신상제증기자지증

하나님의 아들을 믿는 者자는 自己자기 안에 證據증거가 있고 하나님을 믿지 아니하는 者자는 하나님을 거짓말하는 者자로 만드나니 이는 하나님께서 그 아들에 대하여 證言증언하신 證據증거를 믿지 아니하였음이라 (요한1서 5:10)

Anyone who believes in the Son of God has this testimony in his heart. Anyone who does not believe God has made him out to be a liar, because he has not believed the testimony God has given about his Son. (1 John 5:10)

35

耶穌曰ˇ因爾不信也ˇ我誠告爾ˇ爾若有信如一粒芥種ˇ卽命此
야소왈ˇ인이불신야ˇ아성고이ˇ이약유신여일립개종ˇ즉명차
山ˇ由此移彼ˇ亦必移焉ˇ且無一事爾不能作也 (瑪太福音 17:20)
산ˇ유차이피ˇ역필이언ˇ차무일사이불능작야

이르시되 너희 믿음이 작은 까닭이니라 眞實진실로 너희에게 이르노니

萬一만일 너희에게 믿음이 겨자씨 한 알 만큼만 있어도 이 山산을 命명하여 여기서 저기로 옮겨지라 하면 옮겨질 것이요 또 너희가 못할 것이 없으리라 (마태복음 17:20)

He replied, Because you have so little faith. I tell you the truth, if you have faith as small as a mustard seed, you can say to this mountain, Move from here to there and it will move. Nothing will be impossible for you. (Matthew 17:20)

36

耶穌謂之曰ˇ多瑪ˇ爾見我始信ˇ其未見而亦信者ˇ福矣
야소위지왈ˇ다마ˇ이견아시신ˇ기미견이역신자ˇ복의
(約翰福音 20:29)

예수께서 이르시되 너는 나를 본 故고로 믿느냐 보지 못하고 믿는 者자들은 福복되도다 하시니라 (요한복음 20:29)

Then Jesus told him, Because you have seen me, you have believed: blessed are those who have not seen and yet have believed. (John 20:29)

37

惡人必多受苦難ˇ惟倚賴主者ˇ四面蒙恩 (詩篇 32:10)
악인필다수고난ˇ유의뢰주자ˇ사면몽은

惡人악인에게는 많은 슬픔이 있으나 여호와를 信賴신뢰하는 者자에게는 仁慈인자하심이 두르리로다 (시편 32:10)

Many are the woes of the wicked, but the LORD' S unfailing love surrounds the man who trusts in him. (Psalms 32:10)

38

彼衆有信ˇ則服敵國ˇ行公義ˇ獲所許ˇ箝獅口ˇ滅火燄之勢ˇ
피중유신ˇ즉복적국ˇ행공의ˇ획소허ˇ겸사구ˇ멸화염지세ˇ
避刀之鋒刃ˇ由弱成强ˇ於戰則勇ˇ攻退異邦人隊伍
피도지봉인ˇ유약성강ˇ어전즉용ˇ공퇴이방인대오
(希伯來書 11:33~34)

그들은 믿음으로 나라들을 이기기도 하며 義의를 行행하기도 하며 約束약속을 받기도 하며 獅子사자들의 입을 막기도 하며 불의 勢力세력을 滅멸하기도 하며 칼날을 避피하기도 하며 軟弱연약한 가운데서 强강하게 되기도 하며 戰爭전쟁에 勇敢용감하게 되어 異邦이방 사람들의 陣진을 물리치기도 하며 (히브리서 11:33~34)

Who through faith conquered kingdoms, administered justice, and gained what was promised: who shut the mouths of lions, quenched the fury of the flames, and escaped the edge of the sword: whose weakness was turned to strength: and who became powerful in battle and routed foreign armies. (Hebrews 11:33~34)

39

凡物於潔者無有不潔ˇ於見汚及不信者ˇ一無所潔ˇ因其心其
범 물 어 결 자 무 유 불 결 ˇ 어 견 오 급 불 신 자 ˇ 일 무 소 결 ˇ 인 기 심 기
志亦已汚矣 (提多書 1:15)
지 역 이 오 의

깨끗한 者자들에게는 모든 것이 깨끗하나 더럽고 믿지 아니하는 者자들에게는 아무 것도 깨끗한 것이 없고 오직 그들의 마음과 良心양심이 더러운지라 (디도서 1:15)

To the pure, all things are pure, but to those who are corrupted and do not believe, nothing is pure. In fact, both their minds and consciences are corrupted. (Titus 1:15)

소망(所望)

1

人生存世猶如幻影ˇ營謀皆是枉然ˇ積蓄不知誰取ˇ主歟ˇ如今
인 생 존 세 유 여 환 영 ˇ 영 모 개 시 왕 연 ˇ 적 축 부 지 수 취 ˇ 주 여 ˇ 여 금
我何所指望ˇ我所仰望者惟主 (詩篇 39:6~7)
아 하 소 지 망 ˇ 아 소 앙 망 자 유 주

眞實진실로 各각 사람은 그림자 같이 다니고 헛된 일로 騷亂소란하며 財物재물을 쌓으나 누가 거둘는지 알지 못하나이다 主주여 이제 내가 무엇을 바라리요 나의 所望소망은 主주께 있나이다 (시편 39:6~7)

Man is a mere phantom as he goes to and fro: He bustles about, but only in vain: he heaps up wealth, not knowing who will get it. But now, Lord, what do I look for? My hope is in you. (Psalms 39:6~7)

2

希望不致羞愧ˇ蓋上帝之愛ˇ以所賜我之聖靈ˇ灌注我心
희 망 불 치 수 괴 ˇ 개 상 제 지 애 ˇ 이 소 사 아 지 성 령 ˇ 관 주 아 심
(羅瑪書 5:5)

所望소망이 우리를 부끄럽게 하지 아니함은 우리에게 주신 聖靈성령으로 말미암아 하나님의 사랑이 우리 마음에 부은 바 됨이니 (로마서 5:5)

And hope does not disappoint us, because God has poured out his love into our hearts by the Holy Spirit, whom he has given us. (Romans 5:5)

3

我心爲何抑鬱ˇ爲何煩惱ˇ當仰望上帝ˇ上帝必覿面施救ˇ我因
아 심 위 하 억 울 ˇ 위 하 번 뇌 ˇ 당 앙 망 상 제 ˇ 상 제 필 적 면 시 구 ˇ 아 인
而頌揚上帝 (詩篇 43:5)
이 송 양 상 제

내 靈魂영혼아 네가 어찌하여 落心낙심하며 어찌하여 내 속에서 不安불안해 하는가 너는 하나님께 所望소망을 두라 그가 나타나 도우심으로 말미암아 내 하나님을 如前여전히 讚頌찬송하리로다 (시편 43:5)

Why are you downcast, O my soul? Why so disturbed within me? Put your hope in God, for I will yet praise him, my Savior and my God. (Psalms 43:5)

4

望而不得ˇ使心憂傷ˇ所欲旣遂ˇ如得生命之樹 (箴言 13:12)
망 이 부 득 ˇ 사 심 우 상 ˇ 소 욕 기 수 ˇ 여 득 생 명 지 수

所望소망이 더디 이루어지면 그것이 마음을 傷상하게 하거니와 所願소원이 이루어지는 것은 곧 生命생명 나무니라 (잠언 13:12)

Hope deferred makes the heart sick, but a longing fulfilled is a tree of life. (Proverbs 13:12)

5

惡人行惡而見逐ˇ善人臨死而有望 (箴言 14:32)
악 인 행 악 이 견 축 ˇ 선 인 림 사 이 유 망

惡人악인은 그의 患難환난에 엎드러져도 義人의인은 그의 죽음에도 所望소망이 있느니라 (잠언 14:32)

When calamity comes, the wicked are brought down, but even in death the righteous have a refuge. (Proverbs 14:32)

6

蓋終有善報ˇ必不失望 (箴言 23:18)
개 종 유 선 보 ˇ 필 불 실 망

丁寧정녕히 네 將來장래가 있겠고 네 所望소망이 끊어지지 아니하리라 (잠언 23:18)

There is surely a future hope for you, and your hope will not be cut off. (Proverbs 23:18)

7

善人得其所望而樂ˇ惡人所冀ˇ必致空虛 (箴言 10:28)
선 인 득 기 소 망 이 락 ˇ 악 인 소 기 ˇ 필 치 공 허

義人의인의 所望소망은 즐거움을 이루어도 惡人악인의 所望소망은 끊어지느니라 (잠언 10:28)

The prospect of the righteous is joy, but the hopes of the wicked come to nothing. (Proverbs 10:28)

8

我盼望希冀ˇ凡事無愧ˇ惟毅然如常ˇ無論生死ˇ必以我身丕顯
아 반 망 희 기 ˇ 범 사 무 괴 ˇ 유 의 연 여 상 ˇ 무 론 생 사 ˇ 필 이 아 신 비 현
基督 (腓立比書 1:20)
기 독

나의 懇切간절한 企待기대와 所望소망을 따라 아무 일에든지 부끄러워하지 아니하고 只今지금도 前전과 같이 穩全온전히 膽大담대하여 살든지 죽든지 내 몸에서 그리스도가 尊貴존귀하게 되게 하려 하나니 (빌립보서 1:20)

I eagerly expect and hope that I will in no way be ashamed, but will have sufficient courage so that now as always Christ will be exalted in my body, whether by life or by death. (Philippians 1:20)

9

我儕得救在望ˇ旣得所望ˇ則不復望ˇ人所已得者ˇ豈猶望之乎
아 제 득 구 재 망 ˇ 기 득 소 망 ˇ 즉 불 부 망 ˇ 인 소 이 득 자 ˇ 기 유 망 지 호

(羅瑪書 8:24)

우리가 所望소망으로 救援구원을 얻었으매 보이는 所望소망이 所望소망이 아니니 보는 것을 누가 바라리요 (로마서 8:24)

For in this hope we were saved. But hope that is seen is no hope at all. Who hopes for what he already has? (Romans 8:24)

10

主昔有言應許主之僕人ˇ使我有望ˇ今求主垂念不忘 (詩篇 119:49)
주 석 유 언 응 허 주 지 복 인 ˇ 사 아 유 망 ˇ 금 구 주 수 념 불 망

主주의 종에게 하신 말씀을 記憶기억하소서 主주께서 내게 所望소망을 가지게 하셨나이다 (시편 119:49)

Remember your word to your servant, for you have given me hope. (Psalms 119:49)

11

若所望尚未得ˇ則忍以待之 (羅瑪書 8:25)
약 소 망 상 미 득 ˇ 즉 인 이 대 지

萬一만일 우리가 보지 못하는 것을 바라면 참음으로 기다릴지니라 (로마서 8:25)

But if we hope for what we do not yet have, we wait for it patiently. (Romans 8:25)

12

願賜人有望之上帝ˇ使爾以信而得喜樂ˇ平安充心ˇ賴聖靈之大能ˇ希望益甚 (羅瑪書 15:13)
원 사 인 유 망 지 상 제 ˇ 사 이 이 신 이 득 희 락 ˇ 평 안 충 심 ˇ 뢰 성 령 지 대 능 ˇ 희 망 익 심

所望소망의 하나님이 모든 기쁨과 平康평강을 믿음 안에서 너희에게 充滿충만하게 하사 聖靈성령의 能力능력으로 所望소망이 넘치게 하시기를 願원하노라 (로마서 15:13)

May the God of hope fill you with all joy and peace as you trust in him, so that you may overflow with hope by the power of the Holy Spirit. (Romans 15:13)

희망(希望)

1
惟仰望主者ˇ必增新膂力ˇ如鷹張翼飛翔ˇ趨則不困ˇ行則不倦
유 앙 망 주 자 ˇ 필 증 신 려 력 ˇ 여 응 장 익 비 상 ˇ 추 즉 불 곤 ˇ 행 즉 불 권
(以賽亞 40:31)

※ 如鷹張翼飛翔=如鷹羽脫而重生

오직 여호와를 仰望앙망하는 者자는 새 힘을 얻으리니 禿독수리가 날개치며 올라감 같을 것이요 달음박질하여도 困憊곤비하지 아니하겠고 걸어가도 疲困피곤하지 아니하리로다 (이사야 40:31)

But those who hope in the LORD will renew their strength. They will soar on wings like eagles: they will run and not grow weary, they will walk and not be faint. (Isaiah 40:31)

2
主又云ˇ我爲爾所懷之意ˇ惟我知之ˇ我意賜爾平康ˇ不加災害
주 우 운 ˇ 아 위 이 소 회 지 의 ˇ 유 아 지 지 ˇ 아 의 사 이 평 강 ˇ 불 가 재 해
ˇ爾曹終有可望 (耶利米 29:11)
ˇ 이 조 종 유 가 망

여호와의 말씀이니라 너희를 向향한 나의 생각을 내가 아나니 平安평안이요 災殃재앙이 아니니라 너희에게 未來미래와 希望희망을 주는 것이니라 (예레미야 29:11)

For I know the plans I have for you, declares the LORD, plans to prosper you and not to harm you, plans to give you hope and a future. (Jeremiah 29:11)

3
旣有所望ˇ必坦然無懼ˇ察視無畏ˇ則安然偃臥 (約伯 11:18)
기 유 소 망 ˇ 필 탄 연 무 구 ˇ 찰 시 무 외 ˇ 즉 안 연 언 와

네가 希望희망이 있으므로 安全안전할 것이며 두루 살펴보고 平安평안히 쉬리라 (욥기 11:18)

You will be secure, because there is hope: you will look about you and take your rest in safety. (Job 11:18)

4
惟我儕按主所許ˇ希望新天新地ˇ卽義之所居也 (彼得後書 3:13)
유 아 제 안 주 소 허 ˇ 희 망 신 천 신 지 ˇ 즉 의 지 소 거 야

우리는 그의 約束약속대로 義의가 있는 곳인 새 하늘과 새 땅을 바라보도다 (베드로후서 3:13)

But in keeping with his promise we are looking forward to a new heaven and a new earth, the home of righteousness. (2 Peter 3:13)

5
忘上帝者ˇ景象亦若是ˇ僞善者所望ˇ亦若是歸於無有ˇ所賴
망 상 제 자 ˇ 경 상 역 약 시 ˇ 위 선 자 소 망 ˇ 역 약 시 귀 어 무 유 ˇ 소 뢰
者必絶ˇ所恃者如蛛網 (約伯 8:13~14)
자 필 절 ˇ 소 시 자 여 주 망

하나님을 잊어버리는 者자의 길은 다 이와 같고 低俗저속한 者자의 希望희망은 무너지리니 그가 믿는 것이 끊어지고 그가 依支의지하는 것이 거미줄 같은즉 (욥기 8:13~14)

Such is the destiny of all who forget God: so perishes the hope of the godless. What he trusts in is fragile : what he relies on is a spider's web. (Job 8:13~14)

마음

1
當操守爾心ˇ較操守一切更甚ˇ蓋心乃生命之源 (箴言 4:23)
당 조 수 이 심 ˇ 교 조 수 일 체 갱 심 ˇ 개 심 내 생 명 지 원

모든 지킬 만한 것 中중에 더욱 네 마음을 지키라 生命생명의 根源근원이 이에서 남이니라 (잠언 4:23)

Above all else, guard your heart, for it is the wellspring of life (Proverbs 4:23)

2
惰者心欲而不得ˇ勤者必得心意滿足 (箴言 13:4)
타 자 심 욕 이 부 득 ˇ 근 자 필 득 심 의 만 족

게으른 者자는 마음으로 願원하여도 얻지 못하나 부지런한 者자의 마음은 豊足풍족함을 얻느니라 (잠언 13:4)

The sluggard craves and gets nothing, but the desires of the diligent are fully satisfied. (Proverbs 13:4)

3

我心曰ˇ我以主爲業ˇ故我仰望主 (耶利米哀歌 3:24)
아 심 왈 ˇ 아 이 주 위 업 ˇ 고 아 앙 망 주

내 心靈심령에 이르기를 여호와는 나의 基業기업이시니 그러므로 내가 그를 바라리라 하도다 (예레미야 애가 3:24)

I say to myself, The LORD is my portion: therefore I will wait for him. (Lamentations 3:24)

4

宜以基督耶穌之心爲心 (腓立比書 2:5)
의 이 기 독 야 소 지 심 위 심 ˇ

너희 안에 이 마음을 품으라 곧 그리스도 예수의 마음이니 (빌립보서 2:5)

Your attitude should be the same as that of Christ Jesus: (Philippians 2:5)

5

甘心服役ˇ可謂事主ˇ非事人也 (以弗所書 6:7)
감 심 복 역 ˇ 가 위 사 주 ˇ 비 사 인 야

기쁜 마음으로 섬기기를 主주께 하듯 하고 사람들에게 하듯 하지 말라 (에베소서 6:7)

Serve wholeheartedly, as if you were serving the Lord, not men. (Ephesians 6:7)

6

賦爾以新心ˇ使爾衷存更新之志ˇ自爾體中去其剛愎之心ˇ賜爾以柔順之心 (以西結 36:26)
부 이 이 신 심 ˇ 사 이 충 존 갱 신 지 지 ˇ 자 이 체 중 거 기 강 퍅 지 심 ˇ 사 이 이 유 순 지 심

또 새 靈영을 너희 속에 두고 새 마음을 너희에게 주되 너희 肉身육신

에서 굳은 마음을 제거하고 부드러운 마음을 줄 것이며 (에스겔 36:26)

I will give you a new heart and put a new spirit in you; I will remove from you your heart of stone and give you a heart of flesh. (Ezekiel 36:26)

7

心樂則面容歡笑ˇ心憂則神色慘淡 (箴言 15:13)
심 락 즉 면 용 환 소 ˇ 심 우 즉 신 색 참 담

마음의 즐거움은 얼굴을 빛나게 하여도 마음의 근심은 心靈심령을 傷상하게 하느니라 (잠언 15:13)

A happy heart makes the face cheerful, but heartache crushes the spirit. (Proverbs 15:13)

8

蓋其心思如何ˇ爲人卽如何ˇ雖謂爾曰ˇ請食請飮ˇ其意不誠
개 기 심 사 여 하 ˇ 위 인 즉 여 하 ˇ 수 위 이 왈 ˇ 청 식 청 음 ˇ 기 의 불 성
(箴言 23:7)

大抵대저 그 마음의 생각이 어떠하면 그 爲人위인도 그러한즉 그가 네게 먹고 마시라 할지라도 그의 마음은 너와 함께 하지 아니함이라 (잠언 23:7)

For he is the kind of man who is always thinking about the cost. Eat and drink, he says to you, but his heart is not with you. (Proverbs 23:7)

9

人有樂行之心ˇ則見納循其所有ˇ非循其所無 (哥林多後書 8:12)
인 유 락 행 지 심 ˇ 즉 견 납 순 기 소 유 ˇ 비 순 기 소 무

할 마음만 있으면 있는 대로 받으실 터이요 없는 것을 받지 아니하시리라 (고린도후서 8:12)

For if the willingness is there, the gift is acceptable according to what one has, not according to what he does not have. (2 Corinthians 8:12)

10

主諭撒母耳曰ˇ勿觀其容貌之美ˇ身材之高ˇ此人我所棄也ˇ我
주 유 살 모 이 왈 ˇ 물 관 기 용 모 지 미 ˇ 신 재 지 고 ˇ 차 인 비 아 기 야 ˇ 아

之所觀ˇ異於人之所觀ˇ人觀外貌ˇ我觀內心 (撒母耳上 16:7)
지 소 관 ˇ 이 어 인 지 소 관 ˇ 인 관 외 모 ˇ 아 관 내 심

여호와께서 사무엘에게 이르시되 그의 容貌용모와 키를 보지 말라 내가 이미 그를 버렸노라 내가 보는 것은 사람과 같지 아니하니 사람은 外貌외모를 보거니와 나 여호와는 中心중심을 보느니라 하시더라 (사무엘상 16:7)

But the LORD said to Samuel, Do not consider his appearance or his height, for I have rejected him. The LORD does not look at the things man looks at. Man looks at the outward appearance, but the LORD looks at the heart. (1 Samuel 16:7)

11

我心爲何抑鬱ˇ爲何煩惱ˇ當仰望上帝ˇ上帝仍必面向我ˇ拯救我ˇ我因而頌揚上帝 (詩篇 42:5)
아 심 위 하 억 울 ˇ 위 하 번 뇌 ˇ 당 앙 망 상 제 ˇ 상 제 잉 필 면 향 아 ˇ 증 구 아ˇ 아 인 이 송 양 상 제

내 靈魂영혼아 네가 어찌하여 落心낙심하며 어찌하여 내 속에서 不安불안해 하는가 너는 하나님께 所望소망을 두라 그가 나타나 도우심으로 말미암아 내가 여전히 讚頌찬송하리로다 (시편 42:5)

Why are you downcast, O my soul? Why so disturbed within me? Put your hope in God, for I will yet praise him. (Psalms 42:5)

12

人心多謀ˇ惟主之旨方立 (箴言 19:21)
인 심 다 모 ˇ 유 주 지 지 방 립

사람의 마음에는 많은 計劃계획이 있어도 오직 여호와의 뜻만이 完全완전히 서리라 (잠언 19:21)

Many are the plans in a man' s heart, but it is the LORD' S purpose that prevails. (Proverbs 19:21)

감사(感謝)

1

凡以感謝爲祭者始是敬奉我ˇ行動謹愼之人ˇ我必使之得見我
범 이 감 사 위 제 자 시 시 경 봉 아 ˇ 행 동 근 신 지 인 ˇ 아 필 사 지 득 견 아
之救恩 (詩篇 50:23)
지 구 은

感謝감사로 祭祀제사를 드리는 者자가 나를 榮華영화롭게 하나니 그의 行爲행위를 옳게 하는 者자에게 내가 하나님의 救援구원을 보이리라 (시편 50:23)

He who sacrifices thank offerings honors me, and he prepares the way so that I may show him the salvation of God. (Psalms 50:23)

2

當進主之門稱謝ˇ入主之院讚美ˇ稱謝主ˇ頌美主之名 (詩篇 100:4)
당 진 주 지 문 칭 사 ˇ 입 주 지 원 찬 미 ˇ 칭 사 주 ˇ 송 미 주 지 명

感謝감사함으로 그의 門문에 들어가며 讚頌찬송함으로 그의 宮庭궁정에 들어가서 그에게 感謝감사하며 그의 이름을 頌祝송축할지어다 (시편 100:4)

Enter his gates with thanksgiving and his courts with praise; give thanks to him and praise his name. (Psalms 100:4)

3

謝上帝ˇ常使我賴基督而獲勝ˇ且藉我隨在播揚識主之馨香
사 상 제 ˇ 상 사 아 뢰 기 독 이 획 승 ˇ 차 자 아 수 재 파 양 식 주 지 형 향
(哥林多後書 2:14)

恒常항상 우리를 그리스도 안에서 이기게 하시고 우리로 말미암아 各處각처에서 그리스도를 아는 냄새를 나타내시는 하나님께 感謝감사하노라 (고린도후서 2:14)

But thanks be to God, who always leads us in triumphal procession in Christ and through us spreads everywhere the fragrance of the knowledge of him. (2 Corinthians 2:14)

4

感謝上帝ˇ使我賴我主耶穌基督而得勝ˇ是以我所愛之兄弟ˇ
감 사 상 제 ˇ 사 아 뢰 아 주 야 소 기 독 이 득 승 ˇ 시 이 아 소 애 지 형 제 ˇ

當堅固不搖ˇ常務主事ˇ蓋事主而勞ˇ非徒然也 (哥林多前書 15:57~58)
당 견 고 불 요 ˇ 상 무 주 사 ˇ 개 사 주 이 노 ˇ 비 도 연 야

우리 主주 예수 그리스도로 말미암아 우리에게 勝利승리를 주시는 하나님께 感謝감사하노니 그러므로 내 사랑하는 兄弟형제들아 堅實견실하며 흔들리지 말고 恒常항상 主주의 일에 더욱 힘쓰는 者자들이 되라 이는 너희 수고가 主주 안에서 헛되지 않은 줄 앎이라 (고린도전서 15:57~58)

But thanks be to God! He gives us the victory through our Lord Jesus Christ. Therefore, my dear brothers, stand firm. Let nothing move you. Always give yourselves fully to the work of the Lord, because you know that your labor in the Lord is not in vain. (1 Corinthians 15:57~58)

5

蓋凡上帝所造之物皆善ˇ感恩而受ˇ無一可棄ˇ此物因上帝之
개 범 상 제 소 조 지 물 개 선 ˇ 감 은 이 수 ˇ 무 일 가 기 ˇ 차 물 인 상 제 지
言ˇ亦因祈禱而潔矣 (提摩太前書 4:4~5)
언 ˇ 역 인 기 도 이 결 의

하나님께서 지으신 모든 것이 善선하매 感謝감사함으로 받으면 버릴 것이 없나니 하나님의 말씀과 祈禱기도로 거룩하여짐이라 (디모데전서 4:4~5)

For everything God created is good, and nothing is to be rejected if it is received with thanksgiving, because it is consecrated by the word of God and prayer. (1 Timothy 4:4~5)

6

當以感謝上帝爲祭ˇ在至上主前ˇ酬爾所許之願 (詩篇 50:14)
당 이 감 사 상 제 위 제 ˇ 재 지 상 주 전 ˇ 수 이 소 허 지 원

感謝감사로 하나님께 祭祀제사를 드리며 至尊지존하신 이에게 네 誓願서원을 갚으며 (시편 50:14)

Sacrifice thank offerings to God, fulfill your vows to the Most High, (Psalms 50:14)

7

且謝父ˇ使我儕堪於聖徒有分ˇ共得業於光明中 (哥羅西書 1:12)
차 사 부 ˇ 사 아 제 감 어 성 도 유 분 ˇ 공 득 업 어 광 명 중

우리로 하여금 빛 가운데서 聖徒성도의 基業기업의 部分부분을 얻기에 合當합당하게 하신 아버지께 感謝감사하게 하시기를 願원하노라 (골로새서 1:12)

Giving thanks to the Father, who has qualified you to share in the inheritance of the saints in the kingdom of light. (Colossians 1:12)

8

凡事託我主耶穌基督名ˇ恒謝上帝卽父 (以弗所書 5:20)
범 사 탁 아 주 야 소 기 독 명 ˇ 항 사 상 제 즉 부

凡事범사에 우리 主주 예수 그리스도의 이름으로 恒常항상 아버지 하나님께 感謝감사하며 (에베소서 5:20)

Always giving thanks to God the Father for everything, in the name of our Lord Jesus Christ. (Ephesians 5:20)

9

爾曹當稱謝主ˇ因主至善ˇ主之恩慈ˇ永遠常存 (詩篇 136:1)
이 조 당 칭 사 주 ˇ 인 주 지 선 ˇ 주 지 은 자 ˇ 영 원 상 존

여호와께 感謝감사하라 그는 善선하시며 그 仁慈인자하심이 永遠영원함이로다 (시편 136:1)

Give thanks to the LORD, for he is good. His love endures forever. (Psalms 136:1)

10

如爾以靈祝謝ˇ則彼無識者ˇ旣不知爾何言ˇ焉能於爾祝謝之
여 이 이 령 축 사 ˇ 즉 피 무 식 자 ˇ 기 부 지 이 하 언 ˇ 언 능 어 이 축 사 지
時ˇ應聲曰阿們乎 (哥林多前書 14:16)
시 ˇ 응 성 왈 아 문 호

그렇지 아니하면 네가 靈영으로 祝福축복할 때에 알지 못하는 處地처지에 있는 者자가 네가 무슨 말을 하는지 알지 못하고 네 感謝감사에 어찌 아멘 하리요 (고린도전서 14:16)

If you are praising God with your spirit, how can one who finds himself among those who do not understand say Amen to your thanksgiving, since he does not know what you are saying? (1 Corinthians 14:16)

11

凡爾所爲ˇ或言或行ˇ皆當爲主耶穌之名而爲之ˇ且賴主耶穌
범 이 소 위 ˇ 혹 언 혹 행 ˇ 개 당 위 주 야 소 지 명 이 위 지 ˇ 차 뢰 주 야 소
感謝上帝卽父 (哥羅西書 3:17)
감 사 상 제 즉 부

또 무엇을 하든지 말에나 일에나 다 主주 예수의 이름으로 하고 그를 힘입어 하나님 아버지께 感謝감사하라 (골로새서 3:17)

And whatever you do, whether in word or deed, do it all in the name of the Lord Jesus, giving thanks to God the Father through him. (Colossians 3:17)

12

感謝上帝ˇ因其恩賜之多ˇ非言所能盡也 (哥林多後書 9:15)
감 사 상 제 ˇ 인 기 은 사 지 다 ˇ 비 언 소 능 진 야

말할 수 없는 그의 恩賜은사로 말미암아 하나님께 感謝감사하노라 (고린도후서 9:15)

Thanks be to God for his indescribable gift! (2 Corinthians 9:15)

순종(順從)

1

如爾願聽而順從ˇ可食地之美產 (以賽亞 1:19)
여 이 원 청 이 순 종 ˇ 가 식 지 지 미 산

너희가 즐겨 順從순종하면 땅의 아름다운 所産소산을 먹을 것이요 (이사야 1:19)

If you are willing and obedient, you will eat the best from the land (Isaiah 1:19)

2

曰ˇ我乃主爾之上帝ˇ爾若聽從我言ˇ行我所悅ˇ循我誡命ˇ謹
왈 ˇ 아 내 주 이 지 상 제 ˇ 이 약 청 종 아 언 ˇ 행 아 소 열 ˇ 순 아 계 명 ˇ 근
守我之一切法度ˇ則我所加於伊及人之諸疾ˇ不以之加於爾ˇ
수 아 지 일 체 법 도 ˇ 즉 아 소 가 어 이 급 인 지 제 질 ˇ 불 이 지 가 어 이 ˇ

蓋我卽主乃醫爾者也 (出伊及記 15:26)
개 아 즉 주 내 의 이 자 야

이르시되 너희가 너희 하나님 나 여호와의 말을 들어 順從순종하고 내가 보기에 義의를 行행하며 내 誡命계명에 귀를 기울이며 내 모든 規例규례를 지키면 내가 애굽 사람에게 내린 모든 疾病질병 中중 하나도 너희에게 내리지 아니하리니 나는 너희를 治療치료하는 여호와임이라 (출애굽기 15:26)

He said, If you listen carefully to the voice of the LORD your God and do what is right in his eyes, if you pay attention to his commands and keep all his decrees, I will not bring on you any of the diseases I brought on the Egyptians, for I am the LORD, who heals you. (Exodus 15:26)

3

撒母耳曰ˇ主豈悅火焚祭平安祭ˇ不悅人聽從主命乎ˇ聽命勝於獻祭ˇ順從勝於牡羊脂 (撒母耳上 15:22)
살 모 이 왈 ˇ 주 기 열 화 분 제 평 안 제 ˇ 불 열 인 청 종 주 명 호 ˇ 청 명 승 어 헌 제 ˇ 순 종 승 어 모 양 지 ˇ

사무엘이 이르되 여호와께서 燔祭번제와 다른 祭祀제사를 그의 목소리를 聽從청종하는 것을 좋아하심 같이 좋아하시겠나이까 順從순종이 祭祀제사보다 낫고 듣는 것이 숫羊양의 기름보다 나으니 (사무엘상 15:22)

But Samuel replied: Does the LORD delight in burnt offerings and sacrifices as much as in obeying the voice of the LORD? To obey is better than sacrifice, and to heed is better than the fat of rams. (1 Samuel 15:22)

4

經云ˇ爾今日若聽主之言ˇ則勿剛愎爾心ˇ如在激主怒之時 (希伯來書 3:15)
경 운 ˇ 이 금 일 약 청 주 지 언 ˇ 즉 물 강 퍅 이 심 ˇ 여 재 격 주 노 지 시

聖經성경에 일렀으되 오늘 너희가 그의 音聲음성을 듣거든 激怒격노하시게 하던 것 같이 너희 마음을 完固완고하게 하지 말라 하였으니 (히브리서 3:15)

As has just been said: Today, if you hear his voice, do not harden your hearts as you did in the rebellion. (Hebrews 3:15)

5

出迎亞撒ˇ謂之曰ˇ亞撒ˇ及猶大人ˇ便雅憫人ˇ須聽我言ˇ如
출영아살ˇ위지왈ˇ아살ˇ급유대인ˇ변아민인ˇ수청아언ˇ여
爾從主ˇ主必祐爾ˇ如爾尋求主ˇ主必爲爾所得ˇ如爾棄主ˇ主
이종주ˇ주필우이ˇ여이심구주ˇ주필위이소득ˇ여이기주ˇ주
必棄爾 (歷代下 15:2)
필기이

그가 나가서 아사를 맞아 이르되 아사와 및 유다와 베냐민의 무리들아 내 말을 들으라 너희가 여호와와 함께 하면 여호와께서 너희와 함께 하실지라 너희가 萬一만일 그를 찾으면 그가 너희와 만나게 되시려니와 너희가 萬一만일 그를 버리면 그도 너희를 버리시리라 (역대하 15:2)

He went out to meet Asa and said to him, Listen to me, Asa and all Judah and Benjamin. The LORD is with you when you are with him. If you seek him, he will be found by you, but if you forsake him, he will forsake you. (2 Chronicles 15:2)

6

爾平康之時ˇ我曾諭爾ˇ乃爾云ˇ我不願聽ˇ自爾幼年以來ˇ爾
이평강지시ˇ아증유이ˇ내이운ˇ아불원청ˇ자이유년이래ˇ이
不聽我言ˇ此爾故習 (耶利米 22:21)
불청아언ˇ차이고습

네가 平安평안할 때에 내가 네게 말하였으나 네 말이 나는 듣지 아니하리라 하였나니 네가 어려서부터 내 목소리를 聽從청종하지 아니함이 네 習慣습관이라 (예레미야 22:21)

I warned you when you felt secure, but you said, I will not listen! This has been your way from your youth: you have not obeyed me. (Jeremiah 22:21)

7

彼得與諸使徒答曰ˇ聽上帝過於聽人ˇ宜也 (使徒行傳 5:29)
피득여제사도답왈ˇ청상제과어청인ˇ의야

베드로와 使徒사도들이 對答대답하여 이르되 사람보다 하나님께 順從순종하는 것이 마땅하니라 (사도행전 5:29)

Peter and the other apostles replied: We must obey God

rather than men! (Acts 5:29)

8

惟我僕迦勒緣聽從我ˇ不與衆同心ˇ我必使其得入所往之地ˇ
유 아 복 가 륵 연 청 종 아 ˇ 불 여 중 동 심 ˇ 아 필 사 기 득 입 소 왕 지 지 ˇ
使其後裔得以爲業 (民數記 14:24)
사 기 후 예 득 이 위 업

그러나 내 종 갈렙은 그 마음이 그들과 달라서 나를 穩全온전히 따랐은즉 그가 갔던 땅으로 내가 그를 引導인도하여 들이리니 그의 子孫자손이 그 땅을 차지하리라 (민수기 14:24)

But because my servant Caleb has a different spirit and follows me wholeheartedly, I will bring him into the land he went to, and his descendants will inherit it. (Numbers 14:24)

9

導爾之師ˇ爾當信從順服ˇ彼爲爾靈魂警醒ˇ知因此必被審判ˇ
도 이 지 사 ˇ 이 당 신 종 순 복 ˇ 피 위 이 영 혼 경 성 ˇ 지 인 차 필 피 심 판 ˇ
當使彼樂而無憂以爲之ˇ否則無益於爾 (希伯來書 13:17)
당 사 피 락 이 무 우 이 위 지 ˇ 부 즉 무 익 어 이

너희를 引導인도하는 者자들에게 順從순종하고 服從복종하라 그들은 너희 靈魂영혼을 爲위하여 警醒경성하기를 自身자신들이 淸算청산할 者자인 것 같이 하느니라 그들로 하여금 즐거움으로 이것을 하게 하고 근심으로 하게 하지 달라 그렇지 않으면 너희에게 有益유익이 없느니라 (히브리서 13:17)

Obey your leaders and submit to their authority. They keep watch over you as men who must give an account. Obey them so that their work will be a joy, not a burden, for that would be of no advantage to you. (Hebrews 13:17)

10

故當自卑ˇ服上帝大能之手ˇ及時ˇ上帝必高擧爾 (彼得前書 5:6)
고 당 자 비 ˇ 복 상 제 대 능 지 수 ˇ 급 시 ˇ 상 제 필 고 거 이

그러므로 하나님의 能능하신 손 아래에서 謙遜겸손하라 때가 되면 너희를 높이시리라 (베드로전서 5:6)

Humble yourselves, therefore, under God's mighty hand, that

he may lift you up in due time. (1 Peter 5:6)

11

爾之順從ˇ已傳揚於衆ˇ故我爲爾喜ˇ願爾於善則智ˇ於惡則愚
이 지 순 종 ˇ 이 전 양 어 중 ˇ 고 아 위 이 희 ˇ 원 이 어 선 즉 지 ˇ 어 악 즉 우
(羅瑪書 16:19)

너희의 順從순종함이 모든 사람에게 들리는지라 그러므로 내가 너희로 말미암아 기뻐하노니 너희가 善선한 데 智慧지혜롭고 惡악한 데 미련하기를 願원하노라 (로마서 16:19)

Everyone has heard about your obedience, so I am full of joy over you: but I want you to be wise about what is good, and innocent about what is evil. (Romans 16:19)

12

爾爲奴者ˇ當凡事順從轄爾身之主人ˇ勿效彼取悅於人者ˇ但
이 위 노 자 ˇ 당 범 사 순 종 할 이 신 지 주 인 ˇ 물 효 피 취 열 어 인 자 ˇ 단
在目前服役ˇ乃以誠心ˇ且畏上帝 (哥羅西書 3:22)
재 목 전 복 역 ˇ 내 이 성 심 ˇ 차 외 상 제

종들아 모든 일에 肉身육신의 上典상전들에게 順從순종하되 사람을 기쁘게 하는 者자와 같이 눈가림만 하지 말고 오직 主주를 두려워하여 誠實성실한 마음으로 하라 (골로새서 3:22)

Slaves, obey your earthly masters in everything: and do it, not only when their eye is on you and to win their favor, but with sincerity of heart and reverence for the Lord. (Colossians 3:22)

13

西門對曰ˇ師ˇ我儕終夜勞苦ˇ竟無所得ˇ今遵爾言ˇ我則下網
서 문 대 왈 ˇ 사 ˇ 아 제 종 야 노 고 ˇ 경 무 소 득 ˇ 금 준 이 언 ˇ 아 즉 하 망
ˇ遂下網ˇ圍魚甚衆ˇ網幾裂 (路加福音 5:5~6)
ˇ 수 하 망 ˇ 위 어 심 중 ˇ 망 기 열

시몬이 對答대답하여 이르되 先生선생님 우리들이 밤이 새도록 수고하였으되 잡은 것이 없지마는 말씀에 依支의지하여 내가 그물을 내리리이다 하고 그렇게 하니 고기를 잡은 것이 甚심히 많아 그물이 찢어지는지라 (누가복음 5:5~6)

Simon answered, Master, we' ve worked hard all night and haven' t caught anything. But because you say so, I will let down the nets. When they had done so, they caught such a large number of fish that their nets began to break. (Luke 5:5~6)

14

當時摩西誓我曰ˇ爾旣順從主我之上帝ˇ故爾足所履之地ˇ必
당 시 마 서 서 아 왈 ˇ 이 기 순 종 주 아 지 상 제 ˇ 고 이 족 소 리 지 지 ˇ 필
歸爾與爾子孫ˇ永遠爲業 (約書亞 14:9)
귀 이 여 이 자 손 ˇ 영 원 위 업

그 날에 모세가 盟誓맹세하여 이르되 네가 내 하나님 여호와께 忠誠충성하였은즉 네 발로 밟는 땅은 永遠영원히 너와 네 子孫자손의 基業기업이 되리라 하였나이다 (여호수아 14:9)

So on that day Moses swore to me, The land on which your feet have walked will be your inheritance and that of your children forever, because you have followed the LORD my God wholeheartedly. (Joshua 14:9)

15

凡遵行我天父旨者ˇ卽我兄弟姊妹及母也 (瑪太福音 12:50)
범 준 행 아 천 부 지 자 ˇ 즉 아 형 제 자 매 급 모 야

누구든지 하늘에 계신 내 아버지의 뜻대로 하는 者자가 내 兄弟형제요 姊妹자매요 어머니이니라 하시더라. (마태복음 12:50)

For whoever does the will of my Father in heaven is my brother and sister and mother. (Matthew 12:50)

16

是以爾當服上帝ˇ爾敵魔ˇ則魔必離爾 (雅各書 4:7)
시 이 이 당 복 상 제 ˇ 이 적 마 ˇ 즉 마 필 리 이

그런즉 너희는 하나님께 服從복종할지어다 魔鬼마귀를 對敵대적하라 그리하면 너희를 避피하리라 (야고보서 4:7)

Submit yourselves, then, to God. Resist the devil, and he will flee from you. (James 4:7)

17
主必使爾爲首ˇ不使爾爲尾ˇ使爾獨居上ˇ不居下ˇ如爾聽從主
주 필 사 이 위 수 ˇ 불 사 이 위 미 ˇ 사 이 독 거 상 ˇ 불 거 하 ˇ 여 이 청 종 주
爾上帝之誡命 (申命記 28:13)
이 상 제 지 계 명

여호와께서 너를 머리가 되고 꼬리가 되지 않게 하시며 위에만 있고 아래에 있지 않게 하시리니 오직 너는 내가 오늘 네게 命令명령하는 네 하나님 여호와의 命令명령을 듣고 지켜 行행하며 (신명기 28:13)

The LORD will make you the head, not the tail. If you pay attention to the commands of the LORD your God that I give you this day and carefully follow them, you will always be at the top, never at the bottom. (Deuteronomy 28:13)

충성(忠誠)

1
主人曰ˇ美哉ˇ善且忠之僕ˇ爾於寡者旣忠ˇ我必以多者任爾ˇ
주 인 왈 ˇ 미 재 ˇ 선 차 충 지 복 ˇ 이 어 과 자 기 충 ˇ 아 필 이 다 자 임 이 ˇ
可進享爾主人之樂 (瑪太福音 25:21)
가 진 향 이 주 인 지 락

그 主人주인이 이르되 잘하였도다 착하고 忠誠충성된 종아 네가 적은 일에 忠誠충성하였으매 내가 많은 것을 네게 맡기리니 네 주인의 즐거움에 參與참여할지어다 하고 (마태복음 25:21)

His master replied, Well done, good and faithful servant! You have been faithful with a few things: I will put you in charge of many things. Come and share your master' s happiness! (Matthew 25:21)

2
所求於家宰者ˇ惟欲其忠也 (哥林多前書 4:2)
소 구 어 가 재 자 ˇ 유 욕 기 충 야

그리고 맡은 者자들에게 求구할 것은 忠誠충성이니라 (고린도전서 4:2)

Now it is required that those who have been given a trust must prove faithful. (1 Corinthians 4:2)

3

於小者忠ˇ於大者亦忠ˇ於小者不義ˇ於大者亦不義
어 소 자 충 ˇ 어 대 자 역 충 ˇ 어 소 자 불 의 ˇ 어 대 자 역 불 의

(路加福音 16:10)

至極지극히 작은 것에 忠誠충성된 者자는 큰 것에도 忠誠충성되고 至極지극히 작은 것에 不義불의한 者자는 큰 것에도 不義불의하니라 (누가복음 16:10)

Whoever can be trusted with very little can also be trusted with much, and whoever is dishonest with very little will also be dishonest with much. (Luke 16:10)

7. 구제(救濟)

구제(救濟)
구원(救援)
구속(救贖)
인도(引導)
전도(傳道)

네가 萬一만일 네 입으로 예수를 主주로 是認시인하며 또 하나님께서 그를 죽은 者자 가운데서 살리신 것을 네 마음에 믿으면 救援구원을 받으리라 (로마서 10:9)

구제(救濟)

1

我向山擧目觀望曰ˇ我之救濟ˇ自何而來ˇ我之救濟ˇ自創造天
아 향 산 거 목 관 망 왈ˇ아 지 구 제ˇ자 하 이 래ˇ아 지 구 제ˇ자 창 조 천
地之主而來 (詩篇 121:1~2)
지 지 주 이 래

내가 山산을 向향하여 눈을 들리라 나의 도움이 어디서 올까 나의 도움은 天地천지를 지으신 여호와에게서로다 (시편 121:1~2)

I lift up my eyes to the hills—where does my help come from? My help comes from the LORD, the Maker of heaven and earth. (Psalms 121:1~2)

2

蓋我卽主爾之上帝ˇ援爾右手ˇ謂爾曰ˇ勿恐懼ˇ我救濟爾
개 아 즉 주 이 지 상 제ˇ원 이 우 수ˇ위 이 왈ˇ물 공 구ˇ아 구 제 이
(以賽亞 41:13)

이는 나 여호와 너의 하나님이 네 오른손을 붙들고 네게 이르기를 두려워하지 말라 내가 너를 도우리라 할 것임이니라 (이사야 41:13)

For I am the LORD, your God, who takes hold of your right hand and says to you, Do not fear: I will help you. (Isaiah 41:13)

3

爾施濟時ˇ勿使左手知右手所爲ˇ如是則爾之施濟隱矣ˇ爾父
이 시 제 시ˇ물 사 좌 수 지 우 수 소 위ˇ여 시 즉 이 지 시 제 은 의ˇ이 부
鑒觀於隱ˇ將顯以報爾 (瑪太福音 6:3~4)
감 관 어 은ˇ장 현 이 보 이

너는 救濟구제할 때에 오른손이 하는 것을 왼손이 모르게 하여 네 救濟구제함을 隱密은밀하게 하라 隱密은밀한 中중에 보시는 너의 아버지께서 갚으시리라 (마태복음 6:3~4)

But when you give to the needy, do not let your left hand know what your right hand is doing, so that your giving may be in secret. Then your Father, who sees what is done in secret, will reward you. (Matthew 6:3~4)

4

好施舍者ˇ必得饒裕ˇ潤澤人者ˇ必得潤澤 (箴言 11:25)
호 시 사 자 ˇ 필 득 요 유 ˇ 윤 택 인 자 ˇ 필 득 윤 택

救濟구제를 좋아하는 者자는 豊足풍족하여질 것이요 남을 潤澤윤택하게 하는 者자는 自己자기도 潤澤윤택하여지리라 (잠언 11:25)

A generous man will prosper: he who refreshes others will himself be refreshed. (Proverbs 11:25)

구원(救援)

1

爾若口認耶穌爲主ˇ心信上帝使其由死復活ˇ則必得救
이 약 구 인 야 소 위 주 ˇ 심 신 상 제 사 기 유 사 부 활 ˇ 즉 필 득 구
(羅瑪書 10:9)

네가 萬一만일 네 입으로 예수를 主주로 是認시인하며 또 하나님께서 그를 죽은 者자 가운데서 살리신 것을 네 마음에 믿으면 救援구원을 받으리라 (로마서 10:9)

That if you confess with your mouth, Jesus is Lord, and believe in your heart that God raised him from the dead, you will be saved. (Romans 10:9)

2

蓋人以心信則可稱義ˇ以口認則可得救 (羅瑪書 10:10)
개 인 이 심 신 즉 가 칭 의 ˇ 이 구 인 즉 가 득 구

사람이 마음으로 믿어 義의에 이르고 입으로 是認시인하여 救援구원에 이르느니라 (로마서 10:10)

For it is with your heart that you believe and are justified, and it is with your mouth that you confess and are saved. (Romans 10:10)

3

我行於苦難中ˇ主必使我蘇醒ˇ必伸手攻擊我之敵人ˇ主之右
아 행 어 고 난 중 ˇ 주 필 사 아 소 성 ˇ 필 신 수 공 격 아 지 적 인 ˇ 주 지 우

手ˇ必拯救我 (詩篇 138:7)
수 ˇ 필 증 구 아

내가 患難환난 中중에 다닐지라도 主주께서 나를 살아나게 하시고 主주의 손을 펴사 내 怨讐원수들의 憤怒분노를 막으시며 主주의 오른손이 나를 救援구원하시리이다 (시편 138:7)

Though I walk in the midst of trouble, you preserve my life: you stretch out your hand against the anger of my foes, with your right hand you save me. (Psalms 138:7)

4

善人之步履ˇ爲主所定ˇ所行之道路ˇ主甚喜悅ˇ雖有蹉跌ˇ亦不仆倒ˇ因主扶持其手 (詩篇 37:23~24)
선 인 지 보 리 ˇ 위 주 소 정 ˇ 소 행 지 도 로 ˇ 주 심 희 열 ˇ 수 유 차 질 ˇ 역 부 부 도 ˇ 인 주 부 지 기 수

여호와께서 사람의 걸음을 定정하시고 그의 길을 기뻐하시나니 그는 넘어지나 아주 엎드러지지 아니함은 여호와께서 그의 손으로 붙드심이로다 (시편 37:23~24)

If the LORD delights in a man's way, he makes his steps firm: though he stumble, he will not fall, for the LORD upholds him with his hand. (Psalms 37:23~24)

5

持槍與斧ˇ阻拒追我者ˇ願主向我云ˇ我拯救爾 (詩篇 35:3)
지 창 여 부 ˇ 조 거 추 아 자 ˇ 원 주 향 아 운 ˇ 아 증 구 이

槍창을 빼사 나를 쫓는 者자의 길을 막으시고 또 내 靈魂영혼에게 나는 네 救援구원이라 이르소서 (시편 35:3)

Brandish spear and javelin against those who pursue me. Say to my soul, I am your salvation. (Psalms 35:3)

6

主護庇我ˇ保佑我脫離急難ˇ使我四面得救ˇ因而歡呼 (詩篇 32:7)
주 호 비 아 ˇ 보 우 아 탈 리 급 난 ˇ 사 아 사 면 득 구 ˇ 인 이 환 호

主주는 나의 隱身處은신처이오니 患難환난에서 나를 保護보호하시고 救援구원의 노래로 나를 두르시리이다 (시편 32:7)

You are my hiding place: you will protect me from trouble and surround me with songs of deliverance. Selah (Psalms 32:7)

7

爾在患難時禱告我ˇ我必救爾ˇ爾當尊奉我 (詩篇 50:15)
이 재 환 난 시 도 고 아 ˇ 아 필 구 이 ˇ 이 당 존 봉 아

患難환난 날에 나를 부르라 내가 너를 건지리니 네가 나를 榮華영화롭게 하리로다 (시편 50:15)

And call upon me in the day of trouble: I will deliver you, and you will honor me. (Psalms 50:15)

8

因主喜愛己民ˇ救拔謙卑之人ˇ使之尊榮 (詩篇 149:4)
인 주 희 애 기 민 ˇ 구 발 겸 비 지 인 ˇ 사 지 존 영

여호와께서는 自己자기 百姓백성을 기뻐하시며 謙遜겸손한 者자를 救援구원으로 아름답게 하심이로다 (시편 149:4)

For the LORD takes delight in his people: he crowns the humble with salvation. (Psalms 149:4)

9

主上帝卽以色列之聖主曾如是云ˇ爾悔改安居ˇ方可得救ˇ靜默仰望ˇ方可强盛ˇ惟爾不欲 (以賽亞 30:15)
주 상 제 즉 이 색 열 지 성 주 증 여 시 운 ˇ 이 회 개 안 거 ˇ 방 가 득 구 ˇ 정 묵 앙 망 ˇ 방 가 강 성 ˇ 유 이 불 욕

主주 여호와 이스라엘의 거룩하신 이가 이같이 말씀하시되 너희가 돌이켜 조용히 있어야 救援구원을 얻을 것이요 潛潛잠잠하고 信賴신뢰하여야 힘을 얻을 것이거늘 너희가 願원하지 아니하고 (이사야 30:15)

This is what the Sovereign LORD, the Holy One of Israel, says: In repentance and rest is your salvation, in quietness and trust is your strength, but you would have none of it. (Isaiah 30:15)

10

行正直者ˇ可得拯救ˇ從邪曲道者ˇ必顚蹶於路 (箴言 28:18)
행 정 직 자 ˇ 가 득 증 구 ˇ 종 사 곡 도 자 ˇ 필 전 궐 어 로

誠實성실하게 行행하는 者자는 救援구원을 받을 것이나 굽은 길로 行행하는 者자는 곧 넘어지리라 (잠언 28:18)

He whose walk is blameless is kept safe, but he whose ways are perverse will suddenly fall. (Proverbs 28:18)

11

我列祖非仗兵刃得地ˇ亦非恃己之勇力得勝ˇ乃賴主之右手ˇ
아 열 조 비 장 병 인 득 지 ˇ 역 비 시 기 지 용 력 득 승 ˇ 내 뢰 주 지 우 수 ˇ
主之聖臂ˇ主面上之榮光ˇ因蒙主喜悅 (詩篇 44:3)
주 지 성 비 ˇ 주 면 상 지 영 광 ˇ 인 몽 주 희 열

그들이 자기 칼로 땅을 얻어 차지함이 아니요 그들의 팔이 그들을 救援구원함도 아니라 오직 主주의 오른손과 主주의 팔과 主주의 얼굴의 빛으로 하셨으니 主주께서 그들을 기뻐하신 까닭이니이다 (시편 44:3)

It was not by their sword that they won the land, nor did their arm bring them victory: it was your right hand, your arm, and the light of your face, for you loved them. (Psalms 44:3)

12

耶穌回顧曰ˇ女ˇ安心ˇ爾信已愈爾ˇ自是婦卽愈 (瑪太福音 9:22)
야 소 회 고 왈 ˇ 녀 ˇ 안 심 ˇ 이 신 이 유 이 ˇ 자 시 부 즉 유

예수께서 돌이켜 그를 보시며 이르시되 딸아 安心안심하라 네 믿음이 너를 救援구원하였다 하시니 女子여자가 그 卽時즉시 救援구원을 받으니라 (마태복음 9:22)

Jesus turned and saw her. Take heart, daughter, he said, your faith has healed you. And the woman was healed from that moment. (Matthew 9:22)

13

我儕爲敵之時ˇ賴其子之死ˇ得與上帝復和ˇ今已復和ˇ不更因
아 제 위 적 지 시 ˇ 뢰 기 자 지 사 ˇ 득 여 상 제 부 화 ˇ 금 이 부 화 ˇ 불 갱 인
其生而得救乎 (羅瑪書 5:10)
기 생 이 득 구 호

곧 우리가 怨讐원수 되었을 때에 그의 아들의 죽으심으로 말미암아 하나님과 和睦화목하게 되었은즉 和睦화목하게 된 者자로서는 더욱 그의 살아나심으로 말미암아 救援구원을 받을 것이니라 (로마서 5:10)

For if, when we were God' s enemies, we were reconciled to him through the death of his Son, how much more, having been reconciled, shall we be saved through his life! (Romans 5:10)

14

我以綿羊毛一團ˇ置於禾場ˇ如露獨在羊毛ˇ而四圍之土仍乾ˇ
아 이 면 양 모 일 단 ˇ 치 어 화 장 ˇ 여 로 독 재 양 모 ˇ 이 사 위 지 토 잉 건 ˇ
則知主必藉我手拯以色列人ˇ循主所許ˇ明日基甸夙興ˇ見果
즉 지 주 필 자 아 수 증 이 색 열 인 ˇ 순 주 소 허 ˇ 명 일 기 전 숙 흥 ˇ 견 과
如斯ˇ取羊毛擠之ˇ自羊毛擠露盈盂 (士師 6:37~38)
여 사 ˇ 취 양 모 제 지 ˇ 자 양 모 제 로 영 우

보소서 내가 羊양털 한 뭉치를 打作타작 마당에 두리니 만일 이슬이 羊양털에만 있고 周邊주변 땅은 마르면 주께서 이미 말씀하심 같이 내 손으로 이스라엘을 救援구원하실 줄을 내가 알겠나이다 하였더니 그대로 된지라 이튿날 기드온이 일찍이 일어나서 羊양털을 가져다가 그 羊양털에서 이슬을 짜니 물이 그릇에 가득하더라 (사사기 6:37~38)

Look, I will place a wool fleece on the threshing floor. If there is dew only on the fleece and all the ground is dry, then I will know that you will save Israel by my hand, as you said. And that is what happened. Gideon rose early the next day: he squeezed the fleece and wrung out the dew—a bowlful of water. (Judges 6:37~38)

15

蓋上帝愛世ˇ至以獨生子賜之ˇ使凡信之者ˇ免沈淪而得永生
개 상 제 애 세 ˇ 지 이 독 생 자 사 지 ˇ 사 범 신 지 자 ˇ 면 침 륜 이 득 영 생
(約翰福音 3:16)

하나님이 世上세상을 이처럼 사랑하사 獨生子독생자를 주셨으니 이는 그를 믿는 者자마다 滅亡멸망하지 않고 永生영생을 얻게 하려 하심이라 (요한복음 3:16)

For God so loved the world that he gave his one and only Son, that whoever believes in him shall not perish but have eternal life. (John 3:16)

16

蓋爾曹因信ˇ以恩得救ˇ此非由己ˇ乃上帝所賜也ˇ亦非由功ˇ
개 이 조 인 신 ˇ 이 은 득 구 ˇ 차 비 유 기 ˇ 내 상 제 소 사 야 ˇ 역 비 유 공 ˇ

免人自誇 (以弗所書 2:8~9)
면 인 자 과

너희는 그 恩惠은혜에 依의하여 믿음으로 말미암아 救援구원을 받았으니 이것은 너희에게서 난 것이 아니요 하나님의 膳物선물이라 行爲행위에서 난 것이 아니니 이는 누구든지 자랑하지 못하게 함이라 (에베소서 2:8~9)

For it is by grace you have been saved, through faith—and this not from yourselves, it is the gift of God—not by works, so that no one can boast. (Ephesians 2:8~9)

17

能救人援人ˇ在天在地顯異蹟ˇ行奇事ˇ曾救但以理ˇ不爲獅所害
능 구 인 원 인 ˇ 재 천 재 지 현 이 적 ˇ 행 기 사 ˇ 증 구 단 이 리 ˇ 불 위 사 소 해
(但以理 6:27)

그는 救援구원도 하시며 건져내기도 하시며 하늘에서든지 땅에서든지 異蹟이적과 奇事기사를 行행하시는 이로서 다니엘을 救援구원하여 獅子사자의 입에서 벗어나게 하셨음이라 하였더라 (다니엘 6:27)

He rescues and he saves: he performs signs and wonders in the heavens and on the earth. He has rescued Daniel from the power of the lions. (Daniel 6:27)

18

當知使罪人由迷途反正ˇ乃救其靈魂不死ˇ且掩多罪焉
당 지 사 죄 인 유 미 도 반 정 ˇ 내 구 기 영 혼 불 사 ˇ 차 엄 다 죄 언
(雅各書 5:20)

너희가 알 것은 罪人죄인을 迷惑미혹된 길에서 돌아서게 하는 者자가 그의 靈魂영혼을 死亡사망에서 救援구원할 것이며 許多허다한 罪죄를 덮을 것임이라 (야고보서 5:20)

Remember this: Whoever turns a sinner from the error of his way will save him from death and cover over a multitude of sins. (James 5:20)

19

主所愛之兄弟ˇ我儕當爲爾恒謝上帝ˇ因上帝自始選爾ˇ得聖
주 소 애 지 형 제 ˇ 아 제 당 위 이 항 사 상 제 ˇ 인 상 제 자 시 선 이 ˇ 득 성
靈以成聖ˇ及信眞道而得救 (帖撒羅尼迦後書 2:13)
령 이 성 성 ˇ 급 신 진 도 이 득 구

主주께서 사랑하시는 兄弟형제들아 우리가 恒常항상 너희에 關관하여 마땅히 하나님께 感謝감사할 것은 하나님이 처음부터 너희를 擇택하사 聖靈성령의 거룩하게 하심과 眞理진리를 믿음으로 救援구원을 받게 하심이니 (데살로니가후서 2:13)

But we ought always to thank God for you, brothers loved by the Lord, because from the beginning God chose you to be saved through the sanctifying work of the Spirit and through belief in the truth. (2 Thessalonians 2:13)

20

拯救我ˇ非由我行義之功ˇ乃由其矜恤ˇ使我受洗重生ˇ賜我聖
증 구 아 ˇ 비 유 아 행 의 지 공 ˇ 내 유 기 긍 휼 ˇ 사 아 수 세 중 생 ˇ 사 아 성
靈以復新 (提多書 3:5)
령 이 부 신

우리를 救援구원하시되 우리가 行행한 바 義의로운 行爲행위로 말미암지 아니하고 오직 그의 矜恤긍휼하심을 따라 重生중생의 씻음과 聖靈성령의 새롭게 하심으로 하셨나니 (디도서 3:5)

He saved us, not because of righteous things we had done, but because of his mercy. He saved us through the washing of rebirth and renewal by the Holy Spirit (Titus 3:5)

21

惟主左右我ˇ剛健我ˇ致福音由我盡傳ˇ俾異邦人皆聞之ˇ且我
유 주 좌 우 아 ˇ 강 건 아 ˇ 치 복 음 유 아 진 전 ˇ 비 이 방 인 개 문 지 ˇ 차 아
得救ˇ脫於獅口 (提摩太後書 4:17)
득 구 ˇ 탈 어 사 구

主주께서 내 곁에 서서 나에게 힘을 주심은 나로 말미암아 宣布선포된 말씀이 穩全온전히 傳播전파되어 모든 異邦人이방인이 듣게 하려 하심이니 내가 獅子사자의 입에서 건짐을 받았느니라 (디모데후서 4:17)

But the Lord stood at my side and gave me strength, so that through me the message might be fully proclaimed and all the Gentiles might hear it. And I was delivered from the lion' s mouth. (2 Timothy 4:17)

22

爾曹雖欲害我ˇ上帝反使我得善遇ˇ保兆民之命ˇ卽如今日
이 조 수 욕 해 아 ˇ 상 제 반 사 아 득 선 우 ˇ 보 조 민 지 명 ˇ 즉 여 금 일
(創世記 50:20)

당신들은 나를 害해하려 하였으나 하나님은 그것을 善선으로 바꾸사 오늘과 같이 많은 百姓백성의 生命생명을 救援구원하게 하시려 하셨나니 (창세기 50:20)

You intended to harm me, but God intended it for good to accomplish what is now being done, the saving of many lives. (Genesis 50:20)

23

上帝從古爲我之王ˇ在此國中ˇ施行拯救 (詩篇 74:12)
상 제 종 고 위 아 지 왕 ˇ 재 차 국 중 ˇ 시 행 증 구

하나님은 예로부터 나의 王왕이시라 사람에게 救援구원을 베푸셨나이다 (시편 74:12)

But you, O God, are my king from of old: you bring salvation upon the earth. (Psalms 74:12)

24

我儕終日負苦當暑ˇ彼後至者ˇ工作僅半時ˇ爾竟使之與我相
아 제 종 일 부 고 당 서 ˇ 피 후 지 자 ˇ 공 작 근 반 시 ˇ 이 경 사 지 여 아 상
等乎 (瑪太福音 20:12)
등 호

나중 온 이 사람들은 한 時間시간밖에 일하지 아니하였거늘 그들을 終日종일 수고하며 더위를 견딘 우리와 같게 하였나이다 (마태복음 20:12)

These men who were hired last worked only one hour, they said, and you have made them equal to us who have borne the burden of the work and the heat of the day. (Matthew 20:12)

25

以利亞偃臥於羅騰樹下而眠ˇ有天使捫之ˇ曰ˇ起而食
이 리 아 언 와 어 라 등 수 하 이 면 ˇ 유 천 사 문 지 ˇ 왈 ˇ 기 이 식
(列王上 19:5)

로뎀 나무 아래에 누워 자더니 天使천사가 그를 어루만지며 그에게 이르되 일어나서 먹으라 하는지라 (열왕기상 19:5)

Then he lay down under the tree and fell asleep. All at once an angel touched him and said, Get up and eat. (1 Kings 19:5)

26

我羡慕主之拯救ˇ與主公義之言辭ˇ盼至眼穿 (詩篇 119:123)
아 이 모 주 지 증 구 ˇ 여 주 공 의 지 언 사 ˇ 반 지 안 천

내 눈이 主주의 救援구원과 主주의 義의로운 말씀을 思慕사모하기에 疲困피곤하니이다 (시편 119:123)

My eyes fail, looking for your salvation, looking for your righteous promise. (Psalms 119:123)

27

上帝救我儕召我儕爲聖ˇ非按我之行ˇ乃按其旨其恩ˇ此恩卽
상 제 구 아 제 소 아 제 위 성 ˇ 비 안 아 지 행 ˇ 내 안 기 지 기 은 ˇ 차 은 즉
在萬古之先ˇ因基督耶穌賜我儕者 (提摩太後書 1:9)
재 만 고 지 선 ˇ 인 기 독 야 소 사 아 제 자

하나님이 우리를 救援구원하사 거룩하신 召命소명으로 부르심은 우리의 行爲행위대로 하심이 아니요 오직 自己자기의 뜻과 永遠영원 前전부터 그리스도 예수 안에서 우리에게 주신 恩惠은혜대로 하심이라 (디모데후서 1:9)

Who has saved us and called us to a holy life–not because of anything we have done but because of his own purpose and grace. This grace was given us in Christ Jesus before the beginning of time, (2 Timothy 1:9)

28

勿言我欲以惡報惡ˇ惟仰望主ˇ主必救爾 (箴言 20:22)
물 언 아 욕 이 악 보 악 ˇ 유 앙 망 주 ˇ 주 필 구 이

너는 惡악을 갚겠다 말하지 말고 여호와를 기다리라 그가 너를 救援구원하시리라 (잠언 20:22)

Do not say, I' ll pay you back for this wrong! Wait for the LORD, and he will deliver you. (Proverbs 20:22)

29

心中悲傷者ˇ主與之相近ˇ心中痛悔者ˇ主必拯救ˇ善人多遭患
심 중 비 상 자 ˇ 주 여 지 상 근 ˇ 심 중 통 회 자 ˇ 주 필 증 구 ˇ 선 인 다 조 환

難ˇ主由其中救援之ˇ保全其骨使一不折 (詩篇 34:18~20)
난 ˇ 주 유 기 중 구 원 지 ˇ 보 전 기 골 사 일 불 절

여호와는 마음이 傷상한 者자를 가까이 하시고 衷心충심으로 痛悔통회하는 者자를 救援구원하시는도다 義人의인은 苦難고난이 많으나 여호와께서 그의 모든 苦難고난에서 건지시는도다 그의 모든 뼈를 保護보호하심이여 그 中중에서 하나도 꺾이지 아니하도다 (시편 34:18~20)

The LORD is close to the brokenhearted and saves those who are crushed in spirit. A righteous man may have many troubles, but the LORD delivers him from them all: he protects all his bones, not one of them will be broken. (Psalms 34:18~20)

30

凡尋求主者ˇ必因主快樂歡欣ˇ慕主救恩者ˇ必常讚云惟主爲大
범 심 구 주 자 ˇ 필 인 주 쾌 락 환 흔 ˇ 모 주 구 은 자 ˇ 필 상 찬 운 유 주 위 대
(詩篇 40:16)

主주를 찾는 者자는 다 主주 안에서 즐거워하고 기뻐하게 하시며 主주의 救援구원을 사랑하는 者자는 恒常항상 말하기를 여호와는 偉大위대하시다 하게 하소서 (시편 40:16)

But may all who seek you rejoice and be glad in you: may those who love your salvation always say, The LORD be exalted! (Psalms 40:16)

31

惟我口出酬恩之言ˇ獻祭於主ˇ又償所許之願ˇ救援惟主所施
유 아 구 출 수 은 지 언 ˇ 헌 제 어 주 ˇ 우 상 소 허 지 원 ˇ 구 원 유 주 소 시
(約拿 2:9)

나는 感謝감사하는 목소리로 主주께 祭祀제사를 드리며 나의 誓願서원을 主주께 갚겠나이다 救援구원은 여호와께 屬속하였나이다 하니라 (요나 2:9)

But I, with a song of thanksgiving, will sacrifice to you. What I have vowed I will make good. Salvation comes from the LORD. (Jonah 2:9)

32

上帝拯救受苦者脫於患難ˇ受虐時ˇ使之啓耳聽訓 (約伯 36:15)
상 제 증 구 수 고 자 탈 어 환 난 ˇ 수 학 시 ˇ 사 지 계 이 청 훈

하나님은 困苦곤고한 者자를 그 困苦곤고에서 救援구원하시며 虐待학대 當당할 즈음에 그의 귀를 여시나니 (욥기 36:15)

But those who suffer he delivers in their suffering: he speaks to them in their affliction. (Job 36:15)

33

主歟ˇ我必稱頌主ˇ因主應允我ˇ拯救我 (詩篇 118:21)
주 여 ˇ 아 필 칭 송 주 ˇ 인 주 응 윤 아 ˇ 증 구 아

主주께서 내게 應答응답하시고 나의 救援구원이 되셨으니 내가 主주께 感謝감사하리이다 (시편 118:21)

I will give you thanks, for you answered me: you have become my salvation. (Psalms 118:21)

구속(救贖)

1

我塗抹爾之愆尤ˇ如霧消散ˇ塗抹爾之罪惡ˇ如雲滅沒ˇ爾當歸
아 도 말 이 지 건 우 ˇ 여 무 소 산 ˇ 도 말 이 지 죄 악 ˇ 여 운 멸 몰 ˇ 이 당 귀
誠於我ˇ因我救贖爾 (以賽亞 44:22)
성 어 아 ˇ 인 아 구 속 이

내가 네 허물을 빽빽한 구름 같이, 네 罪죄를 안개 같이 없이하였으니 너는 내게로 돌아오라 내가 너를 救贖구속하였음이니라 (이사야 44:22)

I have swept away your offenses like a cloud, your sins like the morning mist. Return to me, for I have redeemed you. (Isaiah 44:22)

2

主必救贖其僕之生命ˇ凡倚賴主者終不見罪 (詩篇 34:22)
주 필 구 속 기 복 지 생 명 ˇ 범 의 뢰 주 자 종 불 견 죄

여호와께서 그의 종들의 靈魂영혼을 贖良속량하시나니 그에게 避피하는 者자는 다 罰벌을 받지 아니하리로다 (시편 34:22)

The LORD redeems his servants: no one will be condemned who takes refuge in him. (Psalms 34:22)

인도(引導)

1

人心籌畫其道ˇ導其步履者乃主 (箴言 16:9)
인 심 주 화 기 도 ˇ 도 기 보 리 자 내 주

사람이 마음으로 自己자기의 길을 計劃계획할지라도 그의 걸음을 引導인도하시는 이는 여호와시니라 (잠언 16:9)

In his heart a man plans his course, but the LORD determines his steps. (Proverbs 16:9)

2

爾曹當進窄門ˇ蓋引至淪亡ˇ其門濶ˇ其路寬ˇ入之者多ˇ引至
이 조 당 진 착 문 ˇ 개 인 지 윤 망 ˇ 기 문 활 ˇ 기 로 관 ˇ 입 지 자 다 ˇ 인 지
永生ˇ其門窄ˇ其路狹ˇ得之者少 (瑪太福音 7:13~14)
영 생 ˇ 기 문 착 ˇ 기 로 협 ˇ 득 지 자 소

좁은 門문으로 들어가라 滅亡멸망으로 引導인도하는 門문은 크고 그 길이 넓어 그리로 들어가는 者자가 많고 生命생명으로 引導인도하는 門문은 좁고 길이 狹窄협착하여 찾는 者자가 적음이라 (마태복음 7:13~14)

Enter through the narrow gate. For wide is the gate and broad is the road that leads to destruction, and many enter through it. But small is the gate and narrow the road that leads to life, and only a few find it. (Matthew 7:13~14)

3

主若悅我ˇ必導我至其地ˇ以之賜我ˇ是地流乳與蜜 (民數記 14:8)
주 약 열 아 ˇ 필 도 아 지 기 지 ˇ 이 지 사 아 ˇ 시 지 류 유 여 밀

여호와께서 우리를 기뻐하시면 우리를 그 땅으로 引導인도하여 들이시고 그 땅을 우리에게 주시리라 이는 과연 젖과 꿀이 흐르는 땅이니라 (민수기 14:8)

If the LORD is pleased with us, he will lead us into that land, a land flowing with milk and honey, and will give it to us (Numbers 14:8)

4

導引己民如導羣羊ˇ在曠野引之如群畜 (詩篇 78:52)
도 인 기 민 여 도 군 양 ˇ 재 광 야 인 지 여 군 축

그가 自己자기 百姓백성은 羊양 같이 引導인도하여 내시고 曠野광야에서 羊양 떼 같이 指導지도하셨도다 (시편 78:52)

But he brought his people out like a flock: he led them like sheep through the desert. (Psalms 78:52)

5

主必導於爾前ˇ庇祐爾ˇ不棄爾ˇ勿恐懼ˇ勿畏葸 (申命記 31:8)
주 필 도 어 이 전 ˇ 비 우 이 ˇ 불 기 이 ˇ 물 공 구 ˇ 물 외 사

그리하면 여호와 그가 네 앞에서 가시며 너와 함께 하사 너를 떠나지 아니하시며 버리지 아니하시리니 너는 두려워하지 말라 놀라지 말라 (신명기 31:8)

The LORD himself goes before you and will be with you: he will never leave you nor forsake you. Do not be afraid: do not be discouraged. (Deuteronomy 31:8)

6

守門者爲之啓ˇ羊亦聽其聲ˇ按名呼其羊ˇ引之出 (約翰福音 10:3)
수 문 자 위 지 계 ˇ 양 역 청 기 성 ˇ 안 명 호 기 양 ˇ 인 지 출

門문지기는 그를 爲위하여 門문을 열고 羊양은 그의 音聲음성을 듣나니 그가 自己자기 羊양의 이름을 各各각각 불러 引導인도하여 내느니라 (요한복음 10:3)

The watchman opens the gate for him, and the sheep listen to his voice. He calls his own sheep by name and leads them out. (John 10:3)

7

我若駕清晨之翅ˇ飛至海極而居ˇ在彼主之手亦必引導我ˇ主
아 약 가 청 신 지 시 ˇ 비 지 해 극 이 거 ˇ 재 피 주 지 수 역 필 인 도 아 ˇ 주

之右手亦必扶持我 (詩篇 139:9~10)
지 우 수 역 필 부 지 아

내가 새벽 날개를 치며 바다 끝에 가서 居住거주할지라도 거기서도 主주의 손이 나를 引導인도하시며 主주의 오른손이 나를 붙드시리이다 (시편 139:9~10)

If I rise on the wings of the dawn, if I settle on the far side of the sea, even there your hand will guide me, your right hand will hold me fast. (Psalms 139:9~10)

8

主原我之靠山ˇ我之保障ˇ求主爲主之名引我導我 (詩篇 31:3)
주 원 아 지 고 산 ˇ 아 지 보 장 ˇ 구 주 위 주 지 명 인 아 도 아

主주는 나의 磐石반석과 山城산성이시니 그러므로 主주의 이름을 생각하셔서 나를 引導인도하시고 指導지도하소서 (시편 31:3)

Since you are my rock and my fortress, for the sake of your name lead and guide me. (Psalms 31:3)

9

風恬浪靜ˇ彼皆歡欣ˇ蒙主引導至所欲到之海口 (詩篇 107:30)
풍 념 랑 정 ˇ 피 개 환 흔 ˇ 몽 주 인 도 지 소 욕 도 지 해 구

그들이 平穩평온함으로 말미암아 기뻐하는 中중에 여호와께서 그들이 바라는 港口항구로 引導인도하시는도다 (시편 107:30)

They were glad when it grew calm, and he guided them to their desired haven (Psalms 107:30)

전도(傳道)

1

未奉遣ˇ何能傳乎ˇ如經載云ˇ傳和平告嘉音者ˇ其足跡何其美哉
미 봉 견 ˇ 하 능 전 호 ˇ 여 경 재 운 ˇ 전 화 평 고 가 음 자 ˇ 기 족 적 하 기 미 재
(羅瑪書 10:15)

보내심을 받지 아니하였으면 어찌 傳播전파하리요 記錄기록된 바 아름답

도다 좋은 消息소식을 傳전하는 者자들의 발이여 함과 같으니라 (로마서 10:15)

And how can they preach unless they are sent? As it is written, How beautiful are the feet of those who bring good news! (Romans 10:15)

2

我攻克我身ˇ使之折服ˇ恐我訓他人ˇ而自見棄也 (哥林多前書 9:27)
아 공 극 아 신 ˇ 사 지 절 복 ˇ 공 아 훈 타 인 ˇ 이 자 견 기 야

내가 내 몸을 쳐 服從복종하게 함은 내가 남에게 傳播전파한 後후에 自身자신이 도리어 버림을 當당할까 두려워함이로다 (고린도전서 9:27)

No, I beat my body and make it my slave so that after I have preached to others, I myself will not be disqualified for the prize. (1 Corinthians 9:27)

3

宣上帝之國ˇ以耶穌之事ˇ毅然訓人ˇ無有禁之者 (使徒行傳 28:31)
선 상 제 지 국 ˇ 이 야 소 지 사 ˇ 의 연 훈 인 ˇ 무 유 금 지 자

膽大담대히 하나님 나라를 傳播전파하며 主주 예수 그리스도께 關관한 것을 가르치되 禁금하는 사람이 없었더라 (사도행전 28:31)

Boldly and without hindrance he preached the kingdom of God and taught about the Lord Jesus Christ. (Acts 28:31)

4

於是每日在聖殿ˇ亦在諸家訓人ˇ傳耶穌基督福音不已
어 시 매 일 재 성 전 ˇ 역 재 제 가 훈 인 ˇ 전 야 소 기 독 복 음 불 이
(使徒行傳 5:42)

그들이 날마다 聖殿성전에 있든지 집에 있든지 예수는 그리스도라고 가르치기와 傳道전도하기를 그치지 아니하니라 (사도행전 5:42)

Day after day, in the temple courts and from house to house, they never stopped teaching and proclaiming the good news that Jesus is the Christ. (Acts 5:42)

5

我儕傳基督ˇ以諸智慧勸戒各人ˇ教誨各人ˇ欲使各人因信基
아 제 전 기 독 ˇ 이 제 지 혜 권 계 각 인 ˇ 교 회 각 인 ˇ 욕 사 각 인 인 신 기

督耶穌ˇ得以成全而立於其前ˇ爲此我竭力勤勞ˇ循其在我心
독 야 소 ˇ 득 이 성 전 이 립 어 기 전 ˇ 위 차 아 갈 력 근 로 ˇ 순 기 재 아 심
運用之大力 (哥羅西書 1:28~29)
운 용 지 대 력

우리가 그를 傳播전파하여 各각 사람을 勸권하고 모든 智慧지혜로 各각 사람을 가르침은 各각 사람을 그리스도 안에서 完全완전한 者자로 세우려 함이니 이를 爲위하여 나도 내 속에서 能力능력으로 役事역사하시는 이의 役事역사를 따라 힘을 다하여 수고하노라 (골로새서 1:28~29)

We proclaim him, admonishing and teaching everyone with all wisdom, so that we may present everyone perfect in Christ. To this end I labor, struggling with all his energy, which so powerfully works in me. (Colossians 1:28~29)

8. 죄(罪)사(赦)함

죄(罪)사(赦)함

죄(罪)

심판(審判)

용서(容恕)

회개(悔改)

세례(洗禮)

중생(重生)

죽음

영생(永生)

영원(永遠)

우리는 그리스도 안에서 그의 恩惠은혜의 豊盛풍성함을 따라 그의 피로 말미암아 贖良속량 곧 罪죄 赦사함을 받았느니라 (에베소서 1:7)

죄(罪) 사(赦)함

1

若認己罪ˇ上帝乃誠信公義ˇ必赦免我罪ˇ洗滌我一切不義
약 인 기 죄 ˇ 상 제 내 성 신 공 의 ˇ 필 사 면 아 죄 ˇ 세 척 아 일 체 불 의
(約翰壹書 1:9)

萬一만일 우리가 우리 罪죄를 自白자백하면 그는 미쁘시고 義의로우사 우리 罪죄를 赦사하시며 우리를 모든 不義불의에서 깨끗하게 하실 것이요 (요한1서 1:9)

If we confess our sins, he is faithful and just and will forgive us our sins and purify us from all unrighteousness. (1 John 1:9)

2

凡有愆尤蒙饒恕ˇ有罪孽蒙寬宥者ˇ此人便爲有福ˇ凡不爲主
범 유 건 우 몽 요 서 ˇ 유 죄 얼 몽 관 유 자 ˇ 차 인 변 위 유 복 ˇ 범 불 위 주
所罪ˇ心無虛假者ˇ此人便爲有福 (詩篇 32:1~2)
소 죄 ˇ 심 무 허 가 자 ˇ 차 인 변 위 유 복

허물의 赦사함을 받고 自身자신의 罪죄가 가려진 者자는 福복이 있도다 마음에 奸詐간사함이 없고 여호와께 定罪정죄를 當당하지 아니하는 者자는 福복이 있도다 (시편 32:1~2)

Of David. A maskil. Blessed is he whose transgressions are forgiven, whose sins are covered. Blessed is the man whose sin the LORD does not count against him and in whose spirit is no deceit. (Psalms 32:1~2)

3

我儕賴彼以其流血蒙救贖ˇ得罪赦ˇ循上帝豐厚之恩寵
아 제 뢰 피 이 기 유 혈 몽 구 속 ˇ 득 죄 사 ˇ 순 상 제 풍 후 지 은 총
(以弗所書 1:7)

우리는 그리스도 안에서 그의 恩惠은혜의 豊盛풍성함을 따라 그의 피로 말미암아 贖良속량 곧 罪죄 赦사함을 받았느니라 (에베소서 1:7)

In him we have redemption through his blood, the forgiveness of sins, in accordance with the riches of God' s grace (Ephesians 1:7)

4

主除我愆尤ˇ如東極離西極之遠 (詩篇 103:12)
주 제 아 건 우 ˇ 여 동 극 리 서 극 지 원

東동이 西서에서 먼 것 같이 우리의 罪過죄과를 우리에게서 멀리 옮기셨으며 (시편 103:12)

As far as the east is from the west, so far has he removed our transgressions from us. (Psalms 103:12)

5

小子乎ˇ我致書於爾ˇ因爾之罪ˇ賴主名而得赦 (約翰壹書 2:12)
소 자 호 ˇ 아 치 서 어 이 ˇ 인 이 지 죄 ˇ 뢰 주 명 이 득 사

子女자녀들아 내가 너희에게 쓰는 것은 너희 罪죄가 그의 이름으로 말미암아 赦사함을 받았음이요 (요한1서 2:12)

I write to you, dear children, because your sins have been forgiven on account of his name. (1 John 2:12)

6

遵律法ˇ諸物皆以血而潔ˇ若不流血ˇ則無赦免 (希伯來書 9:22)
준 율 법 ˇ 제 물 개 이 혈 이 결 ˇ 약 불 유 혈 ˇ 즉 무 사 면

律法율법을 따라 거의 모든 物件물건이 피로써 淨潔정결하게 되나니 피흘림이 없은즉 赦사함이 없느니라 (히브리서 9:22)

In fact, the law requires that nearly everything be cleansed with blood, and without the shedding of blood there is no forgiveness. (Hebrews 9:22)

7

後耶穌遇之於聖殿ˇ謂之曰ˇ爾已得愈ˇ毋復犯罪ˇ恐遭患尤甚
후 야 소 우 지 어 성 전 ˇ 위 지 왈 ˇ 이 이 득 유 ˇ 무 부 범 죄 ˇ 공 조 환 우 심
(約翰福音 5:14)

그 後후에 예수께서 聖殿성전에서 그 사람을 만나 이르시되 보라 네가 나았으니 더 甚심한 것이 생기지 않게 다시는 罪죄를 犯범하지 말라 하시니 (요한복음 5:14)

Later Jesus found him at the temple and said to him, See, you are well again. Stop sinning or something worse may happen to you. (John 5:14)

8

是故凡屬基督耶穌ˇ不從肉體而從聖靈者ˇ不定罪ˇ蓋致生之
시 고 범 속 기 독 야 소 ˇ 부 종 육 체 이 종 성 령 자 ˇ 부 정 죄 ˇ 개 치 생 지
聖靈ˇ因基督耶穌之法ˇ已釋我於罪及死之法 (羅瑪書 8:1~2)
성 령 ˇ 인 기 독 야 소 지 법 ˇ 이 석 아 어 죄 급 사 지 법

그러므로 이제 그리스도 예수 안에 있는 者자에게는 결코 定罪정죄함이 없나니 이는 그리스도 예수 안에 있는 生命생명의 聖靈성령의 法법이 罪죄와 死亡사망의 法법에서 너를 解放해방하였음이라 (로마서 8:1~2)

Therefore, there is now no condemnation for those who are in Christ Jesus, because through Christ Jesus the law of the Spirit of life set me free from the law of sin and death. (Romans 8:1~2)

9

惟我ˇ惟我爲己榮塗抹爾之愆尤ˇ不念爾之罪惡 (以賽亞 43:25)
유 아 ˇ 유 아 위 기 영 도 말 이 지 건 우 ˇ 불 념 이 지 죄 악

나 곧 나는 나를 爲위하여 네 허물을 塗抹도말하는 者자니 네 罪죄를 記憶기억하지 아니하리라 (이사야 43:25)

I, even I, am he who blots out your transgressions, for my own sake, and remembers your sins no more. (Isaiah 43:25)

10

故我告爾ˇ凡罪惡褻瀆皆可赦ˇ惟褻瀆聖靈不可赦 (瑪太福音 12:31)
고 아 고 이 ˇ 범 죄 악 설 독 개 가 사 ˇ 유 설 독 성 령 불 가 사

그러므로 내가 너희에게 이르노니 사람에 대한 모든 罪죄와 冒瀆모독은 赦사하심을 얻되 聖靈성령을 冒瀆모독하는 것은 赦사하심을 얻지 못하겠고 (마태복음 12:31)

And so I tell you, every sin and blasphemy will be forgiven men, but the blasphemy against the Spirit will not be forgiven. (Matthew 12:31)

11

我在主前承認我之罪惡ˇ不隱瞞我之愆尤ˇ我云不如在主前自
아 재 주 전 승 인 아 지 죄 악 ˇ 불 은 만 아 지 건 우 ˇ 아 운 불 여 재 주 전 자
認罪愆ˇ主卽赦免我之愆尤罪孽 (詩篇 32:5)
인 죄 건 ˇ 주 즉 사 면 아 지 건 우 죄 얼

내가 이르기를 내 허물을 여호와께 自服자복하리라 하고 主주께 내 罪죄를 아뢰고 내 罪惡죄악을 숨기지 아니하였더니 곧 主주께서 내 罪惡죄악을 赦사하셨나이다 (시편 32:5)

Then I acknowledged my sin to you and did not cover up my iniquity. I said, I will confess my transgressions to the LORD—and you forgave the guilt of my sin. Selah (Psalms 32:5)

12

我儕若言己與上帝心交ˇ而仍行於暗中ˇ則言誑而不遵眞理ˇ若
아 제 약 언 기 여 상 제 심 교 ˇ 이 잉 행 어 암 중 ˇ 즉 언 광 이 불 준 진 리 ˇ 약
行於光明ˇ如上帝處光明然ˇ則彼此心交ˇ而上帝之子耶穌基
행 어 광 명 ˇ 여 상 제 처 광 명 연 ˇ 즉 피 차 심 교 ˇ 이 상 제 지 자 야 소 기
督之血ˇ滌除我之諸罪 (約翰壹書 1:6~7)
독 지 혈 ˇ 척 제 아 지 제 죄

萬一만일 우리가 하나님과 사귐이 있다 하고 어둠에 行행하면 거짓말을 하고 眞理진리를 行행하지 아니함이거니와 그가 빛 가운데 계신 것 같이 우리도 빛 가운데 行행하면 우리가 서로 사귐이 있고 그 아들 예수의 피가 우리를 모든 罪죄에서 깨끗하게 하실 것이요 (요한일서 1:6~7)

If we claim to have fellowship with him yet walk in the darkness, we lie and do not live by the truth. But if we walk in the light, as he is in the light, we have fellowship with one another, and the blood of Jesus, his Son, purifies us from all sin. (1 John 1:6~7)

13

求主自天ˇ自主之居所ˇ俯聽其祈求禱告ˇ爲之伸寃ˇ赦主之民
구 주 자 천 ˇ 자 주 지 거 소 ˇ 부 청 기 기 구 도 고 ˇ 위 지 신 원 ˇ 사 주 지 민
在主前所犯之罪 (歷代下 6:39)
재 주 전 소 범 지 죄

主주는 계신 곳 하늘에서 그들의 祈禱기도와 懇求간구를 들으시고 그들의 일을 돌보시오며 主주께 犯罪범죄한 主주의 百姓백성을 容恕용서하옵소

서 (역대하 6:39)

Then from heaven, your dwelling place, hear their prayer and their pleas, and uphold their cause. And forgive your people, who have sinned against you. (2 Chronicles 6:39)

죄(罪)

1

是以凡爾議人者ˇ無可推諉ˇ蓋爾何以議人ˇ適以罪己ˇ因爾所
시 이 범 이 의 인 자 ˇ 무 가 추 위 ˇ 개 이 하 이 의 인 ˇ 적 이 죄 기 ˇ 인 이 소
議者ˇ己亦行之 (羅瑪書 2:1)
의 자 ˇ 기 역 행 지

그러므로 남을 判斷판단하는 사람아, 누구를 莫論막론하고 네가 핑계하지 못할 것은 남을 判斷판단하는 것으로 네가 너를 定罪정죄함이니 判斷판단하는 네가 같은 일을 行행함이니라 (로마서 2:1)

You, therefore, have no excuse, you who pass judgment on someone else, for at whatever point you judge the other, you are condemning yourself, because you who pass judgment do the same things. (Romans 2:1)

2

悖逆者與獲罪者ˇ同歸敗亡ˇ凡棄主者必至消滅 (以賽亞 1:28)
패 역 자 여 획 죄 자 ˇ 동 귀 패 망 ˇ 범 기 주 자 필 지 소 멸

그러나 悖逆패역한 者자와 罪人죄인은 함께 敗亡패망하고 여호와를 버린 者자도 滅亡멸망할 것이라 (이사야 1:28)

But rebels and sinners will both be broken, and those who forsake the LORD will perish. (Isaiah 1:28)

3

耶穌曰ˇ我誠告爾ˇ凡犯罪者ˇ乃爲罪之奴 (約翰福音 8:34)
야 소 왈 ˇ 아 성 고 이 ˇ 범 범 죄 자 ˇ 내 위 죄 지 노

예수께서 對答대답하시되 眞實진실로 眞實진실로 너희에게 이르노니 罪죄

를 犯범하는 者자마다 罪죄의 종이라 (요한복음 8:34)

Jesus replied, I tell you the truth, everyone who sins is a slave to sin. (John 8:34)

4

爾若以貌取人則獲罪ˇ被律法所譴爲犯法者 (雅各書 2:9)
이 약 이 모 취 인 즉 획 죄 ˇ 피 율 법 소 견 위 범 법 자

萬一만일 너희가 사람을 差別차별하여 對대하면 罪죄를 짓는 것이니 律法율법이 너희를 犯法者범법자로 定罪정죄하리라 (야고보서 2:9)

But if you show favoritism, you sin and are convicted by the law as lawbreakers. (James 2:9)

5

惟爾富者禍矣ˇ以爾已得安慰也ˇ爾今飽者禍矣ˇ以爾將饑也ˇ
유 이 부 자 화 의 ˇ 이 이 이 득 안 위 야 ˇ 이 금 포 자 화 의 ˇ 이 이 장 기 야 ˇ
爾今笑者禍矣ˇ以爾將悲哀哭泣也 (路加福音 6:24~25)
이 금 소 자 화 의 ˇ 이 이 장 비 애 곡 읍 야

그러나 禍화 있을진저 너희 富饒부요한 者자여 너희는 너희의 慰勞위로를 이미 받았도다 禍화 있을진저 너희 지금 배부른 者자여 너희는 주리리로다 禍화 있을진저 너희 지금 웃는 者자여 너희가 哀痛애통하며 울리로다 (누가복음 6:24~25)

But woe to you who are rich, for you have already received your comfort. Woe to you who are well fed now, for you will go hungry. Woe to you who laugh now, for you will mourn and weep. (Luke 6:24~25)

심판(審判)

1

一切所爲及一切隱秘之事ˇ或善或惡ˇ悉爲上帝所鞫 (傳道書 12:14)
일 체 소 위 급 일 체 은 비 지 사 ˇ 혹 선 혹 악 ˇ 실 위 상 제 소 국

하나님은 모든 行爲행위와 모든 隱密은밀한 일을 善惡선악 間간에 審判심판

하시리라 (전도서 12:14)

For God will bring every deed into judgment, including every hidden thing, whether it is good or evil. (Ecclesiastes 12:14)

2

我惟得罪於主ˇ在主之前行惡ˇ主譴責我乃合理ˇ審鞫我乃公義
아 유 득 죄 어 주 ˇ 재 주 지 전 행 악 ˇ 주 견 책 아 내 합 리 ˇ 심 국 아 내 공 의
(詩篇 51:4)

내가 主주께만 犯罪범죄하여 主주의 目前목전에 惡악을 行행하였사오니 主주께서 말씀하실 때에 義의로우시다 하고 主주께서 審判심판하실 때에 純全순전하시다 하리이다 (시편 51:4)

Against you, you only, have I sinned and done what is evil in your sight, so that you are proved right when you speak and justified when you judge. (Psalms 51:4)

3

父不審判人ˇ乃以審判之事ˇ悉委於子ˇ使衆敬子ˇ如敬父然ˇ
부 불 심 판 인 ˇ 내 이 심 판 지 사 ˇ 실 위 어 자 ˇ 사 중 경 자 ˇ 여 경 부 연 ˇ
不敬子者ˇ卽不敬遣子之父 (約翰福音 5:22~23)
불 경 자 자 ˇ 즉 불 경 견 자 지 부

아버지께서 아무도 審判심판하지 아니하시고 審判심판을 다 아들에게 맡기셨으니 이는 모든 사람으로 아버지를 恭敬공경하는 것 같이 아들을 恭敬공경하게 하려 하심이라 아들을 恭敬공경치 아니하는 者자는 그를 보내신 아버지를 恭敬공경치 아니하느니라 (요한복음 5:22~23)

Moreover, the Father judges no one, but has entrusted all judgment to the Son, that all may honor the Son just as they honor the Father. He who does not honor the Son does not honor the Father, who sent him. (John 5:22~23)

4

因主必來審鞫普天下ˇ按正直審鞫世界ˇ依誠實判斷萬民
인 주 필 래 심 국 보 천 하 ˇ 안 정 직 심 국 세 계 ˇ 의 성 실 판 단 만 민
(詩篇 96:13)

그가 臨임하시되 땅을 審判심판하러 臨임하실 것임이라 그가 義의로 世界세계를 審判심판하시며 그의 眞實진실하심으로 百姓백성을 審判심판하시리

로다 (시편 96:13)

They will sing before the LORD, for he comes, he comes to judge the earth. He will judge the world in righteousness and the peoples in his truth. (Psalms 96:13)

5
按定命ˇ人一次而死ˇ死後有審判 (希伯來書 9:27)
안 정 명 ˇ 인 일 차 이 사 ˇ 사 후 유 심 판

한番번 죽는 것은 사람에게 定정해진 것이요 그 後후에는 審判심판이 있으리니 (히브리서 9:27)

Just as man is destined to die once, and after that to face judgment, (Hebrews 9:27)

용서(容恕)

1
先知曰ˇ主可尋得ˇ爾當求之ˇ主離不遠ˇ爾當籲之ˇ惡人當離其
선 지 왈 ˇ 주 가 심 득 ˇ 이 당 구 지 ˇ 주 리 불 원 ˇ 이 당 유 지 ˇ 악 인 당 리 기
途ˇ不義者當屛除其謀ˇ歸誠於主ˇ主必矜恤之ˇ當歸誠於我上帝
도 ˇ 불 의 자 당 병 제 기 모 ˇ 귀 성 어 주 ˇ 주 필 긍 휼 지 ˇ 당 귀 성 어 아 상 제
ˇ蓋上帝廣行赦宥 (以賽亞 55:6~7)
ˇ 개 상 제 광 행 사 유

너희는 여호와를 만날 만한 때에 찾으라 가까이 계실 때에 그를 부르라 惡人악인은 그의 길을 不義불의한 者자는 그의 생각을 버리고 여호와께로 돌아오라 그리하면 그가 矜恤긍휼히 여기시리라 우리 하나님께로 돌아오라 그가 너그럽게 容恕용서하시리라 (이사야 55:6~7)

Seek the LORD while he may be found; call on him while he is near. Let the wicked forsake his way and the evil man his thoughts. Let him turn to the LORD, and he will have mercy on him, and to our God, for he will freely pardon. (Isaiah 55:6~7)

2

明達人必懲忿ˇ赦宥人過ˇ卽爲己榮 (箴言 19:11)
명 달 인 필 징 분 ˇ 사 유 인 과 ˇ 즉 위 기 영

怒노하기를 더디 하는 것이 사람의 슬기요 허물을 容恕용서하는 것이 自己자기의 榮光영광이니라 (잠언 19:11)

A man' s wisdom gives him patience: it is to his glory to overlook an offense. (Proverbs 19:11)

3

當彼此慈愛憐憫ˇ更當相恕ˇ如上帝爲基督恕爾也 (以弗所書 4:32)
당 피 차 자 애 연 민 ˇ 갱 당 상 서 ˇ 여 상 제 위 기 독 서 이 야

서로 親切친절하게 하며 불쌍히 여기며 서로 容恕용서하기를 하나님이 그리스도 안에서 너희를 容恕용서하심과 같이 하라 (에베소서 4:32)

Be kind and compassionate to one another, forgiving each other, just as in Christ God forgave you. (Ephesians 4:32)

4

凡事謙讓ˇ溫柔ˇ忍耐ˇ以愛相恕ˇ以和平相維繫ˇ務守聖靈所
범 사 겸 양 ˇ 온 유 ˇ 인 내 ˇ 이 애 상 서 ˇ이 화 평 상 유 계 ˇ 무 수 성 령 소
賜之一心 (以弗所書 4:2~3)
사 지 일 심

모든 謙遜겸손과 溫柔온유로 하고 오래 참음으로 사랑 가운데서 서로 容納용납하고 平安평안의 매는 줄로 聖靈성령이 하나 되게 하신 것을 힘써 지키라 (에베소서 4:2~3)

Be completely humble and gentle: be patient, bearing with one another in love. Make every effort to keep the unity of the Spirit through the bond of peace. (Ephesians 4:2~3)

5

爾免人過ˇ爾在天之父ˇ亦免爾過 (瑪太福音 6:14)
이 면 인 과 ˇ 이 재 천 지 부 ˇ 역 면 이 과

너희가 사람의 잘못을 容恕용서하면 너희 하늘 아버지께서도 너희 잘못을 容恕용서하시려니와 (마태복음 6:14)

For if you forgive men when they sin against you, your

heavenly Father will also forgive you. (Matthew 6:14)

6

在我去而不返之先ˇ求主畧寬容我ˇ使我仍復健壯 (詩篇 39:13)
재 아 거 이 불 반 지 선 ˇ 구 주 략 관 용 아 ˇ 사 아 잉 부 건 장

主주는 나를 容恕용서하사 내가 떠나 없어지기 前전에 나의 健康건강을 回復회복시키소서 (시편 39~13)

Look away from me, that I may rejoice again before I depart and am no more. (Psalms 39:13)

7

爾立而祈禱ˇ如念及有人得罪爾ˇ則免之ˇ在天爾父ˇ亦免爾過
이 립 이 기 도 ˇ 여 념 급 유 인 득 죄 이 ˇ 즉 면 지 ˇ 재 천 이 부 ˇ 역 면 이 과
(瑪可福音 11:25)

서서 祈禱기도할 때에 아무에게나 嫌疑혐의가 있거든 容恕용서하라 그리하여야 하늘에 계신 너희 아버지께서도 너희 허물을 赦사하여 주시리라 하시니라 (마가복음 11:25)

And when you stand praying, if you hold anything against anyone, forgive him, so that your Father in heaven may forgive you your sins. (Mark 11:25)

8

若爾各人不誠心赦兄弟之過ˇ則我在天之父ˇ待爾亦如是
약 이 각 인 불 성 심 사 형 제 지 과 ˇ 즉 아 재 천 지 부 ˇ 대 이 역 여 시
(瑪太福音 18:35)

너희가 各各각각 마음으로부터 兄弟형제를 容恕용서하지 아니하면 나의 하늘 아버지께서도 너희에게 이와 같이 하시리라 (마태복음 18:35)

This is how my heavenly Father will treat each of you unless you forgive your brother from your heart. (Matthew 18:35)

9

勿議人則不見議ˇ勿罪人則不見罪ˇ恕人則必見恕 (路加福音 6:37)
물 의 인 즉 불 견 의 ˇ 물 죄 인 즉 불 견 죄 ˇ 서 인 즉 필 견 서

批判비판하지 말라 그리하면 너희가 批判비판을 받지 않을 것이요 定罪정죄하지 말라 그리하면 너희가 定罪정죄를 받지 않을 것이요 容恕용서하

라 그리하면 너희가 容恕용서를 받을 것이요 (누가복음 6:37)

Do not judge, and you will not be judged. Do not condemn, and you will not be condemned. Forgive, and you will be forgiven. (Luke 6:37)

회개(悔改)

1

我告爾有一罪人悔故ˇ則在天亦爲之喜ˇ較爲九十九不須悔改
아 고 이 유 일 죄 인 회 고 ˇ 즉 재 천 역 위 지 희 ˇ 교 위 구 십 구 불 수 회 개
之義人ˇ喜尤大也 (路加福音 15:7)
지 의 인 ˇ 희 우 대 야

내가 너희에게 이르노니 이와 같이 罪人죄인 한 사람이 悔改회개하면 하늘에서는 悔改회개할 것 없는 義人의인 아흔아홉으로 말미암아 기뻐하는 것보다 더하리라 (누가복음 15:7)

I tell you that in the same way there will be more rejoicing in heaven over one sinner who repents than over ninety-nine righteous persons who do not need to repent. (Luke 15:7)

2

我告爾ˇ有一罪人悔改ˇ則在上帝之使者前ˇ亦爲之喜
아 고 이 ˇ 유 일 죄 인 회 개 ˇ 즉 재 상 제 지 사 자 전 ˇ 역 위 지 희
(路加福音 15:10)

내가 너희에게 이르노니 이와 같이 罪人죄인 한 사람이 悔改회개하면 하나님의 使者사자들 앞에 기쁨이 되느니라 (누가복음 15:10)

In the same way, I tell you, there is rejoicing in the presence of the angels of God over one sinner who repents. (Luke 15:10)

3

自是耶穌始宣道曰ˇ爾當悔改ˇ因天國近矣 (瑪太福音 4:17)
자 시 야 소 시 선 도 왈 ˇ 이 당 회 개 ˇ 인 천 국 근 의

이 때부터 예수께서 비로소 傳播전파하여 이르시되 悔改회개하라 天國천국이 가까이 왔느니라 하시더라 (마태복음 4:17)

From that time on Jesus began to preach, Repent, for the kingdom of heaven is near. (Matthew 4:17)

4

遵上帝之旨而憂ˇ生悔改無有後悔者ˇ以致得救ˇ若從世俗而
준 상 제 지 지 이 우 ˇ 생 회 개 무 유 후 회 자 ˇ 이 치 득 구 ˇ 약 종 세 속 이
憂ˇ則致死矣 (哥林多後書 7:10)
우 ˇ 즉 치 사 의

하나님의 뜻대로 하는 근심은 後悔후회할 것이 없는 救援구원에 이르게 하는 悔改회개를 이루는 것이요 世上세상 근심은 死亡사망을 이루는 것이니라 (고린도후서 7:10)

Godly sorrow brings repentance that leads to salvation and leaves no regret, but worldly sorrow brings death. (2 Corinthians 7:10)

세례(洗禮)

1

耶穌旣受洗ˇ卽由水而上ˇ天爲之開ˇ見上帝之靈如鴿ˇ降臨其
야 소 기 수 세 ˇ 즉 유 수 이 상 ˇ 천 위 지 개 ˇ 견 상 제 지 령 여 합 ˇ 강 림 기
上ˇ自天有聲云ˇ此乃我愛子ˇ我所喜悅者也 (瑪太福音 3:16~17)
상 ˇ 자 천 유 성 운 ˇ 차 내 아 애 자 ˇ 아 소 희 열 자야

예수께서 洗禮세례를 받으시고 곧 물에서 올라오실새 하늘이 열리고 하나님의 聖靈성령이 비둘기 같이 내려 自己자기 위에 臨임하심을 보시더니 하늘로부터 소리가 있어 말씀하시되 이는 내 사랑하는 아들이요 내 기뻐하는 者자라 하시니라 (마태복음 3:16~17)

As soon as Jesus was baptized, he went up out of the water. At that moment heaven was opened, and he saw the Spirit of God descending like a dove and lighting on him. And a voice from heaven said, This is my Son, whom I love: with him I am well pleased. (Matthew 3:16~17)

2

時耶穌自迦利利至約但ˇ就約翰ˇ欲受其洗ˇ約翰辭之曰ˇ我應
시 야 소 자 가 리 리 지 약 단 ˇ 취 약 한 ˇ 욕 수 기 세 ˇ 약 한 사 지 왈 ˇ 아 응
受洗於爾ˇ爾反就我乎ˇ耶穌謂之曰ˇ今姑許我ˇ因我儕當如是
수 세 어 이 ˇ 이 반 취 아 호 ˇ 야 소 위 지 왈 ˇ 금 고 허 아 ˇ 인 아 제 당 여 시
以盡諸義ˇ約翰乃許之 (瑪太福音 3:13~15)
이 진 제 의 ˇ 약 한 내 허 지

이 때에 예수께서 갈릴리로부터 요단 江강에 이르러 요한에게 洗禮세례를 받으려 하시니 요한이 말려 이르되 내가 當身당신에게서 洗禮세례를 받아야 할 터인데 當身당신이 내게로 오시나이까 예수께서 對答대답하여 이르시되 이제 許諾허락하라 우리가 이와 같이 하여 모든 義의를 이루는 것이 合當합당하니라 하시니 이에 요한이 許諾허락하는지라 (마태복음 3:13~15)

Then Jesus came from Galilee to the Jordan to be baptized by John. But John tried to deter him, saying, I need to be baptized by you, and do you come to me? Jesus replied, Let it be so now: it is proper for us to do this to fulfill all righteousness. Then John consented. (Matthew 3:13~15)

3

爾往招萬民爲我門徒ˇ因父與子與聖靈之名ˇ施之洗禮ˇ敎之守
이 왕 초 만 민 위 아 문 도 ˇ 인 부 여 자 여 성 령 지 명 ˇ 시 지 세 례 ˇ 교 지 수
凡我所命爾者ˇ且我常偕爾ˇ至於世末 (瑪太福音 28:19~20)
범 아 소 명 이 자 ˇ 차 아 상 해 이 ˇ 지 어 세 말

그러므로 너희는 가서 모든 民族민족을 弟子제자로 삼아 아버지와 아들과 聖靈성령의 이름으로 洗禮세례를 베풀고 내가 너희에게 吩咐분부한 모든 것을 가르쳐 지키게 하라 볼지어다 내가 世上세상 끝날까지 너희와 恒常항상 함께 있으리라 하시니라 (마태복음 28:19~20)

Therefore go and make disciples of all nations, baptizing them in the name of the Father and of the Son and of the Holy Spirit, and teaching them to obey everything I have commanded you. And surely I am with you always, to the very end of the age. (Matthew 28:19~20)

4

洗禮爲其影像ˇ因耶穌基督之復活ˇ今亦救我儕ˇ非在去肉體
세 례 위 기 영 상 ˇ 인 야 소 기 독 지 부 활 ˇ 금 역 구 아 제 ˇ 비 재 거 육 체

之垢穢ˇ乃在救無虧之良心於上帝前 (彼得前書 3:21)
지 구 예 ˇ 내 재 구 무 휴 지 량 심 어 상 제 전

물은 예수 그리스도께서 復活부활하심으로 말미암아 이제 너희를 救援구원하는 標표니 곧 洗禮세례라 이는 肉體육체의 더러운 것을 除제하여 버림이 아니요 하나님을 向향한 善선한 良心양심의 懇求간구니라 (베드로전서 3:21)

And this water symbolizes baptism that now saves you also-not the removal of dirt from the body but the pledge of a good conscience toward God. It saves you by the resurrection of Jesus Christ, (1 Peter 3:21)

5
彼得謂之曰ˇ爾曹各當悔改ˇ奉耶穌基督名領洗禮ˇ俾罪得赦ˇ
피 득 위 지 왈 ˇ 이 조 각 당 회 개 ˇ 봉 야 소 기 독 명 영 세 례 ˇ 비 죄 득 사 ˇ
如是ˇ必蒙主賜爾聖靈 (使徒行傳 2:38)
여 시 ˇ 필 몽 주 사 이 성 령

베드로가 이르되 너희가 悔改회개하여 각각 예수 그리스도의 이름으로 洗禮세례를 받고 罪죄 赦사함을 받으라 그리하면 聖靈성령의 선물을 받으리니 (사도행전 2:38)

Peter replied, Repent and be baptized, every one of you, in the name of Jesus Christ for the forgiveness of your sins. And you will receive the gift of the Holy Spirit. (Acts 2:38)

중생(重生)

1
耶穌曰ˇ我誠告爾ˇ人非重生ˇ不能見上帝之國 (約翰福音 3:3)
야 소 왈 ˇ 아 성 고 이 ˇ 인 비 중 생 ˇ 불 능 견 상 제 지 국

예수께서 對答대답하여 이르시되 眞實진실로 眞實진실로 네게 이르노니 사람이 거듭나지 아니하면 하나님의 나라를 볼 수 없느니라 (요한복음 3:3)

In reply Jesus declared, I tell you the truth, no one can see the kingdom of God unless he is born again. (John 3:3)

2
是故人在基督ˇ則爲新造之人ˇ舊事已逝ˇ一切更新
시고인재기독ˇ즉위신조지인ˇ구사이서ˇ일체갱신
(哥林多後書 5:17)

그런즉 누구든지 그리스도 안에 있으면 새로운 被造物피조물이라 以前이전 것은 지나갔으니 보라 새 것이 되었도다 (고린도후서 5:17)

Therefore, if anyone is in Christ, he is a new creation: the old has gone, the new has come! (2 Corinthians 5:17)

3
如是ˇ兄弟乎ˇ我儕非負肉體之債ˇ致我從肉體而行ˇ爾曹若從
여시ˇ형제호ˇ아제비부육체지채ˇ치아종육체이행ˇ이조약종
肉體而行ˇ必死ˇ若以聖靈而滅身之邪行ˇ必生ˇ蓋凡爲上帝之
육체이행ˇ필사ˇ약이성령이멸신지사행ˇ필생ˇ개범위상제지
靈所導者ˇ是爲上帝之子 (羅瑪書 8:12~14)
령소도자ˇ시위상제지자

그러므로 兄弟형제들아 우리가 빚진 者자로되 肉身육신에게 져서 肉身육신대로 살 것이 아니니라 너희가 肉身육신대로 살면 반드시 죽을 것이로되 靈영으로써 몸의 行實행실을 죽이면 살리니 무릇 하나님의 靈영으로 引導인도함을 받는 사람은 곧 하나님의 아들이라 (로마서 8:12~14)

Therefore, brothers, we have an obligation–but it is not to the sinful nature, to live according to it. For if you live according to the sinful nature, you will die: but if by the Spirit you put to death the misdeeds of the body, you will live, because those who are led by the Spirit of God are sons of God. (Romans 8:12~14)

4
爾曹重生ˇ非由可壞之種ˇ乃由不可壞之種ˇ卽賴永生上帝恒
이조중생ˇ비유가괴지종ˇ내유불가괴지종ˇ즉뢰영생상제항
存之道 (彼得前書 1:23)
존지도

너희가 거듭난 것은 썩어질 씨로 된 것이 아니요 썩지 아니할 씨로 된 것이니 살아 있고 恒常항상 있는 하나님의 말씀으로 되었느니라 (베

드로전서 1:23)

For you have been born again, not of perishable seed, but of imperishable, through the living and enduring word of God. (1 Peter 1:23)

5

故我儕爲其死受洗禮ˇ是與基督同葬ˇ基督以父之榮ˇ由死復
고 아 제 위 기 사 수 세 례 ˇ 시 여 기 독 동 장 ˇ 기 독 이 부 지 영 ˇ 유 사 부
生ˇ我儕從此新生以行ˇ亦如是 (羅瑪書 6:4)
생 ˇ 아 제 종 차 신 생 이 행 ˇ 역 여 시

그러므로 우리가 그의 죽으심과 合합하여 洗禮세례를 받음으로 그와 함께 葬事장사되었나니 이는 아버지의 榮光영광으로 말미암아 그리스도를 죽은 者자 가운데서 살리심과 같이 우리로 또한 새 生命생명 가운데서 行행하게 하려 함이라 (로마서 6:4)

We were therefore buried with him through baptism into death in order that, just as Christ was raised from the dead through the glory of the Father, we too may live a new life. (Romans 6:4)

6

耶穌曰ˇ我誠告爾ˇ人非由水及聖靈而生ˇ不能進上帝之國
야 소 왈 ˇ 아 성 고 이 ˇ 인 비 유 수 급 성 령 이 생 ˇ 불 능 진 상 제 지 국
(約翰福音 3:5)

예수께서 對答대답하시되 眞實진실로 眞實진실로 네게 이르노니 사람이 물과 聖靈성령으로 나지 아니하면 하나님의 나라에 들어갈 수 없느니라 (요한복음 3:5)

Jesus answered, I tell you the truth, no one can enter the kingdom of God unless he is born of water and the Spirit. (John 3:5)

죽음

1

我誠告爾ˇ麥一粒ˇ若不遺地而死ˇ則仍一粒ˇ死則結實繁矣
아 성 고 이ˇ맥 일 립ˇ약 불 유 지 이 사ˇ즉 잉 일 립ˇ사 즉 결 실 번 의
(約翰福音 12:24)

내가 眞實진실로 眞實진실로 너희에게 이르노니 한 알의 밀이 땅에 떨어져 죽지 아니하면 한 알 그대로 있고 죽으면 많은 열매를 맺느니라 (요한복음 12:24)

I tell you the truth, unless a kernel of wheat falls to the ground and dies, it remains only a single seed. But if it dies, it produces many seeds. (John 12:24)

2

死之鋒鋩何在ˇ哈底之勝何在ˇ死之鋒鋩ˇ罪也ˇ罪之權勢ˇ律
사 지 봉 망 하 재ˇ합 저 지 승 하 재ˇ사 지 봉 망ˇ죄 야ˇ죄 지 권 세ˇ율
法也 (哥林多前書 15:55~56)
법 야

死亡사망아 너의 勝利승리가 어디 있느냐 死亡사망아 네가 쏘는 것이 어디 있느냐 死亡사망이 쏘는 것은 罪죄요 罪죄의 權能권능은 律法율법이라 (고린도전서 15:55~56)

Where, O death, is your victory? Where, O death, is your sting? The sting of death is sin, and the power of sin is the law. (1 Corinthians 15:55~56)

3

若爾與基督同死ˇ脫斯世之賤質ˇ何仍遵儀文ˇ似猶活於世俗中
약 이 여 기 독 동 사ˇ탈 사 세 지 천 질ˇ하 잉 준 의 문ˇ사 유 활 어 세 속 중
(哥羅西書 2:20)

너희가 世上세상의 初等學問초등학문에서 그리스도와 함께 죽었거든 어찌하여 世上세상에 사는 것과 같이 規例규례에 順從순종하느냐 (골로새서 2:20)

Since you died with Christ to the basic principles of this world, why, as though you still belonged to it, do you submit to its rules: (Colossians 2:20)

영생(永生)

1

飮我所予之水者ˇ永不渴ˇ我所予之水ˇ必在其中成源ˇ湧至永生
음 아 소 여 지 수 자 ˇ 영 불 갈 ˇ 아 소 여 지 수 ˇ 필 재 기 중 성 원 ˇ 용 지 영 생
(約翰福音 4:14)

내가 주는 물을 마시는 者자는 永遠영원히 목마르지 아니하리니 내가 주는 물은 그 속에서 永生영생하도록 솟아나는 샘물이 되리라 (요한복음 4:14)

But whoever drinks the water I give him will never thirst. Indeed, the water I give him will become in him a spring of water welling up to eternal life. (John 4:14)

2

凡見子而信之者得永生ˇ而於末日我復活之ˇ此乃遣我者之意
범 견 자 이 신 지 자 득 영 생 ˇ 이 어 말 일 아 부 활 지 ˇ 차 내 견 아 자 지 의
(約翰福音 6:40)

내 아버지의 뜻은 아들을 보고 믿는 者자마다 永生영생을 얻는 이것이니 마지막 날에 내가 이를 다시 살리리라 하시니라 (요한복음 6:40)

For my Father' s will is that everyone who looks to the Son and believes in him shall have eternal life, and I will raise him up at the last day. (John 6:40)

3

上帝以永生賜我ˇ而此永生在其子內ˇ此乃其證 (約翰壹書 5:11)
상 제 이 영 생 사 아 ˇ 이 차 영 생 재 기 자 내 ˇ 차 내 기 증

또 證據증거는 이것이니 하나님이 우리에게 永生영생을 주신 것과 이 生命생명이 그의 아들 안에 있는 그것이니라 (요한1서 5:11)

And this is the testimony: God has given us eternal life, and this life is in his Son. (1 John 5:11)

4

蓋罪之償値ˇ死也ˇ上帝恩賜乃永生ˇ因我主耶穌基督焉
개 죄 지 상 치 ˇ 사 야 ˇ 상 제 은 사 내 영 생 ˇ 인 아 주 야 소 기 독 언
(羅瑪書 6:23)

罪죄의 삯은 死亡사망이요 하나님의 恩賜은사는 그리스도 예수 우리 主주안에 있는 永生영생이니라 (로마서 6:23)

For the wages of sin is death, but the gift of God is eternal life in Christ Jesus our Lord. (Romans 6:23)

5

我誠告爾ˇ信我者有永生 (約翰福音 6:47)
아 성 고 이 ˇ 신 아 자 유 영 생

眞實진실로 眞實진실로 너희에게 이르노니 믿는 者자는 永生영생을 가졌나니 (요한복음 6:47)

I tell you the truth, he who believes has everlasting life. (John 6:47)

6

夫永生者無他ˇ卽知爾爲獨一眞上帝ˇ且知耶穌基督爾所遣者
부 영 생 자 무 타 ˇ 즉 지 이 위 독 일 진 상 제 ˇ 차 지 야 소 기 독 이 소 견 자
(約翰福音 17:3)

永生영생은 곧 唯一유일하신 참 하나님과 그가 보내신 者자 예수 그리스도를 아는 것이니이다 (요한복음 17:3)

Now this is eternal life: that they may know you, the only true God, and Jesus Christ, whom you have sent. (John 17:3)

7

我誠告爾ˇ聽我言而信遣我者得永生ˇ不至定罪ˇ乃已出死入
아 성 고 이 ˇ 청 아 언 이 신 견 아 자 득 영 생 ˇ 부 지 정 죄 ˇ 내 이 출 사 입
生也 (約翰福音 5:24)
생 야

내가 眞實진실로 眞實진실로 너희에게 이르노니 내 말을 듣고 또 나 보내신 이를 믿는 者자는 永生영생을 얻었고 審判심판에 이르지 아니하나니 死亡사망에서 生命생명으로 옮겼느니라 (요한복음 5:24)

I tell you the truth, whoever hears my word and believes him who sent me has eternal life and will not be condemned: he has crossed over from death to life. (John 5:24)

8

我賜之以永生ˇ永不淪亡ˇ無能奪之於我手 (約翰福音 10:28)
아 사 지 이 영 생 ˇ 영 불 륜 망 ˇ 무 능 탈 지 어 아 수

내가 그들에게 永生영생을 주노니 永遠영원히 滅亡멸망하지 아니할 것이요 또 그들을 내 손에서 빼앗을 者자가 없느니라 (요한복음 10:28)

I give them eternal life, and they shall never perish: no one can snatch them out of my hand. (John 10:28)

9

主必將永生之道指示我ˇ在主之前有無限之歡愉ˇ在主之右有永遠之安樂 (詩篇 16:11)
주 필 장 영 생 지 도 지 시 아 ˇ 재 주 지 전 유 무 한 지 환 유 ˇ 재 주 지 우 유 영 원 지 안 락

主주께서 生命생명의 길을 내게 보이시리니 主주의 앞에는 充滿충만한 기쁨이 있고 主주의 오른쪽에는 永遠영원한 즐거움이 있나이다 (시편 16:11)

You have made known to me the path of life: you will fill me with joy in your presence, with eternal pleasures at your right hand. (Psalms 16:11)

10

惟載此ˇ使爾信耶穌爲上帝之子基督ˇ旣信ˇ則可因其名而得永生 (約翰福音 20:31)
유 재 차 ˇ 사 이 신 야 소 위 상 제 지 자 기 독 ˇ 기 신 ˇ 즉 가 인 기 명 이 득 영 생

오직 이것을 記錄기록함은 너희로 예수께서 하나님의 아들 그리스도이심을 믿게 하려 함이요 또 너희로 믿고 그 이름을 힘입어 生命생명을 얻게 하려 함이니라 (요한복음 20:31)

But these are written that you may believe that Jesus is the Christ, the Son of God, and that by believing you may have life in his name. (John 20:31)

영원(永遠)

1

我所務者ˇ非可見之事ˇ乃不可見之事ˇ蓋可見者暫ˇ不可見者
아 소 무 자ˇ비 가 견 지 사ˇ내 불 가 견 지 사ˇ개 가 견 자 잠ˇ불 가 견 자
永也 (哥林多後書 4:18)
영 야

우리가 注目주목하는 것은 보이는 것이 아니요 보이지 않는 것이니 보이는 것은 잠깐이요 보이지 않는 것은 永遠영원함이라 (고린도후서 4:18)

So we fix our eyes not on what is seen, but on what is unseen. For what is seen is temporary, but what is unseen is eternal. (2 Corinthians 4:18)

9. 연단(鍊鍛)

연단(鍊鍛)
시험(試驗)
징계(懲戒)
고난(苦難)
환난(患難)
염려(念慮)

도가니는 銀은을, 풀무는 金금을 鍊鍛연단하거니와 여호와는 마음을 鍊鍛연단하시느니라 (잠언 17:3)

연단(鍊鍛)

1

我鍛鍊爾ˇ然非若銀也ˇ我以苦難之爐試驗爾 (以賽亞 48:10)
아 단 련 이ˇ연 비 약 은 야ˇ아 이 고 난 지 로 시 험 이

보라 내가 너를 鍊鍛연단하였으나 銀은처럼 하지 아니하고 너를 苦難고난의 풀무 불에서 擇택하였노라 (이사야 48:10)

See, I have refined you, though not as silver: I have tested you in the furnace of affliction. (Isaiah 48:10)

2

我所行之道ˇ惟彼知之ˇ彼試我後ˇ我必如經鍊之金 (約伯 23:10)
아 소 행 지 도ˇ유 피 지 지ˇ피 시 아 후ˇ아 필 여 경 련 지 금

그러나 내가 가는 길을 그가 아시나니 그가 나를 鍛鍊단련하신 後후에는 내가 純金순금 같이 되어 나오리라 (욥기 23:10)

But he knows the way that I take: when he has tested me, I will come forth as gold. (Job 23:10)

3

待主之言應驗ˇ待主之命試煉之已畢 (詩篇 105:19)
대 주 지 언 응 험ˇ대 주 지 명 시 련 지 이 필

곧 여호와의 말씀이 應응할 때까지라 그의 말씀이 그를 鍛鍊단련하였도다 (시편 105:19)

Till what he foretold came to pass, till the word of the LORD proved him true. (Psalms 105:19)

4

鍊銀者鼎ˇ鍊金者爐ˇ鑒察人心者乃主 (箴言 17:3)
련 은 자 정ˇ련 금 자 로ˇ감 찰 인 심 자 내 주

도가니는 銀은을, 풀무는 金금을 鍊鍛연단하거니와 여호와는 마음을 鍊鍛연단하시느니라 (잠언 17:3)

The crucible for silver and the furnace for gold, but the LORD tests the heart. (Proverbs 17:3)

5

惟成人方食堅實之食ˇ其心因習練而明ˇ能別善惡矣
유 성 인 방 식 견 실 지 식 ˇ 기 심 인 습 련 이 명 ˇ 능 별 선 악 의

(希伯來書 5:14)

단단한 飮食음식은 長成장성한 者자의 것이니 그들은 知覺지각을 使用사용함으로 鍊鍛연단을 받아 善惡선악을 分別분별하는 者자들이니라 (히브리서 5:14)

But solid food is for the mature, who by constant use have trained themselves to distinguish good from evil. (Hebrews 5:14)

6

虛誕之詞ˇ屬老媼不經之談ˇ爾當棄之ˇ惟練習虔敬 (提摩太前書 4:7)
허 탄 지 사 ˇ 속 노 온 불 경 지 담 ˇ 이 당 기 지 ˇ 유 연 습 건 경

亡靈망령되고 虛誕허탄한 神話신화를 버리고 敬虔경건에 이르도록 네 自身자신을 鍊鍛연단하라 (디모데전서 4:7)

Have nothing to do with godless myths and old wives tales: rather, train yourself to be godly. (1 Timothy 4:7)

시험

1

爾所遇之試ˇ亦爲人之常事ˇ上帝可信ˇ不忍爾受試過爾力所
이 소 우 지 시 ˇ 역 위 인 지 상 사 ˇ 상 제 가 신 ˇ 불 인 이 수 시 과 이 력 소

能當ˇ使爾受試之時ˇ亦爲爾開出路ˇ致爾能當之 (哥林多前書 10:13)
능 당 ˇ 사 이 수 시 지 시 ˇ 역 위 이 개 출 로 ˇ 치 이 능 당 지

사람이 勘當감당할 試驗시험 밖에는 너희가 當당한 것이 없나니 오직 하나님은 미쁘사 너희가 勘當감당하지 못할 試驗시험 當당함을 許諾허락하지 아니하시고 試驗시험 當당할 즈음에 또한 避피할 길을 내사 너희로 能능히 勘當감당하게 하시느니라 (고린도전서 10:13)

No temptation has seized you except what is common to man. And God is faithful: he will not let you be tempted beyond what you can bear. But when you are tempted, he will also provide a way out so that you can stand up under it. (1

Corinthians 10:13)

2

人見誘ˇ勿言我爲上帝所誘ˇ蓋上帝不爲惡所誘ˇ亦不誘人ˇ人
인 견 유 ˇ 물 언 아 위 상 제 소 유 ˇ 개 상 제 불 위 악 소 유 ˇ 역 불 유 인 ˇ 인
而見誘ˇ俱爲己慾所引所惑ˇ慾孕生惡ˇ惡成生死 (雅各書 1:13~15)
이 견 유 ˇ 구 위 기 욕 소 인 소 혹 ˇ 욕 잉 생 악 ˇ 악 성 생 사

사람이 試驗시험을 받을 때에 내가 하나님께 試驗시험을 받는다 하지 말지니 하나님은 惡악에게 試驗시험을 받지도 아니하시고 親친히 아무도 試驗시험하지 아니하시느니라 오직 各각 사람이 試驗시험을 받는 것은 自己자기 慾心욕심에 끌려 迷惑미혹됨이니 慾心욕심이 孕胎잉태한즉 罪죄를 낳고 罪죄가 長成장성한즉 死亡사망을 낳느니라 (야고보서 1:13~15)

When tempted, no one should say, God is tempting me. For God cannot be tempted by evil, nor does he tempt anyone: but each one is tempted when, by his own evil desire, he is dragged away and enticed. Then, after desire has conceived, it gives birth to sin: and sin, when it is full-grown, gives birth to death. (James 1:13~15)

3

使爾經歷曠野ˇ廣大可畏ˇ有毒火蛇與蠍ˇ乾旱無水之地ˇ又爲
사 이 경 력 광 야 ˇ 광 대 가 외 ˇ 유 독 화 사 여 헐 ˇ 건 한 무 수 지 지 ˇ 우 위
爾使水出自堅磐ˇ又在曠野ˇ以爾祖不識之瑪拿飼爾ˇ使爾自卑
이 사 수 출 자 견 반 ˇ 우 재 광 야 ˇ 이 이 조 불 식 지 마 나 사 이 ˇ 사 이 자 비
ˇ以試驗爾ˇ使爾終必享福 (申命記 8:15~16)
ˇ 이 시 험 이 ˇ 사 이 종 필 향 복

너를 引導인도하여 그 廣大광대하고 危險위험한 曠野광야 곧 불뱀과 全蠍전갈이 있고 물이 없는 乾燥간조한 땅을 지나게 하셨으며 또 너를 爲위하여 단단한 盤石반석에서 물을 내셨으며 네 祖上조상들도 알지 못하던 만나를 曠野광야에서 네게 먹이셨나니 이는 다 너를 낮추시며 너를 試驗시험하사 마침내 네게 福복을 주려 하심이었느니라 (신명기 8:15~16)

He led you through the vast and dreadful desert, that thirsty and waterless land, with its venomous snakes and scorpions. He brought you water out of hard rock. He gave you manna to eat in the desert, something your fathers had never known, to humble and to test you so that in the end it might go well with you. (Deuteronomy 8:15~16)

4

蓋彼旣受難被試ˇ自能救助被試之人 (希伯來書 2:18)
개 피 기 수 난 피 시 ˇ 자 능 구 조 피 시 지 인

그가 試驗시험을 받아 苦難고난을 當당하셨은즉 試驗시험 받는 者자들을 能능히 도우실 수 있느니라 (히브리서 2:18)

Because he himself suffered when he was tempted, he is able to help those who are being tempted. (Hebrews 2:18)

5

可愛者乎ˇ爾今遇火鍊試爾ˇ勿異之以爲遭非常之事ˇ反當喜樂
가 애 자 호 ˇ 이 금 우 화 련 시 이 ˇ 물 이 지 이 위 조 비 상 지 사 ˇ 반 당 희 락
ˇ因與基督共受苦也ˇ使爾於其榮光顯現之時ˇ亦可歡欣踴躍
ˇ 인 여 기 독 공 수 고 야 ˇ 사 이 어 기 영 광 현 현 지 시 ˇ 역 가 환 흔 용 약
(彼得前書 4:12~13)

사랑하는 者자들아 너희를 鍊鍛연단하려고 오는 불 試驗시험을 異常이상한 일 當당하는 것 같이 異常이상히 여기지 말고 오히려 너희가 그리스도의 苦難고난에 參與참여하는 것으로 즐거워하라 이는 그의 榮光영광을 나타내실 때에 너희로 즐거워하고 기뻐하게 하려 함이라 (베드로전서 4:12~13)

Dear friends, do not be surprised at the painful trial you are suffering, as though something strange were happening to you. But rejoice that you participate in the sufferings of Christ, so that you may be overjoyed when his glory is revealed. (1 Peter 4:12~13)

6

受艱難之試而能忍者福矣ˇ因歷試之後ˇ必得永生之冕ˇ卽主
수 간 난 지 시 이 능 인 자 복 의 ˇ 인 력 시 지 후 ˇ 필 득 영 생 지 면 ˇ 즉 주
所許愛己者 (雅各書 1:12)
소 허 애 기 자

試驗시험을 참는 者자는 福복이 있나니 이는 試鍊시련을 견디어 낸 者자가 主주께서 自己자기를 사랑하는 者자들에게 約束약속하신 生命생명의 冕旒冠

면류관을 얻을 것이기 때문이라 (야고보 1:12)

Blessed is the man who perseveres under trial, because when he has stood the test, he will receive the crown of life that God has promised to those who love him. (James 1:12)

7

當警醒祈禱ˇ免入誘惑ˇ心固願而身弱矣 (瑪太福音 26:41)
당 경 성 기 도 ˇ 면 입 유 혹 ˇ 심 고 원 이 신 약 의

試驗시험에 들지 않게 깨어 祈禱기도하라 마음에는 願원이로되 肉身육신이 弱약하도다 하시고 (마태복음 26:41)

Watch and pray so that you will not fall into temptation. The spirit is willing, but the body is weak. (Matthew 26:41)

8

求上帝鑒察我ˇ知我之心思ˇ試鍊我ˇ知我之意念ˇ見我行動有
구 상 제 감 찰 아 ˇ 지 아 지 심 사 ˇ 시 련 아 ˇ 지 아 지 의 념 ˇ 견 아 행 동 유
何邪僻ˇ又導我入永生之路 (詩篇 139:23~24)
하 사 벽 ˇ 우 도 아 입 영 생 지 로

하나님이여 나를 살피사 내 마음을 아시며 나를 試驗시험하사 내 뜻을 아옵소서 내게 무슨 惡악한 行爲행위가 있나 보시고 나를 永遠영원한 길로 引導인도하소서(시편 139:23~24)

Search me, O God, and know my heart: test me and know my anxious thoughts. See if there is any offensive way in me, and lead me in the way everlasting. (Psalms 139:23~24)

9

兄弟乎ˇ爾遇諸患難之試ˇ當以爲樂ˇ因知試爾信之患難ˇ能生
형 제 호 ˇ 이 우 제 환 난 지 시 ˇ 당 이 위 락 ˇ 인 지 시 이 신 지 환 난 ˇ 능 생
忍耐 (雅各書 1:2~3)
인 내

내 兄弟형제들아 너희가 여러 가지 試驗시험을 當당하거든 穩全온전히 기쁘게 여기라 이는 너희 믿음의 試鍊시련이 忍耐인내를 만들어 내는 줄 너희가 앎이라 (야고보서 1:2~3)

Consider it pure joy, my brothers, whenever you face trials

of many kinds, because you know that the testing of your faith develops perseverance. (James 1:2~3)

10

使我儕投入網羅ˇ使我儕背負重擔ˇ使人欺壓我儕ˇ使我儕陷
사 아 제 투 입 망 라 ˇ 사 아 제 배 부 중 담 ˇ 사 인 기 압 아 제 ˇ 사 아 제 함
於水火之中ˇ今主仍使我儕得至豐富之境 (詩篇 66:11~12)
어 수 화 지 중 ˇ 금 주 잉 사 아 제 득 지 풍 부 지 경

우리를 끌어 그물에 걸리게 하시며 어려운 짐을 우리 허리에 매어 두셨으며 사람들이 우리 머리를 타고 가게 하셨나이다 우리가 불과 물을 通過통과하였더니 主주께서 우리를 끌어내사 豐富풍부한 곳에 들이셨나이다 (시편 66:11~12)

You brought us into prison and laid burdens on our backs. You let men ride over our heads: we went through fire and water, but you brought us to a place of abundance. (Psalms 66:11~12)

11

主又諭基甸曰ˇ民猶過衆ˇ令民下至水濱ˇ在彼我爲爾將試之ˇ
주 우 유 기 전 왈 ˇ 민 유 과 중 ˇ 령 민 하 지 수 빈 ˇ 재 피 아 위 이 장 시 지 ˇ
我所指示者曰ˇ此人可偕爾往ˇ則可往ˇ我所指示者曰ˇ此人不
아 소 지 시 자 왈 ˇ 차 인 가 해 이 왕 ˇ 즉 가 왕 ˇ 아 소 지 시 자 왈 ˇ 차 인 불
可偕爾往ˇ則不可往 (士師記 7:4)
가 해 이 왕 ˇ 즉 불 가 왕

여호와께서 또 기드온에게 이르시되 百姓백성이 아직도 많으니 그들을 引導인도하여 물 가로 내려가라 거기서 내가 너를 爲위하여 그들을 試驗시험하리라 내가 누구를 가리켜 네게 이르기를 이 사람이 너와 함께 가리라 하면 그는 너와 함께 갈 것이요 내가 누구를 가리켜 네게 이르기를 이 사람은 너와 함께 가지 말 것이니라 하면 그는 가지 말 것이니라 하신지라 (사사기 7:4)

But the LORD said to Gideon, There are still too many men. Take them down to the water, and I will sift them for you there. If I say, This one shall go with you, he shall go: but if I say, This one shall not go with you, he shall not go. (Judges 7:4)

징계(懲戒)

1

凡懲責ˇ受之時不爲樂ˇ乃爲憂ˇ後必爲由懲責得練達者ˇ結善
범 징 책 ˇ 수 지 시 불 위 락 ˇ 내 위 우 ˇ 후 필 위 유 징 책 득 련 달 자 ˇ 결 선
義平康之果 (希伯來書 12:11)
의 평 강 지 과

무릇 懲戒징계가 當時당시에는 즐거워 보이지 않고 슬퍼 보이나 後후에 그로 말미암아 鍊鍛연단 받은 者자들은 義의와 平康평강의 열매를 맺느니라 (히브리서 12:11)

No discipline seems pleasant at the time, but painful. Later on, however, it produces a harvest of righteousness and peace for those who have been trained by it. (Hebrews 12:11)

2

爾曹又遺忘勸爾如子之言曰ˇ我子ˇ主懲爾ˇ勿藐視ˇ主責爾ˇ
이 조 우 유 망 권 이 여 자 지 언 왈 ˇ 아 자 ˇ 주 징 이 ˇ 물 막 시 ˇ 주 책 이 ˇ
勿喪膽 (希伯來書 12:5)
물 상 담

또 아들들에게 勸권하는 것 같이 너희에게 勸勉권면하신 말씀도 잊었도다 일렀으되 내 아들아 主주의 懲戒징계하심을 輕경히 여기지 말며 그에게 꾸지람을 받을 때에 落心낙심하지 말라 (히브리서 12:5)

And you have forgotten that word of encouragement that addresses you as sons: My son, do not make light of the Lord’ s discipline, and do not lose heart when he rebukes you, (Hebrews 12:5)

3

我必爲其父ˇ彼必爲我之子ˇ彼若犯罪ˇ我必責之ˇ如人之責其
아 필 위 기 부 ˇ 피 필 위 아 지 자 ˇ 피 약 범 죄 ˇ 아 필 책 지 ˇ 여 인 지 책 기
子然 (撒母耳下 7:14)
자 연

나는 그에게 아버지가 되고 그는 내게 아들이 되리니 그가 萬一만일 罪죄를 犯범하면 내가 사람의 매와 人生인생의 채찍으로 懲戒징계하려니

와 (사무엘하 7:14)

I will be his father, and he will be my son. When he does wrong, I will punish him with the rod of men, with floggings inflicted by men. (2 Samuel 7:14)

4

蓋主懲其所愛者ˇ扑其所納之子 (希伯來書 12:6)
개 주 징 기 소 애 자 ˇ 복 기 소 납 지 자

主주께서 그 사랑하시는 者자를 懲戒징계하시고 그가 받아들이시는 아들마다 채찍질하심이라 하였으니 (히브리서 12:6)

Because the Lord disciplines those he loves, and he punishes everyone he accepts as a son. (Hebrews 12:6)

5

衆旣受懲ˇ爾若不受懲ˇ則爲私子ˇ非嫡子也 (希伯來書 12:8)
중 기 수 징 ˇ 이 약 불 수 징 ˇ 즉 위 사 자 ˇ 비 적 자 야

懲戒징계는 다 받는 것이거늘 너희에게 없으면 私生子사생자요 참 아들이 아니니라 (히브리서 12:8)

If you are not disciplined(and everyone undergoes discipline), then you are illegitimate children and not true sons. (Hebrews 12:8)

6

蓋主責其所愛者ˇ如父督責所悅之子 (箴言 3:12)
개 주 책 기 소 애 자 ˇ 여 부 독 책 소 열 지 자

大抵대저 여호와께서 그 사랑하시는 者자를 懲戒징계하시기를 마치 아비가 그 기뻐하는 아들을 懲戒징계함 같이 하시느니라 (잠언 3:12)

Because the LORD disciplines those he loves, as a father the son he delights in. (Proverbs 3:12)

고난(苦難)

1

我遭苦難ˇ於我有益ˇ因使我學習主之典章 (詩篇 119:71)
아 조 고 난 ˇ 어 아 유 익 ˇ 인 사 아 학 습 주 지 전 장

苦難고난 當당한 것이 내게 有益유익이라 이로 말미암아 내가 主주의 律例율례들을 배우게 되었나이다 (시편 119:71)

It was good for me to be afflicted so that I might learn your decrees. (Psalms 119:71)

2

蓋上帝爲基督賜爾不但信基督ˇ亦爲之受苦 (腓立比書 1:29)
개 상 제 위 기 독 사 이 부 단 신 기 독 ˇ 역 위 지 수 고

그리스도를 爲위하여 너희에게 恩惠은혜를 주신 것은 다만 그를 믿을 뿐 아니라 또한 그를 爲위하여 苦難고난도 받게 하려 하심이라 (빌립보서 1:29)

For it has been granted to you on behalf of Christ not only to believe on him, but also to suffer for him, (Philippians 1:29)

3

萬物所本ˇ萬物所歸者ˇ欲引多子得榮ˇ遂使救之之君ˇ受苦難
만 물 소 본 ˇ 만 물 소 귀 자 ˇ 욕 인 다 자 득 영 ˇ 수 사 구 지 지 군 ˇ 수 고 난
而得純全ˇ宜也 (希伯來書 2:10)
이 득 순 전 ˇ 의 야

그러므로 萬物만물이 그를 爲위하고 또한 그로 말미암은 이가 많은 아들들을 이끌어 榮光영광에 들어가게 하시는 일에 그들의 救援구원의 創始者창시자를 苦難고난을 通통하여 穩全온전하게 하심이 合當합당하도다 (히브리서 2:10)

In bringing many sons to glory, it was fitting that God, for whom and through whom everything exists, should make the author of their salvation perfect through suffering. (Hebrews 2:10)

4

兄弟ˇ我不欲爾不知ˇ我在亞西亞遭難ˇ被迫特甚ˇ勢不可當
형 제 ˇ 아 불 욕 이 부 지 ˇ 아 재 아 서 아 조 난 ˇ 피 박 특 심 ˇ 세 불 가 당
ˇ致絶保生命之望ˇ自擬必死ˇ致我不恃己ˇ惟恃使死者復活
ˇ 치 절 보 생 명 지 망 ˇ 자 의 필 사 ˇ 치 아 불 시 기 ˇ 유 시 사 사 자 부 활
之上帝 (哥林多後書 1:8~9)
지 상 제

兄弟형제들아 우리가 아시아에서 當당한 患難환난을 너희가 모르기를 願원하지 아니하노니 힘에 겹도록 甚심한 苦難고난을 當당하여 살 所望소망까지 끊어지고 우리는 우리 自身자신이 死刑사형 宣告선고를 받은 줄 알았으니 이는 우리로 自己자기를 依支의지하지 말고 오직 죽은 者자를 다시 살리시는 하나님만 依支의지하게 하심이라 **(고린도후서 1:8~9)**

We do not want you to be uninformed, brothers, about the hardships we suffered in the province of Asia. We were under great pressure, far beyond our ability to endure, so that we despaired even of life. Indeed, in our hearts we felt the sentence of death. But this happened that we might not rely on ourselves but on God, who raises the dead. **(2 Corinthians 1:8~9)**

5

曰ˇ我遭患難ˇ呼求主ˇ蒙主應允ˇ我自示阿勒之深處籲禱ˇ主
왈 ˇ 아 조 환 난 ˇ 호 구 주 ˇ 몽 주 응 윤 ˇ 아 자 시 아 륵 지 심 처 유 도 ˇ 주
俯聞我聲 (約拿 2:2)
부 문 아 성

이르되 내가 받는 苦難고난으로 말미암아 여호와께 불러 아뢰었더니 主주께서 내게 對答대답하셨고 내가 스올의 뱃속에서 부르짖었더니 主주께서 내 音聲음성을 들으셨나이다 **(요나 2:2)**

They covet fields and seize them, and houses, and take them. They defraud a man of his home, a fellowman of his inheritance. **(Jonah 2:2)**

6

地必爲爾叢生荊棘ˇ爾必食田之蔬ˇ必汗流被面ˇ始可得食ˇ直
지 필 위 이 총 생 형 극 ˇ 이 필 식 전 지 소 ˇ 필 한 류 피 면 ˇ 시 가 득 식 ˇ 직
至爾歸所自出之土ˇ爾本爲土ˇ必復歸於土 (創世記 3:18~19)
지 이 귀 소 자 출 지 토 ˇ 이 본 위 토 ˇ 필 복 귀 어 토

땅이 네게 가시덤불과 엉겅퀴를 낼 것이라 네가 먹을 것은 밭의 菜蔬채소인즉 네가 흙으로 돌아갈 때까지 얼굴에 땀을 흘려야 먹을 것을 먹으리니 네가 그것에서 取취함을 입었음이라 너는 흙이니 흙으로 돌아갈 것이니라 하시니라 (창세기 3:18~19)

It will produce thorns and thistles for you, and you will eat the plants of the field. By the sweat of your brow you will eat your food until you return to the ground, since from it you were taken: for dust you are and to dust you will return. (Genesis 3:18~19)

7

謂亞當曰ˇ爾旣聽婦言ˇ食我所禁食之樹果ˇ地必緣爾見詛ˇ爾
위아당왈ˇ이기청부언ˇ식아소금식지수과ˇ지필연이견저ˇ이
必畢生勞苦ˇ始得食地之所產 (創世記 3:17)
필필생노고ˇ시득식지지소산

아담에게 이르시되 네가 네 아내의 말을 듣고 내가 네게 먹지 말라 한 나무의 열매를 먹었은즉 땅은 너로 말미암아 詛呪저주를 받고 너는 네 平生평생에 수고하여야 그 所産소산을 먹으리라 (창세기 3:17)

To Adam he said, Because you listened to your wife and ate from the tree about which I commanded you, You must not eat of it, Cursed is the ground because of you: through painful toil you will eat of it all the days of your life. (Genesis 3:17)

8

人生在世ˇ遭禍如火星之高飛 (約伯 5:7)

*遭禍如火星之高飛 = 遭禍如鳥之高飛

사람은 苦生고생을 爲위하여 났으니 불꽃이 위로 날아 가는 것 같으니라 (욥기 5:7)

Yet man is born to trouble as surely as sparks fly upward. (Job 5:7)

9

我旣多受基督之苦難ˇ亦賴基督多得安慰 (哥林多後書 1:5)
아기다수기독지고난ˇ역뢰기독다득안위

그리스도의 苦難고난이 우리에게 넘친 것 같이 우리가 받는 慰勞위로도 그리스도로 말미암아 넘치는도다 (고린도후서 1:5)

For just as the sufferings of Christ flow over into our lives, so also through Christ our comfort overflows. (2 Corinthians 1:5)

10

彼以爲爲基督而受之辱ˇ較伊及諸財尤寶ˇ因望賞賚故也
피 이 위 위 기 독 이 수 지 욕 ˇ 교 이 급 제 재 우 보 ˇ 인 망 상 뢰 고 야

(希伯來書 11:26)

그리스도를 爲위하여 받는 受侮수모를 애굽의 모든 寶貨보화보다 더 큰 財物재물로 여겼으니 이는 賞상 주심을 바라봄이라. (히브리서 11:26)

He regarded disgrace for the sake of Christ as of greater value than the treasures of Egypt, because he was looking ahead to his reward. (Hebrews 11:26)

11

倘一肢體受苦ˇ諸肢體同苦ˇ一肢體得榮ˇ諸肢體同樂
당 일 지 체 수 고 ˇ 제 지 체 동 고 ˇ 일 지 체 득 영 ˇ 제 지 체 동 락

(哥林多前書 12:26)

萬一만일 한 肢體지체가 苦痛고통을 받으면 모든 肢體지체가 함께 苦痛고통을 받고 한 肢體지체가 榮光영광을 얻으면 모든 肢體지체가 함께 즐거워하느니라 (고린도전서 12:26)

If one part suffers, every part suffers with it: if one part is honored, every part rejoices with it. (1 Corinthians 12:26)

12

主使我多遭災患苦難ˇ必使我復蘇ˇ從地幽深之處ˇ必救我復上
주 사 아 다 조 재 환 고 난 ˇ 필 사 아 복 소 ˇ 종 지 유 심 지 처 ˇ 필 구 아 복 상

(詩篇 71:20)

우리에게 많고 甚심한 苦難고난을 보이신 主주께서 우리를 다시 살리시며 땅 깊은 곳에서 다시 이끌어 올리시리이다 (시편 71:20)

Though you have made me see troubles, many and bitter, you will restore my life again: from the depths of the earth you will again bring me up. (Psalms 71:20)

13

爾中有人受苦者ˇ則當祈禱ˇ有樂者ˇ則當謳歌 (雅各書 5:13)
이 중 유 인 수 고 자 ˇ 즉 당 기 도 ˇ 유 락 자 ˇ 즉 당 구 가

너희 中중에 苦難고난 當당하는 者자가 있느냐 그는 祈禱기도할 것이요 즐거워하는 者자가 있느냐 그는 讚頌찬송할지니라 (야고보서 5:13)

Is any one of you in trouble? He should pray. Is anyone happy? Let him sing songs of praise. (James 5:13)

14

婦將産則憂ˇ以其期至ˇ然産子後ˇ不復憶其苦ˇ因喜有人生於
부 장 산 즉 우 ˇ 이 기 기 지 ˇ 연 산 자 후 ˇ 불 부 억 기 고 ˇ인 희 유 인 생 어
世也 (約翰福音 16:21)
세 야ˇ

女子여자가 解産해산하게 되면 그 때가 이르렀으므로 근심하나 아기를 낳으면 世上세상에 사람 난 기쁨으로 말미암아 그 苦痛고통을 다시 記憶기억하지 아니하느니라 (요한복음 16:21)

A woman giving birth to a child has pain because her time has come: but when her baby is born she forgets the anguish because of her joy that a child is born into the world. (John 16:21)

15

我遭急難ˇ求主憐恤ˇ我因憂慮ˇ面目衰枯ˇ身心亦復如是
아 조 급 난 ˇ 구 주 련 휼 ˇ 아 인 우 려 ˇ 면 목 쇠 고 ˇ 신 심 역 부 여 시
(詩篇 31:9)

여호와여 내가 苦痛고통 中중에 있사오니 내게 恩惠은혜를 베푸소서 내가 근심 때문에 눈과 靈魂영혼과 몸이 衰쇠하였나이다 (시편 31:9)

Be merciful to me, O LORD, for I am in distress: my eyes grow weak with sorrow, my soul and my body with grief. (Psalms 31:9)

16

施恩之上帝ˇ曾因耶穌基督召我儕享其永榮ˇ願彼在爾暫受苦
시 은 지 상 제 ˇ 증 인 야 소 기 독 소 아 제 향 기 영 영 ˇ 원 피 재 이 잠 수 고
之後ˇ成全爾ˇ堅固爾ˇ使爾力强ˇ且得立穩有基 (彼得前書 5:10)
지 후 ˇ 성 전 이 ˇ 견 고 이 ˇ 사 이 력 강 ˇ 차 득 립 온 유 기

모든 恩惠은혜의 하나님 곧 그리스도 안에서 너희를 부르사 自己자기의 永遠영원한 榮光영광에 들어가게 하신 이가 잠깐 苦難고난을 當당한 너희를 親친히 穩全온전하게 하시며 굳건하게 하시며 强강하게 하시며 터를 堅固견고하게 하시리라 (베드로전서 5:10)

And the God of all grace, who called you to his eternal glory in Christ, after you have suffered a little while, will himself restore you and make you strong, firm and steadfast. (1 Peter 5:10)

17

爾急難時呼籲我ˇ我拯救爾ˇ從雲密雷鳴之處應允爾ˇ在米利巴水試驗爾 (詩篇 81:7)
이 급 난 시 호 유 아 ˇ 아 증 구 이 ˇ 종 운 밀 뇌 명 지 처 응 윤 이 ˇ 재 미 리 파 수 시 험 이

네가 苦難고난 中중에 부르짖으매 내가 너를 건졌고 우렛소리의 隱密은밀한 곳에서 네게 應答응답하며 므리바 물 가에서 너를 試驗시험하였도다 (시편 81:7)

In your distress you called and I rescued you, I answered you out of a thundercloud: I tested you at the waters of Meribah. Selah (Psalms 81:7)

18

當以堅信拒之ˇ因知爾兄弟在世ˇ亦受此苦難 (彼得前書 5:9)
당 이 견 신 거 지 ˇ 인 지 이 형 제 재 세 ˇ 역 수 차 고 난

너희는 믿음을 굳건하게 하여 그를 對敵대적하라 이는 世上세상에 있는 너희 兄弟형제들도 同一동일한 苦難고난을 當당하는 줄을 앎이라 (베드로전서 5:9)

Resist him, standing firm in the faith, because you know that your brothers throughout the world are undergoing the same kind of sufferings. (1 Peter 5:9)

19

願與上帝之民同受苦ˇ不願暫享罪惡之逸樂 (希伯來書 11:25)
원 여 상 제 지 민 동 수 고 ˇ 불 원 잠 향 죄 악 지 일 락

도리어 하나님의 百姓백성과 함께 苦難고난 받기를 暫時잠시 罪惡죄악의 樂낙을 누리는 것보다 더 좋아하고 (히브리서 11:25)

He chose to be mistreated along with the people of God rather than to enjoy the pleasures of sin for a short time. (Hebrews 11:25)

20

兄弟乎ˇ昔託主名而言之諸先知ˇ爾當以之爲受苦恒忍之模範
형제호ˇ석탁주명이언지제선지ˇ이당이지위수고항인지모범
(雅各書 5:10)

兄弟형제들아 主주의 이름으로 말한 先知者선지자들을 苦難고난과 오래 참음의 本본으로 삼으라 (야고보서 5:10)

Brothers, as an example of patience in the face of suffering, take the prophets who spoke in the name of the Lord. (James 5:10)

21

我思今時之苦ˇ若較將顯於我中之榮ˇ不足爲意也 (羅瑪書 8:18)
아사금시지고ˇ약교장현어아중지영ˇ부족위의야

생각하건대 現在현재의 苦難고난은 將次장차 우리에게 나타날 榮光영광과 比較비교할 수 없도다 (로마서 8:18)

I consider that our present sufferings are not worth comparing with the glory that will be revealed in us. (Romans 8:18)

22

我儕年壽ˇ不過七十ˇ若强健者可至八十ˇ其中勞苦煩惱甚多ˇ
아제년수ˇ불과칠십ˇ약강건자가지팔십ˇ기중노고번뇌심다ˇ
日月甚速ˇ我儕迅逝如飛 (詩篇 90:10)
일월심속ˇ아제신서여비

우리의 年數연수가 七十칠십이요 康健강건하면 八十팔십이라도 그 年數연수의 자랑은 수고와 슬픔뿐이요 迅速신속히 가니 우리가 날아가나이다 (시편 90:10)

The length of our days is seventy years—or eighty, if we have the strength; yet their span is but trouble and sorrow, for they quickly pass, and we fly away. (Psalms 90:10)

23

我賴基督ˇ言眞而不誑ˇ我內心感於聖靈ˇ爲我作證ˇ我有大憂
아뢰기독ˇ언진이불광ˇ아내심감어성령ˇ위아작증ˇ아유대우

ˇ痛心不已 (羅瑪書 9:1~2)
ˇ통 심 불 이

내가 그리스도 안에서 참말을 하고 거짓말을 아니하노라 나에게 큰 근심이 있는 것과 마음에 그치지 않는 苦痛고통이 있는 것을 내 良心양심이 聖靈성령 안에서 나와 더불어 證言증언하노니 (로마서 9:1~2)

I speak the truth in Christ–I am not lying, my conscience confirms it in the Holy Spirit–I have great sorrow and unceasing anguish in my heart. (Romans 9:1~2)

환난(患難)

1

我諸事遇患難而不窮迫ˇ遇顚沛而不失望 (哥林多後書 4:8)
아 제 사 우 환 난 이 불 궁 박 ˇ 우 전 패 이 불 실 망

우리가 四方사방으로 우겨쌈을 當당하여도 싸이지 아니하며 답답한 일을 當당하여도 落心낙심하지 아니하며 (고린도후서 4:8)

We are hard pressed on every side, but not crushed: perplexed, but not in despair: (2 Corinthians 4:8)

2

不第此也ˇ亦以患難爲樂ˇ因知患難生忍耐ˇ忍耐生練達ˇ練達生希望 (羅瑪書 5:3~4)
부 제 차 야 ˇ 역 이 환 난 위 락 ˇ 인 지 환 난 생 인 내 ˇ 인 내 생 련 달 ˇ 련 달 생 희 망

다만 이뿐 아니라 우리가 患難환난 中중에도 즐거워하나니 이는 患難환난은 忍耐인내를, 忍耐인내는 鍊鍛연단을, 鍊鍛연단은 所望소망을 이루는 줄 앎이로다 (로마 5:3~4)

Not only so, but we also rejoice in our sufferings, because we know that suffering produces perseverance: perseverance, character: and character, hope. (Romans 5:3~4)

3
且爾效我儕ˇ亦效我主ˇ在大患難中ˇ感於聖靈ˇ歡樂受道
차 이 효 아 제 ˇ 역 효 아 주 ˇ 재 대 환 난 중 ˇ 감 어 성 령 ˇ 환 락 수 도
(帖撒羅尼迦前書 1:6)

또 너희는 많은 患難환난 가운데서 聖靈성령의 기쁨으로 말씀을 받아 우리와 主주를 本본받은 者자가 되었으니 (데살로니가전서 1:6)

You became imitators of us and of the Lord: in spite of severe suffering, you welcomed the message with the joy given by the Holy Spirit. (1 Thessalonians 1:6)

4
我遭患難時ˇ上帝卽慰我ˇ使我以上帝慰我之慰ˇ慰諸遭患難
아 조 환 난 시 ˇ 상 제 즉 위 아 ˇ 사 아 이 상 제 위 아 지 위 ˇ 위 제 조 환 난
之人 (哥林多後書 1:4)
지 인

우리의 모든 患難환난 中중에서 우리를 慰勞위로하사 우리로 하여금 하나님께 받는 慰勞위로로써 모든 患難환난 中중에 있는 者자들을 能능히 慰勞위로하게 하시는 이시로다 (고린도후서 1:4)

Who comforts us in all our troubles, so that we can comfort those in any trouble with the comfort we ourselves have received from God. (2 Corinthians 1:4)

5
我或受苦ˇ乃爲爾得慰得救ˇ使爾能忍我儕同受之苦ˇ我或得
아 혹 수 고 ˇ 내 위 이 득 위 득 구 ˇ 사 이 능 인 아 제 동 수 지 고 ˇ 아 혹 득
慰ˇ亦爲爾得慰得救 (哥林多後書 1:6)
위 ˇ 역 위 이 득 위 득 구

우리가 患難환난 當당하는 것도 너희가 慰勞위로와 救援구원을 받게 하려는 것이요 우리가 慰勞위로를 받는 것도 너희가 慰勞위로를 받게 하려는 것이니 이 慰勞위로가 너희 속에 役事역사하여 우리가 받는 것 같은 苦難고난을 너희도 견디게 하느니라 (고린도후서 1:6)

If we are distressed, it is for your comfort and salvation: if we are ccmforted, it is for your comfort, which produces in you patient endurance of the same sufferings we suffer. (2 Corinthians 1:6)

6

今我所受暫而且微之苦ˇ爲我備至大無比之永榮 (哥林多後書 4:17)
금 아 소 수 잠 이 차 미 지 고 ˇ 위 아 비 지 대 무 비 지 영 영

우리가 暫時잠시 받는 患難환난의 輕경한 것이 至極지극히 크고 永遠영원한 榮光영광의 重중한 것을 우리에게 이루게 함이니 (고린도후서 4:17)

For our light and momentary troubles are achieving for us an eternal glory that far outweighs them all. (2 Corinthians 4:17)

7

爾曹難之日若畏怯ˇ爾力亦衰微 (箴言 24:10)
이 조 난 지 일 약 외 겁 ˇ 이 력 역 쇠 미

네가 萬一만일 患難환난 날에 落膽낙담하면 네 힘이 微弱미약함을 보임이니라 (잠언 24:10)

If you falter in times of trouble, how small is your strength! (Proverbs 24:10)

8

我儕當起ˇ赴伯特利ˇ我遭難時ˇ上帝允我禱ˇ我行於路ˇ上帝祐我ˇ今我欲在彼爲上帝建祭臺 (創世記 35:3)
아 제 당 기 ˇ 부 백 특 리 ˇ 아 조 난 시 ˇ 상 제 윤 아 도 ˇ 아 행 어 로 ˇ 상 제 우 아 ˇ 금 아 욕 재 피 위 상 제 건 제 대

우리가 일어나 벧엘로 올라가자 내 患難환난 날에 내게 應答응답하시며 내가 가는 길에서 나와 함께 하신 하나님께 내가 거기서 祭壇제단을 쌓으려 하노라 하매 (창세기 35:3)

Then come, let us go up to Bethel, where I will build an altar to God, who answered me in the day of my distress and who has been with me wherever I have gone. (Genesis 35:3)

9

我毅然與爾言ˇ我爲爾多有可誇ˇ我於諸患難中ˇ充於安慰ˇ滿於喜樂 (哥林多後書 7:4)
아 의 연 여 이 언 ˇ 아 위 이 다 유 가 과 ˇ 아 어 제 환 난 중 ˇ 충 어 안 위 ˇ 만 어 희 락

나는 너희를 向향하여 膽大담대한 것도 많고 너희를 爲위하여 자랑하는 것도 많으니 내가 우리의 모든 患難환난 가운데서도 慰勞위로가 가득하

고 기쁨이 넘치는도다 (고린도후서 7:4)

I have great confidence in you: I take great pride in you. I am greatly encouraged: in all our troubles my joy knows no bounds. (2 Corinthians 7:4)

염려(念慮)

1

勿憂慮ˇ凡事祈禱ˇ籲懇ˇ感謝ˇ以爾之所求者告上帝ˇ則上帝之
물 우 려 ˇ 범 사 기 도 ˇ 유 간 ˇ 감 사 ˇ 이 이 지 소 구 자 고 상 제 ˇ 즉 상 제 지
平康ˇ超於人意者ˇ必因基督耶穌保守爾心爾念 (腓立比書 4:6)
평 강 ˇ 초 어 인 의 자 ˇ 필 인 기 독 야 소 보 수 이 심 이 념

아무 것도 念慮염려하지 말고 다만 모든 일에 祈禱기도와 懇求간구로 너희 求구할 것을 感謝감사함으로 하나님께 아뢰라 그리하면 모든 知覺지각에 뛰어난 하나님의 平康평강이 그리스도 예수 안에서 너희 마음과 생각을 지키시리라 (빌립보서 4:6)

Do not be anxious about anything, but in everything, by prayer and petition, with thanksgiving, present your requests to God. And the peace of God, which transcends all understanding, will guard your hearts and your minds in Christ Jesus. (Philippians 4:6)

2

乃謂門徒曰ˇ我告爾ˇ勿爲生命慮何以食ˇ勿爲身體慮何以衣
내 위 문 도 왈 ˇ 아 고 이 ˇ 물 위 생 명 려 하 이 식 ˇ 물 위 신 체 려 하 이 의
(路加福音 12:22)

또 弟子제자들에게 이르시되 그러므로 내가 너희에게 이르노니 너희 목숨을 爲위하여 무엇을 먹을까 몸을 爲위하여 무엇을 입을까 念慮염려하지 말라 (누가복음 12:22)

Then Jesus said to his disciples: Therefore I tell you, do not worry about your life, what you will eat: or about your body, what you will wear. (Luke 12:22)

3

曳爾解爾之時ˇ勿先慮將如何言ˇ亦勿預籌ˇ至其時ˇ凡賜爾以
예 이 해 이 지 시 ˇ 물 선 려 장 여 하 언 ˇ 역 물 예 주 ˇ 지 기 시 ˇ 범 사 이 이
言者ˇ則言之ˇ蓋非爾自言ˇ乃聖靈言也 (瑪可福音 13:11)
언 자 ˇ 즉 언 지 ˇ 개 비 이 자 언 ˇ 내 성 령 언 야

사람들이 너희를 끌어다가 넘겨 줄 때에 무슨 말을 할까 미리 念慮염려하지 말고 무엇이든지 그 때에 너희에게 주시는 그 말을 하라 말하는 이는 너희가 아니요 聖靈성령이시니라 (마가복음 13:11)

Whenever you are arrested and brought to trial, do not worry beforehand about what to say. Just say whatever is given you at the time, for it is not you speaking, but the Holy Spirit. (Mark 13:11)

4

爾當以一切所慮之事託於上帝ˇ上帝必眷顧爾 (彼得前書 5:7)
이 당 이 일 체 소 려 지 사 탁 어 상 제 ˇ 상 제 필 권 고 이

너희 念慮염려를 다 主주께 맡기라 이는 그가 너희를 돌보심이라 (베드로전서 5:7)

Cast all your anxiety on him because he cares for you. (1 Peter 5:7)

5

試觀空中之鳥ˇ不稼不穡ˇ不積於倉ˇ爾在天之父且養之ˇ爾曹
시 관 공 중 지 조 ˇ 불 가 불 색 ˇ 불 적 어 창 ˇ 이 재 천 지 부 차 양 지 ˇ 이 조
不更貴於鳥乎ˇ爾曹孰能以思慮延命一刻乎ˇ爾何爲衣服憂慮
불 갱 귀 어 조 호 ˇ 이 조 숙 능 이 사 려 연 명 일 각 호 ˇ 이 하 위 의 복 우 려
乎ˇ試觀野地之百合花ˇ如何而長ˇ不勞不紡 (瑪太福音 6:26~28)
호 ˇ 시 관 야 지 지 백 합 화 ˇ 여 하 이 장 ˇ 불 노 불 방

空中공중의 새를 보라 심지도 않고 거두지도 않고 창고에 모아들이지도 아니하되 너희 하늘 아버지께서 기르시나니 너희는 이것들보다 貴귀하지 아니하냐 너희 中중에 누가 念慮염려함으로 그 키를 한 자라도 더할 수 있겠느냐 또 너희가 어찌 衣服의복을 爲위하여 念慮염려하느냐 들의 百合花백합화가 어떻게 자라는가 생각하여 보라 수고도 아니하고 길쌈도 아니하느니라 (마태복음 6:26~28)

Look at the birds of the air: they do not sow or reap or store away in barns, and yet your heavenly Father feeds them. Are you not much more valuable than they? Who of you by worrying can add a single hour to his life? And why do you worry about clothes? See how the lilies of the field grow. They do not labor or spin. (Matthew 6:26~28)

6

人心有所慮ˇ則煩悶不安ˇ惟良言可使之暢適 (箴言 12:25)
인 심 유 소 려 ˇ 즉 번 민 불 안 ˇ 유 량 언 가 사 지 창 적

근심이 사람의 마음에 있으면 그것으로 煩惱번뇌하게 되나 善선한 말은 그것을 즐겁게 하느니라 (잠언 12:25)

An anxious heart weighs a man down, but a kind word cheers him up. (Proverbs 12:25)

7

至微者爾尙不能ˇ何思慮其餘乎 (路加福音 12:26)
지 미 자 이 상 불 능 ˇ 하 사 려 기 여 호

그런즉 가장 작은 일도 하지 못하면서 어찌 다른 일들을 念慮염려하느냐 (누가복음 12:26)

Since you cannot do this very little thing, why do you worry about the rest? (Luke 12:26)

8

是以勿求何以食ˇ何以飮ˇ亦勿思慮 (路加福音 12:29)
시 이 물 구 하 이 식 ˇ 하 이 음 ˇ 역 물 사 려

너희는 무엇을 먹을까 무엇을 마실까 하여 求구하지 말며 근심하지도 말라 (누가복음 12:29)

And do not set your heart on what you will eat or drink: do not worry about it. (Luke 12:29)

10. 경외(敬畏)

경외(敬畏)
경애(敬愛)
경건(敬虔)
공경(恭敬)
겸손(謙遜)

여호와를 敬畏경외하는 것은 智慧지혜의 訓戒훈계라 謙遜겸손은 尊貴존귀의 길잡이니라 (잠언 15:33)

경외(敬畏)

1

毋畏葸ˇ我必祐爾ˇ勿膽怯ˇ我乃爾之上帝ˇ必堅强爾ˇ濟助爾
무 외 사 ˇ 아 필 우 이 ˇ 물 담 겁 ˇ 아 내 이 지 상 제 ˇ 필 견 강 이 ˇ 제 조 이
我必以施救之右手扶持爾 (以賽亞 41:10)
아 필 이 시 구 지 우 수 부 지 이

두려워하지 말라 내가 너와 함께 함이라 놀라지 말라 나는 네 하나님이 됨이라 내가 너를 굳세게 하리라 참으로 너를 도와 주리라 참으로 나의 義의로운 오른손으로 너를 붙들리라 (이사야 41:10)

So do not fear, for I am with you: do not be dismayed, for I am your God. I will strengthen you and help you: I will uphold you with my righteous right hand. (Isaiah 41:10)

2

敬畏主卽智慧之訓誨ˇ欲得尊榮ˇ必先謙遜 (箴言 15:33)
경 외 주 즉 지 혜 지 훈 회 ˇ 욕 득 존 영 ˇ 필 선 겸 손

여호와를 敬畏경외하는 것은 智慧지혜의 訓戒훈계라 謙遜겸손은 尊貴존귀의 길잡이니라 (잠언 15:33)

The fear of the LORD teaches a man wisdom, and humility comes before honor. (Proverbs 15:33)

3

謙遜及敬畏主之果報ˇ卽富有ˇ尊榮ˇ生命 (箴言 22:4)
겸 손 급 경 외 주 지 과 보 ˇ 즉 부 유 ˇ 존 영 ˇ 생 명

謙遜겸손과 여호와를 敬畏경외함의 報償보상은 財物재물과 榮光영광과 生命생명이니라 (잠언 22:4)

Humility and the fear of the LORD bring wealth and honor and life. (Proverbs 22:4)

4

毋自視爲智者ˇ當敬畏主ˇ遠離惡事ˇ此爲爾治身之良藥ˇ使爾
무 자 시 위 지 자 ˇ 당 경 외 주 ˇ 원 리 악 사 ˇ 차 위 이 치 신 지 량 약 ˇ 사 이

百骸充髓 (箴言 3:7~8)
백 해 충 수

스스로 智慧지혜롭게 여기지 말지어다 여호와를 敬畏경외하며 惡악을 떠날지어다 이것이 네 몸에 良藥양약이 되어 네 骨髓골수를 潤澤윤택하게 하리라 (잠언 3:7~8)

Do not be wise in your own eyes: fear the LORD and shun evil. This will bring health to your body and nourishment to your bones. (Proverbs 3:7~8)

5

事之大要ˇ我儕俱當聽之ˇ卽敬畏上帝ˇ守其誡命ˇ此爲人之大端
사 지 대 요 ˇ 아 제 구 당 청 지 ˇ 즉 경 외 상 제 ˇ 수 기 계 명 ˇ 차 위 인 지 대 단
(傳道書 12:13)

일의 結局결국을 다 들었으니 하나님을 敬畏경외하고 그의 命令명령들을 지킬지어다 이것이 모든 사람의 本分본분이니라 (전도서 12:13)

Now all has been heard: here is the conclusion of the matter: Fear God and keep his commandments, for this is the whole duty of man. (Ecclesiastes 12:13)

6

敬畏主者ˇ主加倍賜恩ˇ如天離地之高 (詩篇 103:11)
경 외 주 자 ˇ 주 가 배 사 은 ˇ 여 천 리 지 지 고

이는 하늘이 땅에서 높음 같이 그를 敬畏경외하는 者자에게 그의 仁慈인자하심이 크심이로다 (시편 103:11)

For as high as the heavens are above the earth, so great is his love for those who fear him. (Psalms 103:11)

7

人敬畏主ˇ卽有堅實之期望ˇ其子孫必得護庇 (箴言 14:26)
인 경 외 주 ˇ 즉 유 견 실 지 기 망 ˇ 기 자 손 필 득 호 비

여호와를 敬畏경외하는 者자에게는 堅固견고한 依賴의뢰가 있나니 그 子女자녀들에게 避難處피난처가 있으리라 (잠언 14:26)

He who fears the LORD has a secure fortress, and for his children it will be a refuge. (Psalms 14:26)

8
故當畏主ˇ以誠心眞意奉事主ˇ爾祖在河東ˇ在伊及所事之諸
고당외주ˇ이성심진의봉사주ˇ이조재하동ˇ재이급소사지제
神ˇ爾當除之ˇ惟崇事主 (約書亞 24:14)
신ˇ이당제지ˇ유숭사주

그러므로 이제는 여호와를 敬畏경외하며 穩全온전함과 眞實진실함으로 그를 섬기라 너희의 祖上조상들이 江강 저쪽과 애굽에서 섬기던 神신들을 치워 버리고 여호와만 섬기라 (여호수아 24:14)

Now fear the LORD and serve him with all faithfulness. Throw away the gods your forefathers worshiped beyond the River and in Egypt, and serve the LORD. (Joshua 24:14)

9
美容屬僞ˇ豔色屬虛ˇ惟敬畏主之女ˇ始得讚譽 (箴言 31:30)
미용속위ˇ염색속허ˇ유경외주지녀ˇ시득찬예

고운 것도 거짓되고 아름다운 것도 헛되나 오직 여호와를 敬畏경외하는 女子여자는 稱讚칭찬을 받을 것이라 (잠언 31:30)

Charm is deceptive, and beauty is fleeting: but a woman who fears the LORD is to be praised. (Proverbs 31:30)

10
敬畏主ˇ是爲智慧之本ˇ愚昧人藐視智慧與訓誨 (箴言 1:7)
경외주ˇ시위지혜지본ˇ우매인막시지혜여훈회

여호와를 敬畏경외하는 것이 知識지식의 根本근본이거늘 미련한 者자는 智慧지혜와 訓戒훈계를 蔑視멸시하느니라 (잠언 1:7)

The fear of the LORD is the beginning of knowledge, but fools despise wisdom and discipline. (Proverbs 1:7)

11
凡敬畏主者ˇ主必示之以當擇之道 (詩篇 25:12)
범경외주자ˇ주필시지이당택지도

여호와를 敬畏경외하는 者자 누구냐 그가 擇택할 길을 그에게 가르치시리로다 (시편 25:12)

Who, then, is the man that fears the LORD? He will instruct him in the way chosen for him. (Psalms 25:12)

12
敬畏主者ˇ主必與之相交ˇ示以聖約 (詩篇 25:14)
경 외 주 자 ˇ 주 필 여 지 상 교 ˇ 시 이 성 약

여호와의 親密친밀하심이 그를 敬畏경외하는 者자들에게 있음이여 그의 言約언약을 그들에게 보이시리로다 (시편 25:14)

The LORD confides in those who fear him: he makes his covenant known to them. (Psalms 25:14)

13
惟我蒙主之大恩慈ˇ進主之殿敬畏主ˇ向主之聖殿下拜 (詩篇 5:7)
유 아 몽 주 지 대 은 자 ˇ 진 주 지 전 경 외 주 ˇ 향 주 지 성 전 하 배

오직 나는 主주의 豊盛풍성한 사랑을 힘입어 主주의 집에 들어가 主주를 敬畏경외함으로 聖殿성전을 向향하여 禮拜예배하리이다 (시편 5:7)

But I, by your great mercy, will come into your house: in reverence will I bow down toward your holy temple. (Psalms 5:7)

14
至愛者乎ˇ我儕旣得如此之應許ˇ則當自潔ˇ除身心之諸垢ˇ畏上帝以成聖 (哥林多後書 7:1)
지 애 자 호 ˇ 아 제 기 득 여 차 지 응 허 ˇ 즉 당 자 결 ˇ 제 신 심 지 제 구 ˇ 외 상 제 이 성 성

그런즉 사랑하는 者자들아 이 約束약속을 가진 우리는 하나님을 두려워하는 가운데서 거룩함을 穩全온전히 이루어 肉육과 靈영의 온갖 더러운 것에서 自身자신을 깨끗하게 하자 (고린도후서 7:1)

Since we have these promises, dear friends, let us purify ourselves from everything that contaminates body and spirit, perfecting holiness out of reverence for God. (2 Corinthians 7:1)

15
敬畏主者ˇ在世人前倚賴主者ˇ主爲其所積蓄所施行之恩惠ˇ何其廣大 (詩篇 31:19)
경 외 주 자 ˇ 재 세 인 전 의 뢰 주 자 ˇ 주 위 기 소 적 축 소 시 행 지 은 혜 ˇ 하 기 광 대

主주를 두려워하는 者자를 爲위하여 쌓아 두신 恩惠은혜 곧 主주께 避피하는 者자를 爲위하여 人生인생 앞에 베푸신 恩惠은혜가 어찌 그리 큰지요

(시편 31:19)

How great is your goodness, which you have stored up for those who fear you, which you bestow in the sight of men on those who take refuge in you. (Psalms 31:19)

16

爾不惜獨子以獻之於我ˇ今我知爾實畏上帝矣 (創世記 22:12)
이 불 석 독 자 이 헌 지 어 아 ˇ 금 아 지 이 실 외 상 제 의

네가 네 아들 네 獨子독자까지도 내게 아끼지 아니하였으니 내가 이제야 네가 하나님을 敬畏경외하는 줄을 아노라 (창세기 22:12)

Now I know that you fear God, because you have not withheld from me your son, your only son. (Genesis 22:12)

17

多有貨財ˇ煩擾不安ˇ不如少有而畏主 (箴言 15:16)
다 유 화 재 ˇ 번 요 불 안 ˇ 불 여 소 유 이 외 주

家産가산이 적어도 여호와를 敬畏경외하는 것이 크게 富부하고 煩惱번뇌하는 것보다 나으니라 (잠언 15:16)

Better a little with the fear of the LORD than great wealth with turmoil. (Proverbs 15:16)

18

敬畏主ˇ格守主約ˇ思以遵行主法度者ˇ主必永遠向其施恩ˇ向
경 외 주 ˇ 격 수 주 약 ˇ 사 이 준 행 주 법 도 자 ˇ 주 필 영 원 향 기 시 은 ˇ 향
其子孫永行公義 (詩篇 103:17~18)
기 자 손 영 행 공 의

여호와의 仁慈인자하심은 自己자기를 敬畏경외하는 者자에게 永遠영원부터 永遠영원까지 이르며 그의 義의는 子孫자손의 子孫자손에게 이르리니 곧 그의 言約언약을 지키고 그의 法道법도를 記憶기억하여 行행하는 者자에게로다 (시편 103:17~18)

But from everlasting to everlasting the LORD' s love is with those who fear him, and his righteousness with their children' s children–with those who keep his covenant and remember to obey his precepts. (Psalms 103:17~18)

19

敬畏主者ˇ主憐恤之ˇ如父之憐恤其子ˇ因主知我之性情ˇ念我
경 외 주 자 ˇ 주 련 휼 지 ˇ 여 부 지 련 휼 기 자 ˇ 인 주 지 아 지 성 정 ˇ 념 아
不過塵土 (詩篇 103:13~14)
불 과 진 토

아버지가 子息자식을 矜恤긍휼히 여김 같이 여호와께서는 自己자기를 敬畏경외하는 者자를 矜恤긍휼히 여기시나니 이는 그가 우리의 體質체질을 아시며 우리가 단지 먼지뿐임을 記憶기억하심이로다 (시편 103:13~14)

As a father has compassion on his children, so the LORD has compassion on those who fear him; for he knows how we are formed, he remembers that we are dust. (Psalms 103:13~14)

20

是時敬畏主者ˇ彼此相語ˇ爲主所聞ˇ凡敬畏主ˇ想念主名者ˇ
시 시 경 외 주 자 ˇ 피 차 상 어 ˇ 위 주 소 문 ˇ 범 경 외 주 ˇ 상 념 주 명 자 ˇ
必在主前ˇ被錄於書ˇ爲主所眷念 (瑪拉基 3:16)
필 재 주 전 ˇ 피 록 어 서 ˇ 위 주 소 권 념

그 때에 여호와를 敬畏경외하는 者자들이 彼此피차에 말하매 여호와께서 그것을 分明분명히 들으시고 여호와를 敬畏경외하는 者자와 그 이름을 尊重존중히 여기는 者자를 爲위하여 여호와 앞에 있는 記念冊기념책에 記錄기록하셨느니라 (말라기 3:16)

Then those who feared the LORD talked with each other, and the LORD listened and heard. A scroll of remembrance was written in his presence concerning those who feared the LORD and honored his name. (Malachi 3:16)

21

必使爾歷世歷代ˇ永享綏安ˇ爾因智慧知識ˇ多獲救恩ˇ敬畏主
필 사 이 력 세 역 대 ˇ 영 향 수 안 ˇ 이 인 지 혜 지 식 ˇ 다 획 구 은 ˇ 경 외 주
爲民之寶 (以賽亞 33:6)
위 민 지 보

네 時代시대에 平安평안함이 있으며 救援구원과 智慧지혜와 知識지식이 豊盛풍성할 것이니 여호와를 敬畏경외함이 네 보배니라 (이사야 33:6)

And wisdom and knowledge shall be the stability of thy times, and strength of salvation: the fear of the LORD is his treasure. (Isaish 33:6)

22

惟爾敬畏我名者ˇ必蒙義日照臨ˇ煦育之德ˇ在其光輝ˇ爾得逍
유 이 경 외 아 명 자 ˇ 필 몽 의 일 조 림 ˇ 후 육 지 덕 ˇ 재 기 광 휘 ˇ 이 득 소
遙而出ˇ踊躍有如養肥之犢 (瑪拉基 4:2)
요 이 출 ˇ 용 약 유 여 양 비 지 독

내 이름을 敬畏경외하는 너희에게는 公義공의로운 해가 떠올라서 治療치료하는 光線광선을 비추리니 너희가 나가서 외양間간에서 나온 송아지 같이 뛰리라 (말라기 4:2)

But for you who revere my name, the sun of righteousness will rise with healing in its wings. And you will go out and leap like calves released from the stall. (Malachi 4:2)

23

蓋經載主云ˇ我聖矣ˇ爾亦當聖ˇ上帝不偏視人ˇ循人之所行而
개 경 재 주 운 ˇ 아 성 의 ˇ 이 역 당 성 ˇ 상 제 불 편 시 인 ˇ 순 인 지 소 행 이
鞫之ˇ爾旣稱之爲父ˇ則寄生斯世ˇ當無日不警懼
국 지 ˇ 이 기 칭 지 위 부 ˇ 즉 기 생 사 세 ˇ 당 무 일 불 경 구
(彼得前書 1:16~17)

記錄기록되었으되 내가 거룩하니 너희도 거룩할지어다 하셨느니라 外貌외모로 보시지 않고 各각 사람의 行爲행위대로 審判심판하시는 이를 너희가 아버지라 부른즉 너희가 나그네로 있을 때를 두려움으로 지내라 (베드로전서 1:16~17)

For it is written: Be holy, because I am holy. Since you call on a Father who judges each man' s work impartially, live your lives as strangers here in reverent fear. (1 Peter 1:16~17)

24

爾見白髮者當起ˇ敬耆老ˇ畏爾上帝ˇ我乃主 (利未記 19:32)
이 견 백 발 자 당 기 ˇ 경 기 노 ˇ 외 이 상 제 ˇ 아 내 주

너는 센 머리 앞에서 일어서고 老人노인의 얼굴을 恭敬공경하며 네 하나님을 敬畏경외하라 나는 여호와이니라 (레위기 19:32)

Rise in the presence of the aged, show respect for the elderly and revere your God. I am the LORD. (Leviticus 19:32)

25
爾妻在室中ˇ如多果之葡萄樹ˇ爾子女如油果樹ˇ皆圍繞爾席ˇ
이 처 재 실 중 ˇ 여 다 과 지 포 도 수 ˇ 이 자 녀 여 유 과 수 ˇ 개 위 요 이 석 ˇ
敬畏主之人ˇ必如此蒙福 (詩篇 128:3~4)
경 외 주 지 인 ˇ 필 여 차 몽 복

네 집 房방에 있는 네 아내는 結實결실한 葡萄포도나무 같으며 네 食卓식탁에 둘러 앉은 子息자식들은 어린 橄欖감람나무 같으리로다 여호와를 敬畏경외하는 者자는 이같이 福복을 얻으리로다 (시편 128:3~4)

Your wife will be like a fruitful vine within your house: your sons will be like olive shoots around your table. Thus is the man blessed who fears the LORD. (Psalms 128:3~4)

경애(敬愛)

1
爾曹虔誠人ˇ皆當敬愛主ˇ因主保祐眞實人ˇ重報行爲驕傲之人
이 조 건 성 인 ˇ 개 당 경 애 주 인 ˇ 주 보 우 진 실 인 ˇ 중 보 행 위 교 오 지 인
(詩篇 31:23)

너희 모든 聖徒성도들아 여호와를 사랑하라 여호와께서 眞實진실한 者자를 保護보호하시고 驕慢교만하게 行행하는 者자에게 嚴重엄중히 갚으시느니라 (시편 31:23)

Love the LORD, all his saints! The LORD preserves the faithful, but the proud he pays back in full. (Psalms 31:23)

2
耶穌曰ˇ爾當盡心盡性盡意愛主爾之上帝 (瑪太福音 22:37)
야 소 왈 ˇ 이 당 진 심 진 성 진 의 애 주 이 지 상 제

예수께서 이르시되 네 마음을 다하고 목숨을 다하고 뜻을 다하여 主주 너의 하나님을 사랑하라 하셨으니 (마태복음 22:37)

Jesus replied: Love the Lord your God with all your heart and with all your soul and with all your mind. (Matthew 22:37)

3

敬愛主者ˇ主皆保護ˇ惟彼惡人ˇ主悉翦滅 (詩篇 145:20)
경 애 주 자 ˇ 주 개 보 호 ˇ 유 피 악 인 ˇ 주 실 전 멸

여호와께서 自己자기를 사랑하는 者자들은 다 保護보호하시고 惡人악인들은 다 滅멸하시리로다 (시편 145:20)

The LORD watches over all who love him, but all the wicked he will destroy. (Psalms 145:20)

4

我敬愛主ˇ因主俯聽我聲ˇ俯聽我懇求 (詩篇 116:1)
아 경 애 주 ˇ 인 주 부 청 아 성 ˇ 부 청 아 간 구

여호와께서 내 音聲음성과 내 懇求간구를 들으시므로 내가 그를 사랑하는도다 (시편 116:1)

I love the LORD, for he heard my voice; he heard my cry for mercy. (Psalms 116:1)

5

主賜我以力ˇ我敬愛主 (詩篇 18:1)
주 사 아 이 력 ˇ 아 경 애 주

나의 힘이신 여호와여 내가 主주를 사랑하나이다 (시편 18:1)

He said: I love you, O LORD, my strength. (Psalms 18:1)

6

因其敬愛我ˇ我必解救之ˇ因其知我名ˇ我必護庇之 (詩篇 91:14)
인 기 경 애 아 ˇ 아 필 해 구 지 ˇ 인 기 지 아 명 ˇ 아 필 호 비 지

하나님이 이르시되 그가 나를 사랑한즉 내가 그를 건지리라 그가 내 이름을 안즉 내가 그를 높이리라 (시편 91:14)

Because he loves me, says the LORD, I will rescue him; I will protect him, for he acknowledges my name. (Psalms 91:14)

7

爾曹敬愛主者ˇ皆須惡惡ˇ主必保全敬主虔誠人之生命ˇ必救
이 조 경 애 주 자 ˇ 개 수 오 악 ˇ 주 필 보 전 경 주 건 성 인 지 생 명 ˇ 필 구
之脫離惡人之手 (詩篇 97:10)
지 탈 리 악 인 지 수

여호와를 사랑하는 너희여 惡악을 미워하라 그가 그의 聖徒성도의 靈魂영혼을 保全보전하사 惡人악인의 손에서 건지시느니라 (시편 97:10)

Let those who love the LORD hate evil, for he guards the lives of his faithful ones and delivers them from the hand of the wicked. (Psalms 97:10)

경건(敬虔)

1

惟眷顧孤寡於患難間ˇ且自守不爲世俗所染ˇ是誠虔敬ˇ純潔無疵ˇ於上帝我父前 (雅各書 1:27)
유권고고과어환난간ˇ차자수불위세속소염ˇ시성건경ˇ순결무자ˇ어상제아부전

하나님 아버지 앞에서 淨潔정결하고 더러움이 없는 敬虔경건은 곧 孤兒고아와 寡婦과부를 그 患難환난 中중에 돌보고 또 自己자기를 지켜 世俗세속에 물들지 아니하는 그것이니라 (야고보서 1:27)

Religion that God our Father accepts as pure and faultless is this: to look after orphans and widows in their distress and to keep oneself from being polluted by the world. (James 1:27)

2

故我儕旣得不可震之國ˇ則當感恩ˇ虔恭寅畏ˇ以事上帝ˇ此乃上帝所悅者 (希伯來書12:28)
고아제기득불가진지국ˇ즉당감은ˇ건공인외ˇ이사상제ˇ차내상제소열자

그러므로 우리가 흔들리지 않는 나라를 받았은즉 恩惠은혜를 받자 이로 말미암아 敬虔경건함과 두려움으로 하나님을 기쁘시게 섬길지니 (히브리서 12:28)

Therefore, since we are receiving a kingdom that cannot be shaken, let us be thankful, and so worship God acceptably with reverence and awe, (Hebrews 12:28)

3

惟主知拯救虔敬之人ˇ脫於苦難ˇ而留不義之人ˇ待審判之日
유 주 지 증 구 건 경 지 인 ˇ 탈 어 고 난 ˇ 이 류 불 의 지 인 ˇ 대 심 판 지 일
受刑 (彼得後書 2:9)
수 형

主주께서 敬虔경건한 者자는 試驗시험에서 건지실 줄 아시고 不義불의한 者자는 刑罰형벌 아래에 두어 審判심판 날까지 지키시며 (베드로후서 2:9)

If this is so, then the Lord knows how to rescue godly men from trials and to hold the unrighteous for the day of judgment, while continuing their punishment. (2 Peter 2:9)

4

然虔敬若兼知足ˇ是大益也ˇ我儕無所攜而出世ˇ亦無所攜而去
연 건 경 약 겸 지 족 ˇ 시 대 익 야 ˇ 아 제 무 소 휴 이 출 세 ˇ 역 무 소 휴 이 거
世ˇ明矣ˇ有衣食卽當知足 (提摩太前書 6:6~8)
세 ˇ 명 의 ˇ 유 의 식 즉 당 지 족

그러나 自足자족하는 마음이 있으면 敬虔경건은 큰 利益이익이 되느니라 우리가 世上세상에 아무 것도 가지고 온 것이 없으매 또한 아무 것도 가지고 가지 못하리니 우리가 먹을 것과 입을 것이 있은즉 足족한 줄로 알 것이니라 (디모데전서 6:6~8)

But godliness with contentment is great gain. For we brought nothing into the world, and we can take nothing out of it. But if we have food and clothing, we will be content with that. (1 Timothy 6:6~8)

공경(恭敬)

1

由爾貲財獻禮物於主ˇ並薦土産之初實者ˇ以此敬主ˇ則爾之
유 이 자 재 헌 예 물 어 주 ˇ 병 천 토 산 지 초 실 자 ˇ 이 차 경 주 ˇ 즉 이 지
倉廩必得充盈ˇ爾之壓酒處新酒必流溢 (箴言 3:9~10)
창 름 필 득 충 영 ˇ 이 지 압 주 처 신 주 필 류 일

네 財物재물과 네 所産物소산물의 처음 익은 열매로 여호와를 恭敬공경하라

그리하면 네 倉庫창고가 가득히 차고 네 葡萄汁포도즙 틀에 새 葡萄汁포도즙이 넘치리라 (잠언 3:9~10)

Honor the LORD with your wealth, with the firstfruits of all your crops: then your barns will be filled to overflowing, and your vats will brim over with new wine. (Proverbs 3:9~10)

2

必崇事主爾之上帝ˇ則降福於爾ˇ使爾飲食充足ˇ除疾病於爾中
필숭사주이지상제ˇ즉강복어이ˇ사이음식충족ˇ제질병어이중
(出伊及記 23:25)

네 하나님 여호와를 섬기라 그리하면 여호와가 너희의 糧食양식과 물에 福복을 내리고 너희 中중에서 病병을 除제하리니 (출애굽기 23:25)

Worship the LORD your God, and his blessing will be on your food and water. I will take away sickness from among you, (Exodus 23:25)

겸손(謙遜)

1

當自卑於主前ˇ則主必高擧爾 (雅各書 4:10)
당자비어주전ˇ즉주필고거이

主주 앞에서 낮추라 그리하면 主주께서 너희를 높이시리라 (야고보서 4:10)

Humble yourselves before the Lord, and he will lift you up. (James 4:10)

11. 기도(祈禱)

기도(祈禱)

부르짖음

구(求)함

원(願)함

예배(禮拜)

제사(祭祀)

찬미(讚美)

믿음의 祈禱기도는 病병든 者자를 救援구원하리니 主주께서 그를 일으키시리라 或是혹시 罪죄를 犯범하였을지라도 赦사하심을 받으리라 (야고보서 5:15)

기도(祈禱)

1

由信祈禱ˇ可救患病者ˇ主必起之ˇ彼素犯之罪ˇ亦蒙赦宥
유 신 기 도ˇ가 구 환 병 자ˇ주 필 기 지ˇ피 소 범 지 죄ˇ역 몽 사 유
(雅各書 5:15)

믿음의 祈禱기도는 病병든 者자를 救援구원하리니 主주께서 그를 일으키시리라 或是혹시 罪죄를 犯범하였을지라도 赦사하심을 받으리라 (야고보서 5:15)

And the prayer offered in faith will make the sick person well: the Lord will raise him up. If he has sinned, he will be forgiven. (James 5:15)

2

雅比斯禱以色列之上帝曰ˇ求主賜福於我ˇ廣我境土ˇ常眷祐
아 비 사 도 이 색 열 지 상 제 왈ˇ구 주 사 복 어 아ˇ광 아 경 토ˇ상 권 우
我ˇ免我遭患難ˇ有愁苦ˇ上帝允其所求 (歷代上 4:10)
아ˇ면 아 조 환 난ˇ유 수 고ˇ상 제 윤 기 소 구

야베스가 이스라엘 하나님께 아뢰어 이르되 主주께서 내게 福복을 주시려거든 나의 地域지역을 넓히시고 主주의 손으로 나를 도우사 나로 患難환난을 벗어나 내게 근심이 없게 하옵소서 하였더니 하나님이 그가 求구하는 것을 許諾허락하셨더라 (역대상 4:10)

Jabez cried out to the God of Israel, Oh, that you would bless me and enlarge my territory! Let your hand be with me, and keep me from harm so that I will be free from pain. And God granted his request. (1 Chronicles 4:10)

3

且爾祈禱時有信ˇ無論何求ˇ必得之 (瑪太福音 21:22)
차 이 기 도 시 유 신ˇ무 론 하 구ˇ필 득 지

너희가 祈禱기도할 때에 무엇이든지 믿고 求구하는 것은 다 받으리라 하시니라 (마태복음 21:22)

If you believe, you will receive whatever you ask for in prayer. (Matthew 21:22)

4

求主在天ˇ在主之居所垂聽ˇ循外邦人呼籲於主者而行ˇ使地
구 주 재 천 ˇ 재 주 지 거 소 수 청 ˇ 순 외 방 인 호 유 어 주 자 이 행 ˇ 사 지
上萬民ˇ皆知主之名而敬畏主ˇ與主之民以色列人無異ˇ又知
상 만 민 ˇ 개 지 주 지 명 이 경 외 주 ˇ 여 주 지 민 이 색 열 인 무 이 ˇ 우 지
我所建之殿ˇ稱爲主之殿 (列王上 8:43)
아 소 건 지 전 ˇ 칭 위 주 지 전

主주는 계신 곳 하늘에서 들으시고 異邦人이방인이 主주께 부르짖는 대로 이루사 땅의 萬民만민이 主주의 이름을 알고 主주의 百姓백성 이스라엘처럼 敬畏경외하게 하시오며 또 내가 建築건축한 이 聖殿성전을 主주의 이름으로 일컫는 줄을 알게 하옵소서 **(열왕기상 8:43)**

Then hear from heaven, your dwelling place, and do whatever the foreigner asks of you, so that all the peoples of the earth may know your name and fear you, as do your own people Israel, and may know that this house I have built bears your Name. **(1 Kings 8:43)**

5

耶穌悚惕哀慟ˇ祈禱愈切ˇ汗如血滴落於地 (路加福音 22:44)
야 소 송 척 애 통 ˇ 기 도 유 절 ˇ 한 여 혈 적 락 어 지

예수께서 힘쓰고 애써 더욱 懇切간절히 祈禱기도하시니 땀이 땅에 떨어지는 핏방울 같이 되더라 **(누가복음 22:44)**

And being in anguish, he prayed more earnestly, and his sweat was like drops of blood falling to the ground. **(Luke 22:44)**

6

爾曹以祈禱助我ˇ我因多人祈禱得恩ˇ亦有多人爲我感謝
이 조 이 기 도 조 아 ˇ 아 인 다 인 기 도 득 은 ˇ 역 유 다 인 위 아 감 사
(哥林多後書 1:11)

너희도 우리를 爲위하여 懇求간구함으로 도우라 이는 우리가 많은 사람의 祈禱기도로 얻은 恩賜은사로 말미암아 많은 사람이 우리를 爲위하여 感謝감사하게 하려 함이라 **(고린도후서 1:11)**

As you help us by your prayers. Then many will give thanks on our behalf for the gracious favor granted us in answer to the prayers of many. (2 Corinthians 1:11)

7
當恒祈禱ˇ祈禱之時ˇ務警醒而感謝 (哥羅西書 4:2)
당 항 기 도 ˇ 기 도 지 시 ˇ 무 경 성 이 감 사

祈禱기도를 繼續계속하고 祈禱기도에 感謝감사함으로 깨어 있으라 (골로새서 4:2)

Devote yourselves to prayer, being watchful and thankful. (Colossians 4:2)

8
主日間仍復施恩ˇ夜間我歌頌主ˇ祈求賜我生命之上帝 (詩篇 42:8)
주 일 간 잉 복 시 은 ˇ 야 간 아 가 송 주 ˇ 기 구 사 아 생 명 지 상 제

낮에는 여호와께서 그의 仁慈인자하심을 베푸시고 밤에는 그의 讚頌찬송이 내게 있어 生命생명의 하나님께 祈禱기도하리로다 (시편 42:8)

By day the LORD directs his love, at night his song is with me—a prayer to the God of my life. (Psalms 42:8)

9
惡人之祭祀ˇ爲主所惡ˇ正直人之祈禱ˇ爲主所悅 (箴言 15:8)
악 인 지 제 사 ˇ 위 주 소 오 ˇ 정 직 인 지 기 도 ˇ 위 주 소 열

惡人악인의 祭祀제사는 여호와께서 미워하셔도 正直정직한 者자의 祈禱기도는 그가 기뻐하시느니라 (잠언 15:8)

The LORD detests the sacrifice of the wicked, but the prayer of the upright pleases him. (Proverbs 15:8)

10
阿們ˇ頌讚ˇ榮光ˇ智慧ˇ祝謝ˇ尊貴ˇ威權ˇ能力歸於我上帝ˇ
아 문 ˇ 송 찬 ˇ 영 광 ˇ 지 혜 ˇ 축 사 ˇ 존 귀 ˇ 위 권 ˇ 능 력 귀 어 아 상 제 ˇ
至於世世ˇ阿們 (默示錄/約翰 啓示錄 7:12)
지 어 세 세 ˇ 아 문

이르되 아멘 讚頌찬송과 榮光영광과 智慧지혜와 感謝감사와 尊貴존귀와 權能권능과 힘이 우리 하나님께 世世세세토록 있을지어다 아멘 하더라 (묵시록/요한계시록 7:12)

Saying: Amen! Praise and glory and wisdom and thanks and

honor and power and strength be to our God for ever and ever. Amen! (Revelation 7:12)

11

求主清晨俯聽我聲ˇ清晨我向主陳詞禱告ˇ遂卽盼望 (詩篇 5:3)
구 주 청 신 부 청 아 성 ˇ 청 신 아 향 주 진 사 도 고 ˇ 수 즉 반 망

여호와여 아침에 主주께서 나의 소리를 들으시리니 아침에 내가 主주께 祈禱기도하고 바라리이다 (시편 5:3)

In the morning, O LORD, you hear my voice: in the morning I lay my requests before you and wait in expectation. (Psalms 5:3)

12

我爲爾祈禱ˇ斷乎不息ˇ不然ˇ則獲罪於主ˇ我又以善道正道敎爾
아 위 이 기 도 ˇ 단 호 불 식 ˇ 불 연 ˇ 즉 획 죄 어 주 ˇ 아 우 이 선 도 정 도 교 이
(撒母耳上 12:23)

나는 너희를 爲위하여 祈禱기도하기를 쉬는 罪죄를 여호와 앞에 決斷결단코 犯범하지 아니하고 善선하고 義의로운 길을 너희에게 가르칠 것인즉 (사무엘상 12:23)

As for me, far be it from me that I should sin against the LORD by failing to pray for you. And I will teach you the way that is good and right. (1 Samuel 12:23)

13

爾祈禱時ˇ當入密室ˇ閉門祈禱爾在隱之父ˇ爾父鑒觀於隱ˇ將
이 기 도 시 ˇ 당 입 밀 실 ˇ 폐 문 기 도 이 재 은 지 부 ˇ 이 부 감 관 어 은 ˇ 장
顯以報爾 (瑪太福音 6:6)
현 이 보 이

너는 祈禱기도할 때에 네 골房방에 들어가 門문을 닫고 隱密은밀한 中중에 계신 네 아버지께 祈禱기도하라 隱密은밀한 中중에 보시는 네 아버지께서 갚으시리라 (마태복음 6:6)

But when you pray, go into your room, close the door and pray to your Father, who is unseen. Then your Father, who sees what is done in secret, will reward you. (Matthew 6:6)

14

我欲人無慾無爭ˇ隨在擧聖潔之手而祈禱 (提摩太前書 2:8)
아 욕 인 무 욕 무 쟁 ˇ 수 재 거 성 결 지 수 이 기 도

그러므로 各處각처에서 男子남자들이 憤怒분노와 다툼이 없이 거룩한 손을 들어 祈禱기도하기를 願원하노라 (디모데전서 2:8)

I want men everywhere to lift up holy hands in prayer, without anger or disputing. (1 Timothy 2:8)

15

凡主之僕與主之民以色列ˇ在此殿祈禱ˇ求主垂聽ˇ願主在天ˇ
범 주 지 복 여 주 지 민 이 색 열 ˇ 재 차 전 기 도 ˇ 구 주 수 청 ˇ 원 주 재 천 ˇ
在主之居所ˇ垂聽赦免 (列王上 8:30)
재 주 지 거 소 ˇ 수 청 사 면

主주의 종과 主주의 百姓백성 이스라엘이 이 곳을 向향하여 祈禱기도할 때에 主주는 그 懇求간구함을 들으시되 主주께서 계신 곳 하늘에서 들으시고 들으시사 赦사하여 주옵소서 (열왕기상 8:30)

Hear the supplication of your servant and of your people Israel when they pray toward this place. Hear from heaven, your dwelling place, and when you hear, forgive. (1 Kings 8:30)

16

皆恒守使徒之訓ˇ及交接之道ˇ擘餠祈禱 (使徒行傳 2:42)
개 항 수 사 도 지 훈 ˇ 급 교 접 지 도 ˇ 벽 병 기 도

그들이 使徒사도의 가르침을 받아 서로 交際교제하고 떡을 떼며 오로지 祈禱기도하기를 힘쓰니라 (사도행전 2:42)

They devoted themselves to the apostles' teaching and to the fellowship, to the breaking of bread and to prayer. (Acts 2:42)

17

但以理ˇ旣知王詔已頒ˇ則歸其家ˇ其家有樓室ˇ牖向耶路撒冷
단 이 리 ˇ 기 지 왕 조 이 반 ˇ 즉 귀 기 가 ˇ 기 가 유 루 실 ˇ 유 향 야 로 살 냉
而啓ˇ在彼一日三次ˇ屈膝曲跽ˇ禱告祝謝其上帝ˇ與素日無異
이 계 ˇ 재 피 일 일 삼 차 ˇ 굴 슬 곡 기 ˇ 도 고 축 사 기 상 제 ˇ 여 소 일 무 이
(但以理 6:10)

다니엘이 이 詔書조서에 王왕의 圖章도장이 찍힌 것을 알고도 자기 집에

돌아가서는 윗房방에 올라가 예루살렘으로 向향한 窓門창문을 열고 前전에 하던 대로 하루 세 番번씩 무릎을 꿇고 祈禱기도하며 그의 하나님께 感謝감사하였더라 (다니엘 6:10)

Now when Daniel learned that the decree had been published, he went home to his upstairs room where the windows opened toward Jerusalem. Three times a day he got down on his knees and prayed, giving thanks to his God, just as he had done before. (Daniel 6:10)

18

郇邑之民ˇ誠心籲主ˇ爲郇邑之城垣ˇ當流淚如河ˇ晝夜不停
순 읍 지 민 ˇ 성 심 유 주 ˇ 위 순 읍 지 성 원 ˇ 당 유 루 여 하 ˇ 주 야 부 정
ˇ目淚不息ˇ夜間初更之時當起ˇ切切哀告於主前ˇ傾心吐膽
ˇ 목 루 불 식 ˇ 야 간 초 경 지 시 당 기 ˇ 절 절 애 고 어 주 전 ˇ 경 심 토 담
ˇ猶若傾水ˇ爾之嬰孩ˇ偃仆街首ˇ饑餓困憊ˇ當爲其生命ˇ向
ˇ 유 약 경 수 ˇ 이 지 영 해 ˇ 언 부 가 수 ˇ 기 아 곤 비 ˇ 당 위 기 생 명 ˇ 향
主擧手祈禱 (耶利米哀歌 2:18~19)
주 거 수 기 도

그들의 마음이 主주를 向향하여 부르짖기를 딸 시온의 城壁성벽아 너는 밤낮으로 눈물을 江강처럼 흘릴지어다 스스로 쉬지 말고 네 눈瞳子동자를 쉬게 하지 말지어다 초저녁에 일어나 부르짖을지어다 네 마음을 主주의 얼굴 앞에 물 쏟듯 할지어다 各각 길 어귀에서 주려 氣盡기진한 네 어린 子女자녀들의 生命생명을 爲위하여 主주를 向향하여 손을 들지어다 하였도다 (예레미야애가 2:18~19)

The hearts of the people cry out to the Lord. O wall of the Daughter of Zion, let your tears flow like a river day and night: give yourself no relief, your eyes no rest. Arise, cry out in the night, as the watches of the night begin: pour out your heart like water in the presence of the Lord. Lift up your hands to him for the lives of your children, who faint from hunger at the head of every street. (Lamentations 2:18~19)

19

禱告主我之上帝ˇ自陳罪愆ˇ曰ˇ主歟ˇ至大可畏之上帝ˇ爲敬
도 고 주 아 지 상 제 ˇ 자 진 죄 건 ˇ 왈 ˇ 주 여 ˇ 지 대 가 외 지 상 제 ˇ 위 경

愛主謹守主命者ˇ踐約施恩 (但以理 9:4)
애주근수주명자ˇ천약시은

내 하나님 여호와께 祈禱기도하며 自服자복하여 이르기를 크시고 두려워할 主주 하나님 主주를 사랑하고 主주의 誡命계명을 지키는 者자를 爲위하여 言約언약을 지키시고 그에게 仁慈인자를 베푸시는 이시여 (다니엘 9:4)

I prayed to the LORD my God and confessed: O Lord, the great and awesome God, who keeps his covenant of love with all who love him and obey his commands, (Daniel 9:4)

20

耶穌出ˇ仍往油果山ˇ門徒從之ˇ旣至ˇ謂門徒曰ˇ爾當祈禱ˇ
야소출ˇ잉왕유과산ˇ문도종지ˇ기지ˇ위문도왈ˇ이당기도ˇ
免入誘惑ˇ遂離之ˇ約投石之遠ˇ屈膝祈禱ˇ曰ˇ父歟ˇ爾若肯
면입유혹ˇ수리지ˇ약투석지원ˇ굴슬기도ˇ왈ˇ부여ˇ이약긍
ˇ則使此杯離我ˇ雖然ˇ非欲我意得成ˇ惟欲爾意得成也
ˇ즉사차배리아ˇ수연ˇ비욕아의득성ˇ유욕이의득성야
(路加福音 22:39~42)

예수께서 나가사 習慣습관을 따라 橄欖山감람산에 가시매 弟子제자들도 따라갔더니 그 곳에 이르러 그들에게 이르시되 誘惑유혹에 빠지지 않게 祈禱기도하라 하시고 그들을 떠나 돌 던질 만큼 가서 무릎을 꿇고 祈禱기도하여 이르시되 아버지여 萬一만일 아버지의 뜻이거든 이 盞잔을 내게서 옮기시옵소서 그러나 내 願원대로 마시옵고 아버지의 願원대로 되기를 願원하나이다 하시니 (누가복음 22:39~42)

Jesus went out as usual to the Mount of Olives, and his disciples followed him. On reaching the place, he said to them, Pray that you will not fall into temptation. He withdrew about a stone's throw beyond them, knelt down and prayed, Father, if you are willing, take this cup from me: yet not my will, but yours be done. (Luke 22:39~42)

21

其時爾祈禱ˇ主必應允ˇ爾呼籲ˇ主必云ˇ我在此ˇ如爾於爾中
기시이기도ˇ주필응윤ˇ이호유ˇ주필운ˇ아재차ˇ여이어이중
除壓人之軛ˇ不指摘ˇ不妄言ˇ向饑餓者發仁心ˇ使困苦者得滿
제압인지액ˇ부지적ˇ불망언ˇ향기아자발인심ˇ사곤고자득만
其志ˇ則爾光必發於暗ˇ爾暗必變如日午 (以賽亞 58:9~10)
기지ˇ즉이광필발어암ˇ이암필변여일오

네가 부를 때에는 나 여호와가 應答응답하겠고 네가 부르짖을 때에는 내가 여기 있다 하리라 萬一만일 네가 너희 中중에서 멍에와 손가락질과 虛妄허망한 말을 除제하여 버리고 주린 者자에게 네 心情심정이 動동하며 괴로워하는 者자의 心情심정을 滿足만족하게 하면 네 빛이 黑暗흑암 中중에서 떠올라 네 어둠이 낮과 같이 될 것이며 (이사야 58:9~10)

Then you will call, and the LORD will answer: you will cry for help, and he will say: Here am I. If you do away with the yoke of oppression, with the pointing finger and malicious talk, and if you spend yourselves in behalf of the hungry and satisfy the needs of the oppressed, then your light will rise in the darkness, and your night will become like the noonday. (Isaiah 58:9~10)

22

耶穌又設喩ˇ謂人當恒祈禱而不倦 (路加福音 18:1)
야 소 우 설 유 ˇ 위 인 당 항 기 도 이 불 권

예수께서 그들에게 恒常항상 祈禱기도하고 落心낙심하지 말아야 할 것을 譬喩비유로 말씀하여 (누가복음 18:1)

Then Jesus told his disciples a parable to show them that they should always pray and not give up. (Luke 18:1)

23

哈拿衷懷憂戚ˇ哭泣禱主ˇ許願曰ˇ萬有之主ˇ如垂顧婢之苦ˇ
합 나 충 회 우 척 ˇ 곡 읍 도 주 ˇ 허 원 왈 ˇ 만 유 지 주 ˇ 여 수 고 비 지 고 ˇ
念婢不忘ˇ賜婢生男ˇ則必使之歸主ˇ至於畢生ˇ薙髮之刀ˇ不
념 비 불 망 ˇ 사 비 생 남 ˇ 즉 필 사 지 귀 주 ˇ 지 어 필 생 ˇ 치 발 지 도 ˇ 불
加其首 (撒母耳上 1:10~11)
가 기 수

한나가 마음이 괴로워서 여호와께 祈禱기도하고 痛哭통곡하며 誓願서원하여 이르되 萬軍만군의 여호와여 萬一만일 主주의 女여종의 苦痛고통을 돌보시고 나를 記憶기억하사 主주의 女여종을 잊지 아니하시고 主주의 女여종에게 아들을 주시면 내가 그의 平生평생에 그를 여호와께 드리고 削刀삭도를 그의 머리에 대지 아니하겠나이다 (사무엘상 1:10~11)

In bitterness of soul Hannah wept much and prayed to the

LORD. And she made a vow, saying, O LORD Almighty, if you will only look upon your servant' s misery and remember me, and not forget your servant but give her a son, then I will give him to the LORD for all the days of his life, and no razor will ever be used on his head. (1 Samuel 1:10~11)

24

免我之罪ˇ蓋我亦免凡負我者ˇ勿使我遇試 (路加福音 11:4)
면아지죄ˇ개아역면범부아자ˇ물사아우시

우리가 우리에게 罪죄 지은 모든 사람을 容恕용서하오니 우리 罪죄도 赦사하여 주시옵고 우리를 試驗시험에 들게 하지 마시옵소서 하라 (누가복음 11:4)

Forgive us our sins, for we also forgive everyone who sins against us. And lead us not into temptation. (Luke 11:4)

25

主成全爾之所求ˇ使爾得勝ˇ我儕便皆歡呼ˇ倚賴我上帝之名ˇ
주성전이지소구ˇ사이득승ˇ아제변개환호ˇ의뢰아상제지명ˇ
竪立旌旗 (詩篇 20:5)
수립정기

우리가 너의 勝利승리로 말미암아 凱歌개가를 부르며 우리 하나님의 이름으로 우리의 旗깃발을 세우리니 여호와께서 네 모든 祈禱기도를 이루어 주시기를 願원하노라 (시편 20:5)

We will shout for joy when you are victorious and will lift up our banners in the name of our God. May the LORD grant all your requests (Psalms 20:5)

부르짖음

1

惟爾居郇與居耶路撒冷之民ˇ不復哭泣ˇ爾以聲呼籲主ˇ主必
유이거순여거야로살냉지민ˇ불부곡읍ˇ이이성호유주ˇ주필
賜恩於爾ˇ主聞之卽應爾 (以賽亞 30:19)
사은어이ˇ주문지즉응이

시온에 居住거주하며 예루살렘에 居住거주하는 百姓백성아 너는 다시 痛哭통곡하지 아니할 것이라 그가 네 부르짖는 소리로 말미암아 네게 恩惠은혜를 베푸시되 그가 들으실 때에 네게 應答응답하시리라 (이사야 30:19)

O people of Zion, who live in Jerusalem, you will weep no more. How gracious he will be when you cry for help! As soon as he hears, he will answer you. (Isaiah 30:19)

2

我呼籲主之時ˇ主應允我ˇ使我心堅ˇ放膽無懼 (詩篇 138:3)
아 호 유 주 지 시 ˇ 주 응 윤 아 ˇ 사 아 심 견 ˇ 방 담 무 구

내가 懇求간구하는 날에 主주께서 應答응답하시고 내 靈魂영혼에 힘을 주어 나를 強강하게 하셨나이다 (시편 138:3)

When I called, you answered me: you made me bold and stouthearted. (Psalms 138:3)

3

求上帝應允我籲懇ˇ俯聽我祈求 (詩篇 61:1)
구 상 제 응 윤 아 유 간 ˇ 부 청 아 기 구

하나님이여 나의 부르짖음을 들으시며 내 祈禱기도에 留意유의하소서 (시편 61:1)

Hear my cry, O God: listen to my prayer. (Psalms 61:1)

4

我朝暮及日中哀求悲歎ˇ主必俯聽我聲 (詩篇 55:17)
아 조 모 급 일 중 애 구 비 탄 ˇ 주 필 부 청 아 성

저녁과 아침과 正午정오에 내가 근심하여 歎息탄식하리니 여호와께서 내 소리를 들으시리로다 (시편 55:17)

Evening, morning and noon I cry out in distress, and he hears my voice. (Psalms 55:17)

5

我一心呼籲ˇ求主應允ˇ我必遵守主之典章 (詩篇 119:145)
아 일 심 호 유 ˇ 구 주 응 윤 ˇ 아 필 준 수 주 지 전 장

여호와여 내가 全心전심으로 부르짖었사오니 내게 應答응답하소서 내가

主주의 教訓교훈들을 지키리이다 (시편 119:145)

I call with all my heart: answer me, O LORD, and I will obey your decrees. (Psalms 119:145)

6

求主俯聽正直垂聽我之呼籲ˇ我口不出詭詐ˇ求主側耳聽我祈求
구 주 부 청 정 직 수 청 아 지 호 유 ˇ 아 구 불 출 궤 사 ˇ 구 주 측 이 청 아 기 구
(詩篇 17:1)

여호와여 義의의 呼訴호소를 들으소서 나의 울부짖음에 注意주의하소서 거짓 되지 아니한 입술에서 나오는 나의 祈禱기도에 귀를 기울이소서 (시편 17:1)

Hear, O LORD, my righteous plea: listen to my cry. Give ear to my prayer–it does not rise from deceitful lips. (Psalms 17:1)

7

但求主我之上帝ˇ垂念主之僕禱告祈求ˇ垂聽主之僕今日於主
단 구 주 아 지 상 제 ˇ 수 념 주 지 복 도 고 기 구 ˇ 수 청 주 지 복 금 일 어 주
前呼籲祈禱之言 (列王上 8:28)
전 호 유 기 도 지 언

그러나 내 하나님 여호와여 主주의 종의 祈禱기도와 懇求간구를 돌아보시며 이 종이 오늘 主주 앞에서 부르짖음과 비는 祈禱기도를 들으시옵소서 (열왕기상 8:28)

Yet give attention to your servant's prayer and his plea for mercy, O LORD my God. Hear the cry and the prayer that your servant is praying in your presence this day. (1 Kings 8:28)

8

我曾向主曰ˇ主乃我之上帝ˇ願主側耳聽我籲懇之聲 (詩篇 140:6)
아 증 향 주 왈 ˇ 주 내 아 지 상 제 ˇ 원 주 측 이 청 아 유 간 지 성

내가 여호와께 말하기를 主주는 나의 하나님이시니 여호와여 나의 懇求간구하는 소리에 귀를 기울이소서 하였나이다 (시편 140:6)

O LORD, I say to you, You are my God. Hear, O LORD, my cry for mercy. (Psalms 140:6)

구(求)함

1

爾當先求上帝之國與其義ˇ則此諸物ˇ必加於爾也 (瑪太福音 6:33)
이 당 선 구 상 제 지 국 여 기 의ˇ즉 차 제 물ˇ필 가 어 이 야

그런즉 너희는 먼저 그의 나라와 그의 義의를 求구하라 그리하면 이 모든 것을 너희에게 더하시리라 (마태복음 6:33)

But seek first his kingdom and his righteousness, and all these things will be given to you as well. (Matthew 6:33)

2

上帝歟ˇ我心切慕主ˇ猶如渴鹿思慕溪水 (詩篇 42:1)
상 제 여ˇ아 심 절 모 주ˇ유 여 갈 록 사 모 계 수

하나님이여 사슴이 시냇물을 찾기에 渴急갈급함 같이 내 靈魂영혼이 主주를 찾기에 渴急갈급하니이다 (시편 42:1)

As the deer pants for streams of water, so my soul pants for you, O God. (Psalms 42:1)

3

當斯日爾曹無所問於我ˇ我誠告爾ˇ凡爾託我名求於父者ˇ父
당 사 일 이 조 무 소 문 어 아ˇ아 성 고 이ˇ범 이 탁 아 명 구 어 부 자ˇ부
必賜爾 (約翰福音 16:23)
필 사 이

그 날에는 너희가 아무 것도 내게 묻지 아니하리라 내가 眞實진실로 眞實진실로 너희에게 이르노니 너희가 무엇이든지 아버지께 求구하는 것을 내 이름으로 주시리라 (요한복음 16:23)

In that day you will no longer ask me anything. I tell you the truth, my Father will give you whatever you ask in my name. (John 16:23)

4

且凡我所求者ˇ必得於彼ˇ因我守其誡ˇ而行其所悅 (約翰壹書 3:22)
차 범 아 소 구 자ˇ필 득 어 피ˇ인 아 수 기 계ˇ이 행 기 소 열

무엇이든지 求구하는 바를 그에게서 받나니 이는 우리가 그의 誡命계명을 지키고 그 앞에서 기뻐하시는 것을 行행함이라 (요한1서 3:22)

And receive from him anything we ask, because we obey his commands and do what pleases him. (1 John 3:22)

5

以爾之事託主ˇ則爾之所圖謀ˇ必得成立 (箴言 16:3)
이 이 지 사 탁 주 ˇ 즉 이 지 소 도 모 ˇ 필 득 성 립

너의 行事행사를 여호와께 맡기라 그리하면 네가 經營경영하는 것이 이루어지리라 (잠언 16:3)

Commit to the LORD whatever you do, and your plans will succeed. (Proverbs 16:3)

6

倘爾尋覓我ˇ盡心訪求我ˇ則必得遇我 (耶利米 29:13)
당 이 심 멱 아 ˇ 진 심 방 구 아 ˇ 즉 필 득 우 아

너희가 온 마음으로 나를 求구하면 나를 찾을 것이요 나를 만나리라 (예레미야 29:13)

You will seek me and find me when you seek me with all your heart. (Jeremiah 29:13)

7

若我儕按其旨而有所求ˇ彼必聽我ˇ此我儕在其前所篤信者也 (約翰壹書 5:14)
약 아 제 안 기 지 이 유 소 구 ˇ 피 필 청 아 ˇ 차 아 제 재 기 전 소 독 신 자 야

그를 向향하여 우리가 가진 바 膽大담대함이 이것이니 그의 뜻대로 무엇을 求구하면 들으심이라 (요한1서 5:14)

This is the confidence we have in approaching God: that if we ask anything according to his will, he hears us. (1 John 5:14)

8

求主以主面之榮光照臨僕人ˇ以主之典章訓誨我 (詩篇 119:135)
구 주 이 주 면 지 영 광 조 림 복 인 ˇ 이 주 지 전 장 훈 회 아

主주의 얼굴을 主주의 종에게 비추시고 主주의 律例율례로 나를 가르치

소서 (시편 119:135)

Make your face shine upon your servant and teach me your decrees. (Psalms 119:135)

9

求主啓我目ˇ使我得窺主律法之奧義 (詩篇 119:18)
구 주 계 아 목 ˇ 사 아 득 규 주 율 법 지 오 의

내 눈을 열어서 主주의 律法율법에서 놀라운 것을 보게 하소서 (시편 119:18)

Open my eyes that I may see wonderful things in your law. (Psalms 119:18)

10

求主仍施拯救ˇ使我欣喜ˇ賦畀我樂遵主道之志 (詩篇 51:12)
구 주 잉 시 증 구 ˇ 사 아 흔 희 ˇ 부 비 아 락 준 주 도 지 지

主주의 救援구원의 즐거움을 내게 回復회복시켜 주시고 自願자원하는 心靈심령을 주사 나를 붙드소서 (시편 51:12)

Restore to me the joy of your salvation and grant me a willing spirit, to sustain me. (Psalms 51:12)

11

求上帝按主之恩惠矜恤我ˇ以主大憐憫ˇ塗抹我之愆尤 (詩篇 51:1)
구 상 제 안 주 지 은 혜 긍 휼 아 ˇ 이 주 대 연 민 ˇ 도 말 아 지 건 우

하나님이여 主주의 仁慈인자를 따라 내게 恩惠은혜를 베푸시며 主주의 많은 矜恤긍휼을 따라 내 罪惡죄악을 지워 주소서 (시편 51:1)

Have mercy on me, O God, according to your unfailing love: according to your great compassion blot out my transgressions. (Psalms 51:1)

12

求主指示我以計數自己年日ˇ以便生智慧之心 (詩篇 90:12)
구 주 지 시 아 이 계 수 자 기 년 일 ˇ 이 변 생 지 혜 지 심

우리에게 우리 날 計數계수함을 가르치사 智慧지혜로운 마음을 얻게 하소서 (시편 90:12)

Teach us to number our days aright, that we may gain a heart of wisdom. (Psalms 90:12)

13

惟求之時ˇ當信無疑ˇ蓋疑者譬諸海浪ˇ風吹奔盪 (雅各書1:6)
유구지시ˇ당신무의ˇ개의자비제해랑ˇ풍취분탕

오직 믿음으로 求구하고 조금도 疑心의심하지 말라 疑心의심하는 者자는 마치 바람에 밀려 搖動요동하는 바다 물결 같으니 (야고보서 1:6)

But when he asks, he must believe and not doubt, because he who doubts is like a wave of the sea, blown and tossed by the wind. (James 1:6)

14

願主之道得明在世ˇ主之救恩得知在萬族中 (詩篇 67:2)
원주지도득명재세ˇ주지구은득지재만족중

主주의 道도를 땅 위에 主주의 救援구원을 모든 나라에게 알리소서 (시편 67:2)

That your ways may be known on earth, your salvation among all nations. (Psalms 67:2)

15

主上帝賜我以力ˇ使我足健ˇ疾趨若鹿ˇ使我陟於我之崇邱 (哈巴谷 3:19)
주상제사아이력ˇ사아족건ˇ질추약록ˇ사아척어아지숭구

主주 여호와는 나의 힘이시라 나의 발을 사슴과 같게 하사 나를 나의 높은 곳으로 다니게 하시리로다 (하박국 3:19)

The Sovereign LORD is my strength: he makes my feet like the feet of a deer, he enables me to go on the heights. (Habakkuk 3:19)

16

爾曹在彼ˇ如盡心盡意ˇ求主爾之上帝ˇ必可得之 (申命記 4:29)
이조재피ˇ여진심진의ˇ구주이지상제ˇ필가득지ˇ

그러나 네가 거기서 네 하나님 여호와를 찾게 되리니 만일 마음을 다하고 뜻을 다하여 그를 찾으면 만나리라 (신명기 4:29)

But if from there you seek the LORD your God, you will find him if you look for him with all your heart and with all your soul. (Deuteronomy 4:29)

17

爾勿效之ˇ蓋未祈之先ˇ爾所需者ˇ爾父已知之 (瑪太福音 6:8)
이 물 효 지 ˇ 개 미 기 지 선 ˇ 이 소 수 자 ˇ 이 부 이 지 지

그러므로 그들을 本본받지 말라 求구하기 前전에 너희에게 있어야 할 것을 하나님 너희 아버지께서 아시느니라 (마태복음 6:8)

Do not be like them, for your Father knows what you need before you ask him. (Matthew 6:8)

18

爾若在我內ˇ我言亦在爾內ˇ則凡所欲者可求ˇ必爲爾成之
이 약 재 아 내 ˇ 아 언 역 재 이 내 ˇ 즉 범 소 욕 자 가 구 ˇ 필 위 이 성 지
(約翰福音15:7)

너희가 내 안에 居거하고 내 말이 너희 안에 居거하면 무엇이든지 願원하는 대로 求구하라 그리하면 이루리라 (요한복음 15:7)

If you remain in me and my words remain in you, ask whatever you wish, and it will be given you. (John 15:7)

19

我今求爲人所許乎ˇ或求爲上帝所許乎ˇ抑求悅於人乎ˇ我若
아 금 구 위 인 소 허 호 ˇ 혹 구 위 상 제 소 허 호 ˇ 억 구 열 어 인 호 ˇ 아 약
求悅人ˇ則不爲上帝之僕矣 (迦拉太書 1:10)
구 열 인 ˇ 즉 불 위 상 제 지 복 의

이제 내가 사람들에게 좋게 하랴 하나님께 좋게 하랴 사람들에게 기쁨을 求구하랴 내가 只今지금까지 사람들의 기쁨을 求구하였다면 그리스도의 종이 아니니라 (갈라디아서 1:10)

Am I now trying to win the approval of men, or of God? Or am I trying to please men? If I were still trying to please men, I would not be a servant of Christ. (Galatians 1:10)

20

主歟ˇ窮苦人所求者ˇ主常垂聽ˇ堅固其心ˇ側耳聽其祈禱
주 여 ˇ 궁 고 인 소 구 자 ˇ 주 상 수 청 ˇ 견 고 기 심 ˇ 측 이 청 기 기 도

(詩篇 10:17)

여호와여 主주는 謙遜겸손한 者자의 所願소원을 들으셨사오니 그들의 마음을 準備준비하시며 귀를 기울여 들으시고 (시편 10:17)

You hear, O LORD, the desire of the afflicted: you encourage them, and you listen to their cry, (Psalms 10:17)

21

爾曹中孰有子求餅而予之石乎ˇ求魚而予之蛇乎ˇ爾曹雖不善
이 조 중 숙 유 자 구 병 이 여 지 석 호 ˇ 구 어 이 여 지 사 호 ˇ 이 조 수 불 선
ˇ尙知以善物予爾子ˇ況爾在天之父ˇ不以善物賜求之者乎
ˇ 상 지 이 선 물 여 이 자 ˇ 황 이 재 천 지 부 ˇ 불 이 선 물 사 구 지 자 호
(瑪太福音 7:9~11)

너희 중에 누가 아들이 떡을 달라 하는데 돌을 주며 生鮮생선을 달라 하는데 뱀을 줄 사람이 있겠느냐 너희가 惡악한 者자라도 좋은 것으로 子息자식에게 줄 줄 알거든 하물며 하늘에 계신 너희 아버지께서 求구하는 者자에게 좋은 것으로 주시지 않겠느냐 (마태복음 7:9~11)

Which of you, if his son asks for bread, will give him a stone? Or if he asks for a fish, will give him a snake? If you, then, though you are evil, know how to give good gifts to your children, how much more will your Father in heaven give good gifts to those who ask him! (Matthew 7:9~11)

22

上帝諭所羅門曰ˇ我立爾爲我民之王ˇ爾乃有此心ˇ爾不求貨
상 제 유 소 라 문 왈 ˇ 아 립 이 위 아 민 지 왕 ˇ 이 내 유 차 심 ˇ 이 불 구 화
財ˇ産業ˇ尊榮ˇ滅敵命ˇ亦不求長壽ˇ惟求智慧聰明ˇ能判斷
재 ˇ 산 업 ˇ 존 영 ˇ 멸 적 명 ˇ 역 불 구 장 수 ˇ 유 구 지 혜 총 명 ˇ 능 판 단
於民中 (歷代下 1:11)
어 민 중

하나님이 솔로몬에게 이르시되 이런 마음이 네게 있어서 富부나 財物재물이나 榮光영광이나 怨讐원수의 生命생명 滅멸하기를 求구하지 아니하며 長壽장수도 求구하지 아니하고 오직 내가 네게 다스리게 한 내 百姓백성을 裁判재판하기 爲위하여 智慧지혜와 知識지식을 求구하였으니 (역대하 1:11)

God said to Solomon, Since this is your heart' s desire and you have not asked for wealth, riches or honor, nor for the death of your enemies, and since you have not asked for a long life but for wisdom and knowledge to govern my people over whom I have made you king, (2 Chronicles 1:11)

23

亦爲我求ˇ至我啓口能言ˇ得毅然宣示福音之奧妙 (以弗所書 6:19)
역 위 아 구 ˇ 지 아 계 구 능 언 ˇ 득 의 연 선 시 복 음 지 오 묘

또 나를 爲위하여 求구할 것은 내게 말씀을 주사 나로 입을 열어 福音복음의 秘密비밀을 膽大담대히 알리게 하옵소서 할 것이니 (에베소서 6:19)

Pray also for me, that whenever I open my mouth, words may be given me so that I will fearlessly make known the mystery of the gospel, (Ephesians 6:19)

24

當尋求主ˇ尋求主之大能ˇ常求朝見主面 (詩篇 105:4)
당 심 구 주 ˇ 심 구 주 지 대 능 ˇ 상 구 조 견 주 면

여호와와 그의 能力능력을 求구할지어다 그의 얼굴을 恒常항상 求구할지어다 (시편 105:4)

Look to the LORD and his strength: seek his face always. (Psalms 105:4)

25

求主使我得識己身有終ˇ年壽幾何ˇ乃知生命無常 (詩篇 39:4)
구 주 사 아 득 식 기 신 유 종 ˇ 년 수 기 하 ˇ 내 지 생 명 무 상

여호와여 나의 終末종말과 年限연한이 언제까지인지 알게 하사 내가 나의 軟弱연약함을 알게 하소서 (시편 39:4)

Show me, O LORD, my life' s end and the number of my days: let me know how fleeting is my life. (Psalms 39:4)

26

求上帝爲我造潔淨之心ˇ爲我新作正直之志 (詩篇 51:10)
구 상 제 위 아 조 결 정 지 심 ˇ 위 아 신 작 정 직 지 지

하나님이여 내 속에 淨정한 마음을 創造창조하시고 내 안에 正直정직한 靈영을 새롭게 하소서 (시편 51:10)

Create in me a pure heart, O God, and renew a steadfast spirit within me. (Psalms 51:10)

27

有一事我曾求主ˇ今仍祈求ˇ卽使我一生居於主殿ˇ瞻仰主之
유 일 사 아 증 구 주 ˇ 금 잉 기 구 ˇ 즉 사 아 일 생 거 어 주 전 ˇ 첨 앙 주 지
榮美ˇ在主殿朝覲主 (詩篇 27:4)
영 미 ˇ 재 주 전 조 근 주

내가 여호와께 바라는 한 가지 일 그것을 求구하리니 곧 내가 내 平生평생에 여호와의 집에 살면서 여호와의 아름다움을 바라보며 그의 聖殿성전에서 思慕사모하는 그것이라 (시편 27:4)

One thing I ask of the LORD, this is what I seek: that I may dwell in the house of the LORD all the days of my life, to gaze upon the beauty of the LORD and to seek him in his temple. (Psalms 27:4)

28

我又告爾ˇ若爾中有二人契合於地ˇ以求何事ˇ我在天之父ˇ必
아 우 고 이 ˇ 약 이 중 유 이 인 계 합 어 지 ˇ 이 구 하 사 ˇ 아 재 천 지 부 ˇ 필
爲彼成之 (瑪太福音 18:19)
위 피 성 지

진실로 다시 너희에게 이르노니 너희 中중의 두 사람이 땅에서 合心합심하여 무엇이든지 求구하면 하늘에 계신 내 아버지께서 그들을 爲위하여 이루게 하시리라 (마태복음 18:19)

Again, I tell you that if two of you on earth agree about anything you ask for, it will be done for you by my Father in heaven. (Matthew 18:19)

29

求主拯救主之百姓ˇ賜福於主之選民ˇ撫養之ˇ扶持之至於永遠
구 주 증 구 주 지 백 성 ˇ 사 복 어 주 지 선 민 ˇ 무 양 지 ˇ 부 지 지 지 어 영 원
(詩篇 28:9)

主주의 百姓백성을 救援구원하시며 主주의 産業산업에 福복을 주시고 또 그들의 牧者목자가 되시어 永遠영원토록 그들을 引導인도하소서 (시편 28:9)

Save thy people, and bless thine inheritance: feed them also, and lift them up for ever. (Psalms 28:9)

30

主歟ˇ使我歸誠於主ˇ我則歸誠ˇ使我復興ˇ與昔日無異
주 여 ˇ 사 아 귀 성 어 주 ˇ 아 즉 귀 성 ˇ 사 아 부 흥 ˇ 여 석 일 무 이
(耶利米哀歌 5:21)

여호와여 우리를 主주께로 돌이키소서 그리하시면 우리가 主주께로 돌아가겠사오니 우리의 날들을 다시 새롭게 하사 옛적 같게 하옵소서 (예레미야애가 5:21)

Restore us to yourself, O LORD, that we may return: renew our days as of old (Lamentations 5:21)

31

求主使我男子幼年剛强ˇ如栽培之樹木ˇ使我女子容貌美麗ˇ如
구 주 사 아 남 자 유 년 강 강 ˇ 여 재 배 지 수 목 ˇ 사 아 여 자 용 모 미 려 ˇ 여
殿角雕刻之石柱ˇ使我倉庫豐盈ˇ百穀充足ˇ使我羊羣在我郊野
전 각 조 각 지 석 주 ˇ사 아 창 고 풍 영 ˇ 백 곡 충 족 ˇ 사 아 양 군 재 아 교 야
ˇ孳生千萬 (詩篇 144:12~13)
ˇ 자 생 천 만

우리 아들들은 어리다가 長成장성한 나무들과 같으며 우리 딸들은 宮殿궁전의 樣式양식대로 아름답게 다듬은 모퉁잇돌들과 같으며 우리의 庫間곳간에는 百穀백곡이 가득하며 우리의 羊양은 들에서 千千천천과 萬萬만만으로 蕃盛번성하며 (시편 144:12~13)

Then our sons in their youth will be like well-nurtured plants, and our daughters will be like pillars carved to adorn a palace. Our barns will be filled with every kind of provision. Our sheep will increase by thousands, by tens of thousands in our fields: (Psalms 144:12~13)

32

求主以牛膝草潔淨我ˇ我卽盡淨ˇ洗滌我ˇ我乃比雪尤白 (詩篇 51:7)
구 주 이 우 슬 초 결 정 아 ˇ 아 즉 진 정 ˇ 세 척 아 ˇ 아 내 비 설 우 백

牛膝草우슬초로 나를 淨潔정결하게 하소서 내가 淨정하리이다 나의 罪죄를 씻어 주소서 내가 눈보다 희리이다 (시편 51:7)

Cleanse me with hyssop, and I will be clean: wash me, and I

will be whiter than snow. (Paslms 51:7)

33

主歟ˇ我聞主所言ˇ不勝驚懼ˇ主歟ˇ主之作爲求主在此年間復
주 여 ˇ 아 문 주 소 언 ˇ 불 승 경 구 ˇ 주 여 ˇ 주 지 작 위 구 주 재 차 년 간 부
興之ˇ在此年間復彰之ˇ震怒之時ˇ求主以矜憫爲念 (哈巴谷 3:2)
홍 지 ˇ 재 차 년 간 부 창 지 ˇ 진 노 지 시 ˇ 구 주 이 긍 민 위 념

여호와여 내가 主주께 대한 所聞소문을 듣고 놀랐나이다 여호와여 主주는 主주의 일을 이 數年수년 內내에 復興부흥하게 하옵소서 이 數年수년 內내에 나타내시옵소서 震怒진노 中중에라도 矜恤긍휼을 잊지 마옵소서 (하박국 3:2)

LORD, I have heard of your fame: I stand in awe of your deeds, O LORD. Renew them in our day, in our time make them known: in wrath remember mercy. (Habakkuk 3:2)

34

求上帝憐恤我ˇ因我之心惟望主蔭庇ˇ願在主翼之蔭下得蒙覆
구 상 제 련 휼 아 ˇ 인 아 지 심 유 망 주 음 비 ˇ 원 재 주 익 지 음 하 득 몽 복
庇ˇ直至害過災消 (詩篇 57:1)
비 ˇ 직 지 해 과 재 소

하나님이여 내게 恩惠은혜를 베푸소서 내게 恩惠은혜를 베푸소서 내 靈魂영혼이 主주께로 避피하되 主주의 날개 그늘 아래에서 이 災殃재앙들이 지나기까지 避피하리이다 (시편 57:1)

Have mercy on me, O God, have mercy on me, for in you my soul takes refuge. I will take refuge in the shadow of your wings until the disaster has passed. (Psalms 57:1)

35

秋雨之時ˇ當祈主降雨ˇ惟主造電ˇ爲民沛下甘霖ˇ使田間菜蔬
추 우 지 시 ˇ 당 기 주 강 우 ˇ 유 주 조 전 ˇ 위 민 패 하 감 림 ˇ 사 전 간 채 소
ˇ爲人而生 (撒迦利亞 10:1)
ˇ 위 인 이 생

봄비가 올 때에 여호와 곧 구름을 일게 하시는 여호와께 비를 求구하라 무리에게 소낙비를 내려서 밭의 菜蔬채소를 各각 사람에게 주시리라 (스가랴 10:1)

Ask the LORD for rain in the springtime: it is the LORD who makes the storm clouds. He gives showers of rain to men, and plants of the field to everyone. (Zechariah 10:1)

36

求主導我出幽囚ˇ我卽稱讚主名ˇ主以恩待我ˇ善人必環繞我
구 주 도 아 출 유 수 ˇ 아 즉 칭 찬 주 명 ˇ 주 이 은 대 아 ˇ 선 인 필 환 요 아
(詩篇 142:7)

내 靈魂영혼을 獄옥에서 이끌어 내사 主주의 이름을 感謝감사하게 하소서 主주께서 나에게 갚아 주시리니 義人의인들이 나를 두르리이다 (시편 142:7)

Set me free from my prison, that I may praise your name. Then the righteous will gather about me because of your goodness to me. (Psalms 142:7)

37

至今爾尚未託我名而求ˇ求則必得ˇ致爾之樂充足矣
지 금 이 상 미 탁 아 명 이 구 ˇ 구 즉 필 득 ˇ 치 이 지 락 충 족 의
(約翰福音 16:24)

只今지금까지는 너희가 내 이름으로 아무 것도 求구하지 아니하였으나 求구하라 그리하면 받으리니 너희 기쁨이 充滿충만하리라 (요한복음 16:24)

Until now you have not asked for anything in my name. Ask and you will receive, and your joy will be complete. (John 16:24)

38

主之民衆多ˇ孰能判斷其間乎ˇ求主以智慧賜僕ˇ能辨是非ˇ爲民折中 (列王上 3:9)
주 지 민 중 다 ˇ 숙 능 판 단 기 간 호 ˇ 구 주 이 지 혜 사 복 ˇ 능 변 시 비 ˇ 위 민 절 중

누가 主주의 이 많은 百姓백성을 裁判재판할 수 있사오리이까 듣는 마음을 종에게 주사 主주의 百姓백성을 裁判재판하여 善惡선악을 分別분별하게 하옵소서 (열왕기상 3:9)

So give your servant a discerning heart to govern your people and to distinguish between right and wrong. For who is able to govern this great people of yours? (1 Kings 3:9)

39

且知基督莫測之愛ˇ得蒙上帝充滿之恩充滿爾心 (以弗所書 3:19)
차 지 기 독 막 측 지 애 ˇ 득 몽 상 제 충 만 지 은 충 만 이 심

그 너비와 길이와 높이와 깊이가 어떠함을 깨달아 하나님의 모든 充滿충만하신 것으로 너희에게 充滿충만하게 하시기를 求구하노라 (에베소서 3:19)

And to know this love that surpasses knowledge-that you may be filled to the measure of all the fullness of God. (Ephesians 3:19)

40

居天上之主歟ˇ我向主擧目仰望ˇ我目仰望主我之上帝ˇ俟主
거 천 상 지 주 여 ˇ 아 향 주 거 목 앙 망 ˇ 아 목 앙 망 주 아 지 상 제 ˇ 사 주
憐憫我儕ˇ如僕之目望主人之手ˇ如婢之目望主母之手
연 민 아 제 ˇ 여 복 지 목 망 주 인 지 수 ˇ 여 비 지 목 망 주 모 지 수
(詩篇 123:1~2)

하늘에 계시는 主주여 내가 눈을 들어 主주께 向향하나이다 上典상전의 손을 바라보는 종들의 눈 같이, 女主人여주인의 손을 바라보는 女여종의 눈 같이 우리의 눈이 여호와 우리 하나님을 바라보며 우리에게 恩惠은혜 베풀어 주시기를 기다리나이다 (시편 123:1~2)

I lift up my eyes to you, to you whose throne is in heaven. As the eyes of slaves look to the hand of their master, as the eyes of a maid look to the hand of her mistress, so our eyes look to the LORD our God, till he shows us his mercy. (Psalms 123:1~2)

41

上帝歟ˇ主曾棄絶我儕ˇ將我儕分散ˇ主如此向我儕震怒ˇ今求
상 제 여 ˇ 주 증 기 절 아 제 ˇ 장 아 제 분 산 ˇ 주 여 차 향 아 제 진 노 ˇ 금 구
主使我儕復興ˇ主使地震動崩裂ˇ地已搖撼ˇ求主彌地之缺陷
주 사 아 제 부 흥 ˇ 주 사 지 진 동 붕 렬 ˇ 지 이 요 감 ˇ 구 주 미 지 지 결 함
(詩篇 60:1~2)

하나님이여 主주께서 우리를 버려 흩으셨고 憤怒분노하셨사오나 지금은 우리를 回復회복시키소서 主주께서 땅을 震動진동시키사 갈라지게 하셨사오니 그 틈을 기우소서 땅이 흔들림이니이다 (시편 60:1~2)

You have rejected us, O God, and burst forth upon us: you have been angry-now restore us! You have shaken the land and torn it open: mend its fractures, for it is quaking. (Psalms 60:1~2)

42

使我眼目不視虛假ˇ使我蘇醒在主之道中 (詩篇 119:37)
사 아 안 목 불 시 허 가 ˇ 사 아 소 성 재 주 지 도 중

내 눈을 돌이켜 虛誕허탄한 것을 보지 말게 하시고 主주의 길에서 나를 살아나게 하소서 (시편 119:37)

Turn my eyes away from worthless things: preserve my life according to your word. (Psalms 119:37)

원(願)함

1

願我主耶穌基督及上帝我父ˇ卽愛我儕施恩永賜我以慰藉ˇ及
원 아 주 야 소 기 독 급 상 제 아 부 ˇ 즉 애 아 제 시 은 영 사 아 이 위 자 ˇ 급
賜我以美望者ˇ安慰爾心ˇ堅爾一體善言善行
사 아 이 미 망 자 ˇ 안 위 이 심 ˇ 견 이 일 체 선 언 선 행
(帖撒羅尼迦後書 2:16~17)

우리 主주 예수 그리스도와 우리를 사랑하시고 永遠영원한 慰勞위로와 좋은 所望소망을 恩惠은혜로 주신 하나님 우리 아버지께서 너희 마음을 慰勞하시고 모든 善한 일과 말에 굳건하게 하시기를 願원하노라 (데살로니가후서 2:16~17)

May our Lord Jesus Christ himself and God our Father, who loved us and by his grace gave us eternal encouragement and good hope, encourage your hearts and strengthen you in every good deed and word. (2 Thessalonians 2:16~17)

2

賜平康之上帝ˇ必速使撒但踐於爾足下ˇ願我主耶穌基督之恩
사 평 강 지 상 제 ˇ 필 속 사 살 단 천 어 이 족 하 ˇ 원 아 주 야 소 기 독 지 은
ˇ常偕爾曹 (羅瑪書 16:20)
ˇ 상 해 이 조

平康평강의 하나님께서 속히 사탄을 너희 발 아래에서 傷상하게 하시리라 우리 主주 예수의 恩惠은혜가 너희에게 있을지어다 (로마서 16:20)

The God of peace will soon crush Satan under your feet. The grace of our Lord Jesus be with you. (Romans 16:20)

3

願其心受慰ˇ以愛而聯合ˇ廣得智慧ˇ能知上帝卽父及基督之奧妙 (哥羅西書 2:2)
원기심수위ˇ이애이연합ˇ광득지혜ˇ능지상제즉부급기독지오묘

이는 그들로 마음에 慰安위안을 받고 사랑 안에서 聯合연합하여 確實확실한 理解이해의 모든 豊盛풍성함과 하나님의 秘密비밀인 그리스도를 깨닫게 하려 함이니 (골로새서 2:2)

My purpose is that they may be encouraged in heart and united in love, so that they may have the full riches of complete understanding, in order that they may know the mystery of God, namely, Christ, (Colossians 2:2)

4

惟願主降福於爾ˇ護祐爾ˇ願主以主面之榮光照爾ˇ賜恩於爾ˇ願主眷顧爾ˇ賜爾平康 (民數記 6:24~26)
유원주강복어이ˇ호우이ˇ원주이주면지영광조이ˇ사은어이ˇ원주권고이ˇ사이평강

여호와는 네게 福복을 주시고 너를 지키시기를 願원하며 여호와는 그의 얼굴을 네게 비추사 恩惠은혜 베푸시기를 願원하며 여호와는 그 얼굴을 네게로 向향하여 드사 平康평강 주시기를 願원하노라 할지니라 하라 (민수기 6:24~26)

The LORD bless you and keep you: the LORD make his face shine upon you and be gracious to you: the LORD turn his face toward you and give you peace. (Numbers 6:24~26)

5

願賜平康之上帝ˇ常偕爾衆ˇ阿們 (羅瑪書 15:33)
원사평강지상제ˇ상해이중ˇ아문

平康평강의 하나님께서 너희 모든 사람과 함께 계실지어다 아멘 (로마서 15:33)

The God of peace be with you all. Amen. (Romans 15:33)

6

願賜平康之主ˇ隨時隨事ˇ賜爾平康ˇ願主偕爾衆
원 사 평 강 지 주 ˇ 수 시 수 사 ˇ 사 이 평 강 ˇ 원 주 해 이 중

(帖撒羅尼迦後書 3:16)

平康평강의 主주께서 親친히 때마다 일마다 너희에게 平康평강을 주시고 主주께서 너희 모든 사람과 함께 하시기를 願원하노라 (데살로니가후서 3:16)

Now may the Lord of peace himself give you peace at all times and in every way. The Lord be with all of you. (2 Thessalonians 3:16)

7

願賜平康之上帝ˇ使爾聖潔無疵ˇ保守爾靈與魂與體ˇ待我主
원 사 평 강 지 상 제 ˇ 사 이 성 결 무 자 ˇ 보 수 이 령 여 혼 여 체 ˇ 대 아 주
耶穌基督降臨之日ˇ皆得純全ˇ無可指摘 (帖撒羅尼迦前書 5:23)
야 소 기 독 강 림 지 일 ˇ 개 득 순 전 ˇ 무 가 지 적

平康평강의 하나님이 親친히 너희를 穩全온전히 거룩하게 하시고 또 너희의 온 靈영과 魂혼과 몸이 우리 主주 예수 그리스도께서 降臨강림하실 때에 흠 없게 保全보전되기를 願원하노라 (데살로니가전서 5:23)

May God himself, the God of peace, sanctify you through and through. May your whole spirit, soul and body be kept blameless at the coming of our Lord Jesus Christ. (1 Thessalonians 5:23)

8

願上帝卽父ˇ及主耶穌基督ˇ賜諸兄弟平康與愛與信
원 상 제 즉 부 ˇ 급 주 야 소 기 독 ˇ 사 제 형 제 평 강 여 애 여 신

(以弗所書 6:23)

아버지 하나님과 主주 예수 그리스도께로부터 平安평안과 믿음을 兼겸한 사랑이 兄弟형제들에게 있을지어다 (에베소서 6:23)

Peace to the brothers, and love with faith from God the Father and the Lord Jesus Christ. (Ephesians 6:23)

9

我儕未嘗加害於爾ˇ乃厚待爾ˇ送爾安然以去ˇ願爾亦若是莫
아 제 미 상 가 해 어 이 ˇ 내 후 대 이 ˇ 송 이 안 연 이 거 ˇ 원 이 역 약 시 막
加害我儕ˇ蓋爾蒙主賜福矣 (創世記 26:29)
가 해 아 제 ˇ 개 이 몽 주 사 복 의

너는 우리를 害해하지 말라 이는 우리가 너를 犯범하지 아니하고 善선한 일만 네게 行행하여 네가 平安평안히 가게 하였음이니라 이제 너는 여호와께 福복을 받은 者자니라 (창세기 26:29)

That you will do us no harm, just as we did not molest you but always treated you well and sent you away in peace. And now you are blessed by the LORD. (Genesis 26:29)

예배(禮拜)

1

上帝乃靈ˇ故拜之者ˇ必當以靈以誠而拜之 (約翰福音 4:24)
상 제 내 령 ˇ 고 배 지 자 ˇ 필 당 이 령 이 성 이 배 지

하나님은 靈영이시니 禮拜예배하는 者자가 靈영과 眞理진리로 禮拜예배할지니라 (요한복음 4:24)

God is spirit, and his worshipers must worship in spirit and in truth. (John 4:24)

2

時將至ˇ今是矣ˇ眞崇拜者ˇ必以靈以誠而拜父ˇ蓋父欲人如是拜之也 (約翰福音 4:23)
시 장 지 ˇ 금 시 의 ˇ 진 숭 배 자 ˇ 필 이 령 이 성 이 배 부 ˇ 개 부 욕 인 여 시 배 지 야

아버지께 참되게 禮拜예배하는 者자들은 靈영과 眞理진리로 禮拜예배할 때가 오나니 곧 이 때라 아버지께서는 자기에게 이렇게 禮拜예배하는 者자들을 찾으시느니라 (요한복음 4:23)

Yet a time is coming and has now come when the true worshipers will worship the Father in spirit and truth, for they are the kind of worshipers the Father seeks. (John 4:23)

3

當將主名之榮耀歸於主ˇ在榮華聖所敬拜主 (詩篇 29:2)
당 장 주 명 지 영 요 귀 어 주 ˇ 재 영 화 성 소 경 배 주

여호와께 그의 이름에 合當합당한 榮光영광을 돌리며 거룩한 옷을 입고 여호와께 禮拜예배할지어다 (시편 29:2)

Ascribe to the LORD the glory due his name: worship the LORD in the splendor of his holiness. (Psalms 29:2)

4
各當隨心所願ˇ勿憂勿强ˇ蓋樂施者上帝所愛也 (哥林多後書 9:7)
각 당 수 심 소 원 ˇ 물 우 물 강 ˇ 개 락 시 자 상 제 소 애 야

各各각각 그 마음에 定정한 대로 할 것이요 吝嗇인색함으로나 억지로 하지 말지니 하나님은 즐겨 내는 者자를 사랑하시느니라 (고린도후서 9:7)

Each man should give what he has decided in his heart to give, not reluctantly or under compulsion, for God loves a cheerful giver. (2 Corinthians 9:7)

제사(祭祀)

1
我所悅者ˇ乃仁義ˇ並非祭祀ˇ識上帝勝於獻火焚祭 (何西阿 6:6)
아 소 열 자 ˇ 내 인 의 ˇ 병 비 제 사 ˇ 식 상 제 승 어 헌 화 분 제

나는 仁愛인애를 願원하고 祭祀제사를 願원하지 아니하며 燔祭번제보다 하나님을 아는 것을 願원하노라 (호세아 6:6)

For I desire mercy, not sacrifice, and acknowledgment of God rather than burnt offerings. (Hosea 6:6)

2
主所欲之祭ˇ在乎憂傷痛悔之神ˇ憂傷痛悔之心ˇ主必不輕視 (詩篇 51:17)
주 소 욕 지 제 ˇ 재 호 우 상 통 회 지 신 ˇ 우 상 통 회 지 심 ˇ 주 필 불 경 시

하나님께서 求구하시는 祭祀제사는 傷상한 心靈심령이라 하나님이여 傷상하고 痛悔통회하는 마음을 主주께서 蔑視멸시하지 아니하시리이다 (시편 51:17)

The sacrifices of God are a broken spirit: a broken and contrite heart, O God, you will not despise. (Psalms 51:17)

3

我甘心祭祀主ˇ主之名至美ˇ我必讚揚 (詩篇 54:6)
아 감 심 제 사 주 ˇ 주 지 명 지 미 ˇ 아 필 찬 양

내가 樂獻祭낙헌제로 主주께 祭祀제사하리이다 여호와여 主주의 이름에 感謝감사하오리니 主주의 이름이 善선하심이니이다 (시편 54:6)

I will sacrifice a freewill offering to you: I will praise your name, O LORD, for it is good. (Psalms 54:6)

찬미(讚美)

1

主榮耀之名ˇ當永遠讚美ˇ願主之榮光充滿天下 (詩篇 72:19)
주 영 요 지 명 ˇ 당 영 원 찬 미 ˇ 원 주 지 영 광 충 만 천 하

그 榮華영화로운 이름을 永遠영원히 讚頌찬송할지어다 온 땅에 그의 榮光영광이 充滿충만할지어다 (시편 72:19)

Praise be to his glorious name forever: may the whole earth be filled with his glory. (Psalms 72:19)

2

我按主之公義讚美主ˇ歌頌主至上主之名 (詩篇 7:17)
아 안 주 지 공 의 찬 미 주 ˇ 가 송 주 지 상 주 지 명

내가 여호와께 그의 義의를 따라 感謝감사함이여 至尊지존하신 여호와의 이름을 讚揚찬양하리로다 (시편 7:17)

I will give thanks to the LORD because of his righteousness and will sing praise to the name of the LORD Most High. (Psalms 7:17)

3

我口出言讚美主ˇ惟願凡有血氣者ˇ皆讚美主之聖名ˇ至於永遠
아 구 출 언 찬 미 주 ˇ 유 원 범 유 혈 기 자 ˇ 개 찬 미 주 지 성 명 ˇ 지 어 영 원

(詩篇 145:21)

내 입이 여호와의 榮譽영예를 말하며 모든 肉體육체가 그의 거룩하신 이름을 永遠영원히 頌祝송축할지로다 (시편 145:21)

My mouth will speak in praise of the LORD. Let every creature praise his holy name for ever and ever. (Psalms 145:21)

4

頌美上帝ˇ我主耶穌基督之父ˇ曾因基督ˇ使我受種種神福在天
송 미 상 제 ˇ 아 주 야 소 기 독 지 부 ˇ 증 인 기 독 ˇ 사 아 수 종 종 신 복 재 천
(以弗所書 1:3)

讚頌찬송하리로다 하나님 곧 우리 주 예수 그리스도의 아버지께서 그리스도 안에서 하늘에 屬속한 모든 神靈신령한 福복을 우리에게 주시되 (에베소서 1:3)

Praise be to the God and Father of our Lord Jesus Christ, who has blessed us in the heavenly realms with every spiritual blessing in Christ. (Ephesians 1:3)

5

讚美主ˇ歌頌至上主之名ˇ清晨宣揚主之仁慈ˇ夜間稱頌主之誠
찬 미 주 ˇ 가 송 지 상 주 지 명 ˇ 청 신 선 양 주 지 인 자 ˇ 야 간 칭 송 주 지 성
信ˇ用十弦之樂器ˇ彈琴敲瑟ˇ奏樂宣揚ˇ斯爲最美 (詩篇 92:1~3)
신 ˇ 용 십 현 지 악 기 ˇ 탄 금 고 슬 ˇ 주 악 선 양 ˇ 사 위 최 미

至尊者지존자여 十弦琴십현금과 琵琶비파와 竪琴수금으로 여호와께 感謝감사하며 主주의 이름을 讚揚찬양하고 아침마다 主주의 仁慈인자하심을 알리며 밤마다 主주의 誠實성실하심을 베풂이 좋으니이다 (시편 92:1~3)

A psalm. A song. For the Sabbath day. It is good to praise the LORD and make music to your name, O Most High, (Psalms 92:1~3)

6

我儕終日以上帝爲榮ˇ常頌揚主名 (詩篇 44:8)
아 제 종 일 이 상 제 위 영 ˇ 상 송 양 주 명

우리가 終日종일 하나님을 자랑하였나이다 우리는 하나님의 이름에 永遠영원히 感謝감사하리이다 (시편 44:8)

In God we make our boast all day long, and we will praise

your name forever. Selah (Psalms 44:8)

7

我上帝歟ˇ今我儕稱謝主頌揚主之榮名 (歷代上 29:13)
아 상 제 여 ˇ 금 아 제 칭 사 주 송 양 주 지 영 명

우리 하나님이여 이제 우리가 主주께 感謝감사하오며 主주의 榮華영화로운 이름을 讚揚찬양하나이다 (역대상 29:13)

Now, our God, we give you thanks, and praise your glorious name. (1 Chronicles 29:13)

8

使我解脫麻衣ˇ衣被喜樂ˇ使我以榮美之詞歌頌主ˇ永不緘默ˇ
사 아 해 탈 마 의 ˇ 의 피 희 락 ˇ 사 아 이 영 미 지 사 가 송 주 ˇ 영 불 함 묵 ˇ
主我之上帝ˇ我永遠讚美主 (詩篇 30:12)
주 아 지 상 제 ˇ 아 영 원 찬 미 주

이는 潛潛잠잠하지 아니하고 내 榮光영광으로 主주를 讚頌찬송하게 하심이니 여호와 나의 하나님이여 내가 주께 永遠영원히 感謝감사하리이다 (시편 30:12)

That my heart may sing to you and not be silent. O LORD my God, I will give you thanks forever. (Psalms 30:12)

9

求主我之上帝拯救我儕ˇ從異邦中集我以歸ˇ我儕必讚美主之
구 주 아 지 상 제 증 구 아 제 ˇ 종 이 방 중 집 아 이 귀 ˇ 아 제 필 찬 미 주 지
聖名ˇ頌揚主德以爲榮耀 (詩篇 106:47)
성 명 ˇ 송 양 주 덕 이 위 영 요

여호와 우리 하나님이여 우리를 救援구원하사 여러 나라로부터 모으시고 우리가 主주의 거룩하신 이름을 感謝감사하며 主주의 榮譽영예를 讚揚찬양하게 하소서 (시편 106:47)

Save us, O LORD our God, and gather us from the nations, that we may give thanks to your holy name and glory in your praise. (Psalms 106:47)

10

我在大會中ˇ必讚美主ˇ在大衆中ˇ必頌揚主 (詩篇 35:18)
아 재 대 회 중 ˇ 필 찬 미 주 ˇ 재 대 중 중 ˇ 필 송 양 주

내가 大會대회 中중에서 主주께 感謝감사하며 많은 百姓백성 中중에서 主주를 讚頌찬송하리이다 (시편 35:18)

I will give you thanks in the great assembly: among throngs of people I will praise you. (Psalms 35:18)

11

我讚美主ˇ因我受造甚奇可畏ˇ主之作爲奇異ˇ我心亦深知之
아 찬 미 주 ˇ 인 아 수 조 심 기 가 외 ˇ 주 지 작 위 기 이 ˇ 아 심 역 심 지 지
(詩篇 139:14)

내가 主주께 感謝감사하옵은 나를 지으심이 甚심히 奇妙기묘하심이라 主주께서 하시는 일이 奇異기이함을 내 靈魂영혼이 잘 아나이다 (시편 139:14)

I praise you because I am fearfully and wonderfully made: your works are wonderful, I know that full well. (Psalms 139:14)

12

願上帝崇高過天ˇ願主之榮耀徧滿全地 (詩篇 57:11)
원 상 제 숭 고 과 천 ˇ 원 주 지 영 요 편 만 전 지

하나님이여 主주는 하늘 위에 높이 들리시며 主주의 榮光영광이 온 世界세계 위에 높아지기를 願원하나이다 (시편 57:11)

Be exalted, O God, above the heavens: let your glory be over all the earth. (Psalms 57:11)

13

願主施展大能ˇ顯爲至上ˇ我儕必讚揚歌頌主之威權 (詩篇 21:13)
원 주 시 전 대 능 ˇ 현 위 지 상 ˇ 아 제 필 찬 양 가 송 주 지 위 권

여호와여 主주의 能力능력으로 높임을 받으소서 우리가 主주의 權能권능을 노래하고 讚頌찬송하게 하소서 (시편 21:13)

Be exalted, O LORD, in your strength: we will sing and praise your might. (Psalms 21:13)

14

阿勒盧亞ˇ歌頌我上帝ˇ斯爲至妙ˇ頌揚實爲至美ˇ理所當然
아 륵 노 아 ˇ 가 송 아 상 제 ˇ 사 위 지 묘 ˇ 송 양 실 위 지 미 ˇ 리 소 당 연
(詩篇 147:1)

할렐루야 우리 하나님을 讚揚찬양하는 일이 善선함이여 讚頌찬송하는 일

이 아름답고 마땅하도다 (시편 147:1)

Praise the LORD. How good it is to sing praises to our God, how pleasant and fitting to praise him! (Psalms 147:1)

15

爾曹當頌美主ˇ呼籲主名ˇ以主之作爲ˇ傳揚列國 (歷代上 16:8)
이 조 당 송 미 주 ˇ 호 유 주 명 ˇ 이 주 지 작 위 ˇ 전 양 열 국

너희는 여호와께 感謝감사하며 그의 이름을 불러 아뢰며 그가 行행하신 일을 萬民만민 中중에 알릴지어다 (역대상 16:8)

Give thanks to the LORD, call on his name: make known among the nations what he has done. (1 Chronicles 16:8)

16

當頌美主爾之上帝以爾爲悅ˇ使爾登其國之位ˇ在主爾之上帝
당 송 미 주 이 지 상 제 이 이 위 열 ˇ 사 이 등 기 국 지 위 ˇ 재 주 이 지 상 제
前爲王ˇ爾上帝愛以色列ˇ使永遠堅定ˇ立爾爲其王ˇ秉公行義
전 위 왕 ˇ 이 상 제 애 이 색 열 ˇ 사 영 원 견 정 ˇ 립 이 위 기 왕 ˇ 병 공 행 의
ˇ以聽其訟 (歷代下 9:8)
ˇ 이 청 기 송

當身당신의 하나님 여호와를 頌祝송축할지로다 하나님이 當身당신을 기뻐하시고 그 자리에 올리사 當身당신의 하나님 여호와를 爲위하여 王왕이 되게 하셨도다 當身당신의 하나님이 이스라엘을 사랑하사 永遠영원히 堅固견고하게 하시려고 當身당신을 세워 그들의 王왕으로 삼아 正義정의와 公義공의를 行행하게 하셨도다 하고 (역대하 9:8)

Praise be to the LORD your God, who has delighted in you and placed you on his throne as king to rule for the LORD your God. Because of the love of your God for Israel and his desire to uphold them forever, he has made you king over them, to maintain justice and righteousness. (2 Chronicles 9:8)

17

主歟ˇ我惟讚美主爲至上ˇ因主救援我ˇ不容我敵因勝我而歡喜
주 여 ˇ 아 유 찬 미 주 위 지 상 ˇ 인 주 구 원 아 ˇ 불 용 아 적 인 승 아 이 환 희
(詩篇 30:1)

여호와여 내가 主주를 높일 것은 主주께서 나를 끌어내사 내 怨讐원수

로 하여금 나로 말미암아 기뻐하지 못하게 하심이니이다 (시편 30:1)

I will exalt you, O LORD, for you lifted me out of the depths and did not let my enemies gloat over me. (Psalms 30:1)

18

因主拯救我ˇ我在主翼之蔭下ˇ歡呼頌揚 (詩篇 63:7)
인 주 증 구 아 ˇ 아 재 주 익 지 음 하 ˇ 환 호 송 양

主주는 나의 도움이 되셨음이라 내가 主주의 날개 그늘에서 즐겁게 부르리이다 (시편 63:7)

Because you are my help, I sing in the shadow of your wings. (Psalms 63:7)

19

我上帝歟ˇ我欲彈琴讚美主ˇ讚美主之誠實ˇ以色列之聖主乎ˇ
아 상 제 여 ˇ 아 욕 탄 금 찬 미 주 ˇ 찬 미 주 지 성 실 ˇ 이 색 열 지 성 주 호 ˇ
我欲敲瑟歌頌主 (詩篇 71:22)
아 욕 고 슬 가 송 주

나의 하나님이여 내가 또 琵琶비파로 主주를 讚揚찬양하며 主주의 誠實성실을 讚揚찬양하리이다 이스라엘의 거룩하신 主주여 내가 竪琴수금으로 主주를 讚揚찬양하리이다 (시편 71:22)

I will praise you with the harp for your faithfulness, O my God; I will sing praise to you with the lyre, O Holy One of Israel. (Psalms 71:22)

20

我惟歌頌主ˇ因主恩待我 (詩篇 13:6)
아 유 가 송 주 ˇ 인 주 은 대 아

내가 여호와를 讚頌찬송하리니 이는 主주께서 내게 恩德은덕을 베푸심이로다(시편 13:6)

I will sing to the LORD, for he has been good to me. (Psalms 13:6)

21

爾不可忘讚上帝之作爲爲大ˇ卽世人所歌頌者 (約伯 36:24)
이 불 가 망 찬 상 제 지 작 위 위 대 ˇ 즉 세 인 소 가 송 자

그대는 하나님께서 하신 일을 記憶기억하고 높이라 잊지 말지니라 人生인생이 그의 일을 讚頌찬송하였느니라 (욥기 36:24)

Remember to extol his work, which men have praised in song. (Job 36:24)

22

我必時常盼望ˇ我必多多讚美主 (詩篇 71:14)
아 필 시 상 반 망 ˇ 아 필 다 다 찬 미 주

나는 恒常항상 所望소망을 품고 主주를 더욱더욱 讚頌찬송하리이다 (시편 71:14)

But as for me, I will always have hope: I will praise you more and more. (Psalms 71:14)

23

祝謝上帝ˇ我主耶穌基督之父ˇ卽憐憫之父ˇ賜諸慰藉之上帝
축 사 상 제 ˇ 아 주 야 소 기 독 지 부 ˇ 즉 연 민 지 부 ˇ 사 제 위 자 지 상 제
(哥林多後書 1:3)

讚頌찬송하리로다 그는 우리 主주 예수 그리스도의 하나님이시요 慈悲자비의 아버지시요 모든 慰勞위로의 하나님이시며 (고린도후서 1:3)

Praise be to the God and Father of our Lord Jesus Christ, the Father of compassion and the God of all comfort, (2 Corinthians 1:3)

24

普天下人盡敬拜主ˇ歌頌主ˇ歌頌主名 (詩篇 66:4)
보 천 하 인 진 경 배 주 ˇ 가 송 주 ˇ 가 송 주 명

온 땅이 主주께 敬拜경배하고 主주를 노래하며 主주의 이름을 노래하리이다 할지어다 (시편 66:4)

All the earth bows down to you: they sing praise to you, they sing praise to your name. Selah (Psalms 66:4)

25

我裸身出母胎ˇ亦裸身歸土ˇ賜之者主ˇ取之者亦主ˇ當頌美主
아 나 신 출 모 태 ˇ 역 나 신 귀 토 ˇ 사 지 자 주 ˇ 취 지 자 역 주 ˇ 당 송 미 주

之名 (約伯 1:21)
지 명

이르되 내가 母胎모태에서 알몸으로 나왔사온즉 또한 알몸이 그리로 돌아가올지라 주신 이도 여호와시요 거두신 이도 여호와시오니 여호와의 이름이 讚頌찬송을 받으실지니이다 하고 (욥기 1:21)

And said: Naked I came from my mother' s womb, and naked I will depart. The LORD gave and the LORD has taken away: may the name of the LORD be praised. (Job 1:21)

26

我心當讚美主ˇ我臟腑當讚美主名ˇ我心當讚美主ˇ勿忘主一
아 심 당 찬 미 주 ˇ 아 장 부 당 찬 미 주 명 ˇ 아 심 당 찬 미 주 ˇ 물 망 주 일
切恩惠ˇ主赦免我一切罪愆ˇ醫治我一切疾病ˇ救贖我命ˇ免於
체 은 혜 ˇ 주 사 면 아 일 체 죄 건 ˇ 의 치 아 일 체 질 병 ˇ 구 속 아 명 ˇ 면 어
阬坎ˇ以恩寵慈愛爲冠冕ˇ加於我首ˇ使我口飽餐美食ˇ使我如
갱 감 ˇ 이 은 총 자 애 위 관 면 ˇ 가 어 아 수 ˇ 사 아 구 포 찬 미 식 ˇ 사 아 여
鷹老而復少 (詩篇 103:1~5)
응 노 이 복 소

내 靈魂영혼아 여호와를 頌祝송축하라 내 속에 있는 것들아 다 그의 거룩한 이름을 頌祝송축하라 내 靈魂영혼아 여호와를 頌祝송축하며 그의 모든 恩澤은택을 잊지 말지어다 그가 네 모든 罪惡죄악을 赦사하시며 네 모든 病병을 고치시며 네 生命생명을 破滅파멸에서 贖良속량하시고 仁慈인자와 矜恤긍휼로 冠관을 씌우시며 좋은 것으로 네 所願소원을 滿足만족하게 하사 네 青春청춘을 禿독수리 같이 새롭게 하시는도다 (시편 103:1~5)

Praise the LORD, O my soul: all my inmost being, praise his holy name. Praise the LORD, O my soul, and forget not all his benefits-who forgives all your sins and heals all your diseases, who redeems your life from the pit and crowns you with love and compassion, who satisfies your desires with good things so that your youth is renewed like the eagle' s. (Psalms 103:1~5)

12. 은혜(恩惠)

은혜(恩惠)
은총(恩寵)
영광(榮光)
치료(治療)

우리 主주 예수 그리스도를 變변함 없이 사랑하는 모든 者자에게 恩惠은혜가 있을지어다 (에베소서 6:24)

은혜(恩惠)

1

故我儕當毅然至施恩之寶座前ˇ得矜恤ˇ受恩寵ˇ隨時得祐助焉
고 아 제 당 의 연 지 시 은 지 보 좌 전 ˇ 득 긍 휼 ˇ 수 은 총 ˇ 수 시 득 우 조 언
(希伯來書 4:16)

그러므로 우리는 矜恤긍휼하심을 받고 때를 따라 돕는 恩惠은혜를 얻기 爲위하여 恩惠은혜의 寶座보좌 앞에 膽大담대히 나아갈 것이니라 (히브리서 4:16)

Let us then approach the throne of grace with confidence, so that we may receive mercy and find grace to help us in our time of need. (Hebrews 4:16)

2

爾曹不屬律法ˇ乃屬恩寵ˇ故罪不復轄爾 (羅瑪書 6:14)
이 조 불 속 율 법 ˇ 내 속 은 총 ˇ 고 죄 불 부 할 이

罪죄가 너희를 主掌주장하지 못하리니 이는 너희가 法법 아래에 있지 아니하고 恩惠은혜 아래에 있음이라 (로마서 6:14)

For sin shall not be your master, because you are not under law, but under grace. (Romans 6:14)

3

我儕蒙恩ˇ各按基督所賜之量ˇ如經云ˇ彼升於高ˇ擕所擄者
아 제 몽 은 ˇ 각 안 기 독 소 사 지 량 ˇ 여 경 운 ˇ 피 승 어 고 ˇ 휴 소 노 자
ˇ以諸恩頒賜與人 (以弗所書 4:7~8)
ˇ 이 제 은 반 사 여 인

우리 各각 사람에게 그리스도의 膳物선물의 分量분량대로 恩惠은혜를 주셨나니 그러므로 이르기를 그가 위로 올라가실 때에 사로잡혔던 者자들을 사로잡으시고 사람들에게 膳物선물을 주셨다 하였도다 (에베소서 4:7~8)

But to each one of us grace has been given as Christ apportioned it. This is why it says: When he ascended on high, he led captives in his train and gave gifts to men. (Ephesians 4:7~8)

4

然我今日得爲何如人ˇ乃由上帝之恩也ˇ其恩非徒然賜我ˇ我
연아금일득위하여인ˇ내유상제지은야ˇ기은비도연사아ˇ아
勤勞過諸使徒ˇ此非我所能ˇ上帝之恩助我也 (哥林多前書 15:10)
근로과제사도ˇ차비아소능ˇ상제지은조아야

그러나 내가 나 된 것은 하나님의 恩惠은혜로 된 것이니 내게 주신 그의 恩惠은혜가 헛되지 아니하여 내가 모든 使徒사도보다 더 많이 수고하였으나 내가 한 것이 아니요 오직 나와 함께 하신 하나님의 恩惠은혜로라 (고린도전서 15:10)

But by the grace of God I am what I am, and his grace to me was not without effect. No, I worked harder than all of them—yet not I, but the grace of God that was with me. (1 Corinthians 15:10)

5

然彼賜恩尤大ˇ故曰ˇ上帝擯斥驕傲者ˇ賜恩於謙卑者 (雅各書 4:6)
연피사은우대ˇ고왈ˇ상제빈척교오자ˇ사은어겸비자

그러나 더욱 큰 恩惠은혜를 주시나니 그러므로 일렀으되 하나님이 驕慢교만한 者자를 물리치시고 謙遜겸손한 者자에게 恩惠은혜를 주신다 하였느니라 (야고보서 4:6)

But he gives us more grace. That is why Scripture says: God opposes the proud but gives grace to the humble. (James 4:6)

6

願凡誠心愛我主耶穌基督者ˇ皆得恩寵ˇ阿們 (以弗所書 6:24)
원범성심애아주야소기독자ˇ개득은총ˇ아문

우리 主주 예수 그리스도를 變변함 없이 사랑하는 모든 者자에게 恩惠은혜가 있을지어다 (에베소서 6:24)

Grace to all who love our Lord Jesus Christ with an undying love. (Ephesians 6:24)

7

爾當慕恩賜之至貴者ˇ我將示爾更妙之道矣 (哥林多前書 12:31)
이당모은사지지귀자ˇ아장시이갱묘지도의

너희는 더욱 큰 恩賜은사를 思慕사모하라 내가 또한 가장 좋은 길을 너

희에게 보이리라 (고린도전서 12:31)

But eagerly desire the greater gifts. And now I will show you the most excellent way. (1 Corinthians 12:31)

8

當互相欵接ˇ不可吝嗇ˇ各宜按所受之恩賜ˇ交相供事ˇ如忠信
당 호 상 관 접 ˇ 불 가 인 색 ˇ 각 의 안 소 수 지 은 사 ˇ 교 상 공 사 ˇ 여 충 신
之家宰ˇ司理上帝恩賜者 (彼得前書 4:9~10)
지 가 재 ˇ 사 리 상 제 은 사 자

서로 待接대접하기를 怨望원망 없이 하고 各各각각 恩賜은사를 받은 대로 하나님의 여러 가지 恩惠은혜를 맡은 善선한 廳청지기 같이 서로 奉事봉사하라 (베드로전서 4:9~10)

Offer hospitality to one another without grumbling. Each one should use whatever gift he has received to serve others, faithfully administering God' s grace in its various forms. (1 Peter 4:9~10)

9

主謂我曰ˇ我賜爾之恩足矣ˇ蓋我之能ˇ益顯於人之弱ˇ故我欣
주 위 아 왈 ˇ 아 사 이 지 은 족 의 ˇ 개 아 지 능 ˇ 익 현 어 인 지 약 ˇ 고 아 흔
然ˇ寧誇我之弱ˇ使基督之能庇我 (哥林多後書 12:9)
연 ˇ 령 과 아 지 약 ˇ 사 기 독 지 능 비 아

나에게 이르시기를 내 恩惠은혜가 네게 足족하도다 이는 내 能力능력이 弱약한 데서 穩全온전하여짐이라 하신지라 그러므로 도리어 크게 기뻐함으로 나의 여러 弱약한 것들에 대하여 자랑하리니 이는 그리스도의 能力능력이 내게 머물게 하려 함이라 (고린도후서 12:9)

My grace is sufficient for you, for my power is made perfect in weakness. Therefore I will boast all the more gladly about my weaknesses, so that Christ' s power may rest on me. (2 Corinthians 12:9)

10

我儕循所賦我之恩ˇ各受賜不同ˇ或預言ˇ則當循信之量而預言
아 제 순 소 부 아 지 은 ˇ 각 수 사 부 동 ˇ 혹 예 언 ˇ 즉 당 순 신 지 량 이 예 언
ˇ或役事ˇ當役事ˇ或得爲教誨者'當教誨ˇ或勸戒者ˇ當勸戒ˇ其
ˇ 혹 역 사 ˇ 당 역 사 ˇ 혹 득 위 교 회 자 ˇ 당 교 회 ˇ 혹 권 계 자 ˇ 당 권 계 ˇ 기

施舍也以誠實ˇ其治理也以殷勤‘其矜恤也以歡心 (羅瑪書 12:6~8)
시 사 야 이 성 실 ˇ 기 치 리 야 이 은 근 ˇ 기 긍 휼 야 이 환 심

우리에게 주신 恩惠은혜대로 받은 恩賜은사가 各各각각 다르니 或혹 豫言예언이면 믿음의 分數분수대로, 或혹 섬기는 일이면 섬기는 일로, 或혹 가르치는 者자면 가르치는 일로, 或혹 慰勞위로하는 者자면 慰勞위로하는 일로, 救濟구제하는 者자는 誠實성실함으로, 다스리는 者자는 부지런함으로, 矜恤긍휼을 베푸는 者자는 즐거움으로 할 것이니라 (로마서 12:6~8)

We have different gifts, according to the grace given us. If a man's gift is prophesying, let him use it in proportion to hisfaith. If it is serving, let him serve: if it is teaching, let him teach: if it is encouraging, let him encourage: if it is contributing to the needs of others, let him give generously: if it is leadership, let him govern diligently: if it is showing mercy, let him do it cheerfully. (Romans 12:6~8)

은총(恩寵)

1

求主賜我蒙恩之證據ˇ使憾我者見之羞愧ˇ因知主保祐我ˇ安
구 주 사 아 몽 은 지 증 거 ˇ 사 감 아 자 견 지 수 괴 ˇ 인 지 주 보 우 아 ˇ 안
慰我 (詩篇 86:17)
위 아

恩寵은총의 標蹟표적을 내게 보이소서 그러면 나를 미워하는 그들이 보고 부끄러워하오리니 여호와여 主주는 나를 돕고 慰勞위로하시는 이시니이다 (시편 86:17)

Give me a sign of your goodness, that my enemies may see it and be put to shame, for you, O LORD, have helped me and comforted me. (Psalms 86:17)

2

曰ˇ蒙眷愛者ˇ勿懼ˇ爾必平安ˇ惟奮勇勉力ˇ彼向我言此ˇ我
왈 ˇ 몽 권 애 자 ˇ 물 구 ˇ 이 필 평 안 ˇ 유 분 용 면 력 ˇ 피 향 아 언 차 ˇ 아

覺堅壯ˇ曰ˇ我主已堅壯我ˇ請主言 (但以理 10:19)
각 견 장 ˇ 왈 ˇ 아 주 이 견 장 아 ˇ 청 주 언

이르되 큰 恩寵은총을 받은 사람이여 두려워하지 말라 平安평안하라 康健강건하라 康健강건하라 그가 이같이 내게 말하매 내가 곧 힘이 나서 이르되 내 主주께서 나를 康健강건하게 하셨사오니 말씀하옵소서 (다니엘 10:19)

Do not be afraid, O man highly esteemed, he said. Peace! Be strong now: be strong. When he spoke to me, I was strengthened and said, Speak, my lord, since you have given me strength. (Daniel 10:19)

3

上帝因基督耶穌ˇ向我儕大施仁慈ˇ欲以其恩寵之豐厚ˇ示於後世 (以弗所書 2:7)
상 제 인 기 독 야 소 ˇ 향 아 제 대 시 인 자 ˇ 욕 이 기 은 총 지 풍 후 ˇ 시 어 후 세

이는 그리스도 예수 안에서 우리에게 慈悲자비하심으로써 그 恩惠은혜의 至極지극히 豊盛풍성함을 오는 여러 世代세대에 나타내려 하심이라 (에베소서 2:7)

In order that in the coming ages he might show the incomparable riches of his grace, expressed in his kindness to us in Christ Jesus. (Ephesians 2:7)

4

我一生惟有恩寵慈惠隨我ˇ我必永久居於主之殿 (詩篇 23:6)
아 일 생 유 유 은 총 자 혜 수 아 ˇ 아 필 영 구 거 어 주 지 전

내 平生평생에 善선하심과 仁慈인자하심이 반드시 나를 따르리니 내가 여호와의 집에 永遠영원히 살리로다 (시편 23:6)

Surely goodness and love will follow me all the days of my life, and I will dwell in the house of the LORD forever. (Psalms 23:6)

5

使人頌其恩寵之榮ˇ卽緣其愛子所賜我儕之恩寵 (以弗所書 1:6)
사 인 송 기 은 총 지 영 ˇ 즉 연 기 애 자 소 사 아 제 지 은 총

이는 그가 사랑하시는 者자 안에서 우리에게 거저 주시는 바 그의 恩惠은혜의 榮光영광을 讚頌찬송하게 하려는 것이라 (에베소서 1:6)

To the praise of his glorious grace, which he has freely given us in the One he loves. (Ephesians 1:6)

영광(榮光)

1

夫道成肉軀ˇ居於我儕間ˇ我儕見其榮ˇ誠如父獨生子之榮ˇ充
부 도 성 육 구 ˇ 거 어 아 제 간 ˇ 아 제 견 기 영 ˇ 성 여 부 독 생 자 지 영 ˇ 충
滿恩寵眞理 (約翰福音 1:14)
만 은 총 진 리

말씀이 肉身육신이 되어 우리 가운데 居거하시매 우리가 그의 榮光영광을 보니 아버지의 獨生子독생자의 榮光영광이요 恩惠은혜와 眞理진리가 充滿충만하더라 (요한복음 1:14)

The Word became flesh and made his dwelling among us. We have seen his glory, the glory of the One and Only, who came from the Father, full of grace and truth. (John 1:14)

2

凡上帝所許者ˇ在彼皆是ˇ在彼皆阿們ˇ使我儕歸榮於上帝
범 상 제 소 허 자 ˇ 재 피 개 시 ˇ 재 피 개 아 문 ˇ 사 아 제 귀 영 어 상 제
(哥林多後書 1:20)

하나님의 約束약속은 얼마든지 그리스도 안에서 예가 되니 그런즉 그로 말미암아 우리가 아멘 하여 하나님께 榮光영광을 돌리게 되느니라 (고린도후서 1:20)

For no matter how many promises God has made, they are Yes in Christ. And so through him the Amen is spoken by us to the glory of God. (2 Corinthians 1:20)

3

蓋爾爲重値所購ˇ爾身爾靈ˇ皆屬上帝ˇ故當以身以靈ˇ歸榮上帝
개 이 위 중 치 소 구 ˇ 이 신 이 령 ˇ 개 속 상 제 ˇ 고 당 이 신 이 령 ˇ 귀 영 상 제
(哥林多前書 6:20)

값으로 산 것이 되었으니 그런즉 너희 몸으로 하나님께 榮光영광을 돌리라 (고린도전서 6:20)

You were bought at a price. Therefore honor God with your body. (1 Corinthians 6:20)

4

我衆面不蒙帕ˇ如由鏡得觀主榮ˇ亦必化爲此像ˇ由榮而愈榮ˇ
아 중 면 불 몽 파 ˇ 여 유 경 득 관 주 영 ˇ 역 필 화 위 차 상 ˇ 유 영 이 유 영 ˇ
卽由主之靈而化也 (哥林多後書 3:18)
즉 유 주 지 령 이 화 야

우리가 다 手巾수건을 벗은 얼굴로 거울을 보는 것 같이 主주의 榮光영광을 보매 그와 같은 形像형상으로 變化변화하여 榮光영광에서 榮光영광에 이르니 곧 主주의 靈영으로 말미암음이니라 (고린도후서 3:18)

And we, who with unveiled faces all reflect the Lord' s glory, are being transformed into his likeness with ever-increasing glory, which comes from the Lord, who is the Spirit. (2 Corinthians 3:18)

5

諸天述說上帝之榮耀ˇ穹蒼傳揚其手所作 (詩篇 19:1)
제 천 술 설 상 제 지 영 요 ˇ 궁 창 전 양 기 수 소 작

하늘이 하나님의 榮光영광을 宣布선포하고 穹蒼궁창이 그의 손으로 하신 일을 나타내는도다 (시편 19:1)

The heavens declare the glory of God: the skies proclaim the work of his hands. (Psalms 19:1)

6

昔之所謂榮者ˇ今緣此更大之榮ˇ不足爲榮ˇ若將廢者有榮ˇ則
석 지 소 위 영 자 ˇ 금 연 차 갱 대 지 영 ˇ 부 족 위 영 ˇ 약 장 폐 자 유 영 ˇ 즉
永存者更有榮 (哥林多後書 3:10~11)
영 존 자 갱 유 영

榮光영광되었던 것이 더 큰 榮光영광으로 말미암아 이에 榮光영광될 것이 없으나 없어질 것도 榮光영광으로 말미암았은즉 길이 있을 것은 더욱 榮光영광 가운데 있느니라 (고린도후서 3:10~11)

For what was glorious has no glory now in comparison with the surpassing glory. And if what was fading away came with glory, how much greater is the glory of that which lasts! (2 Corinthians 3:10~11)

7

爾起而發光ˇ爾之光明已臨ˇ主之榮光普照於爾 (以賽亞 60:1)
이 기 이 발 광 ˇ 이 지 광 명 이 임 ˇ 주 지 영 광 보 조 어 이

일어나라 빛을 發발하라 이는 네 빛이 이르렀고 여호와의 榮光영광이 네 위에 臨임하였음이니라 (이사야 60:1)

Arise, shine, for your light has come, and the glory of the LORD rises upon you. (Isaiah 60:1)

8

萬事皆爲爾曹ˇ使衆因受多恩ˇ亦多感謝ˇ歸榮於上帝
만 사 개 위 이 조 ˇ 사 중 인 수 다 은 ˇ 역 다 감 사 ˇ 귀 영 어 상 제
(哥林多後書 4:15)

이는 모든 것이 너희를 爲위함이니 많은 사람의 感謝감사로 말미암아 恩惠은혜가 더하여 넘쳐서 하나님께 榮光영광을 돌리게 하려 함이라 (고린도후서 4:15)

All this is for your benefit, so that the grace that is reaching more and more people may cause thanksgiving to overflow to the glory of God. (2 Corinthians 4:15)

9

爾於異邦人中ˇ當擧動皆善ˇ彼素謗爾爲惡ˇ旣見爾之善行ˇ則
이 어 이 방 인 중 ˇ 당 거 동 개 선 ˇ 피 소 방 이 위 악 ˇ 기 견 이 지 선 행 ˇ 즉
在眷顧之時ˇ歸榮於上帝 (彼得前書 2:12)
재 권 고 지 시 ˇ 귀 영 어 상 제

너희가 異邦人이방인 中중에서 行實행실을 善선하게 가져 너희를 惡行악행한다고 誹謗비방하는 者자들로 하여금 너희 善선한 일을 보고 오시는 날에 하나님께 榮光영광을 돌리게 하려 함이라 (베드로전서 2:12)

Live such good lives among the pagans that, though they accuse you of doing wrong, they may see your good deeds and glorify God on the day he vitsits us. (1 Peter 2:12)

10

故爾曹或食或飮ˇ無論何爲ˇ皆當爲榮上帝而爲 (哥林多前書 10:31)
고 이 조 혹 식 혹 음 ˇ 무 론 하 위 ˇ 개 당 위 영 상 제 이 위

그런즉 너희가 먹든지 마시든지 무엇을 하든지 다 하나님의 榮光영광을 爲위하여 하라 (고린도전서 10:31)

So whether you eat or drink or whatever you do, do it all for the glory of God. (1 Corinthians 10:31)

11

萬物終必得釋於敗毁ˇ不復爲其奴ˇ得享上帝衆子自由之榮
만 물 종 필 득 석 어 패 훼 ˇ 불 부 위 기 노 ˇ 득 향 상 제 중 자 자 유 지 영
(羅瑪書 8:21)

그 바라는 것은 被造物피조물도 썩어짐의 종 노릇 한 데서 解放해방되어 하나님의 子女자녀들의 榮光영광의 自由자유에 이르는 것이니라 (로마서 8:21)

That the creation itself will be liberated from its bondage to decay and brought into the glorious freedom of the children of God. (Romans 8:21)

12

凡有血氣者如草ˇ人之諸榮如草之花ˇ草枯花謝 (彼得前書 1:24)
범 유 혈 기 자 여 초 ˇ 인 지 제 영 여 초 지 화 ˇ 초 고 화 사

그러므로 모든 肉體육체는 풀과 같고 그 모든 榮光영광은 풀의 꽃과 같으니 풀은 마르고 꽃은 떨어지되 (베드로전서 1:24)

For, All men are like grass, and all their glory is like the flowers of the field: the grass withers and the flowers fall, (1 Peter 1:24)

13

爾光亦當如是照於人前ˇ使其見爾之善行ˇ而歸榮於爾在天
이 광 역 당 여 시 조 어 인 전 ˇ 사 기 견 이 지 선 행 ˇ 이 귀 영 어 이 재 천
之父 (瑪太福音 5:16)
지 부

이같이 너희 빛이 사람 앞에 비치게 하여 그들로 너희 착한 行實행실을 보고 하늘에 계신 너희 아버지께 榮光영광을 돌리게 하라 (마태복음 5:16)

In the same way, let your light shine before men, that they may see your good deeds and praise your Father in heaven. (Matthew 5:16)

치료(治療)

1

今我見其道我將醫之ˇ導之以行ˇ加以慰藉ˇ慰藉其憂傷之人
금 아 견 기 도 아 장 의 지 ˇ 도 지 이 행 ˇ 가 이 위 자 ˇ 위 자 기 우 상 지 인
(以賽亞 57:18)

내가 그의 길을 보았은즉 그를 고쳐 줄 것이라 그를 引導인도하며 그와 그를 슬퍼하는 者자들에게 慰勞위로를 다시 얻게 하리라 (이사야 57:18)

I have seen his ways, but I will heal him: I will guide him and restore comfort to him, (Isaiah 57:18)

2

主醫治心中憂傷之人ˇ裹傅其患處 (詩篇 147:3)
주 의 치 심 중 우 상 지 인 ˇ 과 부 기 환 처

傷心상심한 者자들을 고치시며 그들의 傷處상처를 싸매시는도다 (시편 147:3)

He heals the brokenhearted and binds up their wounds. (Psalms 147:3)

3

曰ˇ我儕莫若歸主ˇ主旣戕我ˇ必醫痊我ˇ旣擊我ˇ必裹我傷
왈 ˇ 아 제 막 약 귀 주 ˇ 주 기 장 아 ˇ 필 의 전 아 ˇ 기 격 아 ˇ 필 과 아 상
(何西阿 6:1)

오라 우리가 여호와께로 돌아가자 여호와께서 우리를 찢으셨으나 도로 낫게 하실 것이요 우리를 치셨으나 싸매어 주실 것임이라 (호세아 6:1)

Come, let us return to the LORD. He has torn us to pieces but he will heal us: he has injured us but he will bind up our wounds. (Hosea 6:1)

4

當是時主必治其民之患處ˇ醫其所受之傷ˇ月光必如日光ˇ日
당 시 시 주 필 치 기 민 지 환 처 ˇ 의 기 소 수 지 상 ˇ 월 광 필 여 일 광 ˇ 일
光必加七倍ˇ一日卽如七日之光輝 (以賽亞 30:26)
광 필 가 칠 배 ˇ 일 일 즉 여 칠 일 지 광 휘

여호와께서 자기 百姓백성의 傷處상처를 싸매시며 그들의 맞은 자리를 고치시는 날에는 달빛은 햇빛 같겠고 햇빛은 일곱 倍배가 되어 일곱 날의 빛과 같으리라 (이사야 30:26)

The moon will shine like the sun, and the sunlight will be seven times brighter, like the light of seven full days, when the LORD binds up the bruises of his people and heals the wounds he inflicted. (Isaiah 30:26)

5

近前ˇ以油與酒澆其傷處ˇ裹之ˇ乘以己畜ˇ引至旅館ˇ而顧恤之
근 전 ˇ 이 유 여 주 요 기 상 처 ˇ 과 지 ˇ 승 이 기 축 ˇ 인 지 여 관 ˇ 이 고 휼 지
(路加福音 10:34)

가까이 가서 기름과 葡萄酒포도주를 그 傷處상처에 붓고 싸매고 自己자기 짐승에 태워 酒幕주막으로 데리고 가서 돌보아 주고 (누가복음 10:34)

He went to him and bandaged his wounds, pouring on oil and wine. Then he put the man on his own donkey, took him to an inn and took care of him. (Luke 10:34)

13. 형통(亨通)

형통(亨通)
복(福)
희락(喜樂)
평강(平康)
화목(和睦)
화평(和平)
안위(安慰)

사랑하는 者자여 네 靈魂영혼이 잘 됨같이 네가 凡事범사에 잘되고 康健
강건하기를 내가 懇求간구하노라 (요한3서 1:2)

형통(亨通)

1

可愛者乎ˇ我願爾康强ˇ凡事順遂ˇ如爾靈魂順遂然 (約翰參書 1:2)
가 애 자 호 ˇ 아 원 이 강 강 ˇ 범 사 순 수 ˇ 여 이 영 혼 순 수 연

사랑하는 者자여 네 靈魂영혼이 잘됨 같이 네가 凡事범사에 잘되고 康健강건하기를 내가 懇求간구하노라 (요한3서 1:2)

Dear friend, I pray that you may enjoy good health and that all may go well with you, even as your soul is getting along well. (3 John 1:2)

2

惟爾曹乃蒙選之族ˇ有王位之祭司ˇ成聖之國ˇ屬主之民ˇ主召
유 이 조 내 몽 선 지 족 ˇ 유 왕 위 지 제 사 ˇ 성 성 지 국 ˇ 속 주 지 민 ˇ 주 소
爾出幽暗ˇ入其妙光ˇ欲爾宣揚其德 (彼得前書 2:9)
이 출 유 암 ˇ 입 기 묘 광 ˇ 욕 이 선 양 기 덕

그러나 너희는 擇택하신 族屬족속이요 王왕 같은 祭司長제사장들이요 거룩한 나라요 그의 所有소유가 된 百姓백성이니 이는 너희를 어두운 데서 불러 내어 그의 奇異기이한 빛에 들어가게 하신 이의 아름다운 德덕을 宣布선포하게 하려 하심이라 (베드로전서 2:9)

But you are a chosen people, a royal priesthood, a holy nation, a people belonging to God, that you may declare the praises of him who called you out of darkness into his wonderful light. (1 Peter 2:9)

3

求則予爾ˇ尋則遇之ˇ叩門則爲爾啓之ˇ蓋凡求者必得ˇ尋者必
구 즉 여 이 ˇ 심 즉 우 지 ˇ 고 문 즉 위 이 계 지 ˇ 개 범 구 자 필 득 ˇ 심 자 필
遇ˇ叩門者必爲之啓 (瑪太福音 7:7~8)
우 ˇ 고 문 자 필 위 지 계

求구하라 그리하면 너희에게 주실 것이요 찾으라 그리하면 찾아낼 것이요 門문을 두드리라 그리하면 너희에게 열릴 것이니 求구하는 이마다 받을 것이요 찾는 이는 찾아낼 것이요 두드리는 이에게는 열릴 것이니라 (마태복음 7:7~8)

Ask and it will be given to you: seek and you will find: knock and the door will be opened to you. For everyone who asks receives: he who seeks finds: and to him who knocks, the door will be opened. (Matthew 7:7~8)

4

我賴使我有力者ˇ凡事能爲 (腓立比書 4:13)
아 뢰 사 아 유 력 자 ˇ 범 사 능 위

내게 能力능력 주시는 者자 안에서 내가 모든 것을 할 수 있느니라 (빌립보서 4:13)

I can do everything through him who gives me strength. (Philippians 4:13)

5

爾始雖卑微ˇ終必昌大 (約伯 8:7)
이 시 수 비 미 ˇ 종 필 창 대

네 始作시작은 微弱미약하였으나 네 나중은 甚심히 昌大창대하리라 (욥기 8:7)

Your beginnings will seem humble, so prosperous will your future be. (Job 8:7)

6

主恒導爾以行ˇ在旱乾時ˇ使爾滿志ˇ使爾筋骸堅固ˇ使爾如灌
주 항 도 이 이 행 ˇ 재 한 건 시 ˇ 사 이 만 지 ˇ 사 이 근 해 견 고 ˇ 사 이 여 관
漑之園囿ˇ如永不竭之泉源 (以賽亞 58:11)
개 지 원 유 ˇ 여 영 불 갈 지 천 원

여호와가 너를 恒常항상 引導인도하여 메마른 곳에서도 네 靈魂영혼을 滿足만족하게 하며 네 뼈를 堅固견고하게 하리니 너는 물 댄 동산 같겠고 물이 끊어지지 아니하는 샘 같을 것이라 (이사야 58:11)

The LORD will guide you always: he will satisfy your needs in a sun-scorched land and will strengthen your frame. You will be like a well-watered garden, like a spring whose waters never fail. (Isaiah 58:11)

7

當是時瞽者目必明ˇ聾者耳必啓ˇ跛者必踊躍如鹿ˇ瘖者必謳歌
당 시 시 고 자 목 필 명 ˇ 농 자 이 필 계 ˇ 파 자 필 용 약 여 록 ˇ 음 자 필 구 가

ˇ蓋有水湧於曠野ˇ有河流於沙漠 (以賽亞 35:5~6)
ˇ 개 유 수 용 어 광 야 ˇ 유 하 류 어 사 막

그 때에 盲人맹인의 눈이 밝을 것이며 못 듣는 사람의 귀가 열릴 것이며 그 때에 저는 者자는 사슴 같이 뛸 것이며 말 못하는 者자의 혀는 노래하리니 이는 曠野광야에서 물이 솟겠고 沙漠사막에서 시내가 흐를 것임이라 (이사야 35:5~6)

Then will the eyes of the blind be opened and the ears of the deaf unstopped. Then will the lame leap like a deer, and the mute tongue shout for joy. Water will gush forth in the wilderness and streams in the desert. (Isaiah 35:5~6)

8

凡其所行ˇ或理人供役事於上帝之殿ˇ或遵律法ˇ守誡命ˇ以尋求其上帝ˇ皆一心行之ˇ無不亨通 (歷代下 31:21)
범 기 소 행 ˇ 혹 리 인 공 역 사 어 상 제 지 전 ˇ 혹 준 율 법 ˇ 수 계 명 ˇ 이 심 구 기 상 제 ˇ 개 일 심 행 지 ˇ 무 불 형 통

그가 行행하는 모든 일 곧 하나님의 殿전에 隨從수종드는 일에나 律法율법에나 誡命계명에나 그의 하나님을 찾고 한 마음으로 行행하여 亨通형통하였더라 (역대하 31:21)

In everything that he undertook in the service of God's temple and in obedience to the law and the commands, he sought his God and worked wholeheartedly. And so he prospered. (2 Chronicles 31:21)

9

爾立意欲何爲ˇ必得成之ˇ必有光照臨爾途 (約伯 22:28)
이 립 의 욕 하 위 ˇ 필 득 성 지 ˇ 필 유 광 조 임 이 도

네가 무엇을 決定결정하면 이루어질 것이요 네 길에 빛이 비치리라 (욥기 22:28)

What you decide on will be done, and light will shine on your ways. (Job 22:28)

10

沙漠變爲池沼ˇ渴地變爲泉源ˇ豺狼棲止之所ˇ變爲蘆葦叢生
사 막 변 위 지 소 ˇ 갈 지 변 위 천 원 ˇ 시 랑 서 지 지 소 ˇ 변 위 노 위 총 생

之處 (以賽亞 35:7)
지 처

뜨거운 沙漠사막이 變변하여 못이 될 것이며 메마른 땅이 變변하여 源泉원천이 될 것이며 승냥이의 눕던 곳에 풀과 갈대와 부들이 날 것이며 (이사야 35:7)

The burning sand will become a pool, the thirsty ground bubbling springs. In the haunts where jackals once lay, grass and reeds and papyrus will grow. (Isaiah 35:7)

11

主必賜及時之雨ˇ春雨秋雨ˇ降於爾地ˇ使爾可收穫穀酒與油
주 필 사 급 시 지 우 ˇ 춘 우 추 우 ˇ 강 어 이 지 ˇ 사 이 가 수 확 곡 주 여 유
(申命記 11:14)

여호와께서 너희의 땅에 이른 비 늦은 비를 적당한 때에 내리시리니 너희가 穀食곡식과 葡萄酒포도주와 기름을 얻을 것이요 (신명기 11:14)

Then I will send rain on your land in its season, both autumn and spring rains, so that you may gather in your grain, new wine and oil. (Deuteronomy 11:14)

12

凡其所爲者必不徒勞ˇ所生子女必不夭亡ˇ皆蒙賜福之人ˇ凡
범 기 소 위 자 필 불 도 노 ˇ 소 생 자 녀 필 불 요 망 ˇ 개 몽 사 복 지 인 ˇ 범
其所生者亦若是 (以賽亞 65:23)
기 소 생 자 역 약 시

그들의 수고가 헛되지 않겠고 그들이 生産생산한 것이 災難재난을 當당하지 아니하리니 그들은 여호와의 福복된 者자의 子孫자손이요 그들의 後孫후손도 그들과 같을 것임이라 (이사야 65:23)

They will not toil in vain or bear children doomed to misfortune; for they will be a people blessed by the LORD, they and their descendants with them. (Isaiah 65:23)

13

彼如樹木ˇ植於溪旁ˇ臨時結果ˇ其葉不枯ˇ所爲之事ˇ無不亨
피 여 수 목 ˇ 식 어 계 방 ˇ 임 시 결 과 ˇ 기 엽 불 고 ˇ 소 위 지 사 ˇ 무 불 형
通 (詩篇 1:3)
통

그는 시냇가에 심은 나무가 철을 따라 열매를 맺으며 그 잎사귀가 마르지 아니함 같으니 그가 하는 모든 일이 다 亨通형통하리로다 (시편 1:3)

He is like a tree planted by streams of water, which yields its fruit in season and whose leaf does not wither. Whatever he does prospers. (Psalms 1:3)

14

明日夙興ˇ往提哥亞之野ˇ將行ˇ約沙法立而語之曰ˇ猶大人與
명 일 숙 흥 ˇ 왕 제 가 아 지 야 ˇ 장 행 ˇ 약 사 법 립 이 어 지 왈 ˇ 유 대 인 여
耶路撒冷居民ˇ宜聽我言ˇ當信主爾之上帝ˇ則必堅立ˇ信主之
야 로 살 냉 거 민 ˇ 의 청 아 언 ˇ 당 신 주 이 지 상 제 ˇ 즉 필 견 립 ˇ 신 주 지
先知則必亨通 (歷代下 20:20)
선 지 즉 필 형 통

이에 백성들이 아침에 일찍이 일어나서 드고아 들로 나가니라 나갈 때에 여호사밧이 서서 이르되 유다와 예루살렘 住民주민들아 내 말을 들을지어다 너희는 너희 하나님 여호와를 信賴신뢰하라 그리하면 堅固견고히 서리라 그의 先知者선지자들을 信賴신뢰하라 그리하면 亨通형통하리라 하고 (역대하 20:20)

Early in the morning they left for the Desert of Tekoa. As they set out, Jehoshaphat stood and said, Listen to me, Judah and people of Jerusalem! Have faith in the LORD your God and you will be upheld: have faith in his prophets and you will be successful. (2 Chronicles 20:20)

15

隱諱己過者ˇ必不亨通ˇ認過而改者ˇ必蒙矜恤 (箴言 28:13)
은 휘 기 과 자 ˇ 필 불 형 통 ˇ 인 과 이 개 자 ˇ 필 몽 긍 휼

自己자기의 罪죄를 숨기는 者자는 亨通형통하지 못하나 罪죄를 自服자복하고 버리는 者자는 불쌍히 여김을 받으리라 (잠언 28:13)

He who conceals his sins does not prosper, but whoever confesses and renounces them finds mercy. (Proverbs 28:13)

복(福)

1

萬有之主曰ˇ爾以所當納之什一ˇ悉入於倉庫ˇ使我室有糧ˇ以
만 유 지 주 왈 ˇ 이 이 소 당 납 지 십 일 ˇ 실 입 어 창 고 ˇ 사 아 실 유 량 ˇ 이
是試我ˇ觀我果否爲爾啓天之窗ˇ使福傾注於爾曹ˇ豐盈富餘ˇ
시 시 아 ˇ 관 아 과 부 위 이 계 천 지 창 ˇ 사 복 경 주 어 이 조 ˇ 풍 영 부 여 ˇ
不可勝數 (瑪拉基 3:10)
불 가 승 수

萬軍만군의 여호와가 이르노라 너희의 穩全온전한 十一條십일조를 倉庫창고에 들여 나의 집에 糧食양식이 있게 하고 그것으로 나를 試驗시험하여 내가 하늘 門문을 열고 너희에게 福복을 쌓을 곳이 없도록 붓지 아니하나 보라 (말라기 3:10)

Bring the whole tithe into the storehouse, that there may be food in my house. Test me in this, says the LORD Almighty, and see if I will not throw open the floodgates of heaven and pour out so much blessing that you will not have room enough for it. (Malachi 3:10)

2

勿以惡報惡ˇ勿以詬報詬ˇ反爲之祝福ˇ蓋知爾之蒙召原爲此ˇ
물 이 악 보 악 ˇ 물 이 후 보 후 ˇ 반 위 지 축 복 ˇ 개 지 이 지 몽 소 원 위 차 ˇ
使爾得福也 (彼得前書 3:9)
사 이 득 복 야

惡악을 惡악으로 辱욕을 辱욕으로 갚지 말고 도리어 福복을 빌라 이를 爲위하여 너희가 부르심을 받았으니 이는 福복을 이어받게 하려 하심이라 (베드로전서 3:9)

Do not repay evil with evil or insult with insult, but with blessing, because to this you were called so that you may inherit a blessing. (1 Peter 3:9)

3

主曰ˇ我必使祭司享膏澤而心飫ˇ使我民足沾我恩 (耶利米 31:14)
주 왈 ˇ 아 필 사 제 사 향 고 택 이 심 어 ˇ 사 아 민 족 첨 아 은

내가 기름으로 祭司長제사장들의 마음을 洽足흡족하게 하며 내 福복으로 내 百姓백성을 滿足만족하게 하리라 여호와의 말씀이니라 (예레미야 31:14)

I will satisfy the priests with abundance, and my people will be filled with my bounty, declares the LORD. (Jeremiah 31:14)

4

爾爲基督之名被詬ˇ則爲有福ˇ因上帝榮光之靈ˇ賦畀爾曹
이 위 기 독 지 명 피 후 ˇ 즉 위 유 복 ˇ 인 상 제 영 광 지 령 ˇ 부 비 이 조
(彼得前書 4:14)

너희가 그리스도의 이름으로 恥辱치욕을 當당하면 福복 있는 者자로다 榮光영광의 靈영 곧 하나님의 靈영이 너희 위에 계심이라 (베드로전서 4:14)

If you are insulted because of the name of Christ, you are blessed, for the Spirit of glory and of God rests on you.
(1 Peter 4:14)

5

哀慟者福矣ˇ因其將受慰也 (瑪太福音 5:4)
애 통 자 복 의 ˇ 인 기 장 수 위 야

哀痛애통하는 者자는 福복이 있나니 그들이 慰勞위로를 받을 것임이요 (마태복음 5:4)

Blessed are those who mourn, for they will be comforted.
(Matthew 5:4)

6

蒙雅各之上帝扶助ˇ仰望主其上帝者ˇ斯人便爲有福 (詩篇 146:5)
몽 아 각 지 상 제 부 조 ˇ 앙 망 주 기 상 제 자 ˇ 사 인 변 위 유 복

야곱의 하나님을 自己자기의 도움으로 삼으며 여호와 自己자기 하나님에게 自己자기의 所望소망을 두는 者자는 福복이 있도다 (시편 146:5)

Blessed is he whose help is the God of Jacob, whose hope is in the LORD his God, (Psalms 146:5)

7

行動正直ˇ遵行主之律法者ˇ此等人便爲有福 (詩篇 119:1)
행 동 정 직 ˇ 준 행 주 지 율 법 자 ˇ 차 등 인 변 위 유 복

行爲행위가 穩全온전하여 여호와의 律法율법을 따라 行행하는 者자들은 福복이 있음이여 (시편 119:1)

Blessed are they whose ways are blameless, who walk according to the law of the LORD. (Psalms 119:1)

8

矜恤者福矣ˇ因其將見矜恤也ˇ清心者福矣ˇ因其將見上帝也
긍 휼 자 복 의 ˇ 인 기 장 견 긍 휼 야 ˇ 청 심 자 복 의 ˇ 인 기 장 견 상 제 야
(瑪太福音 5:7~8)

矜恤긍휼히 여기는 者자는 福복이 있나니 그들이 矜恤긍휼히 여김을 받을 것임이요 마음이 清潔청결한 者자는 福복이 있나니 그들이 하나님을 볼 것임이요 (마태복음 5:7~8)

Blessed are the merciful, for they will be shown mercy. Blessed are the pure in heart, for they will see God. (Matthew 5:7~8)

9

以主爲上帝者ˇ其國有福ˇ蒙主選爲子民者ˇ其邦有福 (詩篇 33:12)
이 주 위 상 제 자 ˇ 기 국 유 복 ˇ 몽 주 선 위 자 민 자 ˇ 기 방 유 복

여호와를 自己자기 하나님으로 삼은 나라 곧 하나님의 基業기업으로 選擇선택된 百姓백성은 福복이 있도다 (시편 33:12)

Blessed is the nation whose God is the LORD, the people he chose for his inheritance. (Psalms 33:12)

10

爾當恃上帝ˇ則可得平康ˇ福祉必因此臨爾身 (約伯 22:21)
이 당 시 상 제 ˇ 즉 가 득 평 강 ˇ 복 지 필 인 차 임 이 신

너는 하나님과 和睦화목하고 平安평안하라 그리하면 福복이 네게 臨임하리라 (욥기 22:21)

Submit to God and be at peace with him: in this way prosperity will come to you. (Job 22:21)

11

使人和睦者福矣ˇ因其將稱爲上帝之子也ˇ爲義而被窘逐者福
사 인 화 목 자 복 의 ˇ 인 기 장 칭 위 상 제 지 자 야 ˇ 위 의 이 피 군 축 자 복
矣ˇ因天國乃其國也 (瑪太福音 5:9~10)
의 ˇ 인 천 국 내 기 국 야

和平화평하게 하는 者자는 福복이 있나니 그들이 하나님의 아들이라 일컬음을 받을 것임이요 義의를 爲위하여 迫害박해를 받은 者자는 福복이 있나니 天國천국이 그들의 것임이라 (마태복음 5:9~10)

Blessed are the peacemakers, for they will be called sons of God. Blessed are those who are persecuted because of righteousness, for theirs is the kingdom of heaven. (Matthew 5:9~10)

12

因主使爾門之扃堅固ˇ賜福於爾中居民 (詩篇 147:13)
인 주 사 이 문 지 경 견 고 ˇ 사 복 어 이 중 거 민

그가 네 門문빗장을 堅固견고히 하시고 네 가운데에 있는 너의 子女자녀들에게 福복을 주셨으며 (시편 147:13)

For he strengthens the bars of your gates and blesses your people within you. (Psalms 147:13)

13

論亞設則曰ˇ亞設多子有福ˇ爲兄弟悅納ˇ將浸足於油
론 아 설 즉 왈 ˇ 아 설 다 자 유 복 ˇ 위 형 제 열 납 ˇ 장 침 족 어 유
(申命記 33:24)

아셀에 대하여는 일렀으되 아셀은 아들들 中중에 더 福복을 받으며 그의 兄弟형제에게 기쁨이 되며 그의 발이 기름에 잠길지로다 (신명기 33:24)

About Asher he said: Most blessed of sons is Asher: let him be favored by his brothers, and let him bathe his feet in oil. (Deuteronomy 33:24)

14

上帝許之以福ˇ謂之曰ˇ生育衆多ˇ充盈於地ˇ地爲爾所治ˇ並
상 제 허 지 이 복 ˇ 위 지 왈 ˇ 생 육 중 다 ˇ 충 영 어 지 ˇ 지 위 이 소 치 ˇ 병
治海魚飛鳥ˇ及地上諸生物 (創世記 1:28)
치 해 어 비 조 ˇ 급 지 상 제 생 물

하나님이 그들에게 福복을 주시며 하나님이 그들에게 이르시되 生育생육하고 蕃盛번성하여 땅에 充滿충만하라 땅을 征服정복하라 바다의 물고기와 하늘의 새와 땅에 움직이는 모든 生物생물을 다스리라 하시니라 (창세기 1:28)

God blessed them and said to them, Be fruitful and increase in number: fill the earth and subdue it. Rule over the fish of the sea and the birds of the air and over every living creature that moves on the ground. (Genesis 1:28)

15

摩西謂利未人曰ˇ爾能不顧己之子女兄弟ˇ今日必得奉事主之
마서위리미인왈ˇ이능불고기지자녀형제ˇ금일필득봉사주지
職ˇ並蒙主今日賜福於爾 (出伊及記 32:29)
직ˇ병몽주금일사복어이ˇ

모세가 이르되 各각 사람이 自己자기의 아들과 自己자기의 兄弟형제를 쳤으니 오늘 여호와께 獻身헌신하게 되었느니라 그가 오늘 너희에게 福복을 내리시리라 (출애굽기 32:29)

Then Moses said, You have been set apart to the LORD today, for you were against your own sons and brothers, and he has blessed you this day. (Exodus 32:29)

16

主迎迓之賜以厚福ˇ將精金之冠戴於其首 (詩篇 21:3)
주영아지사이후복ˇ장정금지관대어기수

主주의 아름다운 福복으로 그를 迎接영접하시고 純金순금 冠관을 그의 머리에 씌우셨나이다 (시편 21:3)

You welcomed him with rich blessings and placed a crown of pure gold on his head. (Psalms 21:3)

17

上帝許福於挪亞及其諸子曰ˇ生育衆多ˇ遍滿於地 (創世記 9:1)
상제허복어나아급기제자왈ˇ생육중다ˇ편만어지

하나님이 노아와 그 아들들에게 福복을 주시며 그들에게 이르시되 生育생육하고 蕃盛번성하여 땅에 充滿충만하라 (창세기 9:1)

Then God blessed Noah and his sons, saying to them, Be fruitful and increase in number and fill the earth. (Genesis 9:1)

18

我凡事示爾ˇ當如是勸勞ˇ以扶持荏弱之人ˇ當憶我主耶穌之
아범사시이ˇ당여시권노ˇ이부지임약지인ˇ당억아주야소지

言云ˇ施較受更爲福 (使徒行傳 20:35)
언운ˇ시교수갱위복

凡事범사에 여러분에게 模本모본을 보여준 바와 같이 수고하여 弱약한 사람들을 돕고 또 主주 예수께서 親친히 말씀하신 바 주는 것이 받는 것보다 福복이 있다 하심을 記憶기억하여야 할지니라 (사도행전 20:35)

In everything I did, I showed you that by this kind of hard work we must help the weak, remembering the words the Lord Jesus himself said: It is more blessed to give than to receive. (Acts 20:35)

19

溫良者福矣ˇ因其將得地也ˇ慕義如饑渴者福矣ˇ因其將得飽也
온량자복의ˇ인기장득지야ˇ모의여기갈자복의ˇ인기장득포야
(瑪太福音 5:5~6)

溫柔온유한 者자는 福복이 있나니 그들이 땅을 基業기업으로 받을 것임이요 義의에 주리고 목마른 者자는 福복이 있나니 그들이 배부를 것임이요 (마태복음 5:5~6)

Blessed are the meek, for they will inherit the earth. Blessed are those who hunger and thirst for righteousness, for they will be filled. (Matthew 5:5~6)

20

其時倉廩有穀種乎ˇ葡萄樹ˇ無花果樹ˇ石榴樹ˇ油果樹ˇ俱不
기시창름유곡종호ˇ포도수ˇ무화과수ˇ석류수ˇ유과수ˇ구불
結實ˇ自是以後ˇ我必降福 (哈該 2:19)
결실ˇ자시이후ˇ아필강복

穀食곡식 種子종자가 아직도 倉庫창고에 있느냐 葡萄포도나무 無花果무화과나무 石榴석류나무 橄欖감람나무에 열매가 맺지 못하였느니라 그러나 오늘부터는 내가 너희에게 福복을 주리라 (학개 2:19)

Is there yet any seed left in the barn? Until now, the vine and the fig tree, the pomegranate and the olive tree have not borne fruit. From this day on I will bless you. (Haggai 2:19)

21

七日間當守節期在主爾上帝前ˇ於主所選之處ˇ爾之物産ˇ爾
칠일간당수절기재주이상제전ˇ어주소선지처ˇ이지물산ˇ이

之操作ˇ旣蒙主爾上帝賜福ˇ則必欣喜歡樂 (申命記 16:15)
지 조 작 ˇ 기 몽 주 이 상 제 사 복 ˇ 즉 필 흔 희 환 락

네 하나님 여호와께서 擇택하신 곳에서 너는 이레 동안 네 하나님 여호와 앞에서 節期절기를 지키고 네 하나님 여호와께서 네 모든 所出소출과 네 손으로 行행한 모든 일에 福복 주실 것이니 너는 穩全온전히 즐거워할지니라 (신명기 16:15)

For seven days celebrate the Feast to the LORD your God at the place the LORD will choose. For the LORD your God will bless you in all your harvest and in all the work of your hands, and your joy will be complete. (Deuteronomy 16:15)

22

我將使爾成爲大族ˇ賜福於爾ˇ使爾名大揚ˇ俾爾恒享厚福ˇ爲
아 장 사 이 성 위 대 족 ˇ 사 복 어 이 ˇ 사 이 명 대 양 ˇ 비 이 항 향 후 복 ˇ 위
爾祝福者ˇ我必降之以福ˇ詛爾者我必降之以禍ˇ天下萬族ˇ必
이 축 복 자 ˇ 我 必 降 之 以 福 ˇ 저 이 자 아 필 강 지 이 화 ˇ 천 하 만 족 ˇ 필
因爾獲福 (創世記 12:2~3)
인 이 획 복

내가 너로 큰 民族민족을 이루고 네게 福복을 주어 네 이름을 昌大창대하게 하리니 너는 福복이 될지라 너를 祝福축복하는 者자에게는 내가 福복을 내리고 너를 詛呪저주하는 者자에게는 내가 詛呪저주하리니 땅의 모든 族屬족속이 너로 말미암아 福복을 얻을 것이라 하신지라 (창세기 12:2~3)

I will make you into a great nation and I will bless you: I will make your name great, and you will be a blessing. I will bless those who bless you, and whoever curses you I will curse: and all peoples on earth will be blessed through you. (Genesis 12:2~3)

희락(喜樂)

1

當常喜樂ˇ祈禱不已ˇ凡事感謝ˇ此上帝因基督耶穌欲爾如此者
당 상 희 락 ˇ 기 도 불 이 ˇ 범 사 감 사 ˇ 차 상 제 인 기 독 야 소 욕 이 여 차 자
(帖撒羅尼迦前書 5:16~18)

恒常항상 기뻐하라 쉬지 말고 祈禱기도하라 凡事범사에 感謝감사하라 이것이 그리스도 예수 안에서 너희를 向향하신 하나님의 뜻이니라 (데살로니가전서 5:16~18)

Be joyful always: pray continually: give thanks in all circumstances, for this is God's will for you in Christ Jesus. (1 Thessalonians 5:16~18)

2

爾當常因主而喜樂ˇ我復言爾曹當喜樂 (腓立比書 4:4)
이 당 상 인 주 이 희 락ˇ아 부 언 이 조 당 희 락

主주 안에서 恒常항상 기뻐하라 내가 다시 말하노니 기뻐하라 (빌립보서 4:4)

Rejoice in the Lord always. I will say it again: Rejoice! (Philippians 4:4)

3

流淚播種者ˇ必歡躍收成ˇ攜穀種以播者ˇ哭泣而往ˇ迨負禾束
유 루 파 종 자 ˇ 필 환 약 수 성 ˇ 휴 곡 종 이 파 자 ˇ 곡 읍 이 왕 ˇ 태 부 화 속
而歸ˇ必然歡欣 (詩篇 126:5~6)
이 귀 ˇ 필 연 환 흔

눈물을 흘리며 씨를 뿌리는 者자는 기쁨으로 거두리로다 울며 씨를 뿌리러 나가는 者자는 반드시 기쁨으로 그 穀食곡식 단을 가지고 돌아오리로다 (시편 126:5~6)

Those who sow in tears will reap with songs of joy. He who goes out weeping, carrying seed to sow, will return with songs of joy, carrying sheaves with him. (Psalms 126:5~6)

4

謀惡者終必心覺自欺ˇ勸人和睦者必得喜樂 (箴言 12:20)
모 악 자 종 필 심 각 자 기 ˇ 권 인 화 목 자 필 득 희 락

惡악을 꾀하는 者자의 마음에는 속임이 있고 和平화평을 議論의논하는 者자에게는 喜樂희락이 있느니라 (잠언 12:20)

There is deceit in the hearts of those who plot evil, but joy for those who promote peace. (Proverbs 12:20)

5

因其時無花果樹不萌芽ˇ葡萄樹不結實ˇ油果樹不出油ˇ田畝
인 기 시 무 화 과 수 불 맹 아 ˇ 포 도 수 불 결 실 ˇ 유 과 수 불 출 유 ˇ 전 무

不出穀ˇ牢中絶羊ˇ圈內無牛ˇ雖然如此ˇ我猶因主而樂ˇ因救
불출곡 ˇ 뢰중절양 ˇ 권내무우 ˇ 수연여차 ˇ 아유인주이락 ˇ 인구
我之上帝歡欣 (哈巴谷 3:17~18)
아지상제환흔

비록 無花果무화과나무가 茂盛무성하지 못하며 葡萄포도나무에 열매가 없으며 橄欖감람나무에 所出소출이 없으며 밭에 먹을 것이 없으며 우리에 羊양이 없으며 외양間간에 소가 없을지라도 나는 여호와로 말미암아 즐거워하며 나의 救援구원의 하나님으로 말미암아 기뻐하리로다 (하박국 3:17~18)

Though the fig tree does not bud and there are no grapes on the vines, though the olive crop fails and the fields produce no food, though there are no sheep in the pen and no cattle in the stalls, yet I will rejoice in the LORD, I will be joyful in God my Savior. (Habakkuk 3:17~18)

6

我心因主歡喜ˇ我惟仰賴主之聖名 (詩篇 33:21)
아심인주환희 ˇ 아유앙뢰주지성명

우리 마음이 그를 즐거워함이여 우리가 그의 聖號성호를 依支의지하였기 때문이로다 (시편 33:21)

In him our hearts rejoice, for we trust in his holy name. (Psalms 33:21)

7

第人能食飮ˇ能享勞碌所得者ˇ亦爲上帝所賜 (傳道書 3:13)
제인능식음 ˇ 능향노록소득자 ˇ 역위상제소사

사람마다 먹고 마시는 것과 수고함으로 樂낙을 누리는 그것이 하나님의 膳物선물인 줄도 또한 알았도다 (전도서 3:13)

That everyone may eat and drink, and find satisfaction in all his toil-this is the gift of God. (Ecclesiastes 3:13)

8

似憂而常樂ˇ似貧而使多人富ˇ似無所有而無所不有 (哥林多後書 6:10)
사우이상락 ˇ 사빈이사다인부 ˇ 사무소유이무소불유

근심하는 者자 같으나 恒常항상 기뻐하고 가난한 者자 같으나 많은 사

람을 富饒부요하게 하고 아무 것도 없는 者자 같으나 모든 것을 가진 者자로다 (고린도후서 6:10)

Sorrowful, yet always rejoicing: poor, yet making many rich: having nothing, and yet possessing everything (2 Corinthians 6:10)

9

主之作爲ˇ使我喜樂ˇ我因主手所成者ˇ不勝歡呼 (詩篇 92:4)
주 지 작 위 ˇ 사 아 희 락 ˇ 아 인 주 수 소 성 자 ˇ 불 승 환 호

여호와여 主주께서 行행하신 일로 나를 기쁘게 하셨으니 主주의 손이 行행하신 일로 말미암아 내가 높이 외치리이다 (시편 92:4)

For you make me glad by your deeds, O LORD: I sing for joy at the works of your hands. (Psalms 92:4)

10

我儕在上帝前ˇ爲爾甚樂ˇ將何以祝謝上帝乎 (帖撒羅尼迦前書 3:9)
아 제 재 상 제 전 ˇ 위 이 심 락 ˇ 장 하 이 축 사 상 제 호

우리가 우리 하나님 앞에서 너희로 말미암아 모든 기쁨으로 기뻐하니 너희를 爲위하여 能능히 어떠한 感謝감사로 하나님께 報答보답할까 (데살로니가전서 3:9)

How can we thank God enough for you in return for all the joy we have in the presence of our God because of you? (1 Thessalonians 3:9)

11

主卽將我之哀哭ˇ變爲踴躍ˇ使我解脫麻衣ˇ衣被喜樂 (詩篇 30:11)
주 즉 장 아 지 애 곡 ˇ 변 위 용 약 ˇ 사 아 해 탈 마 의 ˇ 의 피 희 락

主주께서 나의 슬픔이 變변하여 내게 춤이 되게 하시며 나의 베옷을 벗기고 기쁨으로 띠 띠우셨나이다 (시편 30:11)

You turned my wailing into dancing: you removed my sackcloth and clothed me with joy, (Psalms 30:11)

12

我以此告爾ˇ致我之喜恒存於爾內ˇ且使爾之喜充足
아 이 차 고 이 ˇ 치 아 지 희 항 존 어 이 내 ˇ 차 사 이 지 희 충 족

(約翰福音 15:11)

내가 이것을 너희에게 이름은 내 기쁨이 너희 안에 있어 너희 기쁨을 充滿충만하게 하려 함이라 (요한복음 15:11)

I have told you this so that my joy may be in you and that your joy may be complete. (John 15:11)

13

因主震怒不過片時ˇ主之恩惠ˇ乃一生之久ˇ夜雖哭泣ˇ晨必歡呼
인주진노불과편시ˇ주지은혜ˇ내일생지구ˇ야수곡읍ˇ신필환호
(詩篇 30:5)

그의 노염은 잠깐이요 그의 恩寵은총은 平生평생이로다 저녁에는 울음이 깃들일지라도 아침에는 기쁨이 오리로다 (시편 30:5)

For his anger lasts only a moment, but his favor lasts a lifetime: weeping may remain for a night, but rejoicing comes in the morning. (Psalms 30:5)

14

爾莫若以欣喜食爾之餅ˇ以歡心飲爾之酒ˇ因上帝已悅爾之所爲
이막약이흔희식이지병ˇ이환심음이지주ˇ인상제이열이지소위
(傳道書 9:7)

너는 가서 기쁨으로 네 음식물을 먹고 즐거운 마음으로 네 葡萄酒포도주를 마실지어다 이는 하나님이 네가 하는 일들을 벌써 기쁘게 받으셨음이니라 (전도서 9:7)

Go, eat your food with gladness, and drink your wine with a joyful heart, for it is now that God favors what you do. (Ecclesiastes 9:7)

15

然此亦何妨ˇ其意或僞或誠ˇ無論如何ˇ基督究以是而傳矣ˇ我
연차역하방ˇ기의혹위혹성ˇ무론여하ˇ기독구이시이전의ˇ아
爲之而樂ˇ亦必終樂 (腓立比書 1:18)
위지이락ˇ역필종락

그러면 무엇이냐 겉치레로 하나 참으로 하나 무슨 方道방도로 하든지 傳播전파되는 것은 그리스도니 이로써 나는 기뻐하고 또한 기뻐하리라 (빌립보서 1:18)

But what does it matter? The important thing is that in every way, whether from false motives or true, Christ is preached. And because of this I rejoice. Yes, and I will continue to rejoice, (Philippians 1:18)

16

主使斯民昌盛ˇ使之大樂ˇ彼於主前欣喜ˇ如秋穫之欣喜ˇ如
주 사 사 민 창 성 ˇ 사 지 대 락 ˇ 피 어 주 전 흔 희 ˇ 여 추 확 지 흔 희 ˇ 여
分掠物之歡樂ˇ蓋民所負之重軛ˇ所加於其肩之任ˇ並督之之
분 략 물 지 환 락 ˇ 개 민 소 부 지 중 액 ˇ 소 가 어 기 견 지 임 ˇ 병 독 지 지
杖ˇ主悉折斷ˇ如罰米甸之日, (以賽亞 9:3~4)
장 ˇ 주 실 절 단 ˇ 여 벌 미 전 지 일,

主주께서 이 나라를 昌盛창성하게 하시며 그 즐거움을 더하게 하셨으므로 秋收추수하는 즐거움과 奪取物탈취물을 나눌 때의 즐거움 같이 그들이 主주 앞에서 즐거워하오니 이는 그들이 무겁게 멘 멍에와 그들의 어깨의 채찍과 그 壓制者압제자의 막대기를 主주께서 꺾으시되 미디안의 날과 같이 하셨음이니이다 (이사야 9:3~4)

You have enlarged the nation and increased their joy: they rejoice before you as people rejoice at the harvest, as men rejoice when dividing the plunder. For as in the day of Midian' s defeat, you have shattered the yoke that burdens them, the bar across their shoulders, the rod of their oppressor. (Isaiah 9:3~4)

17

我因主之大恩ˇ歡欣快樂ˇ主嘗垂鑒我之患難ˇ知我心之愁苦
아 인 주 지 대 은 ˇ 환 흔 쾌 락 ˇ 주 상 수 감 아 지 환 난 ˇ 지 아 심 지 수 고
ˇ使我不囚於敵人之手ˇ俾我足立於寬濶之地 (詩篇 31:7~8)
ˇ사 아 불 수 어 적 인 지 수 ˇ 비 아 족 입 어 관 활 지 지

내가 主주의 仁慈인자하심을 기뻐하며 즐거워할 것은 主주께서 나의 苦難고난을 보시고 患難환난 中중에 있는 내 靈魂영혼을 아셨으며 나를 怨讐원수의 手中수중에 가두지 아니하셨고 내 발을 넓은 곳에 세우셨음이니이다 (시편 31:7~8)

I will be glad and rejoice in your love, for you saw my affliction and knew the anguish of my soul. You have not handed me over to the enemy but have set my feet in a spacious place. (Psalms 31:7~8)

18

我滿懷憂愁時ˇ主安慰我ˇ使我心中欣喜 (詩篇 94:19)
아 만 회 우 수 시 ˇ 주 안 위 아 ˇ 사 아 심 중 흔 희

내 속에 근심이 많을 때에 主주의 慰安위안이 내 靈魂영혼을 즐겁게 하시나이다 (시편 94:19)

When anxiety was great within me, your consolation brought joy to my soul. (Psalms 94:19)

19

尼希米又告之曰ˇ爾往哉ˇ食肥飮甘ˇ有未備者ˇ爾分予之ˇ此
니 희 미 우 고 지 왈 ˇ 이 왕 재 ˇ 식 비 음 감 ˇ 유 미 비 자 ˇ 이 분 여 지 ˇ 차
乃我主之聖日ˇ勿憂ˇ因主而樂ˇ實爲爾之護庇 (尼希米 8:10)
내 아 주 지 성 일 ˇ 물 우 ˇ 인 주 이 락 ˇ 실 위 이 지 호 비 ˇ

느헤미야가 또 그들에게 이르기를 너희는 가서 살진 것을 먹고 단 것을 마시되 準備준비하지 못한 者자에게는 나누어 주라 이 날은 우리 主주의 聖日성일이니 근심하지 말라 여호와로 因인하여 기뻐하는 것이 너희의 힘이니라 하고 (느헤미야 8:10)

Nehemiah said, Go and enjoy choice food and sweet drinks, and send some to those who have nothing prepared. This day is sacred to our Lord. Do not grieve, for the joy of the LORD is your strength. (Nehemiah 8:10)

20

我頌揚之辭ˇ願主嘉納ˇ我必因主歡欣 (詩篇 104:34)
아 송 양 지 사 ˇ 원 주 가 납 ˇ 아 필 인 주 환 흔

나의 祈禱기도를 기쁘게 여기시기를 바라나니 나는 여호와로 말미암아 즐거워하리로다 (시편 104:34)

May my meditation be pleasing to him, as I rejoice in the LORD. (Psalms 104:34)

21

主所救贖之民ˇ必返故土ˇ謳歌而至郇邑ˇ永以歡樂爲首之冠
주 소 구 속 지 민 ˇ 필 반 고 토 ˇ 구 가 이 지 순 읍 ˇ 영 이 환 락 위 수 지 관

冕ˇ旣得欣喜歡樂ˇ則憂愁歎息ˇ盡歸無有 (以賽亞 51:11)
면 ˇ 기 득 흔 희 환 락 ˇ 즉 우 수 탄 식 ˇ 진 귀 무 유

여호와께 救贖구속 받은 者자들이 돌아와 노래하며 시온으로 돌아오니 永遠영원한 기쁨이 그들의 머리 위에 있고 슬픔과 歎息탄식이 달아나리이다 (이사야 51:11)

The ransomed of the LORD will return. They will enter Zion with singing; everlasting joy will crown their heads. Gladness and joy will overtake them, and sorrow and sighing will flee away. (Isaiah 51:11)

평강(平康)

1

願上帝所賜之和平ˇ主於爾心ˇ爾曹蒙召ˇ成爲一體ˇ亦爲此也
원 상 제 소 사 지 화 평 ˇ 주 어 이 심 ˇ 이 조 몽 소 ˇ 성 위 일 체 ˇ 역 위 차 야
ˇ亦感主恩 (哥羅西書 3:15)
ˇ 역 감 주 은

그리스도의 平康평강이 너희 마음을 主掌주장하게 하라 너희는 平康평강을 爲위하여 한 몸으로 부르심을 받았나니 너희는 또한 感謝감사하는 者자가 되라 (골로새서 3:15)

Let the peace of Christ rule in your hearts, since as members of one body you were called to peace. And be thankful. (Colossians 3:15)

2

心志堅定者ˇ主必守護ˇ賜以平康ˇ因主是賴ˇ主賜平康
심 지 견 정 자 ˇ 주 필 수 호 ˇ 사 이 평 강 ˇ 인 주 시 뢰 ˇ 주 사 평 강
(以賽亞 26:3)

主주께서 심지가 堅固견고한 者자를 平康평강하고 平康평강하도록 지키시리니 이는 그가 主주를 信賴신뢰함이니이다 (이사야 26:3)

You will keep in perfect peace him whose mind is steadfast, because he trusts in you. (Isaiah 26:3)

화목(和睦)

1

兄弟和睦同居ˇ何其善ˇ何其美 (詩篇 133:1)
형 제 화 목 동 거 ˇ 하 기 선 ˇ 하 기 미

보라 兄弟형제가 聯合연합하여 同居동거함이 어찌 그리 善선하고 아름다운고 (시편 133:1)

How good and pleasant it is when brothers live together in unity! (Psalms 133:1)

2

萬事皆由上帝而有ˇ上帝又藉耶穌基督使我儕與己復和ˇ且以
만 사 개 유 상 제 이 유 ˇ 상 제 우 자 야 소 기 독 사 아 제 여 기 부 화 ˇ 차 이
勸人與上帝復和之職授我 (哥林多後書 5:18)
권 인 여 상 제 부 화 지 직 수 아

모든 것이 하나님께로서 났으며 그가 그리스도로 말미암아 우리를 自己자기와 和睦화목하게 하시고 또 우리에게 和睦화목하게 하는 職分직분을 주셨으니 (고린도후서 5:18)

All this is from God, who reconciled us to himself through Christ and gave us the ministry of reconciliation: (2 Corinthians 5:18)

3

是以爾若獻禮物於祭臺ˇ在彼爾憶獲罪爾兄弟ˇ則留禮物於臺
시 이 이 약 헌 예 물 어 제 대 ˇ 재 피 이 억 획 죄 이 형 제 ˇ 즉 류 예 물 어 대
前ˇ先往與兄弟復和ˇ然後可來獻爾禮物 (瑪太福音 5:23~24)
전 ˇ 선 왕 여 형 제 부 화 ˇ 연 후 가 래 헌 이 예 물

그러므로 禮物예물을 祭壇제단에 드리려다가 거기서 네 兄弟형제에게 怨望원망들을 만한 일이 있는 것이 생각나거든 禮物예물을 祭壇제단 앞에 두고 먼저 가서 兄弟형제와 和睦화목하고 그 後후에 와서 禮物예물을 드리라 (마태복음 5:23~24)

Therefore, if you are offering your gift at the altar and there remember that your brother has something against you, leave your gift there in front of the altar. First go and be reconciled to your brother: then come and offer your gift. (Matthew 5:23~24)

화평(和平)

1

善義之果ˇ必被行和平之人以和平而種 (雅各書 3:18)
선 의 지 과 ˇ 필 피 행 화 평 지 인 이 화 평 이 종

和平화평하게 하는 者자들은 和平화평으로 심어 義의의 열매를 거두느니라 (야고보서 3:18)

Peacemakers who sow in peace raise a harvest of righteousness. (James 3:18)

2

爾試看完全人ˇ且觀正直人ˇ彼和平者結局必善 (詩篇 37:37)
이 시 간 완 전 인 ˇ 차 관 정 직 인 ˇ 피 화 평 자 결 국 필 선

穩全온전한 사람을 살피고 正直정직한 者자를 볼지어다 모든 和平화평한 者자의 未來미래는 平安평안이로다 (시편 37:37)

Consider the blameless, observe the upright: there is a future for the man of peace. (Psalms 37:37)

3

惟謙遜人必得地爲業ˇ樂享太平 (詩篇 37:11)
유 겸 손 인 필 득 지 위 업 ˇ 락 향 태 평

그러나 溫柔온유한 者자들은 땅을 차지하며 豊盛풍성한 和平화평으로 즐거워하리로다 (시편 37:11)

But the meek will inherit the land and enjoy great peace. (Psalms 37:11)

안위(安慰)

1

我雖過死陰之幽谷ˇ亦不懼遭害ˇ因主常在我側ˇ主有杖有竿ˇ
아 수 과 사 음 지 유 곡 ˇ 역 불 구 조 해 ˇ 인 주 상 재 아 측 ˇ 주 유 장 유 간 ˇ
足以安慰我 (詩篇 23:4)
족 이 안 위 아

내가 死亡사망의 음침한 골짜기로 다닐지라도 害해를 두려워하지 않을 것은 主주께서 나와 함께 하심이라 主주의 지팡이와 막대기가 나를 安慰안위하시나이다 (시편 23:4)

Even though I walk through the valley of the shadow of death, I will fear no evil, for you are with me: your rod and your staff, they comfort me. (Psalms 23:4)

2

我儕避難堅心希望所許之福ˇ旣有此永不可易之二事ˇ上帝於
아 제 피 난 견 심 희 망 소 허 지 복 ˇ 기 유 차 영 불 가 역 지 이 사 ˇ 상 제 어
此事ˇ不能誑言ˇ我儕卽大有勉勵 (希伯來書 6:18)
차 사 ˇ 불 능 광 언 ˇ 아 제 즉 대 유 면 려

이는 하나님이 거짓말을 하실 수 없는 이 두 가지 變변하지 못할 事實사실로 말미암아 앞에 있는 所望소망을 얻으려고 避難處피난처를 찾은 우리에게 큰 安慰안위를 받게 하려 하심이라 (히브리서 6:18)

God did this so that, by two unchangeable things in which it is impossible for God to lie, we who have fled to take hold of the hope offered to us may be greatly encouraged. (Hebrews 6:18)

14. 권면(勸勉)

권면(勸勉)

내가 그리스도를 本본받는 者자가 된 것 같이 너희는 나를 本본받는 者자가 되라 (고린도전서 11:1)

권면(勸勉)

1

豈不知在場爭趨者雖多ˇ得賞者惟一ˇ爾曹爭趨ˇ當奮力使爾
기 부 지 재 장 쟁 추 자 수 다 ˇ 득 상 자 유 일 ˇ 이 조 쟁 추 ˇ 당 분 력 사 이
得賞 (哥林多前書 9:24)
득 상

운동장에서 달음질하는 者자들이 다 달릴지라도 오직 賞상을 받는 사람은 한 사람인 줄을 너희가 알지 못하느냐 너희도 賞상을 받도록 이와 같이 달음질하라 (고린도전서 9:24)

Do you not know that in a race all the runners run, but only one gets the prize? Run in such a way as to get the prize. (1 Corinthians 9:24)

2

予人則必予爾ˇ卽以大量搖之使實ˇ充滿外溢ˇ納爾懷中ˇ蓋爾
여 인 즉 필 여 이 ˇ 즉 이 대 량 요 지 사 실 ˇ 충 만 외 일 ˇ 납 이 회 중 ˇ 개 이
以何量量諸人ˇ則人以何量量諸爾 (路加福音 6:38)
이 하 량 량 제 인 ˇ 즉 인 이 하 량 량 제 이

주라 그리하면 너희에게 줄 것이니 곧 厚후히 되어 누르고 흔들어 넘치도록 하여 너희에게 안겨 주리라 너희가 헤아리는 그 헤아림으로 너희도 헤아림을 도로 받을 것이니라 (누가복음 6:38)

Give, and it will be given to you. A good measure, pressed down, shaken together and running over, will be poured into your lap. For with the measure you use, it will be measured to you. (Luke 6:38)

3

是以爾當警醒ˇ因其日其時ˇ爾不知也 (瑪太福音 25:13)
시 이 이 당 경 성 ˇ 인 기 일 기 시 ˇ 이 부 지 야

그런즉 깨어 있으라 너희는 그 날과 그 때를 알지 못하느니라 (마태복음 25:13)

Therefore keep watch, because you do not know the day or the hour. (Matthew 25:13)

4
瞽者法利賽人乎ˇ先潔杯盤之內ˇ則其外亦潔矣 (瑪太福音 23:26)
고 자 법 리 새 인 호 ˇ 선 결 배 반 지 내 ˇ 즉 기 외 역 결 의

눈 먼 바리새인이여 너는 먼저 안을 깨끗이 하라 그리하면 겉도 깨끗하리라 (마태복음 23:26)

Blind Pharisee! First clean the inside of the cup and dish, and then the outside also will be clean. (Matthew 23:26)

5
人恃驕泰ˇ常啓爭端ˇ聽勸言者ˇ則爲有智 (箴言 13:10)
인 시 교 태 ˇ 상 계 쟁 단 ˇ 청 권 언 자 ˇ 즉 위 유 지

驕慢교만에서는 다툼만 일어날 뿐이라 勸勉권면을 듣는 者자는 智慧지혜가 있느니라 (잠언 13:10)

Pride only breeds quarrels, but wisdom is found in those who take advice. (Proverbs 13:10)

6
爾當效我ˇ如我效基督然 (哥林多前書 11:1)
이 당 효 아 ˇ 여 아 효 기 독 연

내가 그리스도를 本본받는 者자가 된 것 같이 너희는 나를 本본받는 者자가 되라 (고린도전서 11:1)

Follow my example, as I follow the example of Christ. (1 Corinthians 11:1)

7
使人得明箴言與喩言ˇ得悟智者之詞及其隱語 (箴言 1:6)
사 인 득 명 잠 언 여 유 언 ˇ 득 오 지 자 지 사 급 기 은 어

箴言잠언과 譬喩비유와 智慧지혜 있는 者자의 말과 그 奧妙오묘한 말을 깨달으리라 (잠언 1:6)

To understand a proverb and a figure, The words of the wise and their riddles (Proverbs 1:6)

8
凡爾所爲者ˇ皆當由誠心而爲之ˇ以爲事主ˇ非事人也
범 이 소 위 자 ˇ 개 당 유 성 심 이 위 지 ˇ 이 위 사 주 ˇ 비 사 인 야

(哥羅西書 3:23)

무슨 일을 하든지 마음을 다하여 主주께 하듯 하고 사람에게 하듯 하지 말라 **(골로새서 3:23)**

Whatever you do, work at it with all your heart, as working for the Lord, not for men, **(Colossians 3:23)**

9

各當悅鄰ˇ以建其德ˇ以致其益 (羅瑪書 15:2)
각 당 열 린 ˇ 이 건 기 덕 ˇ 이 치 기 익

우리 各각 사람이 이웃을 기쁘게 하되 善선을 이루고 德덕을 세우도록 할지니라 **(로마서 15:2)**

Each of us should please his neighbor for his good, to build him up. **(Romans 15:2)**

10

我知爾之作爲ˇ爾不冷不熱ˇ願爾或冷或熱 (約翰 啓示錄 3:15)
아 지 이 지 작 위 ˇ 이 불 냉 불 열 ˇ 원 이 혹 냉 혹 열

내가 네 行爲행위를 아노니 네가 차지도 아니하고 뜨겁지도 아니하도다 네가 차든지 뜨겁든지 하기를 願원하노라 **(요한계시록 3:15)**

I know your deeds, that you are neither cold nor hot. I wish you were either one or the other! **(Revelation 3:15)**

11

當宣道ˇ無論時之順否ˇ皆專務之ˇ凡事寬容而訓誨ˇ以督責ˇ
당 선 도 ˇ 무 론 시 지 순 부 ˇ 개 전 무 지 ˇ 범 사 관 용 이 훈 회 ˇ 이 독 책 ˇ
警戒ˇ勸勉 (提摩太後書 4:2)
경 계 ˇ 권 면

너는 말씀을 傳播전파하라 때를 얻든지 못 얻든지 恒常항상 힘쓰라 凡事범사에 오래 참음과 가르침으로 警責경책하며 警戒경계하며 勸권하라 **(디모데후서 4:2)**

Preach the Word: be prepared in season and out of season: correct, rebuke and encourage—with great patience and careful instruction. **(2 Timothy 4:2)**

12

故爾曹在彼及諸教會前ˇ當表明爾之愛ˇ與我爲爾所誇者
고 이 조 재 피 급 제 교 회 전 ˇ 당 표 명 이 지 애 ˇ 여 아 위 이 소 과 자
(哥林多後書 8:24)

그러므로 너희는 여러 教會교회 앞에서 너희의 사랑과 너희에 對대한 우리 자랑의 證據증거를 그들에게 보이라 (고린도후서 8:24)

Therefore show these men the proof of your love and the reason for our pride in you, so that the churches can see it. (2 Corinthians 8:24)

13

爾當黙然倚賴主ˇ仰望主ˇ莫因惡人亨通ˇ惡謀成就ˇ心懷不平
이 당 묵 연 의 뢰 주 ˇ 앙 망 주 ˇ 막 인 악 인 형 통 ˇ 악 모 성 취 ˇ 심 회 불 평
勿發忿ˇ勿動怒ˇ勿心懷不平ˇ以致行惡 (詩篇 37:7~8)
물 발 분 ˇ 물 동 노 ˇ 물 심 회 불 평 ˇ 이 치 행 악

여호와 앞에 潛潛잠잠하고 참고 기다리라 自己자기 길이 亨通형통하며 惡악한 꾀를 이루는 者자 때문에 不平불평하지 말지어다 忿분을 그치고 怒노를 버리며 不平불평하지 말라 오히려 惡악을 만들 뿐이라 (시편 37:7~8)

Be still before the LORD and wait patiently for him: do not fret when men succeed in their ways, when they carry out their wicked schemes. Refrain from anger and turn from wrath: do not fret-it leads only to evil. (Psalms 37:7~8)

14

卽當捫舌勿出惡語ˇ守口勿發誑言 (詩篇 34:13)
즉 당 문 설 물 출 악 어 ˇ 수 구 물 발 광 언

네 혀를 惡악에서 禁금하며 네 입술을 거짓말에서 禁금할지어다 (시편 34:13)

Keep your tongue from evil and your lips from speaking lies. (Psalms 34:13)

15

凡爾手所經營之事ˇ當盡力經營ˇ因爾所將往之示阿勒ˇ無經
범 이 수 소 경 영 지 사 ˇ 당 진 력 경 영 ˇ 인 이 소 장 왕 지 시아 륵 ˇ 무 경
營ˇ無計謀ˇ無知識ˇ無智慧 (傳道書 9:10)
영 ˇ 무 계 모 ˇ 무 지 식 ˇ 무 지 혜

네 손이 일을 얻는 대로 힘을 다하여 할지어다 네가 將次장차 들어갈

스올에는 일도 없고 計劃계획도 없고 知識지식도 없고 智慧지혜도 없음이니라 (전도서 9:10)

Whatever your hand finds to do, do it with all your might, for in the grave, where you are going, there is neither working nor planning nor knowledge nor wisdom. (Ecclesiastes 9:10)

16

當殷勤勿怠ˇ中熱志銳ˇ且奉事主 (羅瑪書 12:11)
당 은 근 물 태 ˇ 중 열 지 예 ˇ 차 봉 사 주

부지런하여 게으르지 말고 열심을 품고 主주를 섬기라 (로마서 12:11)

Never be lacking in zeal, but keep your spiritual fervor, serving the Lord. (Romans 12:11)

17

所愛之兄弟ˇ因此ˇ爾各人當速於聽ˇ緩於言ˇ遲於怒ˇ蓋人怒
소 애 지 형 제 ˇ 인 차 ˇ 이 각 인 당 속 어 청 ˇ 완 어 언 ˇ 지 어 노 ˇ 개 인 노
則不能成上帝之義 (雅各書 1:19~20)
즉 불 능 성 상 제 지 의

내 사랑하는 兄弟형제들아 너희가 알지니 사람마다 듣기는 速속히 하고 말하기는 더디 하며 성내기도 더디 하라 사람이 성내는 것이 하나님의 義의를 이루지 못함이라 (야고보서 1:19~20)

My dear brothers, take note of this: Everyone should be quick to listen, slow to speak and slow to become angry, for man's anger does not bring about the righteous life that God desires. (James 1:19~20)

18

凡穢言勿出爾口ˇ言必善以建德ˇ使聽者獲益 (以弗所書 4:29)
범 예 언 물 출 이 구 ˇ 언 필 선 이 건 덕 ˇ 사 청 자 획 익

무릇 더러운 말은 너희 입 밖에도 내지 말고 오직 德덕을 세우는 데 所用소용되는 대로 善선한 말을 하여 듣는 者자들에게 恩惠은혜를 끼치게 하라 (에베소서 4:29)

Do not let any unwholesome talk come out of your mouths,

but only what is helpful for building others up according to their needs, that it may benefit those who listen. (Ephesians 4:29)

19

當察何者爲主所悅之事 (以弗所書 5:10)
당 찰 하 자 위 주 소 열 지 사

主주를 기쁘시게 할 것이 무엇인가 試驗시험하여 보라 (에베소서 5:10)

And find out what pleases the Lord. (Ephesians 5:10)

20

我爲主被囚者勸爾ˇ旣蒙召ˇ行事則當與蒙召之恩相稱
아 위 주 피 수 자 권 이 ˇ 기 몽 소 ˇ 행 사 즉 당 여 몽 소 지 은 상 칭
(以弗所書 4:1)

그러므로 主주 안에서 갇힌 내가 너희를 勸권하노니 너희가 부르심을 받은 일에 合當합당하게 行행하여 (에베소서 4:1)

As a prisoner for the Lord, then, I urge you to live a life worthy of the calling you have received. (Ephesians 4:1)

21

我儕行善勿倦ˇ若不懈怠ˇ屆期必穫矣 (迦拉太書 6:9)
아 제 행 선 물 권 ˇ 약 불 해 태 ˇ 계 기 필 확 의

우리가 善선을 行행하되 落心낙심하지 말지니 抛棄포기하지 아니하면 때가 이르매 거두리라 (갈라디아서 6:9)

Let us not become weary in doing good, for at the proper time we will reap a harvest if we do not give up. (Galatians 6:9)

22

我勸爾ˇ首要者ˇ當爲衆人籲告ˇ祈禱ˇ懇求ˇ感謝ˇ當爲君王
아 권 이 ˇ 수 요 자 ˇ 당 위 중 인 유 고 ˇ 기 도 ˇ 간 구 ˇ 감 사 ˇ 당 위 군 왕
及一切秉權者祈禱ˇ俾我儕可虔敬端莊ˇ安然無虞以度日
급 일 체 병 권 자 기 도 ˇ 비 아 제 가 건 경 단 장 ˇ 안 연 무 우 이 도 일
(提摩太前書 2:1~2)

그러므로 내가 첫째로 勸권하노니 모든 사람을 爲위하여 懇求간구와 祈禱기도와 禱告도고와 感謝감사를 하되 임금들과 높은 地位지위에 있는 모든 사람을 爲위하여 하라 이는 우리가 모든 敬虔경건과 端正단정함으로 고

요하고 平安평안한 生活생활을 하려 함이라 (디모데전서 2:1~2)

I urge, then, first of all, that requests, prayers, intercession and thanksgiving be made for everyone–for kings and all those in authority, that we may live peaceful and quiet lives in all godliness and holiness. (1 Timothy 2:1~2)

23

使爾所行盡合於主ˇ凡事悅主之意而結果ˇ行諸善事ˇ於上帝
사 이 소 행 진 합 어 주 ˇ 범 사 열 주 지 의 이 결 과 ˇ 행 제 선 사 ˇ 어 상 제
之知識ˇ日有長進 (哥羅西書 1:10)
지 지 식 ˇ 일 유 장 진

主주께 合當합당하게 行행하여 凡事범사에 기쁘시게 하고 모든 善선한 일에 열매를 맺게 하시며 하나님을 아는 것에 자라게 하시고 (골로새서 1:10)

And we pray this in order that you may live a life worthy of the Lord and may please him in every way: bearing fruit in every good work, growing in the knowledge of God. (Colossians 1:10)

24

故爾當去一切暴狠ˇ詭譎ˇ僞善ˇ娼嫉ˇ及諸毀謗ˇ當慕純眞之
고 이 당 거 일 체 폭 한 ˇ 궤 휼 ˇ 위 선 ˇ 창 질 ˇ 급 제 훼 방 ˇ 당 모 순 진 지
道ˇ如甫生嬰兒之慕乳然ˇ使爾由此而漸長ˇ若爾果嘗主之仁
도 ˇ 여 보 생 영 아 지 모 유 연 ˇ 사 이 유 차 이 점 장 ˇ 약 이 과 상 주 지 인
慈ˇ則當如是 (彼得前書 2:1~3)
자 ˇ 즉 당 여 시

그러므로 모든 惡毒악독과 모든 欺瞞기만과 外飾외식과 猜忌시기와 모든 誹謗비방하는 말을 버리고 갓난 아기들 같이 純全순전하고 神靈신령한 젖을 思慕사모하라 이는 그로 말미암아 너희로 救援구원에 이르도록 자라게 하려 함이라 너희가 主주의 仁慈인자하심을 맛보았으면 그리하라 (베드로전서 2:1~3)

Therefore, rid yourselves of all malice and all deceit, hypocrisy, envy, and slander of every kind. Like newborn babies, crave pure spiritual milk, so that by it you may grow up in your salvation, now that you have tasted that the Lord is good. (1 Peter 2:1~3)

25

務當良心無虧ˇ使彼謗爾從基督善行ˇ誣爾爲惡者ˇ自覺羞愧
무당량심무휴ˇ사피방이종기독선행ˇ무이위악자ˇ자각수괴
(彼得前書 3:16)

善선한 良心양심을 가지라 이는 그리스도 안에 있는 너희의 善行선행을 辱욕하는 者자들로 그 誹謗비방하는 일에 부끄러움을 當당하게 하려 함이라 (베드로전서 3:16)

Keeping a clear conscience, so that those who speak maliciously against your good behavior in Christ may be ashamed of their slander. (1 Peter 3:16)

26

爾當取悅於上帝ˇ爲無愧之工ˇ善頒眞道 (提摩太後書 2:15)
이당취열어상제ˇ위무괴지공ˇ선반진도

너는 眞理진리의 말씀을 옳게 分別분별하며 부끄러울 것이 없는 일꾼으로 認定인정된 者자로 自身자신을 하나님 앞에 드리기를 힘쓰라 (디모데후서 2:15)

Do your best to present yourself to God as one approved, a workman who does not need to be ashamed and who correctly handles the word of truth. (2 Timothy 2:15)

27

毋恃世人ˇ世人僅有鼻中出入之生氣ˇ何足算哉 (以賽亞 2:22)
무시세인ˇ세인근유비중출입지생기ˇ하족산재

너희는 人生인생을 依支의지하지 말라 그의 呼吸호흡은 코에 있나니 셈할 價値가치가 어디 있느냐 (이사야 2:22)

Stop trusting in man, who has but a breath in his nostrils. Of what account is he? (Isaiah 2:22)

28

心中當尊主卽上帝爲聖ˇ爾心所懷之望ˇ有人以其故詰爾ˇ爾
심중당존주즉상제위성ˇ이심소회지망ˇ유인이기고힐이ˇ이
當預備ˇ可溫和畏懼以答之 (彼得前書 3:15)
당예비ˇ가온화외구이답지

너희 마음에 그리스도를 主주로 삼아 거룩하게 하고 너희 속에 있는 所望소망에 關관한 理由이유를 묻는 者자에게는 對答대답할 것을 恒常항상 準

備준비하되 溫柔온유와 두려움으로 하고 (베드로전서 3:15)

But in your hearts set apart Christ as Lord. Always be prepared to give an answer to everyone who asks you to give the reason for the hope that you have. But do this with gentleness and respect. (1 Peter 3:15)

29

供聖徒所需ˇ欵待客旅 (羅瑪書 12:13)
공 성 도 소 수 ˇ 관 대 객 려

聖徒성도들의 쓸 것을 供給공급하며 손 待接대접하기를 힘쓰라 (로마서 12:13)

Share with God' s people who are in need. Practice hospitality. (Romans 12:13)

30

故兄弟更當殷勤ˇ使爾蒙召蒙選之恩ˇ堅定不移ˇ爾若行此ˇ則
고 형 제 갱 당 은 근 ˇ 사 이 몽 소 몽 선 지 은 ˇ 견 정 불 이 ˇ 이 약 행 차 ˇ 즉
永不躓蹶 (彼得後書 1:10)
영 불 지 궐

그러므로 兄弟형제들아 더욱 힘써 너희 부르심과 擇택하심을 굳게 하라 너희가 이것을 行행한즉 언제든지 失足실족하지 아니하리라 (베드로후서 1:10)

Therefore, my brothers, be all the more eager to make your calling and election sure. For if you do these things, you will never fall, (2 Peter 1:10)

31

故爾當乘尙有今日ˇ日相勸勉ˇ免爾中有人迷於罪ˇ而剛愎其心
고 이 당 승 상 유 금 일 ˇ 일 상 권 면 ˇ 면 이 중 유 인 미 어 죄 ˇ 이 강 퍅 기 심
(希伯來書 3:13)

오직 오늘이라 일컫는 동안에 每日매일 彼此피차 勸勉권면하여 너희 中중에 누구든지 罪죄의 誘惑유혹으로 完固완고하게 되지 않도록 하라 (히브리서 3:13)

But encourage one another daily, as long as it is called Today, so that none of you may be hardened by sin' s deceitfulness. (Hebrews 3:13)

32

兄弟乎ˇ我儕尚有言ˇ我儕因我主耶穌基督ˇ求爾勸爾ˇ旣受
형제호ˇ아제상유언ˇ아제인아주야소기독ˇ구이권이ˇ기수
我儕之敎ˇ如何當行而見悅於上帝ˇ則宜多求進益
아제지교ˇ여하당행이견열어상제ˇ즉의다구진익
(帖撒羅尼迦前書 4:1)

그러므로 兄弟형제들아 우리가 끝으로 主주 예수 안에서 너희에게 求구하고 勸勉권면하노니 너희가 마땅히 어떻게 行행하며 하나님을 기쁘시게 할 수 있는지를 우리에게 배웠으니 곧 너희가 行행하는 바라 더욱 많이 힘쓰라 (데살로니가전서 4:1)

Finally, brothers, we instructed you how to live in order to please God, as in fact you are living. Now we ask you and urge you in the Lord Jesus to do this more and more. (1 Thessalonians 4:1)

33

故命富者爲善ˇ積累美事ˇ喜於施舍ˇ樂於濟衆 (提摩太前書 6:18)
고명부자위선ˇ적루미사ˇ희어시사ˇ락어제중

善선을 行행하고 善선한 事業사업을 많이 하고 나누어 주기를 좋아하며 너그러운 者자가 되게 하라 (디모데전서 6:18)

Command them to do good, to be rich in good deeds, and to be generous and willing to share. (1 Timothy 6:18)

34

夫主之僕不可爭競ˇ必以慈愛待衆ˇ善於施敎ˇ亦當忍耐
부주지복불가쟁경ˇ필이자애대중ˇ선어시교ˇ역당인내
(提摩太後書 2:24)

主주의 종은 마땅히 다투지 아니하고 모든 사람에 대하여 溫柔온유하며 가르치기를 잘하며 참으며 (디모데후서 2:24)

And the Lord’s servant must not quarrel: instead, he must be kind to everyone, able to teach, not resentful. (2 Timothy 2:24)

35

兄弟乎ˇ若人偶有過ˇ爾感於靈者ˇ當以溫柔之心規正之ˇ又當
형제호ˇ약인우유과ˇ이감어령자ˇ당이온유지심규정지ˇ우당
自愼ˇ恐亦被惑 (迦拉太書 6:1)
자신ˇ공역피혹

兄弟형제들아 사람이 萬一만일 무슨 犯罪범죄한 일이 드러나거든 神靈신령한 너희는 溫柔온유한 心靈심령으로 그러한 者자를 바로잡고 너 自身자신을 살펴보아 너도 試驗시험을 받을까 두려워하라 (갈라디아서 6:1)

Brothers, if someone is caught in a sin, you who are spiritual should restore him gently. But watch yourself, or you also may be tempted. (Galatians 6:1)

36

爾勿似馬似騾之無知ˇ若不以銜轡約束其口ˇ必不順從 (詩篇 32:9
이 물 사 마 사 라 지 무 지 ˇ 약 불 이 함 강 약 속 기 구 ˇ 필 불 순 종

너희는 無知무지한 말이나 노새 같이 되지 말지어다 그것들은 재갈과 굴레로 團束단속하지 아니하면 너희에게 가까이 가지 아니하리로다 (시편 32:9)

Do not be like the horse or the mule, which have no understanding but must be controlled by bit and bridle or they will not come to you. (Psalms 32:9)

37

凡較力爭勝者ˇ諸事撙節修持ˇ彼衆行此ˇ欲得易壞之冠ˇ我儕
범 교 력 쟁 승 자 ˇ 제 사 준 절 수 지 ˇ 피 중 행 차 ˇ 욕 득 이 괴 지 관 ˇ 아 제
行此ˇ欲得不壞之冠 (哥林多前書 9:25)
행 차 ˇ 욕 득 불 괴 지 관

이기기를 다투는 者자마다 모든 일에 節制절제하나니 그들은 썩을 勝利者승리자의 冠관을 얻고자 하되 우리는 썩지 아니할 것을 얻고자 하노라 (고린도전서 9:25)

Everyone who competes in the games goes into strict training. They do it to get a crown that will not last: but we do it to get a crown that will last forever. (1 Corinthians 9:25)

38

近上帝ˇ則上帝必近爾ˇ爾有罪者當盥手ˇ爾懷二心者當潔心
근 상 제 ˇ 즉 상 제 필 근 이 ˇ 이 유 죄 자 당 관 수 ˇ 이 회 이 심 자 당 결 심
(雅各書 4:8)

하나님을 가까이하라 그리하면 너희를 가까이하시리라 罪人죄인들아 손을 깨끗이 하라 두 마음을 품은 者자들아 마음을 聖潔성결하게 하라

(야고보 4:8)

Come near to God and he will come near to you. Wash your hands, you sinners, and purify your hearts, you double-minded. (James 4:8)

39

故爾當純全ˇ若爾在天父之純全焉 (瑪太福音 5:48)
고 이 당 순 전 ˇ 약 이 재 천 부 지 순 전 언

그러므로 하늘에 계신 너희 아버지의 穩全온전하심과 같이 너희도 穩全온전하라 (마태복음 5:48)

Be perfect, therefore, as your heavenly Father is perfect. (Matthew 5:48)

40

兄弟乎ˇ我因上帝之憐憫ˇ勸爾獻身爲活祭ˇ卽聖潔之祭ˇ上
형 제 호 ˇ 아 인 상 제 지 연 민 ˇ 권 이 헌 신 위 활 제 ˇ 즉 성 결 지 제 ˇ 상
帝所悅者ˇ是乃爾當然之役也ˇ勿效乎此世ˇ爾心維新而自化
제 소 열 자 ˇ 시 내 이 당 연 지 역 야 ˇ 물 효 호 차 세 ˇ 이 심 유 신 이 자 화
ˇ使爾明辨上帝之旨ˇ其旨至善可悅且純全者也 (羅瑪書 12:1~2)
ˇ 사 이 명 변 상 제 지 지 ˇ 기 지 지 선 가 열 차 순 전 자 야

그러므로 兄弟형제들아 내가 하나님의 모든 慈悲자비하심으로 너희를 勸권하노니 너희 몸을 하나님이 기뻐하시는 거룩한 산 祭物제물로 드리라 이는 너희가 드릴 靈的영적 禮拜예배니라 너희는 이 世代세대를 本본받지 말고 오직 마음을 새롭게 함으로 變化변화를 받아 하나님의 善선하시고 기뻐하시고 穩全온전하신 뜻이 무엇인지 分別분별하도록 하라 (로마서 12:1~2)

Therefore, I urge you, brothers, in view of God's mercy, to offer your bodies as living sacrifices, holy and pleasing to God–this is your spiritual act of worship. Do not conform any longer to the pattern of this world, but be transformed by the renewing of your mind. Then you will be able to test and approve what God's will is–his good, pleasing and perfect will. (Romans 12:1~2)

41

惟愚者之辯問ˇ譜系之談論ˇ律法之爭競ˇ爾當遠之ˇ此皆虛妄
유 우 자 지 변 문 ˇ 보 계 지 담 론 ˇ 율 법 지 쟁 경 ˇ 이 당 원 지 ˇ 차 개 허 망

無益者 (提多書 3:9)
무 익 자

그러나 어리석은 辯論변론과 族譜족보 이야기와 紛爭분쟁과 律法율법에 對대한 다툼은 避피하라 이것은 無益무익한 것이요 헛된 것이니라 (디도서 3:9)

But avoid foolish controversies and genealogies and arguments and quarrels about the law, because these are unprofitable and useless. (Titus 3:9)

42

爾曹勿怠ˇ當效彼因信及忍而得所許者 (希伯來書 6:12)
이 조 물 태 ˇ 당 효 피 인 신 급 인 이 득 소 허 자

게으르지 아니하고 믿음과 오래 참음으로 말미암아 約束약속들을 基業기업으로 받는 者자들을 本본받는 者자 되게 하려는 것이니라 (히브리서 6:12)

We do not want you to become lazy, but to imitate those who through faith and patience inherit what has been promised. (Hebrews 6:12)

43

故我儕勿復相擬議ˇ宜定意勿以躓人礙人之物ˇ置於兄弟之前
고 아 제 물 부 상 의 의 ˇ 의 정 의 물 이 지 인 애 인 지 물 ˇ 치 어 형 제 지 전
(羅瑪書 14:13)

그런즉 우리가 다시는 서로 批判비판하지 말고 도리어 부딪칠 것이나 거칠 것을 兄弟형제 앞에 두지 아니하도록 注意주의하라 (로마서 14:13)

Therefore let us stop passing judgment on one another. Instead, make up your mind not to put any stumbling block or obstacle in your brother' s way. (Romans 14:13)

44

兄弟乎ˇ我尚有餘言ˇ爾當賴主ˇ恃其大力而剛健ˇ當衣上帝所
형 제 호 ˇ 아 상 유 여 언 ˇ 이 당 뢰 주 ˇ 시 기 대 력 이 강 건 ˇ 당 의 상 제 소
賜之全身器械ˇ使爾能敵魔之詭譎 (以弗所書 6:10~11)
사 지 전 신 기 계 ˇ 사 이 능 적 마 지 궤 휼

끝으로 너희가 主주 안에서와 그 힘의 能力능력으로 康健강건하여지고 魔鬼마귀의 奸計간계를 能능히 對敵대적하기 爲위하여 하나님의 全身전신 甲胄갑주를 입으라 (에베소서 6:10~11)

Finally, be strong in the Lord and in his mighty power. Put on the full armor of God so that you can take your stand against the devil' s schemes. (Ephesians 6:10~11)

45

故勿爲愚者ˇ當明主之旨 (以弗所書 5:17)
고 물 위 우 자 ˇ 당 명 주 지 지

그러므로 어리석은 者자가 되지 말고 오직 主주의 뜻이 무엇인가 理解이해하라 (에베소서 5:17)

Therefore do not be foolish, but understand what the Lord' s will is. (Ephesians 5:17)

46

我言爾當遵聖靈而行ˇ則不縱肉體之慾 (迦拉太書 5:16)
아 언 이 당 준 성 령 이 행 ˇ 즉 불 종 육 체 지 욕

내가 이르노니 너희는 聖靈성령을 따라 行행하라 그리하면 肉體육체의 慾心욕심을 이루지 아니하리라 (갈라디아서 5:16)

So I say, live by the Spirit, and you will not gratify the desires of the sinful nature. (Galatians 5:16)

47

勿遽按手於人ˇ勿與人共罪ˇ當守己以潔 (提摩太前書 5:22)
물 거 안 수 어 인 ˇ 물 여 인 공 죄 ˇ 당 수 기 이 결

아무에게나 輕率경솔히 按手안수하지 말고 다른 사람의 罪죄에 干涉간섭지 말고 네 自身자신을 지켜 淨潔정결케 하라 (디모데전서 5:22)

Do not be hasty in the laying on of hands, and do not share in the sins of others. Keep yourself pure. (1 Timothy 5:22)

48

惟爾當事事警醒ˇ耐苦作宣道之工ˇ盡爾之職 (提摩太後書 4:5)
유 이 당 사 사 경 성 ˇ 내 고 작 선 도 지 공 ˇ 진 이 지 직

그러나 너는 모든 일에 愼重신중하여 苦難고난을 받으며 傳道者전도자의 일을 하며 네 職務직무를 다하라 (디모데후서 4:5)

But you, keep your head in all situations, endure hardship, do the work of an evangelist, discharge all the duties of your ministry. (2 Timothy 4:5)

49

惟毋叛主ˇ毋懼其地之居民ˇ我必滅之ˇ易如呑餠ˇ其陰庇已離之ˇ我儕蒙主偕我毋懼之 (民數記 14:9)
유무반주ˇ무구기지지거민ˇ아필멸지ˇ이여탄병ˇ기음비이리지ˇ아제몽주해아무구지

다만 여호와를 拒逆거역하지는 말라 또 그 땅 百姓백성을 두려워하지 말라 그들은 우리의 먹이라 그들의 保護者보호자는 그들에게서 떠났고 여호와는 우리와 함께 하시느니라 그들을 두려워하지 말라 하나 (민수기 14:9)

Only do not rebel against the LORD. And do not be afraid of the people of the land, because we will swallow them up. Their protection is gone, but the LORD is with us. Do not be afraid of them. (Numbers 14:9)

50

爾曹皆爲光明之人ˇ爲白晝之人ˇ我儕不屬於夜ˇ不屬於暗ˇ是以我儕不可寢如他人ˇ當警醒謹守 (帖撒羅尼迦前書 5:5~6)
이조개위광명지인ˇ위백주지인ˇ아제불속어야ˇ불속어암ˇ시이아제불가침여타인ˇ당경성근수

너희는 다 빛의 아들이요 낮의 아들이라 우리가 밤이나 어둠에 屬속하지 아니하나니 그러므로 우리는 다른 이들과 같이 자지 말고 오직 깨어 精神정신을 차릴지라 (데살로니가전서 5:5~6)

You are all sons of the light and sons of the day. We do not belong to the night or to the darkness. So then, let us not be like others, who are asleep, but let us be alert and self-controlled. (1 Thessalonians 5:5~6)

51

若爾因所食ˇ使兄弟憂ˇ則所行不循愛人之道ˇ基督爲之死ˇ爾勿以所食而敗之 (羅瑪書 14:15)
약이인소식ˇ사형제우ˇ즉소행불순애인지도ˇ기독위지사ˇ이물이소식이패지

萬一만일 飮食음식으로 말미암아 네 兄弟형제가 근심하게 되면 이는 네가 사랑으로 行행하지 아니함이라 그리스도께서 代身대신하여 죽으신 兄弟형제를 네 飮食음식으로 亡망하게 하지 말라 (로마서 14:15)

If your brother is distressed because of what you eat, you are no longer acting in love. Do not by your eating destroy your brother for whom Christ died. (Romans 14:15)

52

爾當遠幼年之嗜慾ˇ追求義與信與愛ˇ並與清心籲主者求和睦
이 당 원 유 년 지 기 욕 ˇ 추 구 의 여 신 여 애 ˇ 병 여 청 심 유 주 자 구 화 목

(提摩太後書 2:22)

또한 너는 靑年청년의 情慾정욕을 避피하고 主주를 깨끗한 마음으로 부르는 者자들과 함께 義의와 믿음과 사랑과 和平화평을 따르라 (디모데후서 2:22)

Flee the evil desires of youth, and pursue righteousness, faith, love and peace, along with those who call on the Lord out of a pure heart. (2 Timothy 2:22)

53

爾雖得自由ˇ勿以爾之自由而掩惡ˇ惟念己爲上帝之僕
이 수 득 자 유 ˇ 물 이 이 지 자 유 이 엄 악 ˇ 유 념 기 위 상 제 지 복

(彼得前書 2:16)

너희는 自由자유가 있으나 그 自由자유로 惡악을 가리는 데 쓰지 말고 오직 하나님의 종과 같이 하라 (베드로전서 2:16)

Live as free men, but do not use your freedom as a cover-up for evil: live as servants of God. (1 Peter 2:16)

54

勿使人因爾年幼而藐視爾ˇ乃當以言ˇ以行ˇ以愛ˇ以信ˇ以潔
물 사 인 인 이 년 유 이 막 시 이 ˇ 내 당 이 언 ˇ 이 행 ˇ 이 애 ˇ 이 신 ˇ 이 결
ˇ爲信者之模範ˇ專務誦讀勸勉教誨ˇ以待我至
ˇ 위 신 자 지 모 범 ˇ 전 무 송 독 권 면 교 회 ˇ 이 대 아 지

(提摩太前書 4:12~13)

누구든지 네 年少연소함을 업신여기지 못하게 하고 오직 말과 行實행실과 사랑과 믿음과 貞節정절에 있어서 믿는 者자에게 本본이 되어 내가 이를 때까지 읽는 것과 勸권하는 것과 가르치는 것에 專念전념하라 (디

모데전 4:12~13)

Don' t let anyone look down on you because you are young, but set an example for the believers in speech, in life, in love, in faith and in purity. Until I come, devote yourself to the public reading of Scripture, to preaching and to teaching. (1 Timothy 4:12~13)

55

愼毋輕視此小子之一ˇ我告爾ˇ彼之天使在天ˇ常見我天父之面
신 무 경 시 차 소 자 지 일 ˇ 아 고 이 ˇ 피 지 천 사 재 천 ˇ 상 견 아 천 부 지 면
(瑪太福音 18:10)

삼가 이 작은 者자 中중의 하나도 업신여기지 말라 너희에게 말하노니 그들의 天使천사들이 하늘에서 하늘에 계신 내 아버지의 얼굴을 恒常항상 뵈옵느니라 (마태복음 18:10)

See that you do not look down on one of these little ones. For I tell you that their angels in heaven always see the face of my Father in heaven. (Matthew 18:10)

56

勿慕虛榮ˇ勿相激怒ˇ勿相嫉妒 (迦拉太書 5:26)
물 모 허 영 ˇ 물 상 격 노 ˇ 물 상 질 투

헛된 榮光영광을 求구하여 서로 노엽게 하거나 서로 妬忌투기하지 말지니라 (갈라디아서 5:26)

Let us not become conceited, provoking and envying each other. (Colossians 5:26)

57

故取上帝所賜之全身器械ˇ使爾遇難日能禦敵ˇ成就諸事後ˇ
고 취 상 제 소 사 지 전 신 기 계 ˇ 사 이 우 난 일 능 어 적 ˇ 성 취 제 사 후 ˇ
仍能卓立 (以弗所書 6:13)
잉 능 탁 립

그러므로 하나님의 全身전신 甲冑갑주를 取취하라 이는 惡악한 날에 너희가 能능히 對敵대적하고 모든 일을 行행한 後후에 서기 爲위함이라 (에베소서 6:13)

Therefore put on the full armor of God, so that when the day of evil comes, you may be able to stand your ground, and after you have done everything, to stand. (Ephesians 6:13)

58

有望則喜ˇ遭難則忍ˇ恒於祈禱 (羅瑪書 12:12)
유 망 즉 희 ˇ 조 난 즉 인 ˇ 항 어 기 도

所望소망 中중에 즐거워하며 患難환난 中중에 참으며 祈禱기도에 恒常항상 힘쓰며 (로마서 12:12)

Be joyful in hope, patient in affliction, faithful in prayer. (Romans 12:12)

59

亦勿以爾之肢體獻於罪ˇ爲不義之器ˇ當獻己於上帝ˇ如由死
역 물 이 이 지 지 체 헌 어 죄 ˇ 위 불 의 지 기 ˇ 당 헌 기 어 상 제 ˇ 여 유 사
復活之人ˇ且以肢體獻於上帝ˇ爲行義之器 (羅瑪書 6:13)
부 활 지 인 ˇ 차 이 지 체 헌 어 상 제 ˇ 위 행 의 지 기

또한 너희 肢體지체를 不義불의의 武器무기로 罪죄에게 내주지 말고 오직 너희 自身자신을 죽은 者자 가운데서 다시 살아난 者자 같이 하나님께 드리며 너희 肢體지체를 義의의 武器무기로 하나님께 드리라 (로마서 6:13)

Do not offer the parts of your body to sin, as instruments of wickedness, but rather offer yourselves to God, as those who have been brought from death to life: and offer the parts of your body to him as instruments of righteousness. (Romans 6:13)

60

兄弟乎ˇ我勸爾妄爲者警之ˇ怯思者勉之ˇ懦弱者助之ˇ向衆人
형 제 호 ˇ 아 권 이 망 위 자 경 지 ˇ 겁 사 자 면 지 ˇ 나 약 자 조 지 ˇ 향 중 인
當寬忍 (帖撒羅尼迦前書 5:14)
당 관 인

또 兄弟형제들아 너희를 勸勉권면하노니 게으른 者자들을 勸戒권계하며 마음이 弱약한 者자들을 激勵격려하고 힘이 없는 者자들을 붙들어 주며 모든 사람에게 오래 참으라 (데살로니가전서 5:14)

And we urge you, brothers, warn those who are idle, encourage the timid, help the weak, be patient with everyone. (1 Thessalonians 5:14)

61

持守所奉使我有望之道ˇ堅定不移ˇ蓋許我儕之主ˇ誠信者也ˇ
지 수 소 봉 사 아 유 망 지 도 ˇ 견 정 불 이 ˇ 개 허 아 제 지 주 ˇ 성 신 자 야 ˇ
當彼此相顧ˇ激發愛心ˇ鼓勵行善ˇ勿停止會集ˇ效彼停止者
당 피 차 상 고 ˇ 격 발 애 심 ˇ 고 려 행 선 ˇ 물 정 지 회 집 ˇ 효 피 정 지 자
ˇ當彼此勸勉ˇ見其日伊邇ˇ更當如是 (希伯來書 10:23~25)
ˇ 당 피 차 권 면 ˇ 견 기 일 이 이 ˇ 갱 당 여 시

또 約束약속하신 이는 미쁘시니 우리가 믿는 道理도리의 所望소망을 움직이지 말며 굳게 잡고 서로 돌아보아 사랑과 善行선행을 激勵격려하며 모이기를 廢폐하는 어떤 사람들의 習慣습관과 같이 하지 말고 오직 勸권하여 그 날이 가까움을 볼수록 더욱 그리하자 (히브리서 10:23~25)

Let us hold unswervingly to the hope we profess, for he who promised is faithful. And let us consider how we may spur one another on toward love and good deeds. Let us not give up meeting together, as some are in the habit of doing, but let us encourage one another–and all the more as you see the Day approaching. (Hebrews 10:23~25)

15. 의(義)

의(義)
공의(公義)
의인(義人)
정직(正直)
불의(不義)
선(善)
악(惡)

나는 義의로운 中중에 主주의 얼굴을 뵈오리니 깰 때에 主주의 形像형상으로 滿足만족하리이다 (시편 17:15)

의(義)

1

誰能訟上帝所選者乎ˇ上帝稱之爲義 (羅瑪書 8:33)
수 능 송 상 제 소 선 자 호 ˇ 상 제 칭 지 위 의

누가 能능히 하나님께서 擇택하신 者자들을 告發고발하리요 義의롭다 하신 이는 하나님이시니 (로마서 8:33)

Who will bring any charge against those whom God has chosen? It is God who justifies. (Romans 8:33)

2

惟我遵行善道ˇ得見主面ˇ於我醒時見主容顔ˇ我卽心滿意足
유 아 준 행 선 도 ˇ 득 견 주 면 ˇ 어 아 성 시 견 주 용 안 ˇ 아 즉 심 만 의 족
(詩篇 17:15)

나는 義의로운 中중에 主주의 얼굴을 뵈오리니 깰 때에 主주의 形像형상으로 滿足만족하리이다 (시편 17:15)

And I—in righteousness I will see your face: when I awake, I will be satisfied with seeing your likeness. (Psalms 17:15)

3

今我儕因基督之血ˇ旣得稱義ˇ不更可賴之而免怒乎 (羅瑪書 5:9)
금 아 제 인 기 독 지 혈 ˇ 기 득 칭 의 ˇ 불 갱 가 뢰 지 이 면 노 호

그러면 이제 우리가 그의 피로 말미암아 義의롭다 하심을 받았으니 더욱 그로 말미암아 震怒진노하심에서 救援구원을 받을 것이니 (로마서 5:9)

Since we have now been justified by his blood, how much more shall we be saved from God' s wrath through him! (Romans 5:9)

4

當以爾心志更換一新ˇ衣以新人ˇ卽按上帝像以義及眞理之聖
당 이 이 심 지 갱 환 일 신 ˇ 의 이 신 인 ˇ 즉 안 상 제 상 이 의 급 진 리 지 성
德而造者 (以弗所書 4:23~24)
덕 이 조 자

오직 너희의 心靈심령이 새롭게 되어 하나님을 따라 義의와 眞理진리의

거룩함으로 지으심을 받은 새 사람을 입으라 (에베소서 4:23~24)

To be made new in the attitude of your minds: and to put on the new self, created to be like God in true righteousness and holiness. (Ephesians 4:23~24)

5

今而後有稱義之冕ˇ爲我而藏ˇ至彼日ˇ按公義審判之主ˇ必以
금 이 후 유 칭 의 지 면 ˇ 위 아 이 장 ˇ 지 피 일 ˇ 안 공 의 심 판 지 주 ˇ 필 이

賜我ˇ不第賜我ˇ亦賜凡慕主顯現之人 (提摩太後書 4:8)
사 아 ˇ 부 제 사 아 ˇ 역 사 범 모 주 현 현 지 인

이제 後후로는 나를 爲위하여 義의의 冕旒冠면류관이 豫備예비되었으므로 主주 곧 義의로우신 裁判長재판장이 그 날에 내게 주실 것이며 내게만 아니라 主주의 나타나심을 思慕사모하는 모든 者자에게도니라 (디모데후서 4:8)

Now there is in store for me the crown of righteousness, which the Lord, the righteous Judge, will award to me on that day–and not only to me, but also to all who have longed for his appearing. (2 Timothy 4:8)

6

惟因基督耶穌贖罪ˇ賴上帝之恩ˇ無功而稱義 (羅瑪書 3:24)
유 인 기 독 야 소 속 죄 ˇ 뢰 상 제 지 은 ˇ 무 공 이 칭 의

그리스도 예수 안에 있는 贖良속량으로 말미암아 하나님의 恩惠은혜로 값 없이 義의롭다 하심을 얻은 者자 되었느니라 (로마서 3:24)

And are justified freely by his grace through the redemption that came by Christ Jesus. (Romans 3:24)

7

勿與不信者耦ˇ蓋義與不義ˇ何侶之有ˇ光與暗ˇ何交之有
물 여 불 신 자 우 ˇ 개 의 여 불 의 ˇ 하 려 지 유 ˇ 광 여 암 ˇ 하 교 지 유
(哥林多後書 6:14)

너희는 믿지 않는 者자와 멍에를 함께 메지 말라 義의와 不法불법이 어찌 함께 하며 빛과 어둠이 어찌 사귀며 (고린도후서 6:14)

Do not be yoked together with unbelievers. For what do righteousness and wickedness have in common? Or what fellowship can light have with darkness? (2 Corinthians 6:14)

8

故我儕謂人得稱義ˇ由信ˇ非由行律法 (羅瑪書 3:28)
고 아 제 위 인 득 칭 의 ˇ 유 신 ˇ 비 유 행 율 법

그러므로 사람이 義의롭다 하심을 얻는 것은 律法율법의 行爲행위에 있지 않고 믿음으로 되는 줄 우리가 認定인정하노라 (로마서 3:28)

For we maintain that a man is justified by faith apart from observing the law. (Romans 3:28)

9

旣知人得稱義非由行律法ˇ乃由信耶穌基督ˇ故我儕亦信耶穌
기 지 인 득 칭 의 비 유 행 율 법 ˇ 내 유 신 야 소 기 독 ˇ 고 아 제 역 신 야 소
基督ˇ欲由信基督稱義ˇ不由行律法ˇ蓋無人由行律法得稱義也
기 독 ˇ 욕 유 신 기 독 칭 의 ˇ 불 유 행 율 법 ˇ 개 무 인 유 행 율 법 득 칭 의 야
(迦拉太書 2:16)

사람이 義의롭게 되는 것은 律法율법의 行爲행위로 말미암음이 아니요 오직 예수 그리스도를 믿음으로 말미암는 줄 알므로 우리도 그리스도 예수를 믿나니 이는 우리가 律法율법의 行爲행위로써가 아니고 그리스도를 믿음으로써 義의롭다 함을 얻으려 함이라 律法율법의 行爲행위로써는 義의롭다 함을 얻을 肉體육체가 없느니라 (갈라디아서 2:16)

Know that a man is not justified by observing the law, but by faith in Jesus Christ. So we, too, have put our faith in Christ Jesus that we may be justified by faith in Christ and not by observing the law, because by observing the law no one will be justified. (Galatians 2:16)

10

顯我屬彼ˇ使我得義ˇ非由律法ˇ乃由信基督ˇ卽上帝因信所賜
현 아 속 피 ˇ 사 아 득 의 ˇ 비 유 율 법 ˇ 내 유 신 기 독 ˇ 즉 상 제 인 신 소 사
之義 (腓立比書 3:9)
지 의

그 안에서 發見발견되려 함이니 내가 가진 義의는 律法율법에서 난 것이 아니요 오직 그리스도를 믿음으로 말미암은 것이니 곧 믿음으로 하나님께로부터 난 義의라 (빌립보서 3:9)

And be found in him, not having a righteousness of my own that comes from the law, but that which is through faith in Christ—the righteousness that comes from God and is by faith. (Philippians 3:9)

11

我告爾ˇ爾之義若非勝於經士及法利賽人之義ˇ斷不能入天國
아 고 이 ˇ 이 지 의 약 비 승 어 경 사 급 법 리 새 인 지 의 ˇ 단 불 능 입 천 국
(瑪太福音 5:20)

내가 너희에게 이르노니 너희 義의가 書記官서기관과 바리새인보다 더 낫지 못하면 결코 天國천국에 들어가지 못하리라 (마태복음 5:20)

For I tell you that unless your righteousness surpasses that of the Pharisees and the teachers of the law, you will certainly not enter the kingdom of heaven. (Matthew 5:20)

12

爾好善惡惡ˇ故上帝卽爾之上帝ˇ以喜樂之膏膏爾ˇ使爾得尊ˇ
이 호 선 오 악 ˇ 고 상 제 즉 이 지 상 제 ˇ 이 희 락 지 고 고 이 ˇ 사 이 득 존 ˇ
勝於爾侶 (希伯來書 1:9)
승 어 이 려

네가 義의를 사랑하고 不法불법을 미워하였으니 그러므로 하나님 곧 너의 하나님이 즐거움의 기름을 네게 부어 네 同類동류들보다 勝승하게 하셨도다 하였고 (히브리서 1:9)

You have loved righteousness and hated wickedness: therefore God, your God, has set you above your companions by anointing you with the oil of joy. (Hebrews 1:9)

공의(公義)

1

義之功效乃綏安ˇ義之結果乃寧靜康泰ˇ至於永遠 (以賽亞 32:17)
의 지 공 효 내 수 안 ˇ 의 지 결 과 내 녕 정 강 태 ˇ 지 어 영 원

公義공의의 열매는 和平화평이요 公義공의의 結果결과는 永遠영원한 平安평안과

安全안전이라 (이사야 32:17)

The fruit of righteousness will be peace: the effect of righteousness will be quietness and confidence forever. (Isaiah 32:17)

2

惡人經營ˇ所得虛幻ˇ播善種者ˇ必獲眞實果報 (箴言 11:18)
악인경영ˇ소득허환ˇ파선종자ˇ필획진실과보

惡人악인의 삯은 虛無허무하되 公義공의를 뿌린 자의 賞상은 確實확실하니라 (잠언 11:18)

The wicked man earns deceptive wages, but he who sows righteousness reaps a sure reward. (Proverbs 11:18)

3

追求仁義矜恤者ˇ必得生命ˇ仁義ˇ尊榮 (箴言 21:21)
추구인의긍휼자ˇ필득생명ˇ인의ˇ존영

公義공의와 仁慈인자를 따라 求구하는 者자는 生命생명과 公義공의와 榮光영광을 얻느니라 (잠언 21:21)

He who pursues righteousness and love finds life, prosperity and honor. (Proverbs 21:21)

4

我以公平爲繩ˇ以善義爲準ˇ爾以誑詐爲掩蔽之所ˇ雹必除之ˇ
아이공평우승ˇ이선의위준ˇ이이광사위엄폐지소ˇ박필제지ˇ
爾以虛僞爲藏身之處ˇ水必沖之 (以賽亞 28:17)
이이허위우장신지처ˇ수필충지

나는 正義정의를 測量측량줄로 삼고 公義공의를 저울錘추로 삼으니 雨雹우박이 거짓의 避難處피난처를 掃蕩소탕하며 물이 그 숨는 곳에 넘칠 것인즉 (이사야 28:17)

I will make justice the measuring line and righteousness the plumb line: hail will sweep away your refuge, the lie, and water will overflow your hiding place. (Isaiah 28:17)

5

以公義爲繫腰之紳ˇ以誠信爲束身之帶 (以賽亞 11:5)
이공의위계요지신ˇ이성신위속신지대

公義공의로 그의 허리띠를 삼으며 誠實성실로 그의 몸의 띠를 삼으리라 (이사야 11:5)

Righteousness will be his belt and faithfulness the sash around his waist. (Isaiah 11:5)

6

在主前ˇ卽在普天下之主前ˇ山嶺皆消融如蠟ˇ諸天宣揚主之公
재 주 전 ˇ 즉 재 보 천 하 지 주 전 ˇ 산 령 개 소 융 여 랍 ˇ 제 천 선 양 주 지 공
義ˇ萬民悉覩主之榮光 (詩篇 97:5~6)
의 ˇ 만 민 실 도 주 지 영 광

山산들이 여호와의 앞 곧 온 땅의 主주 앞에서 밀랍 같이 녹았도다 하늘이 그의 義의를 宣布선포하니 모든 百姓백성이 그의 榮光영광을 보았도다 (시편 97:5~6)

The mountains melt like wax before the LORD, before the Lord of all the earth. The heavens proclaim his righteousness, and all the peoples see his glory. (Psalms 97:5~6)

7

凡認主爲主者ˇ願主賜以恩惠ˇ心懷正直者ˇ願主向之施行仁義
범 인 주 위 주 자 ˇ 원 주 사 이 은 혜 ˇ 심 회 정 직 자 ˇ 원 주 향 지 시 행 인 의
(詩篇 36:10)

主주를 아는 者자들에게 主주의 仁慈인자하심을 계속 베푸시며 마음이 正直정직한 者자에게 主주의 公義공의를 베푸소서 (시편 36:10)

Continue your love to those who know you, your righteousness to the upright in heart. (Psalms 36:10)

8

因主之名ˇ終日歡欣ˇ以主之公義ˇ自矜爲榮 (詩篇 89:16)
인 주 지 명 ˇ 종 일 환 흔 ˇ 이 주 지 공 의 ˇ 자 긍 위 영

그들은 終日종일 主주의 이름 때문에 기뻐하며 主주의 公義공의로 말미암아 높아지오니 (시편 89:16)

They rejoice in your name all day long: they exult in your righteousness. (Psalms 89:16)

9

主之法律至公至義ˇ我中宵而起ˇ稱謝主 (詩篇 119:62)
주 지 법 률 지 공 지 의 ˇ 아 중 소 이 기 ˇ 칭 사 주

내가 主주의 義의로운 規例규례들로 말미암아 밤중에 일어나 主주께 感謝감사하리이다 (시편 119:62)

At midnight I rise to give you thanks for your righteous laws. (Psalms 119:62)

10

聽訟之時ˇ毋行非義ˇ毋偏護貧人ˇ毋徇庇有勢者ˇ惟秉公以鞫人
청 송 지 시 ˇ 무 행 비 의 ˇ 무 편 호 빈 인 ˇ 무 순 비 유 세 자 ˇ 유 병 공 이 국 인
(利未記 19:15)

너희는 裁判재판할 때에 不義불의를 行행하지 말며 가난한 者자의 便편을 들지 말며 勢力세력 있는 者자라고 두둔하지 말고 公義공의로 사람을 裁判재판할지며(레위기 19:15)

Do not pervert justice: do not show partiality to the poor or favoritism to the great, but judge your neighbor fairly. (Leviticus 19:15)

11

行公義ˇ言正直ˇ厭棄誑詐之財ˇ搖手不受賄賂ˇ塞耳不欲聽害人
행 공 의 ˇ 언 정 직 ˇ 염 기 광 사 지 재 ˇ 요 수 불 수 회 뢰 ˇ 색 이 불 욕 청 해 인
之謀ˇ閉目不忍見兇暴之事ˇ若是之人ˇ必得居高處ˇ磐巖爲其
지 모 ˇ 폐 목 불 인 견 흉 포 지 사 ˇ 약 시 지 인 ˇ 필 득 거 고 처 ˇ 반 암 위 기
保障ˇ食則其糧必得供給ˇ飮則其水必不枯涸 (以賽亞 33:15~16)
보 장 ˇ 식 즉 기 량 필 득 공 급 ˇ 음 즉 기 수 필 부 고 학

오직 公義공의롭게 行행하는 者자, 正直정직히 말하는 者자, 討索토색한 財物재물을 可憎가증히 여기는 者자, 손을 흔들어 賂物뇌물을 받지 아니하는 者자, 귀를 막아 피 흘리려는 꾀를 듣지 아니하는 者자, 눈을 감아 惡악을 보지 아니하는 者자, 그는 높은 곳에 居거하리니 堅固견고한 바위가 그 要塞요새이 되며 그 糧食양식은 供給공급되고 그 물은 끊치지 아니하리라 하셨느니라 (이사야 33:15~16)

He who walks righteously and speaks what is right, who rejects gain from extortion and keeps his hand from accepting bribes, who stops his ears against plots of murder and shuts his eyes against contemplating evil—this is the man who will dwell on the heights, whose refuge will be the mountain fortress. His bread will be supplied, and water will not fail him. (Isaiah 33:15~16)

의인(義人)

1

善人首戴福祉ˇ惡人口含很毒 (箴言 10:6)
선 인 수 대 복 지 ˇ 악 인 구 함 흔 독

義人의인의 머리에는 福복이 臨임하나 惡人악인의 입은 毒독을 머금었느니라 (잠언 10:6)

Blessings crown the head of the righteous, but violence overwhelms the mouth of the wicked. (Proverbs 10:6)

2

葢主喜悅善人之道ˇ惡人之道ˇ必至滅亡 (詩篇 1:6)
개 주 희 열 선 인 지 도 ˇ 악 인 지 도 ˇ 필 지 멸 망

무릇 義人의인들의 길은 여호와께서 認定인정하시나 惡人악인들의 길은 亡망하리로다 (시편 1:6)

For the LORD watches over the way of the righteous, but the way of the wicked will perish. (Psalms 1:6)

3

善人興發如巴勒瑪樹ˇ榮華茂盛ˇ如利巴嫩之柏香木 (詩篇 92:12)
선 인 흥 발 여 파 륵 마 수 ˇ 영 화 무 성 ˇ 여 리 파 눈 지 백 향 목

義人의인은 棕櫚종려나무 같이 蕃盛번성하며 레바논의 柏香木백향목 같이 成長성장하리로다 (시편 92:12)

The righteous will flourish like a palm tree, they will grow like a cedar of Lebanon: (Psalms 92:12)

4

主目眷顧善人ˇ側耳聽其呼籲 (詩篇 34:15)
주 목 권 고 선 인 ˇ 측 이 청 기 호 유

여호와의 눈은 義人의인을 向향하시고 그의 귀는 그들의 부르짖음에 기울이시는도다 (시편 34:15)

The eyes of the LORD are on the righteous and his ears are attentive to their cry: (Psalms 34:15)

5

善人經營ˇ致得生命ˇ惡人結果ˇ無非罪戾 (箴言 10:16)
선 인 경 영 ˇ 치 득 생 명 ˇ 악 인 결 과 ˇ 무 비 죄 려

義人의인의 수고는 生命생명에 이르고 惡人악인의 所得소득은 罪죄에 이르느니라 (잠언 10:16)

The wages of the righteous bring them life, but the income of the wicked brings them punishment (Proverbs 10:16)

6

惡人所懼ˇ必臨及其身ˇ善人所欲ˇ主必賜之 (箴言 10:24)
악 인 소 구 ˇ 필 림 급 기 신 ˇ 선 인 소 욕 ˇ 주 필 사 지

惡人악인에게는 그의 두려워하는 것이 臨임하거니와 義人의인은 그 願원하는 것이 이루어지느니라 (잠언 10:24)

What the wicked dreads will overtake him: what the righteous desire will be granted. (Proverbs 10:24)

7

行眞實方爲義人ˇ其後嗣亦必享福 (箴言 20:7)
행 진 실 방 위 의 인 ˇ 기 후 사 역 필 향 복

穩全온전하게 行행하는 者자가 義人의인이라 그의 後孫후손에게 福복이 있느니라 (잠언 20:7)

The righteous man leads a blameless life: blessed are his children after him. (Proverbs 20:7)

8

善人所有者雖少ˇ勝於諸惡人之充餘 (詩篇 37:16)
선 인 소 유 자 수 소 ˇ 승 어 제 악 인 지 충 여

義人의인의 적은 所有소유가 惡人악인의 豊富풍부함보다 낫도다 (시편 37:16)

Better the little that the righteous have than the wealth of many wicked: (Psalms 37:16)

9

義者之道ˇ如旭日之光ˇ久而愈明ˇ直至日中 (箴言 4:18)
의 자 지 도 ˇ 여 욱 일 지 광 ˇ 구 이 유 명 ˇ 직 지 일 중

義人의인의 길은 돋는 햇살 같아서 크게 빛나 한낮의 光明광명에 이르거니와 (잠언 4:18)

The path of the righteous is like the first gleam of dawn, shining ever brighter till the full light of day. (Proverbs 4:18)

10

爾將所當之任託賴主ˇ主必撫養爾ˇ永不使善人動搖 (詩篇 55:22)
이 장 소 당 지 임 탁 뢰 주 ˇ 주 필 무 양 이 ˇ 영 불 사 선 인 동 요

네 짐을 여호와께 맡기라 그가 너를 붙드시고 義人의인의 搖動요동함을 永遠영원히 許諾허락하지 아니하시리로다 (시편 55:22)

Cast your cares on the LORD and he will sustain you: he will never let the righteous fall. (Psalms 55:22)

11

主必降災於惡人之家ˇ賜福於義者之室 (箴言 3:33)
주 필 강 재 어 악 인 지 가 ˇ 사 복 어 의 자 지 실

惡人악인의 집에는 여호와의 詛呪저주가 있거니와 義人의인의 집에는 福복이 있느니라 (잠언 3:33)

The LORD' S curse is on the house of the wicked, but he blesses the home of the righteous. (Proverbs 3:33)

12

善人必蒙光輝普照ˇ心正之人ˇ必得喜樂 (詩篇 97:11)
선 인 필 몽 광 휘 보 조 ˇ 심 정 지 인 ˇ 필 득 희 락

義人의인을 爲위하여 빛을 뿌리고 마음이 正直정직한 者자를 爲위하여 기쁨을 뿌리시는도다 (시편 97:11)

Light is shed upon the righteous and joy on the upright in heart. (Psalms 97:11)

13
善人ˇ主必試驗ˇ惡人與樂行兇暴者ˇ主必憎惡 (詩篇11:5)
선 인 ˇ 주 필 시 험 ˇ 악 인 여 락 행 흉 폭 자 ˇ 주 필 증 오

여호와는 義人의인을 鑑察감찰하시고 惡人악인과 暴力폭력을 좋아하는 者자를 마음에 미워하시도다 (시편 11:5)

The LORD examines the righteous, but the wicked and those who love violence his soul hates. (Psalms 11:5)

14
我自幼至老ˇ未曾見善人被棄ˇ子孫乞食 (詩篇 37:25)
아 자 유 지 노 ˇ 미 증 견 선 인 피 기 ˇ 자 손 걸 식

내가 어려서부터 늙기까지 義人의인이 버림을 當당하거나 그의 子孫자손이 乞食걸식함을 보지 못하였도다 (시편 37:25)

I was young and now I am old, yet I have never seen the righteous forsaken or their children begging bread. (Psalms 37:25)

15
善人之口出智慧ˇ其舌乃說公平ˇ主之律法ˇ在其心中ˇ其足不至顚蹶 (詩篇 37:30~31)
선 인 지 구 출 지 혜 ˇ 기 설 내 설 공 평 ˇ 주 지 율 법 ˇ 재 기 심 중 ˇ 기 족 부 지 전 궐

義人의인의 입은 智慧지혜로우며 그의 혀는 正義정의를 말하며 그의 마음에는 하나님의 法법이 있으니 그의 걸음은 失足실족함이 없으리로다 (시편 37:30~31)

The mouth of the righteous man utters wisdom, and his tongue speaks what is just. The law of his God is in his heart: his feet do not slip. (Psalms 37:30~31)

16
善人多遭患難ˇ主由其中救援之 (詩篇 34:19)
선 인 다 조 환 난 ˇ 주 유 기 중 구 원 지

義人의인은 苦難고난이 많으나 여호와께서 그의 모든 苦難고난에서 건지

시는도다 (시편 34:19)

A righteous man may have many troubles, but the LORD delivers him from them all (Psalms 34:19)

17

善人終日憐恤人ˇ借貸於人ˇ其子孫必將得福 (詩篇 37:26)
선 인 종 일 련 휼 인 ˇ 차 대 어 인 ˇ 기 자 손 필 장 득 복

그는 終日종일토록 恩惠은혜를 베풀고 꾸어 주니 그의 子孫자손이 福복을 받는도다 (시편 37:26)

They are always generous and lend freely: their children will be blessed. (Psalms 37:26)

정직(正直)

1

因我正直ˇ主扶持我ˇ使我永立於主前 (詩篇 41:12)
인 아 정 직 ˇ 주 부 지 아 ˇ 사 아 영 립 어 주 전

主주께서 나를 穩全온전한 中중에 붙드시고 永遠영원히 主주 앞에 세우시나이다 (시편 41:12)

In my integrity you uphold me and set me in your presence forever. (Psalms 41:12)

2

正直人爲己之端方所導ˇ悖逆者必因己之邪曲敗亡 (箴言 11:3)
정 직 인 위 기 지 단 방 소 도 ˇ 패 역 자 필 인 기 지 사 곡 패 망

正直정직한 者자의 誠實성실은 自己자기를 引導인도하거니와 邪惡사악한 者자의 悖逆패역은 自己자기를 亡망하게 하느니라 (잠언 11:3)

The integrity of the upright guides them, but the unfaithful are destroyed by their duplicity. (Proverbs 11:3)

불의(不義)

1
爾有過惡則除之ˇ不容不義居爾幕 (約伯 11:14)
이 유 과 악 즉 제 지 ˇ 불 용 불 의 거 이 막

네 손에 罪惡죄악이 있거든 멀리 버리라 不義불의가 네 帳幕장막에 있지 못하게 하라 (욥기 11:14)

If you put away the sin that is in your hand and allow no evil to dwell in your tent, (Job 11:14)

2
凡違逆不順眞理而行不義者ˇ則報以忿怒 (羅瑪書 2:8)
범 위 역 불 순 진 리 이 행 불 의 자 ˇ 즉 보 이 분 노

오직 黨당을 지어 眞理진리를 따르지 아니하고 不義불의를 따르는 者자에게는 震怒진노와 憤怒분노로 하시리라 (로마서 2:8)

But for those who are self-seeking and who reject the truth and follow evil, there will be wrath and anger. (Romans 2:8)

3
人若潔己而去此ˇ則爲貴用之器ˇ聖潔合乎主用ˇ以備作種種
인 약 결 기 이 거 차 ˇ 즉 위 귀 용 지 기 ˇ 성 결 합 호 주 용 ˇ 이 비 작 종 종
善事 (提摩太後書 2:21)
선 사

그러므로 누구든지 이런 것에서 自己자기를 깨끗하게 하면 貴귀히 쓰는 그릇이 되어 거룩하고 主人주인의 쓰심에 合當합당하며 모든 善선한 일에 豫備예비함이 되리라 (디모데후서 2:21)

If a man cleanses himself from the latter, he will be an instrument for noble purposes, made holy, useful to the Master and prepared to do any good work. (2 Timothy 2:21)

4
竊者勿復竊ˇ寧服勞ˇ手作善工ˇ得以周濟貧乏 (以弗所書 4:28)
절 자 물 부 절 ˇ 령 복 노 ˇ 수 작 선 공 ˇ 득 이 주 제 탐 핍

도둑질하는 者자는 다시 도둑질하지 말고 돌이켜 가난한 者자에게 救濟구제할 수 있도록 自己자기 손으로 수고하여 善선한 일을 하라 (에베소서 4:28)

He who has been stealing must steal no longer, but must work, doing something useful with his own hands, that he may have something to share with those in need. (Ephesians 4:28)

5

我儕有機ˇ當行善於衆ˇ而於同信者更當如此 (迦拉太書 6:10)
아 제 유 기 ˇ 당 행 선 어 중 ˇ 이 어 동 신 자 갱 당 여 차

그러므로 우리는 機會기회 있는 대로 모든 이에게 착한 일을 하되 더욱 믿음의 家庭가정들에게 할지니라 (갈라디아서 6:10)

Therefore, as we have opportunity, let us do good to all people, especially to those who belong to the family of believers. (Galatians 6:10)

6

人若應得善待爾手有力能施ˇ則施之勿緩ˇ人有所求ˇ爾家中
인 약 응 득 선 대 이 수 유 력 능 시 ˇ 즉 시 지 물 완 ˇ 인 유 소 구 ˇ 이 가 중
若有ˇ則勿對之曰且去ˇ明日復來ˇ我將予爾 (箴言 3:27~28)
약 유 ˇ 즉 물 대 지 왈 차 거 ˇ 명 일 복 래 ˇ 아 장 여 이

네 손이 善선을 베풀 힘이 있거든 마땅히 받을 者자에게 베풀기를 아끼지 말며 네게 있거든 이웃에게 이르기를 갔다가 다시 오라 내일 주겠노라 하지 말며 (잠언 3:27~28)

Do not withhold good from those who deserve it, when it is in your power to act. Do not say to your neighbor, Come back later: I' ll give it tomorrow–when you now have it with you. (Proverbs 3:27~28)

7

勿以惡報惡ˇ專心行善於衆人前 (羅瑪書 12:17)
물 이 악 보 악 ˇ 전 심 행 선 어 중 인 전

아무에게도 惡악을 惡악으로 갚지 말고 모든 사람 앞에서 善선한 일을 圖謀도모하라 (로마서 12:17)

Do not repay anyone evil for evil. Be careful to do what is right in the eyes of everybody. (Romans 12:17)

8

蓋我儕爲上帝所造ˇ在基督內被造者ˇ使我得行善事ˇ卽上帝
개 아 제 위 상 제 소 조 ˇ 재 기 독 내 피 조 자 ˇ 사 아 득 행 선 사 ˇ 즉 상 제
預定我儕所當行者也 (以弗所書 2:10)
예 정 아 제 소 당 행 자 야

우리는 그가 만드신 바라 그리스도 예수 안에서 善선한 일을 爲위하여 지으심을 받은 者자니 이 일은 하나님이 前전에 豫備예비하사 우리로 그 가운데서 行행하게 하려 하심이니라 (에베소서 2:10)

For we are God’ s workmanship, created in Christ Jesus to do good works, which God prepared in advance for us to do. (Ephesians 2:10)

9

善人由心所積之善而發善ˇ惡人由心所積之惡而發惡
선 인 유 심 소 적 지 선 이 발 선 ˇ 악 인 유 심 소 적 지 악 이 발 악
(瑪太福音 12:35)

善선한 사람은 그 쌓은 善선에서 善선한 것을 내고 惡악한 사람은 그 쌓은 惡악에서 惡악한 것을 내느니라 (마태복음 12:35)

The good man brings good things out of the good stored up in him, and the evil man brings evil things out of the evil stored up in him. (Matthew 12:35)

10

爾若行善ˇ豈不蒙悅納乎ˇ若不行善ˇ則孽伏於門ˇ必繫戀爾ˇ
이 약 행 선 ˇ 기 불 몽 열 납 호 ˇ 약 불 행 선 ˇ 즉 얼 복 어 문 ˇ 필 계 련 이 ˇ
爾猶可制之 (創世記 4:7)
이 유 가 제 지

네가 善선을 行행하면 어찌 낯을 들지 못하겠느냐 善선을 行행하지 아니하면 罪조가 門문에 엎드려 있느니라 罪죄가 너를 願원하나 너는 罪죄를 다스릴지니라 (창세기 4:7)

If you do what is right, will you not be accepted? But if you do not do what is right, sin is crouching at your door: it desires tc have you, but you must master it. (Genesis 4:7)

11

可愛者乎ˇ勿效惡ˇ宜效善ˇ行善者屬上帝ˇ作惡者未見上帝也
가 애 자 호 ˇ 물 효 악 ˇ 의 효 선 ˇ 행 선 자 속 상 제 ˇ 작 악 자 미 견 상 제 야
(約翰參書 1:11)

사랑하는 者자여 惡악한 것을 本본받지 말고 善선한 것을 本본받으라 善선을 行행하는 者자는 하나님께 屬속하고 惡악을 行행하는 者자는 하나님을 뵈옵지 못하였느니라 (요한3서 1:11)

Dear friend, do not imitate what is evil but what is good. Anyone who does what is good is from God. Anyone who does what is evil has not seen God. (3 John 1:11)

12

凡主所視爲正ˇ所視爲善ˇ爾當行之ˇ則可得福ˇ可入而得主所
범 주 소 시 위 정 ˇ 소 시 위 선 ˇ 이 당 행 지 ˇ 즉 가 득 복 ˇ 가 입 이 득 주 소
誓賜爾列祖之美地ˇ主亦必循所許之言ˇ於爾前驅逐諸敵
서 사 이 열 조 지 미 지 ˇ 주 역 필 순 소 허 지 언 ˇ 어 이 전 구 축 제 적
(申命記 6:18~19)

여호와께서 보시기에 正直정직하고 善良선량한 일을 行행하라 그리하면 네가 福복을 받고 그 땅에 들어가서 여호와께서 모든 對敵대적을 네 앞에서 쫓아내시겠다고 네 祖上조상들에게 盟誓맹세하신 아름다운 땅을 차지하리니 여호와의 말씀과 같으니라 (신명기 6:18~19)

Do what is right and good in the LORD’ s sight, so that it may go well with you and you may go in and take over the good land that the LORD promised on oath to your forefathers, thrusting out all your enemies before you, as the LORD said. (Deuteronomy 6:18~19)

13

爾曹旣行此事ˇ願主以恩寵與誠實施爾ˇ我亦爲此恩待爾
이 조 기 행 차 사 ˇ 원 주 이 은 총 여 성 실 시 이 ˇ 아 역 위 차 은 대 이
(撒母耳下 2:6)

너희가 이 일을 하였으니 이제 여호와께서 恩惠은혜와 眞理진리로 너희에게 베푸시기를 願원하고 나도 이 善선한 일을 너희에게 갚으리니 (사무엘하 2:6)

May the LORD now show you kindness and faithfulness, and

I too will show you the same favor because you have done this. (2 Samuel 2:6)

악(惡)

1

我民作惡二端ˇ我乃活水之源ˇ彼反棄我而自鑿井ˇ其井滲漏ˇ
아 민 작 악 이 단 ˇ 아 내 활 수 지 원 ˇ 피 반 기 아 이 자 착 정 ˇ 기 정 삼 루 ˇ
不能存水 (耶利米 2:13)
불 능 존 수

내 百姓백성이 두 가지 惡악을 行행하였나니 곧 그들이 生水생수의 根源근원되는 나를 버린 것과 스스로 웅덩이를 판 것인데 그것은 그 물을 가두지 못할 터진 웅덩이들이니라 (예레미야 2:13)

My people have committed two sins: They have forsaken me, the spring of living water, and have dug their own cisterns, broken cisterns that cannot hold water. (Jeremiah 2:13)

2

愚人心中以爲無上帝ˇ彼悉敗壞ˇ凡其所行ˇ邪惡可憎ˇ無一人
우 인 심 중 이 위 무 상 제 ˇ 피 실 패 괴 ˇ 범 기 소 행 ˇ 사 악 가 증 ˇ 무 일 인
行善 (詩篇 14:1)
행 선

어리석은 者자는 그의 마음에 이르기를 하나님이 없다 하는도다 그들은 腐敗부패하고 그 行實행실이 可憎가증하니 善선을 行행하는 者자가 없도다 (시편 14:1)

The fool says in his heart, There is no God. They are corrupt, their deeds are vile: there is no one who does good. (Psalms 14:1)

3

爾父卽魔ˇ爾曹由彼而出ˇ爾喜行爾父之所欲ˇ彼自始爲殺人
이 부 즉 마 ˇ 이 조 유 피 이 출 ˇ 이 희 행 이 부 지 소 욕 ˇ 피 자 시 위 살 인
者ˇ不立於眞理ˇ以其內無眞理ˇ彼言誑 (約翰福音 8:44)
자 ˇ 불 립 어 진 리 ˇ 이 기 내 무 진 리 ˇ 피 언 광

너희는 너희 아비 魔鬼마귀에게서 났으니 너희 아비의 慾心욕심대로 너

희도 行행하고자 하느니라 그는 처음부터 殺人살인한 者자요 眞理진리가 그 속에 없으므로 眞理진리에 서지 못하고 거짓을 말할 때마다 제 것으로 말하나니 이는 그가 거짓말쟁이요 거짓의 아비가 되었음이라 (요한복음 8:44)

You belong to your father, the devil, and you want to carry out your father' s desire. He was a murderer from the beginning, not holding to the truth, for there is no truth in him. When he lies, he speaks his native language, for he is a liar and the father of lies. (John 8:44)

4

所行乃循今世之俗ˇ從在空中掌權之君ˇ卽今誘惑悖逆不順者之靈 (以弗所書 2:2)
소행내순금세지속ˇ종재공중장권지군ˇ즉금유혹패역불순자지령

그 때에 너희는 그 가운데서 行행하여 이 世上세상 風潮풍조를 따르고 空中공중의 權勢권세 잡은 者자를 따랐으니 곧 지금 不順從불순종의 아들들 가운데서 役事역사하는 靈영이라 (에베소 2:2)

In which you used to live when you followed the ways of this world and of the ruler of the kingdom of the air, the spirit who is now at work in those who are disobedient (Ephesians 2:2)

5

貪吝者其術邪惡ˇ專設奸謀ˇ以誑言損害貧民ˇ窮苦者訟時而辨理ˇ彼亦如此ˇ英明人設英明之謀ˇ恒心行英明之事 (以賽亞 32:7~8)
탐탄자기술사악ˇ전설간모ˇ이광언손해빈민ˇ궁고자송시이변리ˇ피역여차ˇ영명인설영명지모ˇ항심행영명지사

惡악한 者자는 그 그릇이 惡악하여 惡악한 計劃계획을 세워 거짓말로 可憐가련한 者자를 滅멸하며 가난한 者자가 말을 바르게 할지라도 그리함이거니와 尊貴존귀한 者자는 尊貴존귀한 일을 計劃계획하나니 그는 恒常항상 尊貴존귀한 일에 서리라 (이사야 32:7~8)

The scoundrel' s methods are wicked, he makes up evil schemes to destroy the poor with lies, even when the plea of the needy is just. But the noble man makes noble plans, and by noble deeds he stands. (Isaiah 32:7~8)

16. 지혜(智慧)

지혜(智慧)

교육(教育)

말

재물(財物)

가난

부모(父母)

부부(夫婦)

형제(兄弟)

智慧지혜가 너를 善선한 者자의 길로 行행하게 하며 또 義人의인의 길을 지키게 하리니 (잠언 2:20)

지혜(智慧)

1

若爾中有人智慧不足ˇ當求上帝ˇ上帝乃厚賜人而不責人者ˇ
약 이 중 유 인 지 혜 부 족 ˇ 당 구 상 제 ˇ 상 제 내 후 사 인 이 불 책 인 자 ˇ
必賜所求 (雅各書 1:5)
필 사 소 구

너희 中중에 누구든지 智慧지혜가 不足부족하거든 모든 사람에게 厚후히 주시고 꾸짖지 아니하시는 하나님께 求구하라 그리하면 주시리라 (야고보서 1:5)

If any of you lacks wisdom, he should ask God, who gives generously to all without finding fault, and it will be given to him. (James 1:5)

2

明哲必使爾行善人之道ˇ守義人之路 (箴言 2:20)
명 철 필 사 이 행 선 인 지 도 ˇ 수 의 인 지 로

智慧지혜가 너를 善선한 者자의 길로 行행하게 하며 또 義人의인의 길을 지키게 하리니 (잠언 2:20)

Thus you will walk in the ways of good men and keep to the paths of the righteous. (Proverbs 2:20)

3

爾當以智慧待彼敎會外之人ˇ愛惜光陰 (哥羅西書 4:5)
이 당 이 지 혜 대 피 교 회 외 지 인 ˇ 애 석 광 음

外人외인에게 對대해서는 智慧지혜로 行행하여 歲月세월을 아끼라 (골로새서 4:5)

Be wise in the way you act toward outsiders: make the most of every opportunity. (Colossians 4:5)

4

斧刃已鈍ˇ若不磨礪ˇ斬伐必致費力ˇ有智慧者知當務之爲急
부 인 이 둔 ˇ 약 불 마 려 ˇ 참 벌 필 치 비 력 ˇ 유 지 혜 자 지 당 무 지 위 급
(傳道書 10:10)

鐵철 연장이 무디어졌는데도 날을 갈지 아니하면 힘이 더 드느니라 오직 智慧지혜는 成功성공하기에 有益유익하니라 (전도서 10:10)

If the ax is dull and its edge unsharpened, more strength is needed but skill will bring success. (Ecclesiastes 10:10)

5

惟由上之智慧ˇ先廉潔ˇ後和平ˇ溫良ˇ柔順ˇ充滿矜恤ˇ多結
유 유 상 지 지 혜 ˇ 선 렴 결 ˇ 후 화 평 ˇ 온 량 ˇ 유 순 ˇ 충 만 긍 휼 ˇ 다 결
善果ˇ不偏視ˇ不僞善 (雅各書 3:17)
선 과 ˇ 불 편 시 ˇ 불 위 선

오직 위로부터 난 智慧지혜는 첫째 聖潔성결하고 다음에 和平화평하고 寬容관용하고 良順양순하며 矜恤긍휼과 善선한 열매가 가득하고 偏見편견과 거짓이 없나니 (야고보서 3:17)

But the wisdom that comes from heaven is first of all pure: then peace-loving, considerate, submissive, full of mercy and good fruit, impartial and sincere. (James 3:17)

6

酒使人侮慢ˇ醴使人諠譁ˇ凡好酒無度者ˇ甚爲無智 (箴言 20:1)
주 사 인 모 만 ˇ 례 사 인 훤 화 ˇ 범 호 주 무 도 자 ˇ 심 위 무 지

葡萄酒포도주는 倨慢거만하게 하는 것이요 毒酒독주는 떠들게 하는 것이라 이에 迷惑미혹되는 者자마다 智慧지혜가 없느니라 (잠언 20:1)

Wine is a mocker and beer a brawler: whoever is led astray by them is not wise. (Proverbs 20:1)

7

勿規勸侮慢者ˇ恐彼憾爾ˇ若規勸智慧者ˇ則必愛爾 (箴言 9:8)
물 규 권 모 만 자 ˇ 공 피 감 이 ˇ 약 규 권 지 혜 자 ˇ 즉 필 애 이

倨慢거만한 者자를 責望책망하지 말라 그가 너를 미워할까 두려우니라 智慧지혜 있는 者자를 責望책망하라 그가 너를 사랑하리라 (잠언 9:8)

Do not rebuke a mocker or he will hate you: rebuke a wise man and he will love you. (Proverbs 9:8)

8

我之通達勝於諸師ˇ因我思念主之法度 (詩篇 119:99)
아 지 통 달 승 어 제 사 ˇ 인 아 사 념 주 지 법 도

내가 主주의 證據증거들을 늘 읊조리므로 나의 明哲명철함이 나의 모든 스승보다 나으며 (시편 119:99)

I have more insight than all my teachers, for I meditate on your statutes. (Psalms 119:99)

9

有自譽者ˇ我儕不敢與之匹ˇ與之較ˇ彼以己度己ˇ以己較己ˇ
유 자 예 자 ˇ 아 제 불 감 여 지 필 ˇ 여 지 교 ˇ 피 이 기 도 기 ˇ 이 기 교 기 ˇ
乃不智也 (哥林多後書 10:12)
내 부 지 야

우리는 自己자기를 稱讚칭찬하는 어떤 者자와 더불어 敢감히 짝하며 比較비교할 수 없노라 그러나 그들이 自己자기로써 自己자기를 헤아리고 自己자기로써 自己자기를 比較비교하니 智慧지혜가 없도다 (고린도후서 10:12)

We do not dare to classify or compare ourselves with some who commend themselves. When they measure themselves by themselves and compare themselves with themselves, they are not wise. (2 Corinthians 10:12)

10

故凡聞我此言而行之者ˇ我譬之智人ˇ建屋於磐上 (瑪太福音 7:24)
고 범 문 아 차 언 이 행 지 자 ˇ 아 비 지 지 인 ˇ 건 옥 어 반 상

그러므로 누구든지 나의 이 말을 듣고 行행하는 者자는 그 집을 磐石반석 위에 지은 智慧지혜로운 사람 같으리니 (마태복음 7:24)

Therefore everyone who hears these words of mine and puts them into practice is like a wise man who built his house on the rock. (Matthew 7:24)

11

夏時斂者乃賢者ˇ穡時寢者爲不肖子 (箴言 10:5)
하 시 렴 자 내 현 자 ˇ 색 시 침 자 위 불 초 자

여름에 거두는 者자는 智慧지혜로운 아들이나 秋收추수 때에 자는 者자는

부끄러움을 끼치는 아들이니라 (잠언 10:5)

He who gathers crops in summer is a wise son, but he who sleeps during harvest is a disgraceful son. (Proverbs 10:5)

12

智慧貴於珍珠ˇ爾一切財寶ˇ不足與之比 (箴言 3:15)
지 혜 귀 어 진 주 ˇ 이 일 체 재 보 ˇ 부 족 여 지 비

智慧지혜는 眞珠진주보다 貴귀하니 네가 思慕사모하는 모든 것으로도 이에 比較비교할 수 없도다 (잠언 3:15)

She is more precious than rubies: nothing you desire can compare with her. (Proverbs 3:15)

13

耕己田者得飽食ˇ從閑蕩人者乏慧心 (箴言 12:11)
경 기 전 자 득 포 식 ˇ 종 한 탕 인 자 핍 혜 심

自己자기의 土地토지를 耕作경작하는 者자는 먹을 것이 많거니와 放蕩방탕한 것을 따르는 者자는 智慧지혜가 없느니라 (잠언 12:11)

He who works his land will have abundant food, but he who chases fantasies lacks judgment. (Proverbs 12:11)

14

智慧庇身ˇ貲財庇身ˇ最有益者仍智慧ˇ因智慧能保全有智慧
지 혜 비 신 ˇ 자 재 비 신 ˇ 최 유 익 자 잉 지 혜 ˇ 인 지 혜 능 보 전 유 지 혜
人之生命 (傳道書 7:12)
인 지 생 명

智慧지혜의 그늘 아래에 있음은 돈의 그늘 아래에 있음과 같으나 智慧지혜에 관한 知識지식이 더 有益유익함은 智慧지혜가 그 智慧지혜 있는 者자를 살리기 때문이니라 (전도서 7:12)

Wisdom is a shelter as money is a shelter, but the advantage of knowledge is this: that wisdom preserves the life of its possessor. (Ecclesiastes 7:12)

15

與衆俱異者ˇ惟縱己欲ˇ所行衝冒ˇ違諸善謀 (箴言 18:1)
여 중 구 이 자 ˇ 유 종 기 욕 ˇ 소 행 충 모 ˇ 위 제 선 모

무리에게서 스스로 갈라지는 者자는 自己자기 所欲소욕을 따르는 者자라 온갖 참 智慧지혜를 排斥배척하느니라 (잠언 18:1)

An unfriendly man pursues selfish ends: he defies all sound judgment. (Proverbs 18:1)

16

王之約押如是行ˇ欲藉此以諫勸我ˇ主之智慧ˇ如上帝使者之
왕 지 약 압 여 시 행 ˇ 욕 자 차 이 간 권 아 ˇ 주 지 지 혜 ˇ 여 상 제 사 자 지
智慧ˇ能知天下諸事 (撒母耳下 14:20)
지 혜 ˇ 능 지 천 하 제 사

이는 王왕의 종 요압이 이 일의 形便형편을 바꾸려 하여 이렇게 함이니이다 내 主주 王왕의 智慧지혜는 하나님의 使者사자의 智慧지혜와 같아서 땅에 있는 일을 다 아시나이다 하니라 (사무엘하 14:20)

Your servant Joab did this to change the present situation. My lord has wisdom like that of an angel of God—he knows everything that happens in the land. (2 Samuel 14:20)

17

主人乃譽此不義之司事者ˇ因其所行者巧也ˇ蓋此世之子ˇ爲
주 인 내 예 차 불 의 지 사 사 자 ˇ 인 기 소 행 자 교 야 ˇ 개 차 세 지 자 ˇ 위
世事而謀ˇ較光明之子尤巧 (路加福音 16:8)
세 사 이 모 ˇ 교 광 명 지 자 우 교

主人주인이 이 옳지 않은 廳청지기가 일을 智慧지혜 있게 하였으므로 稱讚칭찬하였으니 이 世代세대의 아들들이 自己자기 時代시대에 있어서는 빛의 아들들보다 더 智慧지혜로움이니라 (누가복음 16:8)

The master commended the dishonest manager because he had acted shrewdly. For the people of this world are more shrewd in dealing with their own kind than are the people of the light. (Luke 16:8)

18

多籌畫ˇ所謀乃成ˇ欲交戰先設良策 (箴言 20:18)
다 주 화 ˇ 소 모 내 성 ˇ 욕 교 전 선 설 량 책

經營경영은 議論의논함으로 成就성취하나니 智略지략을 베풀고 戰爭전쟁할지니라 (잠언 20:18)

Make plans by seeking advice: if you wage war, obtain guidance. (Proverbs 20:18)

19

愼爾所行ˇ勿效無智者ˇ宜效智者 (以弗所書 5:15)
신이소행ˇ물효무지자ˇ의효지자

그런즉 너희가 어떻게 行행할지를 仔細자세히 注意주의하여 智慧지혜 없는 者자 같이 하지 말고 오직 智慧지혜 있는 者자 같이 하여 (에베소서 5:15)

Be very careful, then, how you live—not as unwise but as wise, (Ephesians 5:15)

20

兄弟ˇ論智慧勿似孩提ˇ論惡當似孩提ˇ論智慧當似成人
형제ˇ론지혜물사해제ˇ론악당사해제ˇ론지혜당사성인
(哥林多前書 14:20)

兄弟형제들아 智慧지혜에는 아이가 되지 말고 惡악에는 어린 아이가 되라 智慧지혜에는 長成장성한 사람이 되라 (고린도전서 14:20)

Brothers, stop thinking like children. In regard to evil be infants, but in your thinking be adults. (1 Corinthians 14:20)

21

有智慧者ˇ必耀若天光ˇ訓衆歸義者ˇ必如明星ˇ直至永遠
유지혜자ˇ필요약천광ˇ훈중귀의자ˇ필여명성ˇ직지영원
(但以理 12:3)

智慧지혜 있는 者자는 穹蒼궁창의 빛과 같이 빛날 것이요 많은 사람을 옳은 데로 돌아오게 한 者자는 별과 같이 永遠영원토록 빛나리라 (다니엘 12:3)

Those who are wise will shine like the brightness of the heavens, and those who lead many to righteousness, like the stars for ever and ever. (Daniel 12:3)

22

拙者棄拙ˇ行於明哲之道ˇ則可得生 (箴言 9:6)
졸자기졸ˇ행어명철지도ˇ즉가득생

어리석음을 버리고 生命생명을 얻으라 明哲명철의 길을 行행하라 하느니라 (잠언 9:6)

Leave your simple ways and you will live: walk in the way of understanding. (Proverbs 9:6)

23
世旣以智不識上帝ˇ則上帝喜以宣道之愚ˇ救諸信者ˇ此乃上
세 기 이 지 불 식 상 제 ˇ 즉 상 제 희 이 선 도 지 우 ˇ 구 제 신 자 ˇ 차 내 상
帝之智也 (哥林多前書 1:21)
제 지 지 야

하나님의 智慧지혜에 있어서는 이 世上세상이 自己자기 智慧지혜로 하나님을 알지 못하므로 하나님께서 傳道전도의 미련한 것으로 믿는 者자들을 救援구원하시기를 기뻐하셨도다 (고린도전서 1:21)

For since in the wisdom of God the world through its wisdom did not know him, God was pleased through the foolishness of what was preached to save those who believe. (1 Corinthians 1:21)

교육(教育)

1
不可不督責爾子ˇ爾若以杖扑之ˇ後必不致於取死ˇ爾若以杖
불 가 불 독 책 이 자 ˇ 이 약 이 장 복 지 ˇ 후 필 불 치 어 취 사 ˇ 이 약 이 장
扑之ˇ可救其生命ˇ必不致墮示阿勒 (箴言 23:13~14)
복 지 ˇ 가 구 기 생 명 ˇ 필 불 치 타 시 아 륵

아이를 訓戒훈계하지 아니하려고 하지 말라 채찍으로 그를 때릴지라도 그가 죽지 아니하리라 네가 그를 채찍으로 때리면 그의 靈魂영혼을 스올에서 救援구원하리라 (잠언 23:13~14)

Do not withhold discipline from a child: if you punish him with the rod, he will not die. Punish him with the rod and save his soul from death. (Proverbs 23:13~14)

2

我子ˇ勿遺忘我之教誨ˇ爾心當謹守我之誡命ˇ因必使爾得長壽
아 자 ˇ 물 유 망 아 지 교 회 ˇ 이 심 당 근 수 아 지 계 명 ˇ 인 필 사 이 득 장 수
ˇ享遐齡ˇ獲平康 (箴言 3:1~2)
ˇ 향 하 령 ˇ 획 평 강

내 아들아 나의 法법을 잊어버리지 말고 네 마음으로 나의 命令명령을 지키라 그리하면 그것이 네가 長壽장수하여 많은 해를 누리게 하며 平康평강을 더하게 하리라 (잠언 3:1~2)

My son, do not forget my teaching, but keep my commands in your heart, for they will prolong your life many years and bring you prosperity. (Proverbs 3:1~2)

3

勿使仁慈誠實以離爾ˇ當繫於爾項ˇ銘於爾心ˇ爾若如此ˇ則必
물 사 인 자 성 실 이 리 이 ˇ 당 계 어 이 항 ˇ 명 어 이 심 ˇ 이 약 여 차 ˇ 즉 필
在上帝與人前蒙恩寵ˇ視爲明哲 (箴言 3:3~4)
재 상 제 여 인 전 몽 은 총 ˇ 시 위 명 철

仁慈인자와 眞理진리가 네게서 떠나지 말게 하고 그것을 네 목에 매며 네 마음판에 새기라 그리하면 네가 하나님과 사람 앞에서 恩寵은총과 貴重귀중히 여김을 받으리라 (잠언 3:3~4)

Let love and faithfulness never leave you: bind them around your neck, write them on the tablet of your heart. Then you will win favor and a good name in the sight of God and man. (Proverbs 3:3~4)

4

怒則勿犯罪ˇ勿含怒至日沒時 (以弗所書 4:26)
노 즉 물 범 죄 ˇ 물 함 노 지 일 몰 시

忿분을 내어도 罪죄를 짓지 말며 해가 지도록 忿분을 품지 말고 (에베소서 4:26)

In your anger do not sin: Do not let the sun go down while you are still angry, (Ephesians 4:26)

5

我子ˇ主責爾ˇ勿輕視ˇ主譴爾ˇ勿喪膽 (箴言 3:11)
아 자 ˇ 주 책 이 ˇ 물 경 시 ˇ 주 견 이 ˇ 물 상 담

내 아들아 여호와의 懲戒징계를 輕경히 여기지 말라 그 꾸지람을 싫어하지 말라 (잠언 3:11)

My son, do not despise the LORD' s discipline and do not resent his rebuke, (Proverbs 3:11)

6

我將教訓爾指示爾當行之道途ˇ我勸戒爾ˇ我目亦顧視爾
아 장 교 훈 이 지 시 이 당 행 지 도 도 ˇ 아 권 계 이 ˇ 아 목 역 고 시 이
(詩篇 32:8)

내가 네 갈 길을 가르쳐 보이고 너를 注目주목하여 訓戒훈계하리로다 (시편 32:8)

I will instruct you and teach you in the way you should go: I will counsel you and watch over you. (Psalms 32:8)

7

當勤誨爾子ˇ或坐於室ˇ或行於路ˇ或寢或興ˇ恒以此爲訓
당 근 회 이 자 ˇ 혹 좌 어 실 ˇ 혹 행 어 로 ˇ 혹 침 혹 흥 ˇ 항 이 차 위 훈
(申命記 6:7)

네 子女자녀에게 부지런히 가르치며 집에 앉았을 때에든지 길을 갈 때에든지 누워 있을 때에든지 일어날 때에든지 이 말씀을 講論강론할 것이며 (신명기 6:7)

Impress them on your children. Talk about them when you sit at home and when you walk along the road, when you lie down and when you get up. (Deuteronomy 6:7)

8

爾衆子將蒙主訓ˇ爾衆子必大享平康 (以賽亞 54:13)
이 중 자 장 몽 주 훈 ˇ 이 중 자 필 대 향 평 강

네 모든 子女자녀는 여호와의 敎訓교훈을 받을 것이니 네 子女자녀에게는 큰 平安평안이 있을 것이며 (이사야 54:13)

All your sons will be taught by the LORD, and great will be your children' s peace. (Isaiah 54:13)

9

父誨我曰ˇ爾心當存念我言ˇ恪守我命ˇ則可得生 (箴言 4:4)
부 회 아 왈 ˇ 이 심 당 존 념 아 언 ˇ 각 수 아 명 ˇ 즉 가 득 생

아버지가 내게 가르쳐 이르기를 내 말을 네 마음에 두라 내 命令명령을 지키라 그리하면 살리라 (잠언 4:4)

He taught me and said, Lay hold of my words with all your heart: keep my commands and you will live. (Proverbs 4:4)

10

父歟ˇ爾勿激子怒ˇ必以主之訓警戒而敎養之 (以弗所書 6:4)
부 여 ˇ 이 물 격 자 노 ˇ 필 이 주 지 훈 경 계 이 교 양 지

또 아비들아 너희 子女자녀를 노엽게 하지 말고 오직 主주의 敎訓교훈과 訓戒훈계로 養育양육하라 (에베소서 6:4)

Fathers, do not exasperate your children: instead, bring them up in the training and instruction of the Lord. (Ephesians 6:4)

11

智者之敎誨ˇ卽生命之源ˇ可使人脫於致死之網羅 (箴言 13:14)
지 자 지 교 회 ˇ 즉 생 명 지 원 ˇ 가 사 인 탈 어 치 사 지 망 라

智慧지혜 있는 者자의 敎訓교훈은 生命생명의 샘이니 死亡사망의 그물에서 벗어나게 하느니라 (잠언 13:14)

The teaching of the wise is a fountain of life, turning a man from the snares of death. (Proverbs 13:14)

12

杖扑與督責ˇ可使子益智慧ˇ放縱之子ˇ致母羞辱 (箴言 29:15)
장 복 여 독 책 ˇ 가 사 자 익 지 혜 ˇ 방 종 지 자 ˇ 치 모 수 욕

채찍과 꾸지람이 智慧지혜를 주거늘 任意임의로 行행하게 버려 둔 子息자식은 어미를 辱욕되게 하느니라 (잠언 29:15)

The rod of correction imparts wisdom, but a child left to himself disgraces his mother. (Proverbs 29:15)

13

我子所羅門歟ˇ爾當知爾父之上帝ˇ誠心樂意以事之ˇ蓋主鑒
아 자 소 라 문 여 ˇ 이 당 지 이 부 지 상 제 ˇ 성 심 락 의 이 사 지 ˇ 개 주 감
察諸心ˇ知悉一切意念ˇ爾若求之ˇ必惠臨爾ˇ若遺之ˇ必永棄爾
찰 제 심 ˇ 지 실 일 체 의 념 ˇ 이 약 구 지 ˇ 필 혜 림 이 ˇ 약 유 지 ˇ 필 영 기 이

(歷代上 28:9)

내 아들 솔로몬아 너는 네 아버지의 하나님을 알고 穩全온전한 마음과 기쁜 뜻으로 섬길지어다 여호와께서는 모든 마음을 鑑察감찰하사 모든 意圖의도를 아시나니 네가 萬一만일 그를 찾으면 만날 것이요 萬一만일 네가 그를 버리면 그가 너를 永遠영원히 버리시리라 **(역대상 28:9)**

And thou, Solomon my son, know thou the God of thy father, and serve him with a perfect heart and with a willing mind: for the LORD searcheth all hearts, and understandeth all the imaginations of the thoughts: if thou seek him, he will be found of thee: but if thou forsake him, he will cast thee off for ever. **(1 Chronicles 28:9)**

14

受膏者曰ˇ主上帝賜我以敏捷之舌ˇ使我知以言勉勵困乏之人ˇ
수고자왈 ˇ 주상제사아이민첩지설 ˇ 사아지이언면려곤핍지인 ˇ
每晨激動我耳ˇ使我聽言猶如學者 (以賽亞 50:4)
매신격동아이 ˇ 사아청언유여학자

主주 여호와께서 學者학자들의 혀를 내게 주사 나로 困苦곤고한 者자를 말로 어떻게 도와 줄 줄을 알게 하시고 아침마다 깨우치시되 나의 귀를 깨우치사 學者학자들 같이 알아듣게 하시도다 **(이사야 50:4)**

The Sovereign LORD has given me an instructed tongue, to know the word that sustains the weary. He wakens me morning by morning, wakens my ear to listen like one being taught. **(Isaiah 50:4)**

말

1

人必因所言者得果報ˇ口脣所出ˇ必反於身 (箴言 18:20)
인필인소언자득과보 ˇ 구순소출 ˇ 필반어신

사람은 입에서 나오는 열매로 말미암아 배부르게 되나니 곧 그의 입술에서 나는 것으로 말미암아 滿足만족하게 되느니라 **(잠언 18:20)**

From the fruit of his mouth a man' s stomach is filled: with the harvest from his lips he is satisfied. (Proverbs 18:20)

2

良言如蜂房之蜜ˇ甘於心ˇ益於身 (箴言 16:24)
량 언 여 봉 방 지 밀 ˇ 감 어 심 ˇ 익 어 신

善선한 말은 꿀송이 같아서 마음에 달고 뼈에 良藥양약이 되느니라 (잠언 16:24)

Pleasant words are a honeycomb, sweet to the soul and healing to the bones. (Proverbs 16:24)

3

凡欲得生而平康度日者ˇ則當捫舌勿言惡ˇ守口無詭詐
범 욕 득 생 이 평 강 도 일 자 ˇ 즉 당 문 설 물 언 악 ˇ 수 구 무 궤 사
(彼得前書 3:10)

그러므로 生命생명을 사랑하고 좋은 날 보기를 願원하는 者자는 혀를 禁금하여 惡악한 말을 그치며 그 입술로 거짓을 말하지 말고 (베드로전서 3:10)

For, Whoever would love life and see good days must keep his tongue from evil and his lips from deceitful speech. (1 Peter 3:10)

4

人對答合宜ˇ自覺喜悅ˇ應時之言ˇ何其美哉 (箴言 15:23)
인 대 답 합 의 ˇ 자 각 희 열 ˇ 응 시 지 언 ˇ 하 기 미 재

사람은 그 입의 對答대답으로 말미암아 기쁨을 얻나니 때에 맞는 말이 얼마나 아름다운고 (잠언 15:23)

A man finds joy in giving an apt reply—and how good is a timely word! (Proverbs 15:23)

5

溫良之言ˇ猶如生命之樹ˇ乖戾之辭ˇ使人心傷 (箴言 15:4)
온 량 지 언 ˇ 유 여 생 명 지 수 ˇ 괴 려 지 사 ˇ 사 인 심 상

溫順온순한 혀는 곧 生命생명 나무이지만 悖逆패역한 혀는 마음을 傷상하게 하느니라 (잠언 15:4)

The tongue that brings healing is a tree of life, but a deceitful tongue crushes the spirit. (Proverbs 15:4)

6

智者言語ˇ善用知識ˇ愚者之口ˇ傾吐其癡 (箴言 15:2)
지 자 언 어 ˇ 선 용 지 식 ˇ 우 자 지 구 ˇ 경 토 기 치

智慧지혜 있는 者자의 혀는 知識지식을 善선히 베풀고 미련한 者자의 입은 미련한 것을 쏟느니라 (잠언 15:2)

The tongue of the wise commends knowledge, but the mouth of the fool gushes folly. (Proverbs 15:2)

7

勿以己口自誇ˇ待他人誇爾ˇ勿以己脣自讚ˇ待外人讚爾
물 이 기 구 자 과 ˇ 대 타 인 과 이 ˇ 물 이 기 순 자 찬 ˇ 대 외 인 찬 이
(箴言 27:2)

他人타인이 너를 稱讚칭찬하게 하고 네 입으로는 하지 말며 外人외인이 너를 稱讚칭찬하게 하고 네 입술로는 하지 말지니라 (잠언 27:2)

Let another praise you, and not your own mouth: someone else, and not your own lips. (Proverbs 27:2)

8

眞言永立ˇ誑言只存片時 (箴言 12:19)
진 언 영 립 ˇ 광 언 지 존 편 시

眞實진실한 입술은 永遠영원히 保存보존되거니와 거짓 혀는 暫時잠시 동안만 있을 뿐이니라 (잠언 12:19)

Truthful lips endure forever, but a lying tongue lasts only a moment. (Proverbs 12:19)

9

守口者保生命ˇ多言者必致敗亡 (箴言 13:3)
수 구 자 보 생 명 ˇ 다 언 자 필 치 패 망

입을 지키는 者자는 自己자기의 生命생명을 保全보전하나 입술을 크게 벌리는 者자에게는 滅亡멸망이 오느니라 (잠언 13:3)

He who guards his lips guards his life, but he who speaks

rashly will come to ruin. (Proverbs 13:3)

10

爾曹勿復言驕ˇ狂妄勿出爾口ˇ蓋主爲睿智之上帝ˇ人之所爲ˇ
이 조 물 부 언 교 ˇ 광 망 물 출 이 구 ˇ 개 주 위 예 지 지 상 제 ˇ 인 지 소 위 ˇ
皆主權衡 (撒母耳上 2:3)
개 주 권 형

甚심히 驕慢교만한 말을 다시 하지 말 것이며 傲慢오만한 말을 너희의 입에서 내지 말지어다 여호와는 知識지식의 하나님이시라 行動행동을 달아 보시느니라 (사무엘상 2:3)

Do not keep talking so proudly or let your mouth speak such arrogance, for the LORD is a God who knows, and by him deeds are weighed. (1 Samuel 2:3)

11

心喜清潔者ˇ口辭必善ˇ王以之爲友 (箴言 22:11)
심 희 청 결 자 ˇ 구 사 필 선 ˇ 왕 이 지 위 우

마음의 淨潔정결을 思慕사모하는 者자의 입술에는 德덕이 있으므로 임금이 그의 親舊친구가 되느니라 (잠언 22:11)

He who loves a pure heart and whose speech is gracious will have the king for his friend. (Proverbs 22:11)

12

爾心若懷嫉狠ˇ紛爭ˇ則勿矜誇ˇ勿誑妄ˇ以敵眞理 (雅各書 3:14)
이 심 약 회 질 한 ˇ 분 쟁 ˇ 즉 물 긍 과 ˇ 물 광 망 ˇ 이 적 진 리

그러나 너희 마음 속에 毒독한 猜忌시기와 다툼이 있으면 자랑하지 말라 眞理진리를 거슬러 거짓말하지 말라 (야고보서 3:14)

But if you harbor bitter envy and selfish ambition in your hearts, do not boast about it or deny the truth. (James 3:14)

13

我儕各人屢陷於過ˇ言語無過者ˇ卽爲完人ˇ能約束全身
아 제 각 인 루 함 어 과 ˇ 언 어 무 과 자 ˇ 즉 위 완 인 ˇ 능 약 속 전 신
(雅各書 3:2)

우리가 다 失手실수가 많으니 萬一만일 말에 失手실수가 없는 者자라면 곧

穩全온전한 사람이라 能능히 온 몸도 굴레 씌우리라 (야고보서 3:2)

We all stumble in many ways. If anyone is never at fault in what he says, he is a perfect man, able to keep his whole body in check. (James 3:2)

14

如人在主前許願ˇ或發誓自戒則毋食言ˇ必當循口之所出而行
여인재주전허원ˇ혹발서자계즉무식언ˇ필당순구지소출이행
(民數記 30:2)

사람이 여호와께 誓願서원하였거나 決心결심하고 誓約서약하였으면 깨뜨리지 말고 그가 입으로 말한 대로 다 履行이행할 것이니라 (민수기 30:2)

When a man makes a vow to the LORD or takes an oath to obligate himself by a pledge, he must not break his word but must do everything he said. (Numbers 30:2)

15

如是舌爲小體ˇ而能誇大ˇ薪甚多ˇ微火可燃 (雅各書3:5)
여시설위소체ˇ이능과대ˇ신심다ˇ미화가연

이와 같이 혀도 작은 肢體지체로되 큰 것을 자랑하도다 보라 얼마나 작은 불이 얼마나 많은 나무를 태우는가 (야고보서 3:5)

Likewise the tongue is a small part of the body, but it makes great boasts. Consider what a great forest is set on fire by a small spark. (James 3:5)

16

我口不出惡言ˇ舌不道虛詐 (約伯 27:4)
아구불출악언ˇ설부도허사

결코 내 입술이 不義불의를 말하지 아니하며 내 혀가 거짓을 말하지 아니하리라 (욥기 27:4)

My lips will not speak wickedness, and my tongue will utter no deceit. (Job 27:4)

17

我告爾ˇ凡人所出之虛言ˇ審判日必被究詰 (瑪太福音 12:36)
아고이ˇ범인소출지허언ˇ심판일필피구힐

내가 너희에게 이르노니 사람이 무슨 無益무익한 말을 하든지 審判심판 날에 이에 대하여 審問심문을 받으리니 (마태복음 12:36)

But I tell you that men will have to give account on the day of judgment for every careless word they have spoken. (Matthew 12:36)

18

生死之關係ˇ在乎出言ˇ珍重言語ˇ必得善果 (箴言 18:21)
생사지관계ˇ재호출언ˇ진중언어ˇ필득선과

죽고 사는 것이 혀의 힘에 달렸나니 혀를 쓰기 좋아하는 者자는 혀의 열매를 먹으리라 (잠언 18:21)

The tongue has the power of life and death, and those who love it will eat its fruit. (Proverbs 18:21)

19

應時之言ˇ如金果嵌於銀槽 (箴言 25:11)
응시지언ˇ여금과감어은조

境遇경우에 合當합당한 말은 아로새긴 銀은 錚盤쟁반에 金금 沙果사과니라 (잠언 25:11)

A word aptly spoken is like apples of gold in settings of silver. (Proverbs 25:11)

20

答言溫和則息怒ˇ語言暴戾則激怒 (箴言 15:1)
답언온화즉식노ˇ어언폭려즉격노

柔順유순한 對答대답은 憤怒분노를 쉬게 하여도 過激과격한 말은 怒노를 激動격동하느니라 (잠언 15:1)

A gentle answer turns away wrath, but a harsh word stirs up anger. (Proverbs 15:1)

21

多言難免有罪ˇ緘口者可謂有智 (箴言 10:19)
다언난면유죄ˇ함구자가위유지

말이 많으면 허물을 免면하기 어려우나 그 입술을 制御제어하는 者자는 智慧지혜가 있느니라 (잠언 10:19)

When words are many, sin is not absent, but he who holds his tongue is wise. (Proverbs 10:19)

22

人必因口德之果報享福ˇ悖逆者必因所好者得凶報 (箴言 13:2)
인 필 인 구 덕 지 과 보 향 복 ˇ 패 역 자 필 인 소 호 자 득 흉 보

사람은 입의 열매로 因인하여 福祿복록을 누리거니와 마음이 詭詐궤사한 者자는 强暴강포를 當당하느니라 (잠언 13:2)

From the fruit of his lips a man enjoys good things, but the unfaithful have a craving for violence. (Proverbs 13:2)

23

誑言爲主所惡ˇ行眞實者爲主所悅 (箴言 12:22)
광 언 위 주 소 오 ˇ 행 진 실 자 위 주 소 열

거짓 입술은 여호와께 미움을 받아도 眞實진실하게 行행하는 者자는 그의 기뻐하심을 받느니라 (잠언 12:22)

The LORD detests lying lips, but he delights in men who are truthful. (Proverbs 12:22)

24

求主使我謹守我口ˇ使我謹愼啓脣 (詩篇 141:3)
구 주 사 아 근 수 아 구 ˇ 사 아 근 신 계 순

여호와여 내 입에 把守파수꾼을 세우시고 내 입술의 門문을 지키소서 (시편 141:3)

Set a guard over my mouth, O LORD: keep watch over the door of my lips. (Psalms 141:3)

재물(財物)

1

云ˇ不仰賴上帝保護ˇ惟恃己之多財ˇ盡力作惡者ˇ卽是此人
운 ˇ 불 앙 뢰 상 제 보 호 ˇ 유 시 기 지 다 재 ˇ 진 력 작 악 자 ˇ 즉 시 차 인

(詩篇 52:7)

이 사람은 하나님을 自己자기 힘으로 삼지 아니하고 오직 自己자기 財物재물의 豊富풍부함을 依支의지하며 自己자기의 惡악으로 스스로 든든하게 하던 者자라 하리로다 (시편 52:7)

Here now is the man who did not make God his stronghold but trusted in his great wealth and grew strong by destroying others! (Psalms 52:7)

2

人若有世之貲財ˇ見兄弟窮乏而不矜恤施與ˇ焉得謂之存愛上
인 약 유 세 지 자 재 ˇ 견 형 제 궁 핍 이 불 긍 휼 시 여 ˇ 언 득 위 지 존 애 상
帝之心乎 (約翰壹書 3:17)
제 지 심 호

누가 이 世上세상의 財物재물을 가지고 兄弟형제의 窮乏궁핍함을 보고도 도와 줄 마음을 닫으면 하나님의 사랑이 어찌 그 속에 居거하겠느냐 (요한1서 3:17)

If anyone has material possessions and sees his brother in need but has no pity on him, how can the love of God be in him? (1 John 3:17)

3

一人不能事二主ˇ或惡此愛彼ˇ或重此輕彼ˇ爾曹不能事上帝ˇ
일 인 불 능 사 이 주 ˇ 혹 오 차 애 피 ˇ 혹 중 차 경 피 ˇ 이 조 불 능 사 상 제 ˇ
又事瑪們(瑪們 = 財利) (瑪太福音 6:24)
우 사 마 문 (마 문 = 재 리)

한 사람이 두 主人주인을 섬기지 못할 것이니 或혹 이를 미워하며 저를 사랑하거나 或혹 이를 重중히 여기며 저를 輕경히 여김이라 너희가 하나님과 財物재물을 兼겸하여 섬기지 못하느니라 (마태복음 6:24)

No one can serve two masters. Either he will hate the one and love the other, or he will be devoted to the one and despise the other. You cannot serve both God and Money. (Matthew 6:24)

4

耶穌曰ˇ爾欲純全ˇ往鬻所有以濟貧ˇ則必有財於天ˇ且來從我
야 소 왈 ˇ 이 욕 순 전 ˇ 왕 죽 소 유 이 제 빈 ˇ 즉 필 유 재 어 천 ˇ 차 래 종 아

(瑪太福音 19:21)

예수께서 이르시되 네가 穩全온전하고자 할진대 가서 네 所有소유를 팔아 가난한 者자들에게 주라 그리하면 하늘에서 寶貨보화가 네게 있으리라 그리고 와서 나를 따르라 하시니 (마태복음 19:21)

Jesus answered, If you want to be perfect, go, sell your possessions and give to the poor, and you will have treasure in heaven. Then come, follow me. (Matthew 19:21)

5

當憶主爾之上帝以能力賜爾ˇ俾爾獲財ˇ以踐所誓於爾祖之盟
당 억 주 이 지 상 제 이 능 력 사 이 ˇ 비 이 획 재 ˇ 이 천 소 서 어 이 조 지 맹
約ˇ有如今日之事 (申命記 8:18)
약 ˇ 유 여 금 일 지 사

네 하나님 여호와를 記憶기억하라 그가 네게 財物재물 얻을 能力능력을 주셨음이라 이같이 하심은 네 祖上조상들에게 盟誓맹세하신 言約언약을 오늘과 같이 이루려 하심이니라 (신명기 8:18)

But remember the LORD your God, for it is he who gives you the ability to produce wealth, and so confirms his covenant, which he swore to your forefathers, as it is today. (Deuteronomy 8:18)

6

耶穌聞之曰ˇ爾猶缺一ˇ悉鬻所有以濟貧ˇ則必有財於天ˇ且來
야 소 문 지 왈 ˇ 이 유 결 일 ˇ 실 죽 소 유 이 제 빈 ˇ 즉 필 유 재 어 천 ˇ 차 래
從我 (路加福音 18:22)
종 아

예수께서 이 말을 들으시고 이르시되 네게 아직도 한 가지 不足부족한 것이 있으니 네게 있는 것을 다 팔아 가난한 者자들에게 나눠 주라 그리하면 하늘에서 네게 寶貨보화가 있으리라 그리고 와서 나를 따르라 하시니 (누가복음 18:22)

When Jesus heard this, he said to him, You still lack one thing. Sell everything you have and give to the poor, and you will have treasure in heaven. Then come, follow me. (Luke 18:22)

7

駝穿針孔ˇ較富者入上帝之國猶易也 (路加福音 18:25)
타 천 침 공 ˇ 교 부 자 입 상 제 지 국 유 이 야

낙타가 바늘귀로 들어가는 것이 富者부자가 하나님의 나라에 들어가는 것보다 쉬우니라 하시니 (누가복음 18:25)

Indeed, it is easier for a camel to go through the eye of a needle than for a rich (Luke 18:25)

8

美名愈於大財ˇ恩寵愈於金銀 (箴言 22:1)
미 명 유 어 대 재 ˇ 은 총 유 어 금 은

많은 財物재물보다 名譽명예를 擇택할 것이요 銀은이나 金금보다 恩寵은총을 더욱 擇택할 것이니라 (잠언 22:1)

A good name is more desirable than great riches: to be esteemed is better than silver or gold. (Proverbs 22:1)

9

當諭此世之富者ˇ心勿驕傲ˇ勿恃無定之財ˇ惟恃永生之上帝ˇ
당 유 차 세 지 부 자 ˇ 심 물 교 오 ˇ 물 시 무 정 지 재 ˇ 유 시 영 생 지 상 제 ˇ
厚賜我衆百物以享之 (提摩太前書 6:17)
후 사 아 중 백 물 이 향지

네가 이 世代세대에서 富부한 者자들을 命명하여 마음을 높이지 말고 定정함이 없는 財物재물에 所望소망을 두지 말고 오직 우리에게 모든 것을 厚후히 주사 누리게 하시는 하나님께 두며 (디모데전서 6:17)

Command those who are rich in this present world not to be arrogant nor to put their hope in wealth, which is so uncertain, but to put their hope in God, who richly provides us with everything for our enjoyment. (1 Timothy 6:17)

10

撒該起ˇ謂主曰ˇ主歟ˇ我以所有之半濟貧ˇ若曾訛詐人ˇ則四
살 해 기 ˇ 위 주 왈 ˇ 주 여 ˇ 아 이 소 유 지 반 제 빈 ˇ 약 증 와 사 인 ˇ 즉 사
倍償之 (路加福音 19:8)
배 상 지

삭개오가 서서 主주께 여짜오되 主주여 보시옵소서 내 所有소유의 折半

절반을 가난한 者자들에게 주겠사오며 萬一만일 누구의 것을 속여 빼앗은 일이 있으면 네 갑절이나 갚겠나이다 (누가복음 19:8)

But Zacchaeus stood up and said to the Lord, Look, Lord! Here and now I give half of my possessions to the poor, and if I have cheated anybody out of anything, I will pay back four times the amount. (Luke 19:8)

11

蓋爾財所在ˇ爾心亦在焉 (路加福音 12:34)
개 이 재 소 재 ˇ 이 심 역 재 언

너희 寶物보물 있는 곳에는 너희 마음도 있으리라 (누가복음 12:34)

For where your treasure is, there your heart will be also. (Luke 12:34)

12

蓋衆由其贏餘取而輸之ˇ此嫠婦不足ˇ而盡輸所有ˇ卽其全業也
개 중 유 기 영 여 취 이 수 지 ˇ 차 리 부 부 족 ˇ 이 진 수 소 유 ˇ 즉 기 전 업 야
(瑪可福音 12:44)

그들은 다 그 豐足풍족한 中중에서 넣었거니와 이 寡婦과부는 그 가난한 中중에서 自己자기의 모든 所有소유 곧 生活費생활비 全部전부를 넣었느니라 하시니라 (마가복음 12:44)

They all gave out of their wealth: but she, out of her poverty, put in everything-all she had to live on. (Mark 12:44)

13

務絶貪婪ˇ以己所有者爲足ˇ蓋經載主曰ˇ我必不棄爾ˇ不離爾
무 절 탐 람 ˇ 이 기 소 유 자 위 족 ˇ 개 경 재 주 왈 ˇ 아 필 불 기 이 ˇ 불 리 이
(希伯來書 13:5)

돈을 사랑하지 말고 있는 바를 足족한 줄로 알라 그가 親친히 말씀하시기를 내가 決결코 너희를 버리지 아니하고 너희를 떠나지 아니하리라 하셨느니라 (히브리서 13:5)

Keep your lives free from the love of money and be content with what you have, because God has said, Never will I leave you: never will I forsake you. (Hebrews 13:5)

14

惟上帝謂之曰ˇ愚者乎ˇ今夜將索爾靈ˇ則所備者歸於誰
유 상 제 위 지 왈 ˇ 우 자 호 ˇ 금 야 장 색 이 령 ˇ 즉 소 비 자 귀 어 수

(路加福音 12:20)

하나님은 이르시되 어리석은 者자여 오늘 밤에 네 靈魂영혼을 도로 찾으리니 그러면 네 準備준비한 것이 누구의 것이 되겠느냐 하셨으니 (누가복음 12:20)

But God said to him, You fool! This very night your life will be demanded from you. Then who will get what you have prepared for yourself? (Luke 12:20)

15

萬有之主曰ˇ所有銀屬我ˇ所有金屬我 (哈該 2:8)
만 유 지 주 왈 ˇ 소 유 은 속 아 ˇ 소 유 금 속 아

銀은도 내 것이요 金금도 내 것이니라 萬軍만군의 여호와의 말이니라 (학개 2:8)

The silver is mine and the gold is mine, declares the LORD Almighty. (Haggai 2:8)

16

餚饌盈室而人爭ˇ不如乾餠一方而人和 (箴言 17:1)
효 찬 영 실 이 인 쟁 ˇ 불 여 건 병 일 방 이 인 화

마른 떡 한 조각만 있고도 和睦화목하는 것이 祭肉제육이 집에 가득하고도 다투는 것보다 나으니라 (잠언 17:1)

Better a dry crust with peace and quiet than a house full of feasting, with strife (Proverbs 17:1)

17

貪利爲萬惡之根ˇ有人慕之ˇ則迷失於道ˇ以多苦自刺
탐 리 위 만 악 지 근 ˇ 유 인 모 지 ˇ 즉 미 실 어 도 ˇ 이 다 고 자 자

(提摩太前書 6:10)

돈을 사랑함이 一萬일만 惡악의 뿌리가 되나니 이것을 貪탐내는 者자들은 迷惑미혹을 받아 믿음에서 떠나 많은 근심으로써 自己자기를 찔렀도다 (디모데전서 6:10)

For the love of money is a root of all kinds of evil. Some

people, eager for money, have wandered from the faith and pierced themselves with many griefs. (1 Timothy 6:10)

18

富與貴由主而來ˇ主治萬物ˇ主有巨能大力ˇ人之昌大强盛ˇ皆
부 여 귀 유 주 이 래 ˇ 주 치 만 물 ˇ 주 유 거 능 대 력 ˇ 인 지 창 대 강 성 ˇ 개
主所使 (歷代上 29:12)
주 소 사

富부와 貴귀가 主주께로 말미암고 또 主주는 萬物만물의 主宰주재가 되사 손에 權勢권세와 能力능력이 있사오니 모든 사람을 크게 하심과 强강하게 하심이 主주의 손에 있나이다 (역대상 29:12)

Wealth and honor come from you: you are the ruler of all things. In your hands are strength and power to exalt and give strength to all. (1 Chronicles 29:12)

가난

1

經營手惰者必貧ˇ手勤者必富 (箴言 10:4)
경 영 수 타 자 필 빈 ˇ 수 근 자 필 부

손을 게으르게 놀리는 者자는 가난하게 되고 손이 부지런한 者자는 富부하게 되느니라 (잠언 10:4)

Lazy hands make a man poor, but diligent hands bring wealth. (Proverbs 10:4)

2

爾曹知我主耶穌基督之恩ˇ彼原富ˇ爲爾成貧ˇ使爾因其貧而
이 조 지 아 주 야 소 기 독 지 은 ˇ 피 원 부 ˇ 위 이 성 빈 ˇ 사 이 인 기 빈 이
爲富 (哥林多後書 8:9)
위 부

우리 主주 예수 그리스도의 恩惠은혜를 너희가 알거니와 富饒부요하신 이로서 너희를 爲위하여 가난하게 되심은 그의 가난함으로 말미암아 너희를 富饒부요하게 하려 하심이라 (고린도후서 8:9)

For you know the grace of our Lord Jesus Christ, that though he was rich, yet for your sakes he became poor, so that you through his poverty might become rich. (2 Corinthians 8:9)

3

顧卹貧窮者ˇ此人便爲有福ˇ在患難時ˇ必蒙主拯救 (詩篇 41:1)
고 술 빈 궁 자 ˇ 차 인 변 위 유 복 ˇ 재 환 난 시 ˇ 필 몽 주 증 구

가난한 者자를 보살피는 者자에게 福복이 있음이여 災殃재앙의 날에 여호와께서 그를 건지시리로다 (시편 41:1)

For the director of music. A psalm of David. Blessed is he who has regard for the weak: the LORD delivers him in times of trouble. (Psalms 41:1)

4

矜憫貧人ˇ卽如貸金於主ˇ所給者必償 (箴言 19:17)
긍 민 빈 인 ˇ 즉 여 대 금 어 주 ˇ 소 급 자 필 상

가난한 者자를 불쌍히 여기는 것은 여호와께 꾸어 드리는 것이니 그의 善行선행을 그에게 갚아 주시리라 (잠언 19:17)

He who is kind to the poor lends to the LORD, and he will reward him for what he has done. (Proverbs 19:17)

5

所愛之兄弟ˇ聽之哉ˇ上帝豈非選此世之貧者ˇ俾富於信ˇ而嗣
소 애 지 형 제 ˇ 청 지 재 ˇ 상 제 기 비 선 차 세 지 빈 자 ˇ 비 부 어 신 ˇ 이 사
上帝所許愛己者之國乎 (雅各書 2:5)
상 제 소 허 애 기 자 지 국 호

내 사랑하는 兄弟형제들아 들을지어다 하나님이 世上세상에서 가난한 者자를 擇택하사 믿음에 富饒부요하게 하시고 또 自己자기를 사랑하는 者자들에게 約束약속하신 나라를 相續상속으로 받게 하지 아니하셨느냐 (야고보서 2:5)

Listen, my dear brothers: Has not God chosen those who are poor in the eyes of the world to be rich in faith and to inherit the kingdom he promised those who love him? (James 2:5)

6

主顧念貧窮人之禱告ˇ不輕視其祈求 (詩篇 102:17)
주 고 념 빈 궁 인 지 도 고 ˇ 불 경 시 기 기 구

여호와께서 貧窮빈궁한 者자의 祈禱기도를 돌아보시며 그들의 祈禱기도를 蔑視멸시하지 아니하셨도다 (시편 102:17)

He will respond to the prayer of the destitute: he will not despise their plea. (Psalms 102:17)

7

欺壓貧人者ˇ卽侮造之之主ˇ尊主者必矜憫窮民 (箴言 14:31)
기 압 빈 인 자 ˇ 즉 모 조 지 지 주 ˇ 존 주 자 필 긍 민 궁 민

가난한 사람을 虐待학대하는 者자는 그를 지으신 이를 蔑視멸시하는 者자요 窮乏궁핍한 사람을 불쌍히 여기는 者자는 主주를 恭敬공경하는 者자니라 (잠언 14:31)

He who oppresses the poor shows contempt for their Maker, but whoever is kind to the needy honors God. (Proverbs 14:31)

8

爾摘葡萄園之果ˇ有所遺者毋復摘ˇ隕於地者毋拾之ˇ當拾於
이 적 포 도 원 지 과 ˇ 유 소 유 자 무 부 적 ˇ 운 어 지 자 무 습 지 ˇ 당 습 어
貧民與外邦客旅ˇ我乃主爾之上帝 (利未記 19:10)
빈 민 여 외 방 객 려 ˇ 아 내 주 이 지 상 제

네 葡萄園포도원의 열매를 다 따지 말며 네 葡萄園포도원에 떨어진 열매도 줍지 말고 가난한 사람과 居留民거류민을 爲위하여 버려두라 나는 너희의 하나님 여호와이니라 (레위기 19:10)

Do not go over your vineyard a second time or pick up the grapes that have fallen. Leave them for the poor and the alien. I am the LORD your God. (Leviticus 19:10)

9

我言此ˇ非因缺乏之故也ˇ蓋我已學ˇ無論何遇ˇ莫不知足
아 언 차 ˇ 비 인 결 핍 지 고 야 ˇ 개 아 이 학 ˇ 무 론 하 우 ˇ 막 부 지 족
(腓立比書 4:11)

내가 窮乏궁핍하므로 말하는 것이 아니니라 어떠한 形便형편에든지 나는 自足자족하기를 배웠노니 (빌립보서 4:11)

I am not saying this because I am in need, for I have learned to be content whatever the circumstances. **(Philippians 4:11)**

부모(父母)

1

子歟ˇ爾當爲主順從父母ˇ此乃所宜ˇ敬爾父母ˇ此爲首誡ˇ有
자 여 ˇ 이 당 위 주 순 종 부 모 ˇ 차 내 소 의 ˇ 경 이 부 모 ˇ 차 위 수 계 ˇ 유
應許者ˇ曰ˇ使爾得福ˇ久居於世 (以弗所書 6:1~3)
응 허 자 ˇ 왈 ˇ 사 이 득 복 ˇ 구 거 어 세

子女자녀들아 主주 안에서 너희 父母부모에게 順從순종하라 이것이 옳으니라 네 아버지와 어머니를 恭敬공경하라 이것은 約束약속이 있는 첫 誡命계명이니 이로써 네가 잘되고 땅에서 長壽장수하리라 (에베소서 6:1~3)

Children, obey your parents in the Lord, for this is right. Honor your father and mother—which is the first commandment with a promise—that it may go well with you and that you may enjoy long life on the earth. **(Ephesians 6:1~3)**

2

敬爾父母ˇ愛人如己 (瑪太福音 19:19)
경 이 부 모 ˇ 애 인 여 기

네 父母부모를 恭敬공경하라 네 이웃을 네 自身자신과 같이 사랑하라 하신 것이니라 (마태복음 19:19)

Honor your father and mother, and love your neighbor as yourself. **(Matthew 19:19)**

3

遵主爾之上帝所命ˇ敬爾父母ˇ使爾可久居獲福於主爾之上帝
준 주 이 지 상 제 소 명 ˇ 경 이 부 모 ˇ 사 이 가 구 거 획 복 어 주 이 지 상 제
所賜爾之地 (申命記 5:16)
소 사 이 지 지

너는 네 하나님 여호와께서 命令명령한 대로 네 父母부모를 恭敬공경하라 그리하면 네 하나님 여호와가 네게 준 땅에서 네 生命생명이 길고 福복

을 누리리라 (신명기 5:16)

Honor your father and your mother, as the LORD your God has commanded you, so that you may live long and that it may go well with you in the land the LORD your God is giving you. (Deuteronomy 5:16)

4

路得曰ˇ莫迫我離爾ˇ歸而不從爾ˇ爾往何所ˇ我亦往ˇ爾宿何
로득왈 ˇ 막박아리이 ˇ 귀이부종이 ˇ 이왕하소 ˇ 아역왕 ˇ 이숙하
所ˇ我亦宿ˇ爾民卽我民ˇ爾上帝卽我上帝ˇ爾死於何處ˇ我亦
소 ˇ 아역숙 ˇ 이민즉아민 ˇ 이상제즉아상제 ˇ 이사어하처 ˇ 아역
死於彼ˇ葬於彼ˇ惟有一死ˇ能使我離爾ˇ不然ˇ願主從重降禍
사어피 ˇ 장어피 ˇ 유유일사 ˇ 능사아리이 ˇ 불연 ˇ 원주종중강화
於我 (路得 1:16~17)
어아

룻이 이르되 내게 어머니를 떠나며 어머니를 따르지 말고 돌아가라 強勸강권하지 마옵소서 어머니께서 가시는 곳에 나도 가고 어머니께서 머무시는 곳에서 나도 머물겠나이다 어머니의 百姓백성이 나의 百姓백성이 되고 어머니의 하나님이 나의 하나님이 되시리니 어머니께서 죽으시는 곳에서 나도 죽어 거기 묻힐 것이라 萬一만일 내가 죽는 일 外외에 어머니를 떠나면 여호와께서 내게 罰벌을 내리시고 더 내리시기를 願원하나이다 하는지라 (룻기 1:16~17)

But Ruth replied, Don' t urge me to leave you or to turn back from you. Where you go I will go, and where you stay I will stay. Your people will be my people and your God my God. Where you die I will die, and there I will be buried. May the LORD deal with me, be it ever so severely, if anything but death separates you and me. (Ruth 1:16~17)

부부(夫婦)

1

夫聞後ˇ逐日黙然不語ˇ則爲允償所許之願ˇ守所立之戒ˇ夫聞
부문후 ˇ 축일묵연불어 ˇ 즉위윤상소허지원 ˇ 수소립지계 ˇ 부문

時ˇ旣黙然不語ˇ則爲允之償允之守 (民數記 30:14)
시 ˇ 기 묵 연 불 어 ˇ 즉 위 윤 지 상 윤 지 수

그의 男便남편이 여러 날이 지나도록 말이 없으면 아내의 誓願서원과 스스로 決心결심한 일을 지키게 하는 것이니 이는 그가 그것을 들을 때에 그의 아내에게 아무 말도 아니하였으므로 지키게 됨이니라 (민수기 30:14)

But if her husband says nothing to her about it from day to day, then he confirms all her vows or the pledges binding on her. He confirms them by saying nothing to her when he hears about them. (Numbers 30:14)

2

主上帝曰ˇ人獨處未善ˇ我將爲彼作偶以助之 (創世記 2:18)
주 상 제 왈 ˇ 인 독 처 미 선 ˇ 아 장 위 피 작 우 이 조 지

여호와 하나님이 이르시되 사람이 혼자 사는 것이 좋지 아니하니 내가 그를 爲위하여 돕는 配匹배필을 지으리라 하시니라 (창세기 2:18)

The LORD God said, It is not good for the man to be alone. I will make a helper suitable for him. (Genesis 2:18)

3

夫歟ˇ爾當愛婦ˇ如基督愛教會ˇ爲教會舍己 (以弗所書 5:25)
부 여 ˇ 이 당 애 부 ˇ 여 기 독 애 교 회 ˇ 위 교 회 사 기

男便남편들아 아내 사랑하기를 그리스도께서 教會교회를 사랑하시고 그 教會교회를 爲위하여 自身자신을 주심 같이 하라 (에베소서 5:25)

Husbands, love your wives, just as Christ loved the church and gave himself up for her (Ephesians 5:25)

4

夫當以所宜者予婦ˇ婦與夫亦然 (哥林多前書 7:3)
부 당 이 소 의 자 여 부 ˇ 부 여 부 역 연

男便남편은 그 아내에 對대한 義務의무를 다하고 아내도 그 男便남편에게 그렇게 할지라 (고린도전서 7:3)

The husband should fulfill his marital duty to his wife, and likewise the wife to her husband. (1 Corinthians 7:3)

5
若離之ˇ則勿再嫁ˇ或仍與夫和ˇ可也ˇ夫亦不可出婦
약 리 지 ˇ 즉 물 재 가 ˇ 혹 잉 여 부 화 ˇ 가 야 ˇ 부 역 불 가 출 부
(哥林多前書 7:11)

萬一만일 갈라섰으면 그대로 지내든지 다시 그 男便남편과 和合화합하든지 하라 男便남편도 아내를 버리지 말라 (고린도전서 7:11)

But if she does, she must remain unmarried or else be reconciled to her husband. And a husband must not divorce his wife. (1 Corinthians 7:11)

6
宅第貲產ˇ爲祖父所遺ˇ賢德之妻ˇ爲主所賜 (箴言 19:14)
택 제 자 산 ˇ 위 조 부 소 유 ˇ 현 덕 지 처 ˇ 위 주 소 사

집과 財物재물은 祖上조상에게서 相續상속하거니와 슬기로운 아내는 여호와께로서 말미암느니라 (잠언 19:14)

Houses and wealth are inherited from parents, but a prudent wife is from the LORD. (Proverbs 19:14)

형제(兄弟)

朋友之愛尋常ˇ救急終需兄弟 (箴言 17:17)
붕 우 지 애 심 상 ˇ 구 급 종 수 형 제

親舊친구는 사랑이 끊어지지 아니하고 兄弟형제는 危急위급한 때를 爲위하여 났느니라 (잠언 17:17)

A friend loves at all times, and a brother is born for adversity. (Proverbs 17:17)

17. 기타(其他)

부지런한 者자의 손은 사람을 다스리게 되어도 게으른 者자는 부림을 받느니라 (잠언 12:24)

기타(其他)

1

奸使陷人於禍患ˇ忠使猶如良藥 (箴言 13:17)
간 사 함 인 어 화 환 ˇ 충 사 유 여 량 약

惡악한 使者사자는 災殃재앙에 빠져도 忠誠충성된 使臣사신은 良藥양약이 되느니라 (잠언 13:17)

A wicked messenger falls into trouble, but a trustworthy envoy brings healing. (Proverbs 13:17)

2

仰賴主勝如倚恃世人 (詩篇 118:8)
앙 뢰 주 승 여 의 시 세 인

여호와께 避피하는 것이 사람을 信賴신뢰하는 것보다 나으며 (시편 118:8)

It is better to take refuge in the LORD than to trust in man. (Psalms 118:8)

3

大室之中ˇ不第有金器銀器ˇ亦有木器瓦器ˇ有爲貴用ˇ有爲賤用者 (提摩太後書 2:20)
대 실 지 중 ˇ 부 제 유 금 기 은 기 ˇ 역 유 목 기 와 기 ˇ 유 위 귀 용 ˇ 유 위 천 용 자

큰 집에는 金금 그릇과 銀은 그릇뿐 아니라 나무 그릇과 질그릇도 있어 貴귀하게 쓰는 것도 있고 賤천하게 쓰는 것도 있나니 (디모데후서 2:20)

In a large house there are articles not only of gold and silver, but also of wood and clay; some are for noble purposes and some for ignoble. (2 Timothy 2:20)

4

我儕與上帝爲同工者ˇ爾乃上帝所耕之田ˇ上帝所建之室 (哥林多前書 3:9)
아 제 여 상 제 위 동 공 자 ˇ 이 내 상 제 소 경 지 전 ˇ 상 제 소 건 지 실

우리는 하나님의 同役者동역자들이요 너희는 하나님의 밭이요 하나님의 집이니라 (고린도전서 3:9)

For we are God' s fellow workers: you are God' s field, God' s building. (1 Corinthians 3:9)

5

作事殷勤者ˇ必得轄人ˇ經營怠惰者ˇ必爲人役 (箴言 12:24)
작 사 은 근 자 ˇ 필 득 할 인 ˇ 경 영 태 타 자 ˇ 필 위 인 역

부지런한 者자의 손은 사람을 다스리게 되어도 게으른 者자는 부림을 받느니라 (잠언 12:24)

Diligent hands will rule, but laziness ends in slave labor. (Proverbs 12:24)

6

今肢體雖多ˇ而身則一ˇ目不可謂手云ˇ我不需爾ˇ首不可謂足
금 지 체 수 다 ˇ 이 신 즉 일 ˇ 목 불 가 위 수 운 ˇ아 불 수 이 ˇ 수 불 가 위 족
云ˇ我不需爾 (哥林多前書 12:20~21)
운 ˇ 아 불 수 이

이제 肢體지체는 많으나 몸은 하나라 눈이 손더러 내가 너를 쓸 데가 없다 하거나 또한 머리가 발더러 내가 너를 쓸 데가 없다 하지 못하리라 (고린도전서 12:20~21)

As it is, there are many parts, but one body. The eye cannot say to the hand, I don' t need you! And the head cannot say to the feet, I don' t need you! (1 Corinthians 12:20~21)

7

忠言之使ˇ令遣之之主人暢懷ˇ如穡時得冰雪ˇ旣涼且爽
충 언 지 사 ˇ 령 견 지 지 주 인 창 회 ˇ 여 색 시 득 빙 설 ˇ 기 량 차 상
(箴言 25:13)

忠誠충성된 使者사자는 그를 보낸 이에게 마치 秋收추수하는 날에 얼음 冷水냉수 같아서 능히 그 主人주인의 마음을 시원하게 하느니라 (잠언 25:13)

Like the coolness of snow at harvest time is a trustworthy messenger to those who send him: he refreshes the spirit of his masters. (Proverbs 25:13)

8

故凡從肉體者ˇ不能見悅於上帝 (羅瑪書 8:8)
고 범 종 육 체 자 ˇ 불 능 견 열 어 상 제

肉身육신에 있는 者자들은 하나님을 기쁘시게 할 수 없느니라 (로마서 8:8)

Those controlled by the sinful nature cannot please God. (Romans 8:8)

9

如此爾曹不復爲外人ˇ不復爲客旅ˇ乃與聖徒爲一邦ˇ爲上帝
여 차 이 조 불 부 위 외 인 ˇ 불 부 위 객 려 ˇ 내 여 성 도 위 일방ˇ위 상 제
一家之人 (以弗所書 2:19)
일 가 지 인ˇ

그러므로 이제부터 너희는 外人외인도 아니요 나그네도 아니요 오직 聖徒성도들과 同一동일동일한 市民시민이요 하나님의 眷屬권속이라 (에베소서 2:19)

Consequently, you are no longer foreigners and aliens, but fellow citizens with God' s people and members of God' s household (Ephesians 2:19)

10

爾乃世之光ˇ城建在山ˇ不能隱藏 (瑪太福音 5:14)
이 내 세 지 광 ˇ 성 건 재 산 ˇ 불 능 은 장

너희는 世上세상의 빛이라 山산 위에 있는 동네가 숨겨지지 못할 것이요 (마태복음 5:14)

You are the light of the world. A city on a hill cannot be hidden. (Matthew 5:14)

11

雖然ˇ凡吞噬爾者必被吞噬ˇ凡敵爾者必被擄ˇ掠爾者必被掠ˇ
수 연 ˇ 범 탄 서 이 자 필 피 탄 서 ˇ 범 적 이 자 필 피 노 ˇ 략 이 자 필 피 략 ˇ
凡劫爾者我必使之被劫 (耶利米 30:16)
범 겁 이 자 아 필 사 지 피 겁

그러므로 너를 먹는 모든 者자는 잡아먹힐 것이며 네 모든 對敵대적은 사로잡혀 갈 것이고 너에게서 奪取탈취해 간 者자는 奪取탈취를 當당할 것이며 너에게서 擄掠노략질한 모든 者자는 擄掠物노략물이 되리라 (예레미야 30:16)

But all who devour you will be devoured: all your enemies

will go into exile. Those who plunder you will be plundered: all who make spoil of you I will despoil. (Jeremiah 30:16)

12

爾見人作事般勤ˇ可逆料其將侍於王前ˇ必不久居賤人之中
이 견 인 작 사 은 근 ˇ 가 역 료 기 장 시 어 왕 전 ˇ 필 불 구 거 천 인 지 중
(箴言 22:29)

네가 自己자기의 일에 能熟능숙한 사람을 보았느냐 이러한 사람은 王왕 앞에 설 것이요 賤천한 者자 앞에 서지 아니하리라 (잠언 22:29)

Do you see a man skilled in his work? He will serve before kings: he will not serve before obscure men. (Proverbs 22:29)

13

天下諸事ˇ皆有定時ˇ萬務各有其期 (傳道書 3:1)
천 하 제 사 ˇ 개 유 정 시 ˇ 만 무 각 유 기 기

凡事범사에 期限기한이 있고 天下천하 萬事만사가 다 때가 있나니 (전도서 3:1)

There is a time for everything, and a season for every activity under heaven (Ecclesiastes 3:1)

14

主手造我ˇ製我四肢百體ˇ今欲滅我乎 (約伯 10:8)
주 수 조 아 ˇ 제 아 사 지 백 체 ˇ 금 욕 멸 아 호

主주의 손으로 나를 빚으셨으며 만드셨는데 이제 나를 滅멸하시나이다 (욥기 10:8)

Your hands shaped me and made me. Will you now turn and destroy me? (Job 10:8)

15

觀其果ˇ卽可識之ˇ荊棘中豈摘葡萄乎ˇ蒺藜中豈採無花果乎
관 기 과 ˇ 즉 가 식 지 ˇ 형 극 중 기 적 포 도 호 ˇ 질 려 중 기 채 무 화 과 호
(瑪太福音 7:16)

그들의 열매로 그들을 알지니 가시나무에서 葡萄포도를, 또는 엉겅퀴에서 無花果무화과를 따겠느냐 (마태복음 7:16)

By their fruit you will recognize them. Do people pick grapes from thornbushes, or figs from thistles? (Matthew 7:16)

16

窺探迦南地者中嫩之子約書亞ˇ耶孚尼子迦勒ˇ自裂其衣ˇ告以
규 탐 가 남 지 자 중 눈 지 자 약 서 아 ˇ 야 부 니 자 가 륵 ˇ 자 열 기 의 ˇ 고 이
色列會衆曰ˇ我所經行窺探之地ˇ乃甚美之地 (民數記 14:6~7)
색 열 회 중 왈 ˇ 아 소 경 행 규 탐 지 지 ˇ 내 심 미 지 지

그 땅을 偵探정탐한 者자 中중 눈의 아들 여호수아와 여분네의 아들 갈렙이 自己자기들의 옷을 찢고 이스라엘 子孫자손의 온 會衆회중에게 말하여 이르되 우리가 두루 다니며 偵探정탐한 땅은 甚심히 아름다운 땅이라 (민수기 14:6~7)

Joshua son of Nun and Caleb son of Jephunneh, who were among those who had explored the land, tore their clothes and said to the entire Israelite assembly, The land we passed through and explored is exceedingly good. (Numbers 14:6~7)

17

約書亞以此諸言ˇ錄於上帝律法之書ˇ以大石立於彼ˇ在主聖
약 서 아 이 차 제 언 ˇ 록 어 상 제 율 법 지 서 ˇ 이 대 석 립 어 피 ˇ 재 주 성
所之橡樹下ˇ約書亞謂民衆曰ˇ凡主諭我諸言ˇ此石皆聞之ˇ
소 지 상 수 하 ˇ 약 서 아 위 민 중 왈 ˇ 범 주 유 아 제 언 ˇ 차 석 개 문 지 ˇ
可對我儕作證ˇ如爾違主爾之上帝ˇ有此石對爾作證
가 대 아 제 작 증 ˇ 여 이 위 주 이 지 상 제 ˇ 유 차 석 대 이 작 증
(約書亞 24:26~27)

여호수아가 이 모든 말씀을 하나님의 律法册율법책에 記錄기록하고 큰 돌을 가져다가 거기 여호와의 聖所성소 곁에 있는 상수리나무 아래에 세우고 모든 百姓백성에게 이르되 보라 이 돌이 우리에게 證據증거가 되리니 이는 여호와께서 우리에게 하신 모든 말씀을 이 돌이 들었음이니라 그런즉 너희가 너희의 하나님을 否認부인하지 못하도록 이 돌이 證據증거가 되리라 하고 (여호수아 24:26~27)

And Joshua recorded these things in the Book of the Law of God. Then he took a large stone and set it up there under the oak near the holy place of the LORD. See! he said to all the people. This stone will be a witness against us. It has heard all the words the LORD has said to us. It will be a witness against you if you are untrue to your God. (Joshua 24:26~27)

18

爾曹學道已久ˇ當爲他人之師ˇ但今復需人以上帝之道之開端
이 조 학 도 이 구 ˇ 당 위 타 인 지 사 ˇ 단 금 부 수 인 이 상 제 지 도 지 개 단
教爾ˇ爾成爲需乳不需堅實之食者 (希伯來書 5:12)
교 이 ˇ 이 성 위 수 유 불 수 견 실 지 식 자

때가 오래 되었으므로 너희가 마땅히 先生선생이 되었을 터인데 너희가 다시 하나님의 말씀의 初步초보에 對대하여 누구에게서 가르침을 받아야 할 處地처지이니 단단한 飮食음식은 못 먹고 젖이나 먹어야 할 者자가 되었도다 (히브리서 5:12)

In fact, though by this time you ought to be teachers, you need someone to teach you the elementary truths of God' s word all over again. You need milk, not solid food! (Hebrews 5:12)

19

主向猶大人及耶路撒冷之民如是云ˇ當開墾土壤ˇ勿播種於荊
주 향 유 대 인 급 야 로 살 냉 지 민 여 시 운 ˇ 당 개 간 토 양 ˇ 물 파 종 어 형
棘中 (耶利米 4:3)
극 중

여호와께서 유다와 예루살렘 사람에게 이와 같이 이르노라 너희 묵은 땅을 갈고 가시덤불에 播種파종하지 말라 (예레미야 4:3)

This is what the LORD says to the men of Judah and to Jerusalem: Break up your unplowed ground and do not sow among thorns. (Jeremiah 4:3)

20

邑中無夜ˇ不需燈光日光ˇ蓋主卽上帝自照之ˇ其衆僕必爲王
읍 중 무 야 ˇ 불 수 등 광 일 광 ˇ 개 주 즉 상 제 자 조 지 ˇ 기 중 복 필 위 왕
至於世世 (黙示錄/約翰 啓示錄 22:5)
지 어 세 세

다시 밤이 없겠고 燈등불과 햇빛이 쓸 데 없으니 이는 主주 하나님이 그들에게 비치심이라 그들이 世世세세토록 王왕 노릇 하리로다 (묵시록/요한계시록 22:5)

There will be no more night. They will not need the light of a lamp or the light of the sun, for the Lord God will give them light. And they will reign for ever and ever. (Revelation 22:5)

21
人燃燈ˇ不置斗下ˇ乃置燈臺上ˇ則照凡在室之人 (瑪太福音 5:15)
인 연 등 ˇ 불 치 두 하 ˇ 내 치 등 대 상 ˇ 즉 조 범 재 실 지 인

사람이 燈등불을 켜서 말 아래에 두지 아니하고 燈檠등경 위에 두나니 이러므로 집 안 모든 사람에게 비치느니라 (마태복음 5:15)

Neither do people light a lamp and put it under a bowl. Instead they put it on its stand, and it gives light to everyone in the house. (Matthew 5:15)

22
目覩勝於心戀ˇ然皆屬於虛ˇ皆如捕風 (傳道書 6:9)
목 도 승 어 심 련 ˇ 연 개 속 어 허 ˇ 개 여 포 풍

눈으로 보는 것이 마음으로 空想공상하는 것보다 나으나 이것도 헛되어 바람을 잡는 것이로다 (전도서 6:9)

Better what the eye sees than the roving of the appetite. This too is meaningless, a chasing after the wind. (Ecclesiastes 6:9)

23
惑彼之魔ˇ見投於硫黃之火坑ˇ卽投獸與僞先知之處ˇ晝夜受苦ˇ至於世世 (黙示錄 / 約翰 啓示錄 20:10)
혹 피 지 마 ˇ 견 투 어 유 황 지 화 갱 ˇ 즉 투 수 여 위 선 지 지 처 ˇ 주 야 수 고 ˇ 지 어 세 세

또 그들을 迷惑미혹하는 魔鬼마귀가 불과 硫黃유황 못에 던져지니 거기는 그 짐승과 거짓 先知者선지자도 있어 世世세세토록 밤낮 괴로움을 받으리라 (묵시록/요한계시록 20:10)

And the devil, who deceived them, was thrown into the lake of burning sulfur, where the beast and the false prophet had been thrown. They will be tormented day and night for ever and ever. (Revelation 20:10)

24
古實人ˇ路比人ˇ其軍非大乎ˇ車騎非衆乎ˇ爾恃主ˇ主遂付之於爾手 (歷代下 16:8)
고 실 인 ˇ 루 비 인 ˇ 기 군 비 대 호 ˇ 거 기 비 중 호 ˇ 이 시 주 ˇ 주 수 부 지 어 이 수

구스 사람과 룹 사람의 軍隊군대가 크지 아니하며 말과 兵車병거가 甚심히 많지 아니하더이까 그러나 王왕이 여호와를 依支의지하였으므로 여호와께서 王왕의 손에 넘기셨나이다 (역대하 16:8)

Were not the Cushites and Libyans a mighty army with great numbers of chariots and horsemen? Yet when you relied on the LORD, he delivered them into your hand. (2 Chronicles 16:8)

25

約書亞謂之曰ˇ勿恐懼ˇ勿膽怯ˇ當强爾心壯爾志ˇ蓋主必如是
약서아위지왈ˇ물공구ˇ물담겁ˇ당강이심장이지ˇ개주필여시
待爾所攻之一切仇敵 (約書亞 10:25)
대이소공지일체구적

여호수아가 그들에게 이르되 두려워하지 말며 놀라지 말고 强강하고 膽大담대하라 너희가 맞서서 싸우는 모든 對敵대적에게 여호와께서 다 이와 같이 하시리라 하고 (여호수아 10:25)

Joshua said to them, Do not be afraid: do not be discouraged. Be strong and courageous. This is what the LORD will do to all the enemies you are going to fight. (Joshua 10:25)

26

故我不怯ˇ外體雖壞ˇ內心日新 (哥林多後書 4:16)
고아불겁ˇ외체수괴ˇ내심일신

그러므로 우리가 落心낙심하지 아니하노니 우리의 겉사람은 낡아지나 우리의 속사람은 날로 새로워지도다 (고린도후서 4:16)

Therefore we do not lose heart. Though outwardly we are wasting away, yet inwardly we are being renewed day by day. (2 Corinthians 4:16)

27

耶穌止ˇ令人召之ˇ遂召瞽者曰ˇ安爾心ˇ起ˇ耶穌召爾
야소지ˇ령인소지ˇ수소고자왈ˇ안이심ˇ기ˇ야소소이
(瑪可福音 10:49)

예수께서 머물러 서서 그를 부르라 하시니 그들이 그 盲人맹인을 부르며 이르되 安心안심하고 일어나라 그가 너를 부르신다 하매 (마가복음

10:49)

Jesus stopped and said, Call him. So they called to the blind man, Cheer up! On your feet! He' s calling you. (Mark 10:49)

28

上帝歟ˇ我思主之心意ˇ極爲寶貴ˇ且多不可勝數ˇ我若計核其
상 제 여 ˇ 아 사 주 지 심 의 ˇ 극 위 보 귀 ˇ 차 다 불 가 승 수 ˇ 아 약 계 핵 기
數ˇ比海沙更多ˇ我醒時仍思念主 (詩篇 139:17~18)
수 ˇ 비 해 사 갱 다 ˇ 아 성 시 잉 사 념 주

하나님이여 主주의 생각이 내게 어찌 그리 보배로우신지요 그 數수가 어찌 그리 많은지요 내가 세려고 할지라도 그 數수가 모래보다 많도소이다 내가 깰 때에도 여전히 主주와 함께 있나이다 (시편 139:17~18)

How precious to me are your thoughts, O God! How vast is the sum of them! Were I to count them, they would outnumber the grains of sand. When I awake, I am still with you. (Psalms 139:17~18)

29

蓋我生爲主而生ˇ我死爲主而死ˇ故或生或死ˇ皆屬主 (羅瑪書 14:8)
개 아 생 위 주 이 생 ˇ 아 사 위 주 이 사 ˇ 고 혹 생 혹 사 ˇ 개 속 주

우리가 살아도 主주를 爲위하여 살고 죽어도 主주를 爲위하여 죽나니 그러므로 사나 죽으나 우리가 主주의 것이로다 (로마서 14:8)

If we live, we live to the Lord: and if we die, we die to the Lord. So, whether we live or die, we belong to the Lord. (Romans 14:8)

30

爾髮亦且見數ˇ故毋懼ˇ爾較羣雀貴焉 (瑪太福音 10:30~31)
이 발 역 차 견 수 ˇ 고 무 구 ˇ 이 교 군 작 귀 언

너희에게는 머리털까지 다 세신 바 되었나니 두려워하지 말라 너희는 많은 참새보다 貴귀하니라 (마태복음 10:30~31)

And even the very hairs of your head are all numbered. So don' t be afraid: you are worth more than many sparrows. (Matthew 10:30~31)

31

向標準直趨ˇ欲得其賞ˇ卽上帝因基督耶穌ˇ由上召我之賞
향 표 준 직 추 ˇ 욕 득 기 상 ˇ 즉 상 제 인 기 독 야 소 ˇ 유 상 소 아 지 상
(腓立比書 3:14)

標표대를 向향하여 그리스도 예수 안에서 하나님이 위에서 부르신 부름의 賞상을 爲위하여 달려가노라 (빌립보서 3:14)

I press on toward the goal to win the prize for which God has called me heavenward in Christ Jesus. (Philippians 3:14)

32

彼目流淚ˇ上帝盡拭之ˇ不復有死亡ˇ亦不復有悲哀號泣疾痛ˇ
피 목 유 루 ˇ 상 제 진 식 지 ˇ 불 부 유 사 망 ˇ 역 불 부 유 비 애 호 읍 질 통 ˇ
蓋前事已逝矣 (黙示錄 / 約翰 啓示錄 21:4)
개 전 사 이 서 의

모든 눈물을 그 눈에서 닦아 주시니 다시는 死亡사망이 없고 哀痛애통하는 것이나 哭곡하는 것이나 아픈 것이 다시 있지 아니하리니 처음 것들이 다 지나갔음이러라 (묵시록/요한계시록 21:4)

He will wipe every tear from their eyes. There will be no more death or mourning or crying or pain, for the old order of things has passed away. (Revelation 21:4)

33

又告我曰ˇ但以理ˇ勿懼ˇ自初日爾專心求明ˇ於爾上帝前刻以
우 고 아 왈 ˇ 단 이 리 ˇ 물 구 ˇ 자 초 일 이 전 심 구 명 ˇ 어 이 상 제 전 각 이
自苦ˇ爾言升聞於上ˇ我因爾之禱言ˇ奉遣而來 (但以理 10:12)
자 고 ˇ 이 언 승 문 어 상 ˇ 아 인 이 지 도 언 ˇ 봉 견 이 래

그가 내게 이르되 다니엘아 두려워하지 말라 네가 깨달으려 하여 네 하나님 앞에 스스로 謙卑겸비하게 하기로 決心결심하던 첫날부터 네 말이 應答응답 받았으므로 내가 네 말로 말미암아 왔느니라 (다니엘 10:12)

Then he continued, Do not be afraid, Daniel. Since the first day that you set your mind to gain understanding and to humble yourself before your God, your words were heard, and I have come in response to them. (Daniel 10:12)

34

主人曰ˇ惡且惰之僕ˇ爾知我未播之處而穫ˇ未散之處而斂
주 인 왈 ˇ 악 차 타 지 복 ˇ 이 지 아 미 파 지 처 이 확 ˇ 미 산 지 처 이 렴

(瑪太福音 25:26)

그 主人주인이 對答대답하여 이르되 惡악하고 게으른 종아 나는 심지 않은 데서 거두고 헤치지 않은 데서 모으는 줄로 네가 알았느냐 (마태복음 25:26)

His master replied, You wicked, lazy servant! So you knew that I harvest where I have not sown and gather where I have not scattered seed? (Matthew 25:26)

35

惟爾曹則不可如此ˇ爾中欲爲大者ˇ當爲爾役 (瑪太福音 20:26)
유 이 조 즉 불 가 여 차 ˇ 이 중 욕 위 대 자 ˇ 당 위 이 역

너희 中중에는 그렇지 않아야 하나니 너희 中중에 누구든지 크고자 하는 者자는 너희를 섬기는 者자가 되고 (마태복음 20:26)

Not so with you. Instead, whoever wants to become great among you must be your servant, (Matthew 20:26)

36

物於我無不可用ˇ但不盡有益ˇ物於我無不可用ˇ但我不服於
물 어 아 무 불 가 용 ˇ 단 부 진 유 익 ˇ 물 어 아 무 불 가 용 ˇ 단 아 불 복 어
一物 (哥林多前書 6:12)
일 물

모든 것이 내게 可가하나 다 有益유익한 것이 아니요 모든 것이 내게 可가하나 내가 무엇에든지 얽매이지 아니하리라 (고린도전서 6:12)

Everything is permissible for me—but not everything is beneficial. Everything is permissible for me—but I will not be mastered by anything. (1 Corinthians 6:12)

37

司提反充滿聖靈ˇ注目仰天ˇ見上帝之榮ˇ又見耶穌立於上帝
사 제 반 충 만 성 령 ˇ 주 목 앙 천 ˇ 견 상 제 지 영 ˇ 우 견 야 소 립 어 상 제
之右 (使徒行傳 7:55)
지 우

스데반이 聖靈성령 充滿충만하여 하늘을 우러러 注目주목하여 하나님의 榮光영광과 및 예수께서 하나님 右便우편에 서신 것을 보고 (사도행전 7:55)

But Stephen, full of the Holy Spirit, looked up to heaven and saw the glory of God, and Jesus standing at the right hand of God. (Acts 7:55)

38

爾目中有梁木ˇ何以語爾兄弟曰ˇ容我去爾目中之草芥乎
이 목 중 유 량 목 ˇ 하 이 어 이 형 제 왈 ˇ 용 아 거 이 목 중 지 초 개 호
(瑪太福音 7:4)

보라 네 눈 속에 들보가 있는데 어찌하여 兄弟형제에게 말하기를 나로 네 눈 속에 있는 티를 빼게 하라 하겠느냐 (마태복음 7:4)

How can you say to your brother, Let me take the speck out of your eye, when all the time there is a plank in your own eye? (Matthew 7:4)

39

我心昏迷ˇ極爲悚惶ˇ我宴樂之夜ˇ變爲驚駭之夜 (以賽亞 21:4)
아 심 혼 미 ˇ 극 위 송 황 ˇ 아 연 락 지 야 ˇ 변 위 경 해 지 야

내 마음이 어지럽고 두려움이 나를 놀라게 하며 希望희망의 瑞光서광이 變변하여 내게 떨림이 되도다 (이사야 21:4)

My heart falters, fear makes me tremble: the twilight I longed for has become a horror to me. (Isaiah 21:4)

40

勿於主人前讒其僕ˇ恐彼詛爾ˇ爾則有罪 (箴言 30:10)
물 어 주 인 전 참 기 복 ˇ 공 피 저 이 ˇ 이 즉 유 죄

너는 종을 그의 上典상전에게 誹謗비방하지 말라 그가 너를 詛呪저주하겠고 너는 罪責죄책을 當당할까 두려우니라 (箴言 30:10)

Do not slander a servant to his master, or he will curse you, and you will pay for it. (Proverbs 30:10)

41

蓋所許者ˇ許爾及爾子孫ˇ與諸遠人ˇ卽主我之上帝所召者
개 소 허 자 ˇ 허 이 급 이 자 손 ˇ 여 제 원 인 ˇ 즉 주 아 지 상 제 소 소 자
(使徒行傳 2:39)

이 約束약속은 너희와 너희 子女자녀와 모든 먼 데 사람 곧 主주 우리 하나님이 얼마든지 부르시는 者자들에게 하신 것이라 하고 (사도행전 2:39)

The promise is for you and your children and for all who are far off–for all whom the Lord our God will call. (Acts 2:39)

42

曰ˇ爾拙者悅於拙ˇ侮慢者樂於侮慢ˇ愚者厭惡知識ˇ將至何時
日 ˇ 이 졸 자 열 어 졸 ˇ 모 만 자 락 어 모 만 ˇ 우 자 염 오 지 식 ˇ 장 지 하 시
(箴言 1:22)

너희 어리석은 者자들은 어리석음을 좋아하며 倨慢거만한 者자들은 倨慢거만을 기뻐하며 미련한 者자들은 知識지식을 미워하니 어느 때까지 하겠느냐 (잠언 1:22)

How long will you simple ones love your simple ways? How long will mockers delight in mockery and fools hate knowledge? (Proverbs 1:22)

43

兄弟乎ˇ我就爾ˇ若第言方言ˇ而不以默示ˇ或知識ˇ或預言ˇ
형 제 호 ˇ 아 취 이 ˇ 약 제 언 방 언 ˇ 이 불 이 묵 시 ˇ 혹 지 식 ˇ 혹 예 언 ˇ
或教訓勸爾ˇ則於爾何益哉 (哥林多前書 14:6)
혹 교 훈 권 이 ˇ 즉 어 이 하 익 재

그런즉 兄弟형제들아 내가 너희에게 나아가서 方言방언으로 말하고 啓示계시나 知識지식이나 豫言예언이나 가르치는 것으로 말하지 아니하면 너희에게 무엇이 有益유익하리요 (고린도전서 14:6)

Now, brothers, if I come to you and speak in tongues, what good will I be to you, unless I bring you some revelation or knowledge or prophecy or word of instruction? (1 Corinthians 14:6)

44

主謂該隱曰ˇ凡殺該隱者ˇ必受罰七倍ˇ主乃賜該隱以號ˇ免遇
주 위 해 은 왈 ˇ 범 살 해 은 자 ˇ 필 수 벌 칠 배 ˇ 주 내 사 해 은 이 호 ˇ 면 우
之者殺之 (創世記 4:15)
지 자 살 지

여호와께서 그에게 이르시되 그렇지 아니하다 가인을 죽이는 者자는 罰벌을 七칠 倍배나 받으리라 하시고 가인에게 標표를 주사 그를 만나는 모든 사람에게서 죽임을 免면하게 하시니라 (창세기 4:15)

But the LORD said to him, Not so : if anyone kills Cain, he will suffer vengeance seven times over. Then the LORD put a mark on Cain so that no one who found him would kill him. (Genesis 4:15)

45

大衛甚窘急ˇ民爲子女故ˇ心懷憂忿ˇ欲以石擊大衛ˇ然大衛賴
대위심군급ˇ민위자녀고ˇ심회우분ˇ욕이석격대위ˇ연대위뢰
主其上帝ˇ心志堅强 (撒母耳上 30:6)
주기상제ˇ심지견강

百姓백성들이 子女자녀들 때문에 마음이 슬퍼서 다윗을 돌로 치자 하니 다윗이 크게 다급하였으나 그의 하나님 여호와를 힘입고 勇氣용기를 얻었더라 (사무엘상 30:6)

David was greatly distressed because the men were talking of stoning him: each one was bitter in spirit because of his sons and daughters. But David found strength in the LORD his God. (1 Samuel 30:6)

46

若不聽ˇ則攜一二人偕爾ˇ因憑二三證者之口ˇ凡事可定
약불청ˇ즉휴일이인해이ˇ인빙이삼증자지구ˇ범사가정
(瑪太福音 18:16)

만일 듣지 않거든 한두 사람을 데리고 가서 두세 證人증인의 입으로 말마다 確證확증하게 하라 (마태복음 18:16)

But if he will not listen, take one or two others along, so that every matter may be established by the testimony of two or three witnesses. (Matthew 18:16)

47

誰爲軍士ˇ食己之餉乎ˇ誰樹葡萄園ˇ不食其果乎ˇ誰牧羊羣ˇ
수위군사ˇ식기지향호ˇ수수포도원ˇ불식기과호ˇ수목양군ˇ
不食羊羣之乳乎 (哥林多前書 9:7)
불식양군지유호

누가 自己자기 費用비용으로 軍군 服務복무를 하겠느냐 누가 葡萄포도를 심고 그 열매를 먹지 않겠느냐 누가 羊양 떼를 기르고 그 羊양 떼의 젖을 먹지 않겠느냐 (고린도전서 9:7)

Who serves as a soldier at his own expense? Who plants a vineyard and does not eat of its grapes? Who tends a flock and does not drink of the milk? (1 Corinthians 9:7)

48

以利沙暫離以利亞而歸ˇ宰牛一偶ˇ以耕具烹其肉ˇ予民食之ˇ
이 리 사 잠 리 이 리 아 이 귀 ˇ 재 우 일 우 ˇ 이 경 구 팽 기 육 ˇ 여 민 식 지 ˇ
厥後以利沙起ˇ從以利亞而服事之 (列王上 19:21)
궐 후 이 리 사 기 ˇ 종 이 리 아 이 복 사 지

엘리사가 그를 떠나 돌아가서 한 겨릿소를 가져다가 잡고 소의 器具기구를 불살라 그 고기를 삶아 百姓백성에게 주어 먹게 하고 일어나 엘리야를 따르며 隨從수종 들었더라 (열왕기상 19:21)

So Elisha left him and went back. He took his yoke of oxen and slaughtered them. He burned the plowing equipment to cook the meat and gave it to the people, and they ate. Then he set out to follow Elijah and became his attendant. (1 Kings 19:21)

49

衆見彼得約翰ˇ毅然而言ˇ素識其爲無學小民ˇ皆異之ˇ又知其
중 견 피 득 약 한 ˇ 의 연 이 언 ˇ 소 식 기 위 무 학 소 민 ˇ 개 이 지 ˇ 우 지 기
曾偕耶穌 (使徒行傳 4:13)
증 해 야 소

그들이 베드로와 요한이 膽大담대하게 말함을 보고 그들을 本來본래 學問학문 없는 凡人범인으로 알았다가 異常이상히 여기며 또 前전에 예수와 함께 있던 줄도 알고 (사도행전 4:13)

When they saw the courage of Peter and John and realized that they were unschooled, ordinary men, they were astonished and they took note that these men had been with Jesus. (Acts 4:13)

50

與樂者同樂ˇ與哭者同哭 (羅瑪書 12:15)
여 락 자 동 락 ˇ 여 곡 자 동 곡

즐거워하는 者자들과 함께 즐거워하고 우는 者자들과 함께 울라 (로마서 12:15)

Rejoice with those who rejoice: mourn with those who mourn. (Romans 12:15)

51

會吏亦當端莊ˇ勿二言ˇ勿嗜酒ˇ勿貪非義之利ˇ以清心守道
회 리 역 당 단 장 ˇ 물 이 언 ˇ 물 기 주 ˇ 물 탐 비 의 지 리 ˇ 이 청 심 수 도
之奧妙ˇ如此之人先試之ˇ若無可指摘ˇ則可爲會吏
지 오 묘 ˇ 여 차 지 인 선 시 지 ˇ 약 무 가 지 적 ˇ 즉 가 위 회 리

(提摩太前書 3:8~10)

이와 같이 執事집사들도 鄭重정중하고 一口二言일구이언을 하지 아니하고 술에 인박히지 아니하고 더러운 利이를 貪탐하지 아니하고 깨끗한 良心양심에 믿음의 秘密비밀을 가진 者자라야 할지니 이에 이 사람들을 먼저 試驗시험하여 보고 그 後후에 責望책망할 것이 없으면 執事집사의 職分직분을 맡게 할 것이요(디모데전서 3:8~10)

Deacons, likewise, are to be men worthy of respect, sincere, not indulging in much wine, and not pursuing dishonest gain. They must keep hold of the deep truths of the faith with a clear conscience. They must first be tested: and then if there is nothing against them, let them serve as deacons. (1 Timothy 3:8~10)

52

我卽遣人請爾ˇ爾來甚善ˇ今我儕咸在上帝前ˇ欲聞主所命爾者
아 즉 견 인 청 이 ˇ 이 래 심 선 ˇ 금 아 제 함 재 상 제 전 ˇ 욕 문 주 소 명 이 자

(使徒行傳 10:33)

내가 곧 당신에게 사람을 보내었는데 오셨으니 잘하였나이다 이제 우리는 主주께서 當身당신에게 命명하신 모든 것을 듣고자 하여 다 하나님 앞에 있나이다 (사도행전 10:33)

So I sent for you immediately, and it was good of you to come. Now we are all here in the presence of God to listen to everything the Lord has commanded you to tell us. (Acts 10:33)

53

卽不然ˇ王亦當知我儕不事王之神ˇ不拜王所立之金像
즉 불 연 ˇ 왕 역 당 지 아 제 불 사 왕 지 신 ˇ 불 배 왕 소 립 지 금 상

(但以理 3:18)

그렇게 하지 아니하실지라도 王왕이여 우리가 王왕의 神신들을 섬기지도 아니하고 王왕이 세우신 金금 神像신상에게 절하지도 아니할 줄을 아옵소서(다니엘 3:18)

But even if he does not, we want you to know, O king, that we will not serve your gods or worship the image of gold you have set up. (Daniel 3:18)

54

勿議人ˇ則不見議ˇ爾議人如何ˇ則見議亦若是ˇ爾以何量量諸
물 의 인 ˇ 즉 불 견 의 ˇ 이 의 인 여 하 ˇ 즉 견 의 역 약 시 ˇ 이 이 하 량 량 제
人ˇ人亦以何量量諸爾 (瑪太福音 7:1~2)
인 ˇ 인 역 이 하 량 량 제 이

批判비판을 받지 아니하려거든 批判비판하지 말라 너희가 批判비판하는 그 批判비판으로 너희가 批判비판을 받을 것이요 너희가 헤아리는 그 헤아림으로 너희가 헤아림을 받을 것이니라 (마태복음 7:1~2)

Do not judge, or you too will be judged. For in the same way you judge others, you will be judged, and with the measure you use, it will be measured to you. (Matthew 7:1~2)

55

信未堅者ˇ爾當納之ˇ但勿詰所疑 (羅瑪書 14:1)
신 미 견 자 ˇ 이 당 납 지 ˇ 단 물 힐 소 의

믿음이 軟弱연약한 者자를 너희가 받되 그의 意見의견을 批判비판하지 말라 (로마서 14:1)

Accept him whose faith is weak, without passing judgment on disputable matters. (Romans 14:1)

56

我聞主之聲曰ˇ我當遣誰ˇ孰爲我儕往ˇ我曰ˇ我在此ˇ請遣我
아 문 주 지 성 왈 ˇ 아 당 견 수 ˇ 숙 위 아 제 왕 ˇ 아 왈 ˇ 아 재 차 ˇ 청 견 아
(以賽亞 6:8)

내가 또 主주의 목소리를 들으니 主주께서 이르시되 내가 누구를 보내며 누가 우리를 爲위하여 갈꼬 하시니 그 때에 내가 이르되 내가 여기 있나이다 나를 보내소서 하였더니 (이사야 6:8)

Then I heard the voice of the Lord saying, Whom shall I send? And who will go for us? And I said, Here am I. Send me! (Isaiah 6:8)

57

我觀世人勞碌經營ˇ皆緣彼此相妒ˇ此亦屬於虛ˇ皆如捕風
아 관 세 인 노 록 경 영 ˇ 개 연 피 차 상 투 ˇ 차 역 속 어 허 ˇ 개 여 포 풍
(傳道書 4:4)

내가 또 본즉 사람이 모든 수고와 모든 재주로 말미암아 이웃에게 猜忌시기를 받으니 이것도 헛되어 바람을 잡는 것이로다 (전도서 4:4)

And I saw that all labor and all achievement spring from man' s envy of his neighbor. This too is meaningless, a chasing after the wind. (Ecclesiastes 4:4)

58

我流離失所ˇ皆主所知ˇ將我之眼淚ˇ存貯主之囊中ˇ此非記於
아 류 리 실 소 ˇ 개 주 소 지 ˇ 장 아 지 안 루 ˇ 존 저 주 지 낭 중 ˇ 차 비 기 어
主之冊乎 (詩篇 56:8)
주 지 책 호

나의 流離유리함을 主주께서 計數계수하셨사오니 나의 눈물을 主주의 甁병에 담으소서 이것이 主주의 冊책에 記錄기록되지 아니하였나이까 (시편 56:8)

Record my lament: list my tears on your scroll –are they not in your record? (Psalms 56:8)

59

我若遲延ˇ使爾知當如何行事於上帝之家ˇ此家卽永生上帝之
아 약 지 연 ˇ 사 이 지 당 여 하 행 사 어 상 제 지 가 ˇ 차 가 즉 영 생 상 제 지
教會ˇ眞理之柱與基也 (提摩太前書 3:15)
교 회 ˇ 진 리 지 주 여 기 야

萬一만일 내가 遲滯지체하면 너로 하여금 하나님의 집에서 어떻게 行행하여야 할지를 알게 하려 함이니 이 집은 살아 계신 하나님의 教會교회요 眞理진리의 기둥과 터니라 (디모데전서 3:15)

If I am delayed, you will know how people ought to conduct themselves in God' s household, which is the church of the living God, the pillar and foundation of the truth. (1 Timothy 3:15)

60

使我儕不復爲小子ˇ中人之巧詐詭譎ˇ及其誘惑之法ˇ而被諸
사 아 제 불 부 위 소 자 ˇ 중 인 지 교 사 궤 휼 ˇ 급 기 유 혹 지 법 ˇ 이 피 제
異教之風ˇ飄蕩搖動 (以弗所書 4:14)
이 교 지 풍 ˇ 표 탕 요 동

이는 우리가 이제부터 어린 아이가 되지 아니하여 사람의 속임數수와 奸詐간사한 誘惑유혹에 빠져 온갖 教訓교훈의 風潮풍조에 밀려 搖動요동하지 않게 하려 함이라 (에베소서 4:14)

Then we will no longer be infants, tossed back and forth by the waves, and blown here and there by every wind of teaching and by the cunning and craftiness of men in their deceitful scheming. (Ephesians 4:14)

61

惟爾曹不可如是ˇ爾曹中欲爲大者ˇ當爲爾役 (瑪可福音 10:43)
유 이 조 불 가 여 시 ˇ 이 조 중 욕 위 대 자 ˇ 당 위 이 역

너희 中중에는 그렇지 않을지니 너희 中중에 누구든지 크고자 하는 者자는 너희를 섬기는 者자가 되고 (마가복음 10:43)

Not so with you. Instead, whoever wants to become great among you must be your servant, (Mark 10:43)

62

可愛者乎ˇ旣預知此事ˇ則當愼毋爲惡人之謬所迷ˇ而失爾之
가 애 자 호 ˇ 기 예 지 차 사 ˇ 즉 당 신 무 위 악 인 지 류 소 미 ˇ 이 실 이 지
堅心 (彼得後書 3:17)
견 심

그러므로 사랑하는 者자들아 너희가 이것을 미리 알았은즉 無法무법한 者자들의 迷惑미혹에 이끌려 너희가 굳센 데서 떨어질까 삼가라 (베드로후서 3:17)

Therefore, dear friends, since you already know this, be on your guard so that you may not be carried away by the error of lawless men and fall from your secure position. (2 Peter 3:17)

63

蓋大衛在世時ˇ遵上帝旨而盡其職ˇ其後乃逝ˇ歸於列祖而朽壞
개대위재세시ˇ준상제지이진기직ˇ기후내서ˇ귀어열조이후괴
(使徒行傳 13:36)

다윗은 當時당시에 하나님의 뜻을 따라 섬기다가 잠들어 그 祖上조상들과 함께 묻혀 썩음을 當당하였으되 (사도행전 13:36)

For when David had served God's purpose in his own generation, he fell asleep: he was buried with his fathers and his body decayed. (Acts 13:36)

64

爾若互相呑噬ˇ恐彼此滅亡ˇ爾其愼之 (迦拉太書 5:15)
이약호상탄서ˇ공피차멸망ˇ이기신지

萬一만일 서로 물고 먹으면 彼此피차 滅亡멸망할까 操心조심하라 (갈라디아서 5:15)

If you keep on biting and devouring each other, watch out or you will be destroyed by each other. (Galatians 5:15)

65

且務安靜ˇ各行己事ˇ親手操作ˇ如我儕所命爾者
차무안정ˇ각행기사ˇ친수조작ˇ여아제소명이자
(帖撒羅尼迦前書 4:11)

또 너희에게 命명한 것 같이 조용히 自己자기 일을 하고 너희 손으로 일하기를 힘쓰라 (데살로니가전서 4:11)

Make it your ambition to lead a quiet life, to mind your own business and to work with your hands, just as we told you, (1 Thessalonians 4:11)

66

如此之人ˇ我賴我主耶穌基督諭之勸之ˇ當安靜操作ˇ食己之食
여차지인ˇ아뢰아주야소기독유지권지ˇ당안정조작ˇ식기지식
(帖撒羅尼加人後書 3:12)

이런 者자들에게 우리가 命명하고 主주 예수 그리스도 안에서 勸권하기를 조용히 일하여 自己자기 糧食양식을 먹으라 하노라 (데살로니가후서 3:12)

Such people we command and urge in the Lord Jesus Christ to settle down and earn the bread they eat. (2 Thessalonians 3:12)

67

爾往集書刪城所有之猶大人ˇ爲我禁食三晝夜ˇ不食不飮ˇ我
이 왕 집 서 산 성 소 유 지 유 대 인 ˇ 위 아 금 식 삼 주 야 ˇ 불 식 불 음 ˇ 아
與侍女亦如是禁食ˇ然後我違例入而覲王ˇ我若亡則亡矣
여 시 녀 역 여 시 금 식 ˇ 연 후 아 위 례 입 이 근 왕 ˇ 아 약 망 즉 망 의
(以斯帖 4:16)

當身당신은 가서 수산에 있는 유다人인을 다 모으고 나를 爲위하여 禁食금식하되 밤낮 三日삼일을 먹지도 말고 마시지도 마소서 나도 나의 侍女시녀와 더불어 이렇게 禁食금식한 後후에 規例규례를 어기고 王왕에게 나아가리니 죽으면 죽으리이다 하니라 (에스더 4:16)

Go, gather together all the Jews who are in Susa, and fast for me. Do not eat or drink for three days, night or day. I and my maids will fast as you do. When this is done, I will go to the king, even though it is against the law. And if I perish, I perish. (Esther 4:16)

68

爾藉使者毁謗主云ˇ我率戰車衆多ˇ登山巓ˇ至利巴嫩山旁ˇ伐
이 자 사 자 훼 방 주 운 ˇ 아 솔 전 차 중 다 ˇ 등 산 전 ˇ 지 리 파 눈 산 방 ˇ 벌
柏香木之高者ˇ柏樹之美者ˇ我已至其境之極處ˇ至其茂密之
백 향 목 지 고 자 ˇ 백 수 지 미 자 ˇ 아 이 지 기 경 지 극 처 ˇ 지 기 무 밀 지
樹林 (以賽亞 37:24)
수 림

네가 네 종을 通통해서 主주를 毁謗훼방하여 이르기를 내가 나의 許多허다한 兵車병거를 거느리고 山산들의 꼭대기에 올라가며 레바논의 깊은 곳에 이르렀으니 높은 柏香木백향목과 아름다운 香향나무를 베고 또 그 제일 높은 곳에 들어가 살진 땅의 수풀에 이를 것이며 (이사야 37:24)

With my many chariots I have ascended the heights of the mountains, the utmost heights of Lebanon. I have cut down its tallest cedars, the choicest of its pines. I have reached its remotest heights, the finest of its forests. (Isaiah 37:24)

69

故我爭趨非如無定向ˇ鬬拳非如擊虛空 (哥林多前書 9:26)
고 아 쟁 추 비 여 무 정 향 ˇ 투 권 비 여 격 허 공

그러므로 나는 달음질하기를 向方향방 없는 것 같이 아니하고 싸우기를 虛空허공을 치는 것 같이 아니하며 (고린도전서 9:26)

Therefore I do not run like a man running aimlessly; I do not fight like a man beating the air. (1 Corinthians 9:26)

70

蓋巴拿巴善人也ˇ充滿聖靈ˇ信德俱備ˇ於是歸主者甚多
개 파 나 파 선 인 야 ˇ 충 만 성 령 ˇ 신 덕 구 비 ˇ 어 시 귀 주 자 심 다
(使徒行傳 11:24)

바나바는 착한 사람이요 聖靈성령과 믿음이 充滿충만한 사람이라 이에 큰 무리가 主주께 더하여지더라 (사도행전 11:24)

He was a good man, full of the Holy Spirit and faith, and a great number of people were brought to the Lord. (Acts 11:24)

71

掃羅與約拿單生時相愛相悅ˇ死時亦不相離ˇ惟彼二人ˇ比鷹
소 라 여 약 나 단 생 시 상 애 상 열 ˇ 사 시 역 불 상 리 ˇ 유 피 이 인 ˇ 비 응
更捷ˇ較獅愈猛 (撒母耳下 1:23)
갱 첩 ˇ 교 사 유 맹

사울과 요나단이 生前생전에 사랑스럽고 아름다운 者자이러니 죽을 때에도 서로 떠나지 아니하였도다 그들은 禿독수리보다 빠르고 獅子사자보다 强강하였도다 (사무엘하 1:23)

Saul and Jonathan–in life they were loved and gracious, and in death they were not parted. They were swifter than eagles, they were stronger than lions. (2 Samuel 1:23)

72

因此我自勉勵ˇ對上帝ˇ對人ˇ常存不虧之心 (使徒行傳 24:16)
인 차 아 자 면 려 ˇ 대 상 제 ˇ 대 인 ˇ 상 존 불 휴 지 심

이것으로 말미암아 나도 하나님과 사람에 對대하여 恒常항상 良心양심에 거리낌이 없기를 힘쓰나이다 (사도행전 24:16)

So I strive always to keep my conscience clear before God and man. (Acts 24:16)

73

但人非皆有此知識ˇ至今尚有心念偶像者ˇ彼食祭物ˇ自覺爲
단 인 비 개 유 차 지 식 ˇ 지 금 상 유 심 념 우 상 자 ˇ 피 식 제 물 ˇ 자 각 위
祭偶像之物ˇ內心暗弱之故ˇ則見汚矣 (哥林多前書 8:7)
제 우 상 지 물 ˇ 내 심 암 약 지 고 ˇ 즉 견 오 의

그러나 이 知識지식은 모든 사람에게 있는 것은 아니므로 어떤 이들은 只今지금까지 偶像우상에 對대한 習慣습관이 있어 偶像우상의 祭物제물로 알고 먹는 故고로 그들의 良心양심이 弱약하여지고 더러워지느니라 (고린도전서 8:7)

But not everyone knows this. Some people are still so accustomed to idols that when they eat such food they think of it as having been sacrificed to an idol, and since their conscience is weak, it is defiled. (1 Corinthians 8:7)

74

我是倚賴主者ˇ爾曹如何向我云ˇ爾當遁逃爾山ˇ如烏雀之飛
아 시 의 뢰 주 자 ˇ 이 조 여 하 향 아 운 ˇ 이 당 둔 도 이 산 ˇ 여 오 작 지 비
去ˇ惡人張弓運矢於弦ˇ暗射心直之人 (詩篇 11:1~2)
거 ˇ 악 인 장 궁 운 시 어 현 ˇ 암 사 심 직 지 인

내가 여호와께 避피하였거늘 너희가 내 靈魂영혼에게 새 같이 네 山산으로 逃亡도망하라 함은 어찌함인가 惡人악인이 활을 당기고 화살을 시위에 먹임이여 마음이 바른 者자를 어두운 데서 쏘려 하는도다 (시편 11:1~2)

In the LORD I take refuge. How then can you say to me: Flee like a bird to your mountain. For look, the wicked bend their bows: they set their arrows against the strings to shoot from the shadows at the upright in heart. (Psalms 11:1~2)

75

昔我衆亦在其內ˇ逞肉體之慾ˇ隨身心所欲而行ˇ本爲上帝所
석 아 중 역 재 기 내 ˇ 령 육 체 지 욕 ˇ 수 신 심 소 욕 이 행 ˇ 본 위 상 제 소
怒ˇ與他人無異 (以弗所書 2:3)
노 ˇ 여 타 인 무 이

前전에는 우리도 다 그 가운데서 우리 肉體육체의 慾心욕심을 따라 지내며 肉體육체와 마음의 願원하는 것을 하여 다른 이들과 같이 本質上본질상 震怒진노의 子女자녀이었더니 (에베소서 2:3)

All of us also lived among them at one time, gratifying the cravings of our sinful nature and following its desires and thoughts. Like the rest, we were by nature objects of wrath. (Ephesians 2:3)

76

當時爾與基督相離ˇ在以色列民中無分ˇ與所應許之諸約無與
당 시 이 여 기 독 상 리 ˇ 재 이 색 열 민 중 무 분 ˇ 여 소 응 허 지 제 약 무 여
ˇ無有所望ˇ處世而無上帝 (以弗所書 2:12)
ˇ 무 유 소 망 ˇ 처 세 이 무 상 제

그 때에 너희는 그리스도 밖에 있었고 이스라엘 나라 밖의 사람이라 約束약속의 言約언약들에 對대하여는 外人외인이요 世上세상에서 所望소망이 없고 하나님도 없는 者자이더니 (에베소서 2:12)

Remember that at that time you were separate from Christ, excluded from citizenship in Israel and foreigners to the covenants of the promise, without hope and without God in the world. (Ephesians 2:12)

77

爾於衆民中選才德兼備ˇ敬畏上帝ˇ眞實無妄ˇ不貪財利者ˇ立
이 어 중 민 중 선 재 덕 겸 비 ˇ 경 외 상 제 ˇ 진 실 무 망 ˇ 불 탐 재 리 자 ˇ 립
之爲千夫長ˇ百夫長ˇ五十夫長ˇ十夫長ˇ以治理斯民ˇ又隨時
지 위 천 부 장 ˇ 백 부 장 ˇ 오 십 부 장 ˇ 십 부 장 ˇ 이 치 리 사 민 ˇ 우 수 시
審鞫民ˇ凡有大事則陳於爾前ˇ小事則彼自鞫之ˇ如是ˇ彼等與
심 국 민 ˇ 범 유 대 사 즉 진 어 이 전 ˇ 소 사 즉 피 자 국 지 ˇ 여 시 ˇ 피 등 여
爾分任ˇ則爾事簡易矣 (出伊及記 18:21~22)
이 분 임 ˇ 즉 이 사 간 이 의

너는 또 온 百姓백성 가운데서 能力능력 있는 사람들 곧 하나님을 두려워하며 眞實진실하며 不義불의한 利益이익을 미워하는 者자를 살펴서 百姓백성 위에 세워 千夫長천부장과 百夫長백부장과 五十夫長오십부장과 十夫長십부장을 삼아 그들이 때를 따라 百姓백성을 裁判재판하게 하라 큰 일은 모두 네게 가져갈 것이요 작은 일은 모두 그들이 스스로 裁判재판할 것이니 그리하면 그들이 너와 함께 擔當담당할 것인즉 일이 네게 쉬우리라 (출애굽기 18:21~22)

But select capable men from all the people—men who fear God, trustworthy men who hate dishonest gain—and appoint them as officials over thousands, hundreds, fifties and tens. Have them serve as judges for the people at all times, but have them bring every difficult case to you: the simple cases they can decide themselves. That will make your load lighter, because they will share it with you. (Exodus 18:21~22)

78

乃至耶利哥ˇ耶穌與門徒及羣衆出耶利哥時ˇ有一瞽者ˇ乃提
내 지 야 리 가 ˇ 야 소 여 문 도 급 군 중 출 야 리 가 시 ˇ 유 일 고 자 ˇ 내 제
買之子巴提買ˇ坐乞道旁 (瑪可福音 10:46)
매 지 자 파 제 매 ˇ 좌 걸 도 방

그들이 여리고에 이르렀더니 예수께서 弟子제자들과 許多허다한 무리와 함께 여리고에서 나가실 때에 디매오의 아들인 盲人맹인 거지 바디매오가 길 가에 앉았다가 (마가복음 10:46)

Then they came to Jericho. As Jesus and his disciples, together with a large crowd, were leaving the city, a blind man, Bartimaeus (that is, the Son of Timaeus), was sitting by the roadside begging. (Mark 10:46)

79

經載云ˇ工師所棄之石ˇ成爲屋隅首石 (瑪可福音 12:10)
경 재 운 ˇ 공 사 소 기 지 석 ˇ 성 위 옥 우 수 석

너희가 聖經성경에 建築者건축자들이 버린 돌이 모퉁이의 머릿돌이 되었나니 (마가복음 12:10)

Haven' t you read this scripture: The stone the builders rejected has become the capstone: (Mark 12:10)

80

大衛對非利士人曰ˇ爾來迎我ˇ以刃與槍與戟ˇ我來迎爾ˇ恃萬
대 위 대 비 리 사 인 왈 ˇ 이 래 영 아 ˇ 이 인 여 창 여 극 ˇ 아 래 영 이 ˇ 시 만
有之主之名ˇ爾所侮辱以色列之隊伍ˇ萬有之主卽其上帝也
유 지 주 지 명 ˇ 이 소 모 욕 이 색 열 지 대 오 ˇ 만 유 지 주 즉 기 상 제 야
(撒母耳上 17:45)

다윗이 블레셋 사람에게 이르되 너는 칼과 槍창과 短槍단창으로 내게 나아 오거니와 나는 萬軍만군의 여호와의 이름 곧 네가 侮辱모욕하는

이스라엘 軍隊군대의 하나님의 이름으로 네게 나아가노라 (사무엘상 17:45)

David said to the Philistine, You come against me with sword and spear and javelin, but I come against you in the name of the LORD Almighty, the God of the armies of Israel, whom you have defied. (1 Samuel 17:45)

81

今而後ˇ人勿擾我ˇ因我身負主耶穌之司提基瑪 (迦拉太書 6:17)
금 이 후 ˇ 인 물 요 아 ˇ 인 아 신 부 주 야 소 지 사 제 기 마

이 後후로는 누구든지 나를 괴롭게 하지 말라 내가 내 몸에 예수의 痕迹흔적을 지니고 있노라 (갈라디아서 6:17)

Finally, let no one cause me trouble, for I bear on my body the marks of Jesus. (Galatians 6:17)

82

彼雖知上帝ˇ不以上帝尊之ˇ亦不謝之ˇ乃思念虛妄ˇ心以頑而
피 수 지 상 제 ˇ 불 이 상 제 존 지 ˇ 역 불 사 지 ˇ 내 사 념 허 망 ˇ 심 이 완 이
愈昧 (羅瑪書 1:21)
유 매

하나님을 알되 하나님을 榮華영화롭게도 아니하며 感謝감사하지도 아니하고 오히려 그 생각이 虛妄허망하여지며 미련한 마음이 어두워졌나니 (로마서 1:21)

For although they knew God, they neither glorified him as God nor gave thanks to him, but their thinking became futile and their foolish hearts were darkened. (Romans 1:21)

83

惟當使忍耐成功ˇ致爾全備無缺 (雅各書 1:4)
유 당 사 인 내 성 공 ˇ 치 이 전 비 무 결

忍耐인내를 穩全온전히 이루라 이는 너희로 穩全온전하고 具備구비하여 조금도 不足부족함이 없게 하려 함이라 (야고보서 1:4)

Perseverance must finish its work so that you may be mature and complete, not lacking anything. (James 1:4)

84

凡事勿分爭ˇ勿求虛榮ˇ各當謙遜ˇ視他人勝於己 (腓立比書 2:3)
범 사 물 분 쟁 ˇ 물 구 허 영 ˇ 각 당 겸 손 ˇ 시 타 인 승 어 기

아무 일에든지 다툼이나 虛榮허영으로 하지 말고 오직 謙遜겸손한 마음으로 各各각각 自己자기보다 남을 낫게 여기고 (빌립보서 2:3)

Do nothing out of selfish ambition or vain conceit, but in humility consider others better than yourselves. (Philippians 2:3)

85

其中所遺ˇ雖僅十分之一ˇ亦歸滅絕ˇ然猶存聖裔ˇ爲斯地之根
기 중 소 유 ˇ 수 근 십 분 지 일 ˇ 역 귀 멸 절 ˇ 연 유 존 성 예 ˇ 위 사 지 지 근
本ˇ如栗樹橡樹ˇ雖經斬伐ˇ根本尚存 (以賽亞 6:13)
본 ˇ 여 율 수 상 수 ˇ 수 경 참 벌 ˇ 근 본 상 존

그 中중에 十分십분의 一일이 아직 남아 있을지라도 이것도 荒廢황폐하게 될 것이나 밤나무와 상수리나무가 베임을 當당하여도 그 그루터기는 남아 있는 것 같이 거룩한 씨가 이 땅의 그루터기니라 하시더라 (이사야 6:13)

And though a tenth remains in the land, it will again be laid waste. But as the terebinth and oak leave stumps when they are cut down, so the holy seed will be the stump in the land. (Isaiah 6:13)

86

勿忘款待客旅ˇ曾有款待客旅者ˇ不自知所款待者爲天使
물 망 관 대 객 려 ˇ 증 유 관 대 객 려 자 ˇ 부 자 지 소 관 대 자 위 천 사
(希伯來書 13:2)

손님 待接대접하기를 잊지 말라 이로써 不知中부지중에 天使천사들을 待接대접한 이들이 있었느니라 (히브리서 13:2)

Do not forget to entertain strangers, for by so doing some people have entertained angels without knowing it. (Hebrews 13:2)

87

人若攻其一ˇ二人可敵之ˇ三合之繩ˇ則不易斷 (傳道書 4:12)
인 약 공 기 일 ˇ 이 인 가 적 지 ˇ 삼 합 지 승 ˇ 즉 불 이 단

한 사람이면 敗패하겠거니와 두 사람이면 맞설 수 있나니 세 겹 줄은

쉽게 끊어지지 아니하느니라 (전도서 4:12)

Though one may be overpowered, two can defend themselves. A cord of three strands is not quickly broken. (Ecclesiastes 4:12)

88

我爲爾曹如此懷念ˇ宜也ˇ我在縲絏中ˇ心常念爾ˇ我明辯質證
아 위 이 조 여 차 회 념 ˇ 의 야 ˇ 아 재 류 설 중 ˇ 심 상 념 이 ˇ 아 명 변 질 증
福音之時亦然ˇ以爾與我共蒙恩寵也 (腓立比書 1:7)
복 음 지 시 역 연 ˇ 이 이 여 아 공 몽 은 총 야

내가 너희 무리를 爲위하여 이와 같이 생각하는 것이 마땅하니 이는 너희가 내 마음에 있음이며 나의 매임과 福音복음을 辨明변명함과 確定확정함에 너희가 다 나와 함께 恩惠은혜에 參與참여한 者자가 됨이라 (빌립보서 1:7)

It is right for me to feel this way about all of you, since I have you in my heart: for whether I am in chains or defending and confirming the gospel, all of you share in God' s grace with me. (Philippians 1:7)

89

試思烏鴉不稼不穡ˇ無倉無庫ˇ而上帝養之ˇ爾較禽鳥不愈貴乎
시 사 오 아 불 가 불 색 ˇ 무 창 무 고 ˇ 이 상 제 양 지 ˇ 이 교 금 조 불 유 귀 호
(路加福音 12:24)

까마귀를 생각하라 심지도 아니하고 거두지도 아니하며 골房방도 없고 倉庫창고도 없으되 하나님이 기르시나니 너희는 새보다 얼마나 더 貴귀하냐 (누가복음 12:24)

Consider the ravens: They do not sow or reap, they have no storeroom or barn: yet God feeds them. And how much more valuable you are than birds! (Luke 12:24)

90

然此諸權ˇ我悉未用ˇ且我書此ˇ非欲爾如是以待我ˇ我寧死ˇ
연 차 제 권 ˇ 아 실 미 용 ˇ 차 아 서 차 ˇ 비 욕 이 여 시 이 대 아 ˇ 아 령 사 ˇ
不可使我所誇者歸於虛 (哥林多前書 9:15)
불 가 사 아 소 과 자 귀 어 허

그러나 내가 이것을 하나도 쓰지 아니하였고 또 이 말을 쓰는 것은 내게 이같이 하여 달라는 것이 아니라 내가 차라리 죽을지언정 누구

듣지 내 자랑하는 것을 헛된 데로 돌리지 못하게 하리라 (고린도전서 9:15)

But I have not used any of these rights. And I am not writing this in the hope that you will do such things for me. I would rather die than have anyone deprive me of this boast. (1 Corinthians 9:15)

91

既有若此爲證者ˇ如雲之多ˇ圍繞我儕ˇ則當解諸重負ˇ及易
기 유 약 차 위 증 자 ˇ 여 운 지 다 ˇ 위 요 아 제 ˇ 즉 당 해 제 중 부 ˇ 급 이
纏我之罪ˇ以恒忍ˇ趨我前當趨之場 (希伯來書 12:1)
전 아 지 죄 ˇ 이 항 인 ˇ 추 아 전 당 추 지 장

이러므로 우리에게 구름 같이 둘러싼 許多허다한 證人증인들이 있으니 모든 무거운 것과 얽매이기 쉬운 罪죄를 벗어 버리고 忍耐인내로써 우리 앞에 當당한 競走경주를 하며 (히브리서 12:1)

Therefore, since we are surrounded by such a great cloud of witnesses, let us throw off everything that hinders and the sin that so easily entangles, and let us run with perseverance the race marked out for us. (Hebrews 12:1)

92

又謂之曰ˇ愼所聽ˇ爾以何量量與人ˇ亦必以何量量與爾ˇ且必
우 위 지 왈 ˇ 신 소 청 ˇ 이 이 하 량 량 여 인 ˇ 역 필 이 하 량 량 여 이 ˇ 차 필
加增賜爾聽者 (瑪可福音 4:24)
가 증 사 이 청 자

또 이르시되 너희가 무엇을 듣는가 스스로 삼가라 너희의 헤아리는 그 헤아림으로 너희가 헤아림을 받을 것이며 더 받으리니 (마가복음 4:24)

Consider carefully what you hear, he continued. With the measure you use, it will be measured to you—and even more. (Mark 4:24)

93

朝時爾云今日必有風雨ˇ因天紅而晦也ˇ僞善者乎ˇ爾能別天
조 시 이 운 금 일 필 유 풍 우 ˇ 인 천 홍 이 회 야 ˇ 위 선 자 호 ˇ 이 능 별 천
色ˇ獨不能知此時之異蹟乎 (瑪太福音 16:3)
색 ˇ 독 불 능 지 차 시 지 이 적 호

아침에 하늘이 붉고 흐리면 오늘은 날이 궂겠다 하나니 너희가 날씨는 分別분별할 줄 알면서 時代시대의 表蹟표적은 分別분별할 수 없느냐 (마태복음 16:3)

And in the morning, Today it will be stormy, for the sky is red and overcast. You know how to interpret the appearance of the sky, but you cannot interpret the signs of the times. (Matthew 16:3)

94

死者卽出ˇ手足纏以布ˇ面裹以巾ˇ耶穌曰ˇ可解之使行
사 자 즉 출 ˇ 수 족 전 이 포 ˇ 면 과 이 건 ˇ 야 소 왈 ˇ 가 해 지 사 행
(約翰福音 11:44)

죽은 者자가 手足수족을 베로 동인 채로 나오는데 그 얼굴은 手巾수건에 싸였더라 예수께서 이르시되 풀어 놓아 다니게 하라 하시니라 (요한복음 11:44)

The dead man came out, his hands and feet wrapped with strips of linen, and a cloth around his face. Jesus said to them, Take off the grave clothes and let him go. (John 11:44)

95

爾禁食時ˇ毋作憂容ˇ似僞善者ˇ彼變顔色ˇ爲示人以己之禁食
이 금 식 시 ˇ 무 작 우 용 ˇ 사 위 선 자 ˇ 피 변 안 색 ˇ 위 시 인 이 기 지 금 식
ˇ我誠告爾ˇ彼已得其賞 (瑪太福音 6:16)
ˇ 아 성 고 이 ˇ 피 이 득 기 상

禁食금식할 때에 너희는 外飾외식하는 者자들과 같이 슬픈 氣色기색을 보이지 말라 그들은 禁食금식하는 것을 사람에게 보이려고 얼굴을 凶흉하게 하느니라 내가 眞實진실로 너희에게 이르노니 그들은 自己자기 賞상을 이미 받았느니라 (마태복음 6:16)

When you fast, do not look somber as the hypocrites do, for they disfigure their faces to show men they are fasting. I tell you the truth, they have received their reward in full. (Matthew 6:16)

96

然則何言ˇ上帝祐我ˇ誰能敵我 (羅瑪書 8:31)
연 즉 하 언 ˇ 상 제 우 아 ˇ 수 능 적 아

그런즉 이 일에 對대하여 우리가 무슨 말 하리요 萬一만일 하나님이 우리를 爲위하시면 누가 우리를 對敵대적하리요 (로마서 8:31)

What, then, shall we say in response to this? If God is for us, who can be against us? (Romans 8:31)

97

僕能殺獅熊ˇ此未受割禮之非利士人侮辱永生上帝之軍旅ˇ亦必與獅熊無異ˇ大衛又曰ˇ主旣救我於獅熊之爪ˇ亦必救我於此非利士人之手ˇ掃羅曰ˇ往哉ˇ願主祐爾 (撒母耳上 17:36~37)
복능살사웅ˇ차미수할례지비리사인모욕영생상제지군려ˇ역필여사웅두이ˇ대위우왈ˇ주기구아어사웅지조ˇ역필구아어차비리사인지수ˇ소라왈ˇ왕재ˇ원주우이

主주의 종이 獅子사자와 곰도 쳤은즉 살아 계시는 하나님의 軍隊군대를 侮辱모욕한 이 割禮할례 받지 않은 블레셋 사람이리이까 그가 그 짐승의 하나와 같이 되리이다 또 다윗이 이르되 여호와께서 나를 獅子사자의 발톱과 곰의 발톱에서 건져내셨은즉 나를 이 블레셋 사람의 손에서도 건져내시리이다 사울이 다윗에게 이르되 가라 여호와께서 너와 함께 계시기를 願원하노라 (사무엘상 17:36~37)

Your servant has killed both the lion and the bear: this uncircumcised Philistine will be like one of them, because he has defied the armies of the living God. The LORD who delivered me from the paw of the lion and the paw of the bear will deliver me from the hand of this Philistine. Saul said to David, Go, and the LORD be with you. (1 Samuel 17:36~37)

98

其手執箕ˇ簸淨禾場之麥ˇ斂麥入倉ˇ而焚糠以不滅之火 (路加福音 3:17)
기수집기ˇ파정화장지맥ˇ렴맥입창ˇ이분강이불멸지화

손에 키를 들고 自己자기의 打作타작 마당을 淨정하게 하사 알穀곡은 모아 庫間곳간에 들이고 쭉정이는 꺼지지 않는 불에 태우시리라 (누가복음 3:17)

His winnowing fork is in his hand to clear his threshing floor and to gather the wheat into his barn, but he will burn up the chaff with unquenchable fire. (Luke 3:17)

99

在上帝吾父之前ˇ恒念爾曹ˇ以信而行ˇ以愛而勞者ˇ因望我主
재 상 제 오 부 지 전 ˇ 항 념 이 조 ˇ 이 신 이 행 ˇ 이 애 이 노 자 ˇ 인 망 아 주
耶穌基督而忍耐 (帖撒羅尼迦前書 1:3)
야 소 기 독 이 인 내

너희의 믿음의 役事역사와 사랑의 수고와 우리 主주 예수 그리스도에 對대한 所望소망의 忍耐인내를 우리 하나님 아버지 앞에서 끊임없이 記憶기억함이니 (데살로니가전서 1:3)

We continually remember before our God and Father your work produced by faith, your labor prompted by love, and your endurance inspired by hope in our Lord Jesus Christ. (1 Thessalonians 1:3)

100

勤勞之農ˇ先得物產ˇ宜也 (提摩太後書 2:6)
근 로 지 농 ˇ 선 득 물 산 ˇ 의 야

수고하는 農夫농부가 穀食곡식을 먼저 받는 것이 마땅하니라 (디모데후서 2:6)

The hardworking farmer should be the first to receive a share of the crops. (2 Timothy 2:6)

101

我又觀日下之事ˇ見疾趨者未必先至ˇ有力者未必得勝ˇ智者
아 우 관 일 하 지 사 ˇ 견 질 추 자 미 필 선 지 ˇ 유 력 자 미 필 득 승 ˇ 지 자
未必得食ˇ哲者未必得財ˇ有識者未必蒙恩ˇ凡衆所遇ˇ或隨時
미 필 득 식 ˇ 철 자 미 필 득 재 ˇ 유 식 자 미 필 몽 은 ˇ 범 중 소 우 ˇ 혹 수 시
會ˇ或屬偶然 (傳道書 9:11)
회 ˇ 혹 속 우 연

내가 다시 해 아래에서 보니 빠른 競走者경주자들이라고 先着선착하는 것이 아니며 勇士용사들이라고 戰爭전쟁에 勝利승리하는 것이 아니며 智慧者지혜자들이라고 飮食物음식물을 얻는 것도 아니며 明哲者명철자들이라고 財物재물을 얻는 것도 아니며 知識人지식인들이라고 恩寵은총을 입는 것이 아니니 이는 時期시기와 機會기회는 그들 모두에게 臨임함이니라 (전도서 9:11)

I have seen something else under the sun: The race is not to the swift or the battle to the strong, nor does food come to the wise or wealth to the brilliant or favor to the learned: but time and chance happen to them all. (Ecclesiastes 9:11)

102

然於此諸事ˇ我儕賴愛我者ˇ大獲全勝 (羅瑪書 8:37)
연 어 차 제 사 ˇ 아 제 뢰 애 아 자 ˇ 대 획 전 승

그러나 이 모든 일에 우리를 사랑하시는 이로 말미암아 우리가 넉넉히 이기느니라 (로마서 8:37)

No, in all these things we are more than conquerors through him who loved us. (Romans 8:37)

103

羅得離亞伯蘭後ˇ主諭亞伯蘭曰ˇ爾由所在之處ˇ擧目觀東西南北 (創世記 13:14)
라 득 리 아 백 란 후 ˇ 주 유 아 백 란 왈 ˇ 이 유 소 재 지 처 ˇ 거 목 관 동 서 남 북

롯이 아브람을 떠난 後후에 여호와께서 아브람에게 이르시되 너는 눈을 들어 너 있는 곳에서 北북쪽과 南남쪽 그리고 東동쪽과 西서쪽을 바라보라 (창세기 13:14)

The LORD said to Abram after Lot had parted from him, Lift up your eyes from where you are and look north and south, east and west. (Genesis 13:14)

104

有人獨處無子ˇ無兄弟ˇ然亦勞碌不已ˇ雖得多財ˇ目中不以爲足ˇ亦不自問曰ˇ我不自享所得ˇ我勞碌究爲誰耶ˇ此亦屬於虛ˇ徒勞無益 (傳道書 4:8)
유 인 독 처 무 자 ˇ 무 형 제 ˇ 연 역 노 록 불 이 ˇ 수 득 다 재 ˇ 목 중 불 이 위 족 ˇ 역 부 자 문 왈 ˇ 아 불 자 향 소 득 ˇ 아 노 록 구 위 수 야 ˇ 차 역 속 어 허 ˇ 도 노 무 익

어떤 사람은 아들도 없고 兄弟형제도 없이 홀로 있으나 그의 모든 수고에는 끝이 없도다 또 비록 그의 눈은 富饒부요를 足족하게 여기지 아니하면서 이르기를 내가 누구를 爲위하여는 이같이 수고하고 나를 爲위하여는 幸福행복을 누리지 못하게 하는가 하여도 이것도 헛되어 不幸불행한 勞苦노고로다 (전도서 4:8)

There was a man all alone: he had neither son nor brother. There was no end to his toil, yet his eyes were not content with his wealth. For whom am I toiling, he asked, and why am I depriving myself of enjoyment? This too is meaningless—a miserable business! (Ecclesiastes 4:8)

105

卽我儕按血氣而行ˇ不按血氣而戰 (哥林多後書 10:3)
즉 아 제 안 혈 기 이 행 ˇ 불 안 혈 기 이 전

우리가 肉身육신으로 行행하나 肉身육신에 따라 싸우지 아니하노니 (고린도후서 10:3)

For though we live in the world, we do not wage war as the world does. (2 Corinthians 10:3)

106

我在爾中之時ˇ曾命爾云ˇ人不願操作ˇ則不得食
아 재 이 중 지 시 ˇ 증 명 이 운 ˇ 인 불 원 조 작 ˇ 즉 부 득 식
(帖撒羅尼迦前書 3:10)

우리가 너희와 함께 있을 때에도 너희에게 命명하기를 누구든지 일하기 싫어하거든 먹지도 말게 하라 하였더니 (데살로니가후서 3:10)

For even when we were with you, we gave you this rule: If a man will not work, he shall not eat. (2 Thessalonians 3:10)

107

主目遍鑒天下ˇ凡誠心向主者ˇ主力助之ˇ爾於此事ˇ所行愚昧
주 목 편 감 천 하 ˇ 범 성 심 향 주 자 ˇ 주 력 조 지 ˇ 이 어 차 사 ˇ 소 행 우 매
ˇ此後爾必有戰事 (歷代下 16:9)
ˇ 차 후 이 필 유 전 사

여호와의 눈은 온 땅을 두루 鑑察감찰하사 全心전심으로 自己자기에게 向향하는 者자들을 爲위하여 能力능력을 베푸시나니 이 일은 王왕이 妄靈망령되이 行행하였은즉 이 후부터는 王왕에게 戰爭전쟁이 있으리이다 하매 (역대하 16:9)

For the eyes of the LORD range throughout the earth to strengthen those whose hearts are fully committed to him. You have done a foolish thing, and from now on you will be at war. (2 Chronicles 16:9)

색 인

〈구 약 성 경〉

창세기

1:28 [복 14] 1:29 [하나님 95] 2:18 [부부 2] 3:17 [고난 7]
3:18-19 [고난 6] 4:7 [선 10] 4:15 [기타 44] 9:1 [복 17]
12:2-3 [복 22] 13:14 [기타 103] 22:12 [경외 16] 22:14 [여호와 16]
26:29 [원 9] 28:15 [하나님 2] 35:3 [환난 8] 50:20 [구원 22]

출애굽기

3:7 [여호와 23] 15:2 [여호와 30] 15:26 [순종 2] 18:21-22 [기타 77]
20:6 [계명 6] 23:25 [공경 2] 32:29 [복 15]

레위기

19:10 [가난 8] 19:15 [공의 10] 19:18 [사랑 38] 19:32 [경외 24]
26:6 [하나님 93]

민수기

6:24-26 [원 4] 14:6-7 [기타 16] 14:8 [인도 3] 14:9 [권면 49]
14:24 [순종 8] 23:19 [하나님 49] 30:2 [말 14] 30:14 [부부 1]

신명기

3:22 [하나님 76] 4:29 [구함 16] 4:36 [여호와 32] 5:16 [부모 3]
6:4-5 [여호와 17] 6:7 [교육 7] 6:4-9 [말씀 27] 6:18-19 [선 12]
7:9 [계명 1] 8:3 [말씀 3] 8:15-16 [시험 3] 8:18 [재물 5]
11:14 [형통 11] 16:15 [복 21] 28:13 [순종 17] 29:29 [율법 9]
30:9-10 [율법 13] 30:15 [하나님 54] 31:6 [여호와 45] 31:8 [인도 5]
32:4 [하나님 53] 33:12 [여호와 48] 33:24 [복 13] 33:27 [하나님 5]

여호수아

1:5 [하나님 94] 1:6 [여호와 46] 1:7 [율법 10] 1:8 [율법 8]
10:25 [기타 25] 14:9 [순종 14] 23:6 [율법 14] 24:14 [경외 8]
24:26-27 [기타 17]

사사기

6:37-38 [구원 14] 7:4 [시험 11]

룻기
1:16,17 [부모 4]

사무엘상
1:10-11 [기도 23] 2:3 [말 10] 2:30 [말씀 37] 12:23 [기도 12]
15:22 [순종 3] 16:7 [마음 10] 17:36-37 [기타 97] 17:45 [기타 80]
30:6 [기타 45]

사무엘하
1:23 [기타 71] 2:6 [선 13] 7:14 [징계 3] 7:28 [여호와 42]
14:20 [지혜 16] 22:3 [하나님 52] 22:29 [여호와 6]

열왕기상
3:9 [구함 38] 8:28 [부르짖음 7] 8:30 [기도 15] 8:43 [기도 4]
19:5 [구원 25] 19:21 [기타 48]

열왕기하

역대상
4:10 [기도 2] 16:8 [찬미 15] 28:9 [교육 13] 29:11 [여호와 31]
29:12 [재물 18] 29:13 [찬미 7]

역대하
1:11 [구함 22] 6:39 [799] 9:8 [찬미 16] 15:2 [순종 5]
16:8 [기타 24] 16:9 [기타 107] 20:20 [형통 14] 31:21 [형통 8]

에스라

느헤미야
8:10 [희락 19]

에스더
4:16 [기타 67]

욥기
1:21 [찬미 25] 5:7 [고난 8] 8:7 [형통 5] 8:13-14 [희망 5]
10:8 [기타 14] 11:14 [불의 1] 11:18 [희망 3] 12:13 [하나님 9]
22:21 [복 10] 22:28 [형통 9] 23:10 [연단 2] 23:13 [하나님 25]
27:4 [말 16] 28:28 [1134] 31:15 [하나님 44] 35:10-11 [하나님 56]

36:15 [구원 32] 36:24 [찬미 21] 37:5 [하나님 81]

시편

1:3 [형통 13] 1:6 [의인 2] 2:7-8 [말씀 29] 3:3 [여호와 8]
5:3 [기도 11] 5:7 [경외 13] 7:17 [찬미 2] 9:10 [여호와 21]
10:17 [구함 20] 11:1-2 [기타 74] 11:5 [의인 13] 13:6 [찬미 20]
14:1 [악 2] 16:8 [여호와 29] 16:11 [영생 9] 17:1 [부르짖음 6]
17:4 [말씀 23] 17:15 [의 2] 18:1 [경애 5] 18:2 [여호와 1]
18:28-30 [하나님 72] 18:32 [하나님 31] 19:1 [영광 5] 19:7-8 [율법 12]
20:5 [기도 25] 21:3 [복 16] 21:13 [찬미 13] 22:24 [하나님 35]
23:1 [여호와 19] 23:4 [안위 1] 23:6 [은총 4] 25:12 [경외 11]
25:14 [경외 12] 25:21 [1145] 27:1 [여호와 24] 27:4 [구함 27]
28:9 [구함 29] 29:2 [예배 3] 29:11 [여호와 20] 30:1 [찬미 17]
30:5 [희락 13] 30:11 [희락 11] 30:12 [찬미 8] 31:3 [인도 8]
31:7-8 [희락 17] 31:9 [고난 15] 31:19 [경외 15] 31:23 [경애 1]
32:5 [죄사함 11] 32:7 [구원 6] 32:8 [교육 6] 32:9 [권면 36]
32:10 [믿음 37] 33:4 [말씀 33] 33:12 [복 9] 33:15 [하나님 8]
33:21 [희락 6] 34:13 [권면 14] 34:15 [의인 4] 34:18 [구원 15]
34:19 [의인 16] 34:18-20 [구원 29] 34:22 [구속 2] 35:3 [구원 5]
35:18 [찬미 10] 36:9 [하나님 92] 36:10 [공의 7] 37:3-4 [여호와 47]
37:5 [여호와 43] 37:7-8 [권면 13] 37:11 [화평 3] 37:16 [의인 8]
37:18 [여호와 13] 37:23-24 [구원 4] 37:25 [의인 14] 37:26 [의인 17]
37:30-31 [의인 15] 37:37 [화평 2] 39:4 [구함 25] 39:6-7 [소망 1]
39:13 [용서 6] 40:8 [율법 1] 40:16 [구원 30] 41:1 [가난 3]
41:12 [정직 1] 42:1 [구함 2] 42:5 [마음 11] 42:8 [기도 8]
43:5 [소망 3] 44:3 [구원 11] 44:8 [찬미 6] 44:21 [하나님 42]
46:1 [하나님 86] 46:10 [하나님 23] 47:8 [1206] 50:14 [감사 6]
50:15 [구원 7] 50:23 [감사 1] 51:1 [구함 11] 51:4 [심판 2]
51:7 [구함 32] 51:10 [구함 26] 51:12 [구함 10] 51:17 [제사 2]
52:7 [재물 1] 53:1 [선 2] 54:4 [하나님 50] 54:6 [제사 3]
55:17 [부르짖음 4] 55:22 [의인 10] 56:8 [기타 58] 57:1 [구함 34]
57:11 [찬미 12] 60:1-2 [구함 41] 61:1 [부르짖음 3] 63:7 [찬미 18]
66:4 [찬미 24] 66:11-12 [시험 10] 67:2 [구함 14] 71:14 [찬미 22]
71:20 [고난 12] 71:22 [찬미 19] 72:19 [찬미 1] 73:28 [하나님 10]
74:12 [구원 23] 78:52 [인도 4] 81:7 [고난 17] 81:10 [여호와 14]
86:17 [은총 1] 89:16 [공의 8] 90:10 [고난 22] 90:12 [구함 12]
91:2 [여호와 33] 91:4 [하나님 75] 91:11 [하나님 37] 91:14 [경애 6]

92:1-3 [찬미 5] 92:4 [희락 9] 92:12 [의인 3] 94:19 [희락 18]
96:13 [심판 4] 97:5-6 [공의 6] 97:10 [경애 7] 97:11 [의인 12]
100:3 [여호와 34] 100:4 [감사 2] 100:5 [여호와 22] 102:12 [여호와 15]
102:17 [가난 6] 103:3-4 [하나님 1] 103:1-5 [찬미 26] 103:11 [경외 6]
103:13-14 [경외 19] 103:17-18 [경외 18] 104:34 [희락 20] 105:4 [구함 24]
105:19 [연단 3] 106:47 [찬미 9] 107:9 [하나님 15] 107:30 [인도 9]
108:4 [하나님 38] 110:3 [하나님 51] 110:5 [하나님 33] 116:1 [경애 4]
118:6 [여호와 3] 118:8 [기타 2] 118:21 [구원 33] 119:1 [복 7]
119:6 [계명 3] 119:11 [말씀 30] 119:16 [말씀 11] 119:18 [구함 9]
119:37 [구함 42] 119:43-44 [말씀 31] 119:49 [소망 10] 119:62 [공의 9]
119:66 [믿음 3] 119:71 [고난 1] 119:73 [계명 2] 119:74 [말씀 14]
119:99 [지혜 8] 119:105 [말씀 10] 119:123 [구원 26] 119:129 [율법 7]
119:135 [구함 8] 119:145 [부르짖음 5] 119:165 [율법 3] 121:1-2 [구제 1]
121:3-4 [여호와 25] 121:7-8 [여호와 7] 123:1-2 [구함 40] 126:5-6 [희락 3]
127:1 [여호와 2] 127:2 [여호와 50] 128:3-4 [경외 25] 133:1 [화목 1]
136:1 [감사 9] 136:12 [하나님 69] 138:3 [부르짖음 2] 138:7 [구원 3]
139:16 [하나님 70] 139:2-3 [하나님 43] 139:7 [성령 26] 139:9-10 [인도 7]
139:14 [찬미 11] 139:17-18 [기타 28] 139:23-24 [시험 8] 140:6 [부르짖음 8]
141:3 [말 24] 142:7 [구함 36] 144:12-13 [구함 31] 145:8 [여호와 28]
145:13 [천국 7] 145:14 [여호와 9] 145:16 [하나님 87] 145:18 [여호와 18]
145:20 [경애 3] 145:21 [찬미 3] 146:5 [복 6] 147:1 [찬미 14]
147:3 [치료 2] 147:7-8 [여호와 11] 147:13 [복 12] 149:4 [구원 8]

잠언

1:6 [권면 7] 1:7 [경외 10] 1:22 [기타 42] 2:7 [하나님 17]
2:20 [지혜 2] 3:1-2 [교육 2] 3:3-4 [교육 3] 3:7-8 [경외 4]
3:9-10 [공경 1] 3:11 [교육 5] 3:12 [징계 6] 3:15 [지혜 12]
3:27-28 [선 6] 3:33 [의인 11] 4:4 [교육 9] 4:18 [의인 9]
4:23 [마음 1] 8:17 [하나님 88] 9:6 [지혜 22] 9:8 [지혜 7]
10:4 [가난 1] 10:5 [지혜 11] 10:6 [의인 1] 10:12 [사랑 16]
10:16 [의인 5] 10:19 [말 21] 10:24 [의인 6] 10:28 [소망 7]
11:3 [정직 2] 11:18 [공의 2] 11:25 [구제 4] 11:28 [177]
12:11 [지혜 13] 12:19 [말 8] 12:20 [희락 4] 12:22 [말 23]
12:24 [기타 5] 12:25 [염려 6] 13:2 [말 22] 13:3 [말 9]
13:4 [마음 2] 13:10 [권면 5] 13:12 [소망 4] 13:13 [말씀 28]
13:14 [교육 11] 13:17 [기타 1] 14:26 [경외 7] 14:31 [가난 7]
14:32 [소망 5] 15:1 [말 20] 15:2 [말 6] 15:4 [말 5]

15:8 [기도 9] 15:13 [마음 7] 15:16 [경외 17] 15:17 [사랑 51]
15:23 [말 4] 15:29 [여호와 26] 15:33 [경외 2] 16:3 [구함 5]
16:4 [여호와 36] 16:9 [인도 1] 16:24 [말 2] 17:1 [재물 16]
17:3 [연단 4] 17:17 [형제 1] 18:1 [지혜 15] 18:20 [말 1]
19:11 [용서 2] 19:14 [부부 6] 19:17 [가난 4] 19:21 [마음 12]
20:1 [지혜 6] 20:7 [의인 7] 18:21 [말 18] 20:18 [지혜 18]
20:22 [구원 28] 21:21 [공의 3] 22:1 [재물 8] 22:4 [경외 3]
22:11 [말 11] 22:29 [기타 12] 23:7 [마음 8] 23:13-14 [교육 1]
23:18 [소망 6] 24:10 [환난 76] 25:11 [말 19] 25:13 [기타 7]
27:2 [말 7] 28:13 [형통 15] 28:18 [구원 10] 29:15 [교육 12]
29:18 [율법 11] 29:25 [여호와 49] 30:5 [말씀 34] 30:10 [기타 40]
31:30 [경외 9]

전도서

2:24 [하나님 67] 2:26 [하나님 7] 3:1 [기타 13] 3:13 [희락 7]
4:4 [기타 57] 4:8 [기타 104] 4:12 [기타 87] 6:9 [기타 22]
7:12 [지혜 14] 9:7 [희락 14] 9:10 [권면 15] 9:11 [기타 101]
10:10 [지혜 4] 12:13 [경외 5] 12:14 [심판 1]

아가

2:10 [사랑 50] 8:5 [사랑 53] 8:6-7 [사랑 37]

이사야

1:19 [순종 1] 1:25 [하나님 82] 2:22 [권면 27] 6:8 [기타 56]
6:13 [기타 85] 9:3-4 [희락 16] 9:6 [예수님 10] 1:1-2 [성령 7]
11:5 [공의 5] 12:2 [여호와 38] 21:4 [기타 39] 25:8 [말씀 25]
26:3 [평강 2] 26:4 [여호와 27] 28:17 [공의 4] 30:15 [구원 9]
30:19 [부르짖음 1] 30:21 [말씀 39] 30:26 [치료 4] 32:7-8 [악 5]
32:17 [공의 1] 33:6 [경외 21] 33:15-16 [공의 11] 35:5-6 [형통 7]
35:7 [형통 10] 37:24 [기타 68] 40:8 [말씀 6] 40:26 [하나님 74]
40:31 [희망 1] 41:10 [경외 1] 41:13 [구제 2] 42:1 [예수님 14]
42:6 [여호와 44] 43:1-2 [말씀 22] 43:4 [하나님 84] 43:18-19 [하나님 30]
43:21 [하나님 60] 43:25 [592] 44:2 [여호와 35] 44:22 [구속 1]
44:24 [여호와 10] 45:2-3 [하나님 77] 45:21 [여호와 12] 46:4 [하나님 85]
48:10 [연단 1] 49:16 [하나님 21] 50:4 [교육 14] 51:11 [희락 21]
53:3 [예수님 50] 53:5 [예수님 6] 53:10 [예수님 24] 54:10 [말씀 35]
54:13 [교육 8] 55:6-7 [용서 1] 55:8-9 [말씀 2] 57:18 [치료 1]

57:19 [말씀 36] 58:9-10 [기도 21] 58:11 [형통 6] 60:1 [영광 7]
61:1 [성령 6] 65:23 [형통 12] 65:24 [하나님 90] 66:5 [말씀 4]

예레미야

1:5 [하나님 64] 2:13 [악 1] 3:15 [하나님 91] 4:3 [기타 19]
17:5 [말씀 20] 17:10 [여호와 41] 22:21 [순종 6] 23:24 [말씀 32]
29:11 [희망 2] 29:13 [구함 6] 30:16 [기타 11] 30:22 [하나님 3]
31:3 [사랑 27] 31:14 [복 3] 33:2-3 [여호와 37]

예레미야 애가

2:18-19 [기도 18] 3:23 [하나님 55] 3:24 [마음 3] 3:25 [여호와 4]
5:21 [구함 30]

에스겔

22:30-31 [말씀 19] 33:11 [말씀 24] 36:24-25 [하나님 71]
36:26 [마음 6]

다니엘

3:18 [기타 53] 4:2-3 [하나님 34] 6:10 [기도 17] 6:27 [구원 17]
9:4 [기도 19] 10:12 [기타 33] 10:19 [은총 2] 12:3 [지혜 21]

호세아

6:1 [치료 3] 6:6 [제사 1] 10:12 [말씀 15] 11:4 [하나님 83]
14:4 [하나님 20]

요엘

2:28 [성령 3]

아모스

오바댜

요나

2:2 [고난 5] 2:9 [구원 31]

미가

7:7 [여호와 39] 7:8 [여호와 40] 7:18 [하나님 16]

나훔

하박국

2:4 [믿음 9] 2:20 [여호와 5] 3:2 [구함 33] 3:17-18 [희락 5]
3:19 [구함 15]

스바냐

3:17 [하나님 6]

학개

2:8 [재물 15] 2:19 [복 20]

스가랴

3:7 [말씀 12] 10:1 [구함 35]

말라기

〈신 약 성 경〉

마태복음

1:21 [예수님 41] 1:23 [예수님 29] 3:13-15 [세례 2] 3:16-17 [세례 1]
4:4 [말씀 21] 4:8-10 [예수님 65] 4:17 [회개 3] 4:19 [예수님 21]
5:3 [천국 3] 5:4 [복 5] 5:5-6 [복 19] 5:7-8 [복 8]
5:9-10 [복 11] 5:13 [말씀 16] 5:14 [기타 10] 5:15 [기타 21]
5:16 [영광 13] 5:19 [천국 10] 5:20 [의 11] 5:23-24 [화목 3]
5:44 [예수님 13] 5:48 [권면 39] 6:3-4 [구제 3] 6:6 [기도 13]
6:8 [구함 17] 6:14 [용서 5] 6:16 [기타 95] 6:20 [천국 4]
6:24 [재물 3] 6:26-28 [염려 5] 6:33 [구함 1] 7:1-2 [기타 54]
7:4 [기타 38] 7:7-8 [형통 3] 7:9-11 [구함 21] 7:13-14 [인도 2]
7:16 [기타 15] 7:21 [천국 1] 7:24 [지혜 10] 8:17 [예수님 54]
9:22 [구원 12] 10:30-31 [기타 30] 10:32 [예수님 79] 10:37-39 [십자가 7]
10:42 [예수님 38] 11:12 [천국 6] 11:25 [예수님 53] 11:28 [예수님 2]
12:35 [선 9] 12:36 [말 17] 12:50 [순종 15] 13:22 [말씀 15]
13:33 [천국 14] 13:38 [천국 12] 13:44 [천국 2] 14:31 [믿음 19]
15:28 [믿음 25] 16:3 [기타 93] 16:16 [그리스도 3] 17:20 [믿음 35]
18:3 [천국 11] 18:4 [천국 5] 18:5-6 [예수님 36] 18:10 [권면 55]
18:16 [기타 46] 18:19 [구함 28] 18:35 [용서 8] 19:19 [부모 2]

19:21 [재물 4] 19:22 [298] 19:26 [하나님 4] 20:12 [구원 24]
20:26 [기타 35 20:28 [예수님 25] 21:22 [기도 3] 22:37 [경애 2]
23:26 [권면 4] 24:35 [말씀 5] 24:44 [예수님 19] 25:13 [권면 3]
25:21 [충성 1] 25:26 [기타 34] 26:26 [예수님 46] 26:39 [예수님 49]
26:41 [시험 7] 28:19-20 [세례 3]

마가복음

1:38 [예수님 55] 4:18-19 [말씀 13] 4:24 [기타 92] 4:30-32 [천국 13]
6:41 [예수님 78] 9:23 [믿음 1] 10:14 [천국 8] 10:43 [기타 61]
10:45 [예수님 56] 10:46 [기타 78] 10:49 [기타 27] 11:23 [믿음 32]
11:25 [용서 7] 12:10 [기타 79] 12:30 [사랑 23] 12:31 [사랑 43]
12:33 [사랑 36] 12:44 [재물 12] 13:11 [염려 3] 16:15 [복음 1]
16:17-18 [믿음 24]

누가복음

1:80 [예수님 37] 2:52 [예수님 72] 3:17 [기타 98] 4:18-19 [성령 16]
5:5-6 [순종 13] 6:24-25 [죄 5] 6:37 [용서 9] 6:38 [권면 2]
8:5-8 [말씀 8] 8:25 [믿음 26] 9:62 [천국 16] 10:19 [예수님 5]
10:27 [사랑 3] 10:34 [치료 5] 11:4 [기도 24] 11:11-13 [성령 5]
12:20 [재물 14] 12:22 [염려 2] 12:24 [기타 89] 12:26 [염려 7]
12:29 [염려 8] 12:33 [천국 15] 12:34 [재물 11] 12:49 [예수님 12]
14:27 [십자가1] 15:7 [회개 1] 15:10 [회개 2] 16:8 [지혜 17]
16:10 [충성 3] 18:1 [기도 22] 18:22 [재물 6] 18:25 [재물 7]
18:27 [하나님 24] 19:8 [재물 10] 19:10 [예수님 34] 21:15 [예수님 76]
22:39-42 [기도 20] 22:44 [기도 5] 23:28 [예수님 68] 24:15-16 [예수님 57]
24:49 [성령 20]

요한복음

1:1 [말씀 38] 1:12 [예수님 75] 1:14 [영광 1] 3:3 [중생 1]
3:5 [중생 6] 3:16 [구원 15] 4:14 [영생 1] 4:23 [예배 2]
4:24 [예배 1] 5:22-23 [심판 3] 5:24 [영생 7] 5:39 [성경 2]
6:35 [예수님 9] 6:40 [영생 2] 6:47 [영생 5] 8:12 [예수님 39]
8:32 [예수님 3] 8:34 [죄 3] 8:36 [예수님 16] 8:44 [악 3]
8:47 [말씀 26] 8:54 [예수님 43] 10:3 [인도 6] 10:9 [예수님 64]
10:10 [예수님 8] 10:11 [예수님 23] 10:17 [사랑 41] 10:27 [예수님 17]
10:28 [영생 8] 10:29 [하나님 80] 11:27 [예수님 70] 11:25 [예수님 1]

11:44 [기타 94] 1
2:24 [죽음 1]
12:26 [예수님 28]
12:46 [예수님 26]
13:1 [예수님 58]
13:14 [예수님 77]
13:34 [사랑 2]
13:35 [사랑 26]
14:3 [예수님 40]
14:6 [예수님 4]
14:18 [예수님 33]
14:19 [예수님 52]
14:21 [사랑 21]
14:23 [사랑 15]
14:26 [성령 2]
14:27 [예수님 80]
15:5 [예수님 7]
15:7 [구함 18]
15:9 [사랑 13]
15:11 [희락 12]
15:13 [사랑 40]
15:16 [예수님 20]
16:21 [고난 14]
16:23 [구함 3]
16:24 [구함 37]
16:33 [예수님 61]
17:3 [영생 6]
17:14 [예수님 22]
17:18 [예수님 60]
20:29 [믿음 36]
20:31 [영생 10]
21:17 [사랑 39]

사도행전

1:8 [성령 18]
1:11 [예수님 35]
2:38 [세례 5]
2:39 [기타 41]
2:42 [기도 16]
4:13 [기타 49]
5:29 [순종 7]
5:42 [전도 4]
7:55 [기타 37]
10:33 [기타 52]
11:24 [기타 70]
13:36 [기타 63]
20:24 [복음 3]
20:32 [말씀 7]
20:35 [복 18]
24:16 [기타 72]
28:31 [전도 3]

로마서

1:17 [믿음 18]
1:20 [하나님 73]
1:21 [기타 82]
2:1 [죄 1]
2:8 [불의 2]
2:14~15 [율법 14]
3:3 [믿음 10]
3:24 [의 6]
3:28 [의 8]
4:5 [믿음 11]
4:20 [믿음 17]
5:1 [믿음 13]
5:2 [예수님 27]
5:3-4 [환난 2]
5:5 [소망 2]
5:8 [사랑 1]
5:9 [의 3]
5:10 [구원 13]
5:20 [율법 4]
6:4 [중생 5]
6:13 [권면 59]
6:14 [은혜 2]
6:23 [영생 4]
7:6 [율법 2]
7:8 [율법 6]
8:1-2 [죄사함 8]
8:5-6 [성령 8]
8:7-8 [성령 9]
8:9 [성령 10]
8:11 [성령 14]
8:12-14 [중생 3]
8:16-17 [성령 23]
8:18 [고난 21]
8:21 [영광 11]
8:24 [소망 9]
8:25 [소망 11]
8:26 [성령 17]
8:28 [선 1]
8:29 [하나님 28]
8:31 [기타 96]
8:33 [의 1]
8:35 [사랑 7]
8:37 [기타 102]
8:39 [사랑 28]
9:1-2 [고난 23]
9:16 [하나님 61]
10:9 [구원 1]
10:10 [구원 2]
10:12 [하나님 36]
10:15 [전도 1]
10:18 [말씀 18]
11:33 [하나님 11]
11:36 [하나님 59]
12:1-2 [권면 40]
12:4-5 [그리스도 20]
12:6-8 [은혜 10]
12:10 [사랑 11]
12:11 [권면 16]
12:12 [권면 58]
12:13 [권면 29]
12:15 [기타 50]
12:17 [선 7]
12:19 [말씀 40]
13:8 [사랑 5]
13:10 [사랑 47]
14:1 [기타 55]
14:8 [기타 29]
14:13 [권면 43]
14:15 [권면 51]
14:23 [믿음 8]
15:2 [권면 9]
15:4 [성경 3]
15:13 [소망 12]
15:33 [원 5]
16:19 [순종 11]
16:20 [원 2]

고린도전서

1:8 [그리스도 16] 1:18 [십자가 4] 1:21 [지혜 23] 1:27 [하나님 63]
1:28 [하나님 62] 1:30 [예수님 30] 2:2 [십자가 3] 2:5 [믿음 28]
2:10 [성령 24] 2:13 [성령 22] 2:14 [성령 4] 3:9 [기타 4]
3:16 [성령 12] 4:2 [충성 2] 5:7 [그리스도 7] 6:12 [기타 36]
6:19 [성령 19] 6:20 [영광 3] 7:3 [부부 4] 7:11 [부부 5]
8:3 [사랑 19] 8:7 [기타 73] 9:7 [기타 47] 9:15 [기타 90]
9:24 [권면 1] 9:25 [권면 37] 9:26 [기타 69] 9:27 [전도 2]
10:13 [시험 1] 10:31 [영광 10] 11:1 [권면 6] 12:20-21 [기타 6]
12:26 [고난 11] 12:31 [은혜 7] 13:1-3 [사랑 24] 13:4-7 [사랑 6]
13:13 [사랑 9] 14:6 [기타 43] 14:16 [감사 10] 14:20 [지혜 20]
15:10 [은혜 4] 15:15 [부활 1] 15:19-20 [그리스도 12]
15:55-56 [죽음 2] 15:57-58 [감사 4]

고린도후서

1:3 [찬미 23] 1:4 [환난 4] 1:5 [고난 9] 1:6 [환난 5]
1:8-9 [고난 4] 1:11 [기도 6] 1:20 [영광 2] 1:21-22 [하나님 66]
2:14 [감사 3] 2:15 [그리스도 9] 3:5 [하나님 78] 3:10-11 [영광 6]
3:17 [하나님 12] 3:18 [영광 4] 4:4 [그리스도 23] 4:6-7 [하나님 14]
4:8 [환난 1] 4:10 [예수님 15] 4:15 [영광 8] 4:16 [기타 26]
4:17 [환난 6] 4:18 [영원 1] 5:7-9 [믿음 15] 5:14 [그리스도 8]
5:17 [중생 2] 5:18 [화목 2] 6:10 [희락 8] 6:14 [의 7]
7:1 [경외 14] 7:4 [환난 9] 7:10 [회개 4] 8:9 [가난 2]
8:12 [마음 9] 8:24 [권면 12] 9:7 [예배 4] 9:15 [감사 12]
10:3 [기타 105] 10:12 [지혜 9] 12:9 [은혜 9] 13:5 [믿음 2]

갈라디아서

1:10 [구함 19] 2:16 [의 9] 2:20 [십자가 8] 3:13 [그리스도 24]
3:29 [그리스도 15] 4:6-7 [성령 25] 5:1 [그리스도 25] 5:6 [예수님 62]
5:13 [사랑 52] 5:15 [기타 64] 5:16 [권면 46] 5:22-23 [성령 1]
5:26 [권면 56] 6:1 [권면 35] 6:2 [율법 5] 6:7 [하나님 19]
6:9 [권면 21] 6:10 [선 5] 6:14 [그리스도 2] 6:17 [기타 81]

에베소서

1:3 [찬미 4] 1:4 [그리스도 18] 1:6 [은총 5] 2:2 [악 4]

2:3 [기타 75] 2:4-5 [사랑 44] 2:7 [은총 3] 2:8-9 [구원 16]
2:10 [선 8] 2:12 [기타 76] 2:13 [그리스도 17] 2:19 [기타 9]
2:22 [성령 28] 3:12 [예수님 73] 3:17 [믿음 12] 3:19 [구함 39]
3:20 [하나님 41] 4:1 [권면 20] 4:2-3 [용서 4] 4:7-8 [은혜 3]
4:14 [기타 60] 4:15 [그리스도 11] 4:16 [사랑 22] 4:23-24 [의 4]
4:26 [교육 4] 4:28 [선 4] 4:29 [권면 18] 4:30 [성령 27]
4:32 [용서 3] 5:2 [사랑 29] 5:8 [믿음 4] 5:10 [권면 19]
5:15 [지혜 19] 5:17 [권면 45] 5:20 [감사 8] 5:25 [부부 3]
6:1-3 [부모 1] 6:4 [교육 10] 6:7 [마음 5] 6:10-11 [권면 44]
6:12-13 [권면 57] 6:19 [구함 23] 6:23 [원 8] 6:24 [은혜 6]

빌립보서

1:3-5 [복음 2] 1:6 [믿음 20] 1:7 [기타 88] 1:12 [복음 5]
1:18 [희락 15] 1:20 [소망 8] 1:21 [그리스도 22] 1:27 [복음 4]
1:29 [고난 2] 2:3 [기타 84] 2:5-8 [예수님 66] 2:9-11 [예수님 67]
2:13 [하나님 68] 2:17 [믿음 16] 3:8 [그리스도 1] 3:9 [의 10]
3:10 [부활 2] 3:14 [기타 31] 3:20 [천국 9] 4:4 [희락 2]
4:6-7 [염려 1] 4:11 [가난 9] 4:13 [형통 4] 4:19 [하나님 45]

골로새서

1:10 [권면 23] 1:12 [감사 7] 1:15 [예수님 59] 1:16 [하나님 58]
1:18 [예수님 69] 1:20 [십자가 2] 1:28-29 [전도 5] 2:2 [원 3]
2:3 [그리스도 19] 2:6-7 [그리스도 6] 2:15 [십자가 6] 2:20 [죽음 3]
3:12-14 [사랑 42] 3:15 [평강 1] 3:16 [말씀 9] 3:17 [감사 11]
3:22 [순종 12] 3:23 [권면 8] 4:2 [기도 7] 4:5 [지혜 3]

데살로니가전서

1:3 [기타 99] 1:6 [환난 3] 1:8 [말씀 17] 2:2 [복음 6]
2:19 [그리스도 26] 3:9 [희락 10] 3:12 [사랑 35] 4:1 [권면 32]
4:11 [기타 65] 5:5-6 [권면 50] 5:14 [권면 60] 5:16-18 [희락 1]
5:23 [원 7]

데살로니가후서

2:13 [구원 19] 2:16-17 [원 1] 3:3 [하나님 13] 3:10 [기타 106]
3:12 [1기타 66] 3:16 [원 6]

디모데전서

1:5 [계명 5] 1:15-16 [그리스도 21] 1:19 [믿음 30] 2:1-2 [권면 22]
2:4 [하나님 57] 2:8 [기도 14] 3:8-10 [기타 51] 3:15 [기타 59]
3:16 [예수님 18] 4:4-5 [감사5] 4:7 [연단 6] 4:10 [하나님 46]
4:12-13 [권면 54] 5:22 [권면 47] 6:6-8 [경건 4] 6:10 [재물 17]
6:15 [하나님 27] 6:17 [재물 9] 6:18 [권면 33]

디모데후서

1:7 [하나님 18] 1:9 [구원 27] 2:6 [기타 100] 2:13 [믿음 23]
2:15 [권면 26] 2:20 [기타 3] 2:21 [선 3] 2:22 [권면 52]
2:24 [권면 34] 3:15 [성경 5] 3:16-17 [성경 1] 4:2 [권면 11]
4:5 [권면 48] 4:7 [믿음 7] 4:8 [의 5] 4:17 [구원 21]

디도서

1:15 [믿음 39] 2:13-14 [예수님 71] 3:5 [구원 20] 3:9 [권면 41]

빌레몬서

히브리서

1:9 [의 12] 2:10 [고난 3] 2:18 [시험 4] 3:1 [예수님 63]
3:4 [하나님 47] 3:13 [권면 31] 3:14 [그리스도 5] 3:15 [순종 4]
4:12-13 [말씀 1] 4:15 [예수님 31] 4:16 [은혜 1] 5:12 [기타 18]
5:14 [연단 5] 6:10 [하나님 79] 6:12 [권면 42] 6:18 [안위 2]
7:25 [예수님 47] 9:14 [그리스도 14] 9:22 [379] 9:27 [심판 5]
10:14 [예수님 48] 10:23-25 [권면 61] 10:39 [믿음 29] 11:1 [믿음 14]
11:6 [믿음 6] 11:8 [믿음 33] 11:15-16 [하나님 29] 11:25 [고난 19]
11:26 [고난 10] 11:33-34 [믿음 38] 12:1 [기타 91] 12:2 [예수님 32]
12:5 [징계 2] 12:6 [징계 4] 12:8 [징계 5] 12:11 [징계 1]
12:28 [경건 2] 13:2 [기타 86] 13:5 [재물 13] 13:8 [그리스도 10]
13:17 [순종 9]

야고보서

1:2-3 [시험 9] 1:4 [기타 83] 1:5 [지혜 1] 1:6 [구함 13]
1:12 [시험 6] 1:13-15 [시험 2] 1:17 [하나님 22] 1:19-20 [권면 17]
1:22 [말씀 41] 1:25 [율법 15] 1:27 [경건 1] 2:1 [믿음 27]

2:5 [가난 5] 2:8 [사랑 30] 2:9 [죄 2] 2:17 [믿음 31]
2:18 [믿음 21] 3:2 [말 13] 3:5 [말 15] 3:14 [말 12]
3:17 [지혜 5] 3:18 [화평 1] 4:5 [성경 4] 4:6 [은혜 5]
4:7 [순종 16] 4:8 [권면 38] 4:10 [겸손] 5:10 [고난 20]
5:11 [하나님 65] 5:13 [고난 13] 5:15 [기도 1] 5:20 [구원 18]

베드로전서

1:5 [믿음 5] 1:16-17 [경외 23] 1:22 [사랑 49] 1:23 [중생 4]
1:24 [영광 12] 2:1-3 [권면 24] 2:6 [예수님 45] 2:9 [형통 2]
2:12 [영광 9] 2:16 [권면 53] 2:24 [예수님 74] 3:9 [복 2]
3:10 [말 3] 3:12 [하나님 32] 3:15 [권면 28] 3:16 [권면 25]
3:21 [세례 4] 4:8 [사랑 8] 4:9-10 [은혜 8] 4:12-13 [시험 5]
4:14 [복 4] 2:24 [668] 5:6 [순종 10] 5:7 [염려 4]
5:9 [고난 18] 5:10 [고난 16]

베드로후서

1:6-7 [사랑 32] 1:10 [권면 30] 2:9 [경건 3] 3:8 [하나님 48]
3:13 [희망 4] 3:17 [기타 62] 3:18 [그리스도 4]

요한1서

2:3 [계명 4] 2:12 [366] 2:15-17 [사랑 46] 2:28 [예수님 44]
3:1 [하나님 26] 3:5 [예수님 51] 3:14 [사랑 18] 3:17 [재물 2]
3:22 [구함 4] 3:24 [성령 15] 4:4 [하나님 40] 4:7 [사랑 4]
4:8 [사랑 33] 4:9 [사랑 14] 4:10 [사랑 34] 4:11 [사랑 45]
4:12 [사랑 10] 4:13 [성령 13] 4:15 [예수님 42] 4:16 [사랑 31]
4:18 [사랑 17] 4:19 [사랑 12] 4:20-21 [사랑 48] 5:4 [믿음 22]
5:10 [믿음 34] 5:11 [영생 3] 5:14 [구함 7]

요한2서

1:6 [사랑 25]

요한3서

1:2 [형통 1] 1:11 [선 11]

유다서

1:24 [그리스도 13]

요한계시록

1:8 [하나님 39] 2:4 [사랑 20] 2:7 [성령 21] 3:15 [권면 10]
3:20 [예수님 11] 4:11 [하나님 89] 7:12 [기도 10] 20:10 [기타 23]
21:4 [기타 32] 22:5 [기타 20]

편저자 **유당 김경수(裕堂 金炅洙)**는 용산고등학교(23회, 1972)와 가톨릭의과대학(19회, 1978)을 졸업하였다. 공군 군의관으로 근무(대위 제대)하였으며, 1986년 소아과 전문의를 취득하였다. 가톨릭의대 소아과 전임강사를 역임하였고, 현재 「수지 21세기의원」 원장으로 진료하고 있다.

한·중·영 주제별

성 경 읽 기

발 행 일 2010年 3月 20日
편 저 자 김경수
발 행 인 이홍연
발 행 처 月刊書藝文人畫 · 이화문화출판사
부 사 장 박수인
국 장 최광신
편 집 장 이용진
디 자 인 조경예 강종선 나은경 하은희 지용주 박정태
최은주 권영화 엄명호 이선정 정봉재 고현경
총 무 김종숙
제작영업 한인수 박영서 유대희 심원석
분해출력 고병관 류상문
취재기자 이난영
기획편집 박휘종 박희경
웹마스터 오상호 박진희
출판영업 김수성

등록번호 제300-2001-138
주소 (우)110-053 서울시 종로구 내자동 167-2
전화 02-732-7096~7
FAX 02-738-9887
홈페이지 www.makebook.net

값 50,000원

편저자 **유당 김경수(裕堂 金炅洙)**는 용산고등학교(23회, 1972)와 가톨릭의과대학(19회, 1978)을 졸업하였다. 공군 군의관으로 근무(대위 제대)하였으며, 1986년 소아과 전문의를 취득하였다. 가톨릭의대 소아과 전임강사를 역임하였고, 현재 「수지 21세기의원」 원장으로 진료하고 있다.

한·중·영 주제별

성 경 읽 기

발 행 일 2010年 3月 20日
편 저 자 김경수
발 행 인 이홍연
발 행 처 月刊 書藝文人畵 · 이화문화출판사
부 사 장 박수인
국 장 최광신
편 집 장 이용진
디 자 인 조경예 강종선 나은경 하은희 지용주 박정태
최은주 권영화 엄명호 이선정 정봉재 고현경
총 무 김종숙
제작영업 한인수 박영서 유대희 심원석
분해출력 고병관 최노선 류상문
취재기자 이난영
기획편집 박휘종 박희경
웹마스터 오상호 박진희
출판영업 김수성

등록번호 제300-2001-138
주소 (우)110-053 서울시 종로구 내자동 167-2
전화 02-732-7096~7
FAX 02-738-9887
홈페이지 www.makebook.net
ISBN 978-89-8145-733-4 03230

값 20,000원